메이커의 뚝딱뚝딱 목공 도구

Make: Tools
How They Work and How to Use Them
by Charles Platt

Authorized Korean translation of the English edition of Make: Tools
ISBN 9781680452532 ⓒ 2016 Helpful Corporation, published by Maker Media, Inc.
Korean language edition copyright ⓒ 2018 Insight Press
This translation is published and sold by permission of O'Reilly Media, Inc.,
which owns or controls all rights to publish and sell the same.

이 책의 한국어판 저작권은 에이전시 원을 통해 저작권자와의 독점 계약으로 인사이트에 있습니다.
저작권법에 의해 한국 내에서 보호를 받는 저작물이므로 무단전재와 무단복제를 금합니다.

메이커의 뚝딱뚝딱 목공 도구
상자에서 장난감까지 못질부터 시작하는 DIY 공구 사용법

초판 1쇄 발행 2018년 11월 30일 **지은이** 찰스 플랫 **옮긴이** 김호 **펴낸이** 한기성 **펴낸곳** 인사이트 **편집** 이은순, 문선미 **제작·관리** 박미경 **용지** 월드페이퍼 **출력** 소다미디어 **인쇄** 에스제이피앤비 **후가공** 이레금박 **제본** 서정바인텍 **등록번호** 제 10-2313호 **등록일자** 2002년 2월 19일 **주소** 서울시 마포구 잔다리로 119 석우빌딩 3층 **전화** 02-322-5143 **팩스** 02-3143-5579 **블로그** http://www.insightbook.co.kr **이메일** insight@insightbook.co.kr **ISBN** 978-89-6626-223-6 책값은 뒤표지에 있습니다. 잘못 만들어진 책은 바꾸어 드립니다. 이 책의 정오표는 http://www.insightbook.co.kr에서 확인하실 수 있습니다. 이 도서의 국립중앙도서관 출판예정도서목록(CIP)은 서지정보유통지원시스템 홈페이지(http://seoji.nl.go.kr)와 국가자료공동목록시스템(http://www.nl.go.kr/kolisnet)에서 이용하실 수 있습니다.(CIP제어번호: CIP2018034680)

메이커의
뚝딱뚝딱
목공 도구

상자에서 장난감까지 못질부터 시작하는 DIY 공구 사용법

찰스 플랫 지음 | 김 호 옮김

인사이트

차례

옮긴이의 말 xiii
머리말 xv

1장   당황스러운 퍼즐 만들기   1

정사각형 각재목 구매하기 2
작업대 갖추기 2
톱 고르기 2
손톱 사용상의 안전 4
연귀통이란 무엇인가? 5
클램프로 작업물을 꽉 조이기 5
필요한 길이로 잘라내기 6
끝부분 손질하기 7
길이 측정하기 8
90도 각도 만들기 10
사포질하기 12
접착제 14
폴리우레탄으로 마무리하기 15
퍼즐의 틀 만들기 17
퍼즐 풀기 18
자세히 알아보기: 손톱(hand saw) 19

2장   별난 큐브   25

각재목으로 조금 더 연습해보기 25

3장   커다란 주사위   27

제재목 측정하기 27
결함 28
주사위 프로젝트 계획하기 29
작업 부분 골라내기 29
주사위 조각 자르기 31

연귀통 밖에서 작업하기	32
평평하게 사포질하기	34
모서리를 둥글게 다듬기	35
페인트칠하기	36
마지막으로 점 찍기	37
한 가지 더 해보자	39
자세히 알아보기: 목재	39

4장　못 박기　45

망치질할 때의 안전 사항	47
망치질 연습	47
못의 역사	48
목재가 쪼개지는 현상	49
원바이식스 자르기	49
도면 만들기	50
정확한 망치질	51
깊이 조절하기	52
무작위로 구슬 굴리기	53
빈 머신	55
자세히 알아보기: 망치와 못	56

5장　액자 만들기　63

연귀각 처음 만들어보기	63
모서리를 클램프로 조이기	65
지그를 만들고 사용하기	67
직사각형이 아닌 틀	69
나만의 다각형 만들기	71
실제 액자	72
도처에 존재하는 기하학	74
틈새 막기	75
다른 아이디어	75
자세히 알아보기: 클램프	76

6장　기하학 퍼즐　79

합판의 기원	79
켜의 강점	79

패턴	81
벡터 그래픽 소프트웨어	82
OpenOffice Draw 사용하기	83
송곳이 필요한 이유	84
작업할 부분 자르기	85
착색으로 시작하기	86
자르는 순서	87
정확하게 자르기	87
마무리	88
자세히 알아보기: 복합재	89

7장   쪽모이 세공 — 93

제작 계획	94
패턴 선택하기	95
톱질 방법 선택하기	96
에폭시에 대한 모든 것	100
모자이크 세공	103
다른 프로젝트를 찾는다면	104

8장   드릴로 뚫기 — 105

드릴과 비트	105
드릴 선택하기	106
드릴 척과 배터리	107
드릴 구하기	108
드릴 비트 선택하기	108
드릴 사용하기	109
드릴 안전	110
깔끔하게 구멍 파기	111
드릴 비트 보관대 디자인하기	112
드릴 작업 과정	113
드릴 작업 완료하기	114
맞춤 조정	114
마구리 만들기	115
다른 아이디어	117
자세히 알아보기: 드릴과 드릴 비트	117

9장　스와니 휘슬　121

　　둥근 목재에 드릴로 구멍 뚫기 ··········· 121
　　마우스피스 만들기 ··········· 126

10장　기본 상자　129

　　나사와 정사각형 각재목 ··········· 129
　　파일럿 구멍의 중요성 ··········· 130
　　귀퉁이 블록 ··········· 131
　　합판 자르기 ··········· 131
　　합판에 드릴로 구멍 내기 ··········· 135
　　각재목에 드릴로 구멍 뚫기 ··········· 137
　　결함 ··········· 138
　　모서리 디자인을 개선하기 ··········· 139
　　나사 머리 감추기 ··········· 139
　　소재 ··········· 140
　　귀퉁이 맞추기 ··········· 141
　　자세히 알아보기: 나사와 스크루드라이버 ··········· **142**

11장　가장 기본적인 책꽂이　149

　　기성품 책장의 문제점 ··········· 149
　　디자인 문제들 ··········· 150
　　측정하고 계획하기 ··········· 151
　　선반 만들기 ··········· 153
　　선반을 강화하기 ··········· 154
　　지지대 ··········· 155
　　마구리판 만들기 ··········· 157
　　다른 아이디어 ··········· 161

12장　벽에 걸기　163

　　벽에 책꽂이 걸기 ··········· 163
　　샛기둥 찾기 ··········· 164
　　잘못될 수 있는 점 ··········· 165
　　수평 맞추기 ··········· 166
　　샛기둥을 찾는 더 좋은 방법 ··········· 168
　　다른 방법 ··········· 169

건식벽의 비어 있는 부분 — 170
철제 샛기둥이 있는 건식벽에 설치하기 — 172
석조 다루기 — 173
석조 위에 건식벽 — 174
옛날 방식의 석고 — 175
어려운 물건들 — 175
작은 브래킷의 다른 용도 — 177
선반 지지 브래킷 — 178
다른 철제 부품 — 178

13장 몬스터 트럭 — 181

실톱에 익숙해지기 — 181
트럭 디자인 — 183
바퀴의 중심 잡기 — 183
바퀴 잘라내기 — 185
바퀴 다듬기 — 186
트럭 몸체 자르기 — 188
트럭 조립하기 — 190
다른 아이디어 — 192
자세히 알아보기: 구멍과 곡선 — 193

14장 팬터그래프 — 199

이 프로젝트를 위한 너트와 볼트 — 199
나사 머리의 종류 — 201
너트와 볼트를 위한 도구 — 201
목재 고르기 — 202
부분들 구분하기 — 203
구멍 뚫기 — 203
연필 집게 조립하기 — 205
포인터 블록 — 208
팬터그래프 사용하기 — 212
작동 원리 — 212
규칙을 벗어나 보기 — 213
자세히 알아보기: 너트와 볼트 — 213

15장 굽히기 — 217

- ABS에 익숙해지기 — 217
- 준비 작업 — 218
- ABS 자르기 — 218
- ABS를 가열하기 — 219
- 주의: 화상 위험 — 220
- 열을 집중시키기 — 221
- 시험 삼아 휘기 — 221
- 책받침대 — 223
- 조절 가능한 종이 타월 걸이 — 228
- 욕실 수납 바구니 — 231
- 종이학 — 233

16장 더 멋진 상자 만들기 — 235

- 부분별 제작 — 235
- 용제 기초 — 236
- 용제 위험 경고 — 237
- 용제 바르기 — 238
- 추가 결합 — 240
- 결론 — 243

17장 또 하나의 더 멋진 상자 — 245

- ABS 시험 — 246
- 상자 디자인 — 249

18장 투명 플라스틱 — 255

- 투명 플라스틱의 종류 — 255
- 액자에 쓰이는 폴리카보네이트 — 255
- 혼합 매체 — 257
- 다른 모양 — 261
- 플라스틱의 종류와 적용 — 261

19장 컬러 — 265

- 컬러 아크릴 — 265
- 알파벳 야간 등 — 266

겹치는 색깔	268
아크릴판 부러뜨리기	270
실톱 사용하기	271
겉면	272
조명	272
더 멋진 시계	273
최고의 연귀각 지그	275
시계 상자 겉면 만들기	278
개선 작업	280

20장 또 다른 도구들   281

최소한의 작업대	281
추가적인 수동 공구들	285
샌딩 도구	288
전동공구	291
요약	296

부록 구매 가이드	298
찾아보기	310

인치-밀리미터 환산표

inch	mm	inch	mm	inch	mm	inch	mm
1	25.4	$1/100$	0.254	51	1295.4	$7\,3/4$	196.85
2	50.8	$1/64$	0.396875	52	1320.8	$8\,1/4$	209.55
3	76.2	$1/32$	0.79375	53	1346.2	$8\,1/2$	215.9
4	101.6	$1/16$	1.5875	54	1371.6	$9\,1/8$	231.775
5	127	$5/64$	1.984375	55	1397	$9\,3/4$	247.65
6	152.4	$3/32$	2.38125	56	1422.4	$10\,3/4$	273.05
7	177.8	$7/64$	2.778125	57	1447.8	$11\,1/4$	285.75
8	203.2	$1/8$	3.175	58	1473.2	$11\,1/2$	292.1
9	228.6	$9/64$	3.571875	59	1498.6	$16\,1/2$	419.1
10	254	$5/32$	3.96875	60	1524	$17\,3/8$	441.325
11	279.4	$3/16$	4.7625	61	1549.4	$18\,1/4$	463.55
12	304.8	$7/32$	5.55625	62	1574.8	$20\,1/4$	514.35
13	330.2	$1/4$	6.35	63	1600.2		
14	355.6	$5/16$	7.9375	64	1625.6		
15	381	$3/8$	9.525	65	1651		
16	406.4	$5/12$	10.58333	66	1676.4		
17	431.8	$7/16$	11.1125	67	1701.8		
18	457.2	$1/2$	12.7	68	1727.2		
19	482.6	$9/16$	14.2875	69	1752.6		
20	508	$5/8$	15.875	70	1778		
21	533.4	$3/4$	19.05	71	1803.4		
22	558.8	$4/5$	20.32	72	1828.8		
23	584.2	$7/8$	22.225	73	1854.2		
24	609.6	$1\,1/8$	28.575	74	1879.6		
25	635	$1\,3/16$	30.1625	75	1905		
26	660.4	$1\,1/4$	31.75	76	1930.4		
27	685.8	$1\,3/8$	34.925	77	1955.8		
28	711.2	$1\,7/16$	36.5125	78	1981.2		
29	736.6	$1\,1/2$	38.1	79	2006.6		
30	762	$1\,5/8$	41.275	80	2032		
31	787.4	$1\,3/4$	44.45	81	2057.4		
32	812.8	$2\,1/4$	57.15	82	2082.8		
33	838.2	$2\,3/8$	60.325	83	2108.2		
34	863.6	$2\,1/2$	63.5	84	2133.6		
35	889	$2\,3/4$	69.85	85	2159		
36	914.4	$2\,7/8$	73.025	86	2184.4		
37	939.8	$3\,1/8$	79.375	87	2209.8		
38	965.2	$3\,1/4$	82.55	88	2235.2		
39	990.6	$3\,3/8$	85.725	89	2260.6		
40	1016	$3\,1/2$	88.9	90	2286		
41	1041.4	$3\,3/4$	95.25	91	2311.4		
42	1066.8	$4\,1/8$	104.775	92	2336.8		
43	1092.2	$4\,1/4$	107.95	93	2362.2		
44	1117.6	$4\,1/2$	114.3	94	2387.6		
45	1143	$4\,5/8$	117.475	95	2413		
46	1168.4	$5\,1/4$	133.35	96	2438.4		
47	1193.8	$5\,3/8$	136.525	97	2463.8		
48	1219.2	$5\,1/2$	139.7	98	2489.2		
49	1244.6	$5\,3/4$	146.05	99	2514.6		
50	1270	$7\,1/2$	190.5	100	2540		

일러두기

- 용어 번역은 정희석의 <목재사전>(서울대학교 출판문화원, 2015)을 일차적으로 참조했다. 영문 표기도 함께 적었다. 이는 실용적인 이유에서인데, 예를 들어 인터넷에서 '연귀통'을 검색할 때보다 영어 'miter box'로 검색하면 더 풍부한 자료들을 볼 수 있다. 또한 인터넷 쇼핑몰에서 'miter box'로 검색하면 다양한 물건들을 찾고 구매하기가 더 수월하다. 목공 분야의 용어들은 아직 한글 표기가 규범화되지 않은 것이 많다.
- 이 책이 나온 미국에서는 길이의 단위로 인치(inch, "로 표시)를 많이 사용한다. 독자들을 위해 책 앞부분에 인치와 밀리미터 환산표를 추가했다. 각 장이 시작될 때마다 나오는 '필요한 것'에서는 인치와 함께 밀리미터(반올림)도 제시했다. 인터넷 검색엔진에서 '단위환산'을 입력하면 간단하게 인치와 밀리미터를 변환할 수 있다.
- 본문에 '투바이포', '투바이식스' 등이 자주 등장하는데, 이는 흔히 쓰는 목재 규격으로 끝 쪽에서 길이로 바라보았을 때 높이가 2인치(51㎜), 폭이 4인치(102㎜)인 목재를 투바이포, 높이가 2인치, 폭이 6인치(152㎜)인 목재를 투바이식스라고 한다. 국내에서는 수입목을 많이 사용해서 제재소에 가면 '투바이포' 등을 흔히 들을 수 있다. 이들 용어는 그대로 사용했다.
- 주는 모두 역자주로 국내 독자의 이해를 돕기 위해 각 장의 마지막에 달아놓았다.

옮긴이의 말

우리는 손을 쓰는 방법을 점차 잊어가고 있다. 펜을 잡고 글을 쓰는 방법부터 망치로 못질하는 것처럼, 비교적 간단한 도구도 제대로 사용하지 못하는 사람이 많다. 손을 쓰지 못한다고 해서 삶에서 크게 손해 볼 일은 없는 것 같다. 전문가에게 맡기고, 기계가 대신 해주니까. 하지만, 손을 쓰지 못하는 것은 삶에서 큰 기쁨 한 가지를 놓치는 것이다. 머릿속에 그린 물건을 자기의 손을 써서 직접 만들어내는 기쁨은 돈 주고 물건을 살 때의 기쁨과는 다르다. 일반적인 물건은 살 때는 기쁘지만, 이내 그 행복감이 줄어들기 마련이다. 하지만 자신이 직접 만든 물건은 사용하면서도 그 행복감이 오랫동안 그대로 유지된다. 물건을 만드는 '과정'에서 느낀 보람의 기억은 쉽게 지워지지 않기 때문이다. 10여 년 전 목공을 배우고 처음 만든 커다란 책상을 트럭에 싣고 여자 친구(지금의 아내)에게 가던 기쁨은 지금도 생생하고, 그 책상은 여전히 내 곁에 있다. 이 책 번역의 절반은 바로 그 책상에서 했다.

찰스 플랫이 쓴 《메이커의 뚝딱뚝딱 목공 도구》는 독자들이 다양한 도구를 활용하면서 손을 보다 잘 쓰도록, 그리고 액자를 비롯해 상자, 트럭 장난감과 퍼즐, 주사위와 휘슬을 만들어볼 수 있도록 쉽고 친절하게 안내한다. 이 책의 장점은 그림이 정말 많다는 것이다. 1장에서 20장까지 총 563장의 그림이 들어 있으며 한 장당 평균 28개의 그림과 사진으로 세밀하고도 친절하게 한 단계 한 단계마다 진행 상황을 보여준다. 이는 독자들이 플랫의 철학인 '발견을 통한 학습(Learning by Discovery)'을 할 수 있도록 최대한 배려한 것으로 보인다. 모든 분야가 그렇지만, 최고의 전문가가 반드시 최고의 선생은 아니다. 나는 자전거를 탈 줄 알지만, 아내에게 자전거 타는 법을 가르쳐주다가 포기한 경험이 있다. 친절하게 가르쳐주는 기술은 그 분야의 전문성과는 다른 법이다. 그런 점에서 이 책의 저자 찰스 플랫은 최고의 전문 목수나 목가구 장인은 아니지만, 초보자들에게 목공 도구 사용법을 친절하고도 알기 쉽게 가르쳐주는 최고의 선생이자 저자이다.

그의 독특한 이력을 보면 이해가 간다. 그는 10여 편의 소설을 썼는데,

〈실리콘맨(The Silicon Man)〉 같은 작품은 〈뉴로맨서〉로 유명한 윌리엄 깁슨으로부터 찬사를 들었으며, 아이작 아시모프 같은 사이언스 픽션 저자 40명을 인터뷰하여 논픽션을 쓰기도 했다. 컴퓨터 프로그래밍을 배워 직접 소프트웨어를 만들어 판매했을 뿐 아니라 여러 권의 관련 책을 쓰고 뉴욕의 유명 대학인 뉴스쿨에서 컴퓨터 그래픽을 가르치기도 했다. 최고의 테크놀러지 잡지인 〈와이어드〉의 기자였고 〈메이크〉 잡지의 편집자이다. 놀라울 정도로 넓은 스펙트럼에서 꾸준히 글을 써온 그가 어떻게 어려운 기술을 쉽게 전달하는지 이해할 수 있는 대목이다.

내가 이 책을 번역할 수 있었던 것은 목공의 세계로 나를 인도한 고마운 분들 덕분이다. 10여 년 전 처음 수업을 듣고 지금도 작업실에서 늘 뵙는 유우상 선생님은 나의 첫 목공 선생님이자 경험이 얼마나 중요한지 생각하게 만드는 분이다. 영국에서 만난 가구 장인 데이비드 세이비지(David Savage)는 요리든 가구든 손으로 무엇인가를 만드는 것이 반드시 삶의 일부가 되어야 한다고 일깨워주었고, 나무로 만든 스푼으로 유명한 영국의 예술가 닉 웹(Nick Webb)은 자연과 사람, 예술과 기술이 만나는 지점이 어디여야 하는지 알려주었다. 이 책 번역을 마치고 바로 한 달간 미국으로 떠나 책으로만 접하던 유명한 가구 장인인 피터 콘(Peter Korn)을 직접 만나 목공을 배울 생각에 마음이 설렌다. 마지막으로 이 책을 번역하는 과정에서 〈목재사전〉(서울대학교 출판문화원)은 용어 번역에 커다란 도움을 주었다. 직접 뵌 적은 없지만 저자인 정희석 교수님께 감사드린다.

아무쪼록 이 책을 통해 많은 사람들이 손을 쓰는 즐거움, 도구를 다뤄 나만의 물건을 만드는 기쁨을 꼭 느껴보길 바란다.

머리말

어떤 기술은 너무 기본적이어서 사람들이 기술로 쳐주지도 않을 때가 있다. 나뭇조각에 못을 박는 일을 생각해보자. 이보다 더 간단할 수 있을까?

하지만 못 박는 일도 그렇게 간단한 문제가 아니다. 망치의 종류만도 20가지가 넘는다. 장도리(claw hammer)와 크로스핀 해머(cross-peen hammer)의 차이를 알고 있는가? 그 차이를 아는 게 중요할까?

일반적으로 망치의 머리 무게는 16온스(454그램) 정도 나간다. 하지만 필요에 따라서는 절반인 8온스(227그램)짜리 망치를 살 수도 있다(그림 I-1 참조). 이번엔 24온스(680그램)짜리 망치는 어떨까? 어떤 것이 사용하기에 더 편할까? 유리섬유(fiberglass) 손잡이로 된 것이 나무 손잡이보다 더 편할까? 쇠로 된 손잡이는 어떨까? 망치의 손잡이를 잡을 때 머리 쪽 가까이 잡는가? 아니면 손잡이 끝 쪽으로 잡는 편인가?

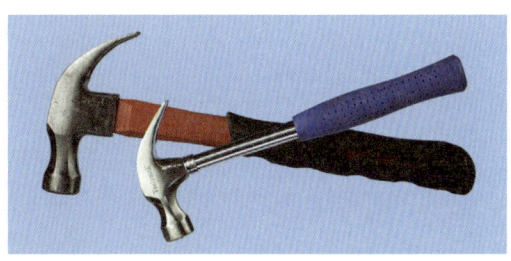

그림 I-1 8온스짜리 망치, 16온스짜리 망치 혹은 원한다면 그보다 더 큰 망치를 쓸 수 있다.

이제 못에 관해서 생각해보자. 보통못(common nail)과 끝막음못(finishing nail), 방청못(galvanized nail), 링섕크못(ring-shank nail), 코팅못(coated nail), 장식용 못을 비롯해 수많은 종류가 있다. 보통못은 미국에서는 무게 단위로 판다. 그 크기는 '페니(penny)'로 표현하는데 6페니 못 1파운드를 산다고 할 경우 이 못이 얼마나 크고, 한 상자에 몇 개나 담겨 있는지 알고 있는가?

구할 수 있는 가장 큰 못은 무엇일까?(아마 여러분이 생각하는 것보다 훨씬 클 것이다. 그림 I-2 참조.)

두 못 사이에 있는 것은 보통못이다.

나무를 자른다고 생각해보자. 수많은 질문이 떠오를 것이다. 작은 손톱(handsaw)을 사용할 때 톱날이 튀거나 옆으로 미끄러지지 않게 어떻

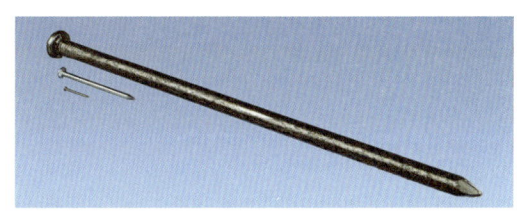

그림 I-2 맞다. 원한다면 길이가 무려 10"인 못을 살 수도 있다(보통은 '스파이크 spike'라고 한다). 1/2"짜리 작은 못은 '브래드(brad)'라는 이름으로 팔린다.

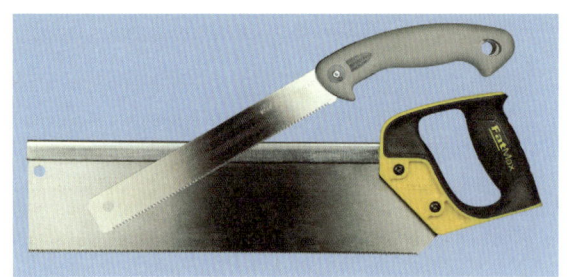

그림 I-3 8 1/2" 크기의 당기는 일본식 톱과 14" 크기의 미는 장부톱, 어떤 것을 더 선호하는가?

게 톱질을 시작할 것인가? 톱을 켤 때 당기는 방식의 일본식 톱이 미는 방식의 서양식 톱보다 사용하기 쉬울까?[1] 당기는 방식의 톱은 사용할 때 다칠 위험이 더 높은 것은 아닐까?(그림 I-3 참조)

톱질을 할 때 목재의 밑부분이 쪼개지는 것을 막으려면 어떻게 해야 할까? 어떻게 해야 수직으로 정확히 나무를 자를 수 있을까? 동력톱이 손톱보다 여러 면에서 사용하기 쉽지만, 그렇다면 왜 아직까지 손톱을 사용할까? 동력톱을 사용한다면 무선으로 된 배터리 충전식이 좋을까, 아니면 전원을 연결해 쓰는 줄 달린 동력톱이 좋을까?

왕복톱(reciprocating saw), 곡선톱(circular saw), 띠톱(band saw), 스크롤소(scroll saw), 지그소(jigsaw), 테이블톱(table saw)을 서로 비교하면 각각 어떤 장점들이 있을까? 톱날에는 1″(25㎜)당 날이 몇 개나 있을까? 플라스틱을 자를 때에는 다른 종류의 톱을 써야 할까?

공구를 사용하다 보면 수없이 많은 질문이 생기고 그 질문에 대한 답을 찾으려면 책 한 권은 필요하다. 이 책이 바로 그런 책이다.

공구는 여전히 쓸모가 있을까?

3D 프린팅으로 차량 기어박스부터 집 한 채에 이르는 모든 것을 만들 수 있는 세상이다. 작업장에서 각종 공구들이 여전히 필요한지 의문이 생길지도 모른다. 3D 프린터는 멋진 기술이긴 하지만 여전히 한계는 있다. 우선 3D 프린터는 목재를 사용할 수 없고 금속 소재 중 사용할 수 있는 것도 극히 제한적이다. 시제품(프로토타입)을 만드는 데에는 이상적이지만 3D 프린터로 만들어진 부품은 다른 부분과 조립해야 하고 특정한 곳에 장착하거나 일정 부분 변형해서 써야 한다. 이런 목적을 위해서라도 작업장에서 쓰는 기술은 여전히 쓸모가 있다.

더 나아가 그저 기능만 돌아가는 물건이 아닌 아름다운 무언가를 만들고 싶다면 직접 손을 사용해야만 한다.

어떤 사람이 이 책을 필요로 할까

쉬운 설명을 따라갈 수 있는 사람이라면 이 책을 활용할 수 있다. 기본적으로 손을 쓸 수 있고 웬만한 시력을 갖추기만 하면 된다. 나이나 성별은 상관없다.

이 책의 독자는 완전 초보자일 수도 있지만, 어느 정도 기본 기술을 알고 있는 사람에게도 여전히 이 책은 유용할 것이다. 내가 평생에 걸쳐 익혀온 수많은 정보와 조언, 요령이 이 책에 담겨 있다. 경험자라 하더라도 그 전부는 모를 수 있다.

또한 이 책은 참고서 역할을 할 것이다. 장부톱(tenon saw)과 널빤지용 가는 톱(panel saw)의 차이점을 알고 싶다면, 포플러 나무가 자작나무(birch)보다 더 단단한지 아닌지 알아보려면 이 책에서 답을 찾을 수 있다.

그림 I-4 도구를 사용하는 데는 나이나 성별 혹은 그 어떤 것도 문제가 되지 않는다.

발견해 나가며 배우기

몇 년 전 나는 각종 전자부품에 관해 배우며 스스로 간단한 장치를 만들어볼 수 있도록 알려주는 《Make: Electronics》(번역판 《짜릿짜릿 전자회로 DIY》 인사이트, 2016년 2판)라는 책을 썼다. 이 책에서 나는 LED 전구 교환 같은 간단한 작업으로 시작하여 나중에는 도난경보 시스템처럼 복잡하고 야심 찬 프로젝트까지 발전시켰다. 이 과정에서 독자들이 직접 자신의 손으로 만들어보며 기본적인 원리를 발견할 수 있기 때문에 나는 이를 '발견을 통한 학습(Learning by Discovery)'이라 부르곤 했다. 이 학습 방식이 단연코 최선이라고 생각한다.

그림 I-5 누구라도 못을 망치로 박는 방법을 배울 수 있다. 손재주가 어설프거나 괴짜 같은 사람이라도 말이다.

이 책도 같은 방식을 사용한다. 블록 퍼즐처럼 아주 간단한 것부터 만들기 시작해 보석 상자나 호루라기, 기하학적인 전등갓(이런 전등갓이 필요할까 의문을 가질 수 있지만, 그게 무엇인지 알고 나면 아마도 좋아하게 될 것이다)까지 만들 것이다. 그 과정에서 각기 다른 종류의 공구에 관해, 또 어떻게 그 도구를 사용할지, 문제를 일으키는 실수는 어떨 때 발생하는지 배우게 될 것이다.

실수는 배우는 과정에서 중요한 부분이다. 나무 길이를 잘못 자르거나 못질을 잘못해서 나무가 쪼개지거나(그림 I-6에 나오듯이) 나사못의 머리를 뭉

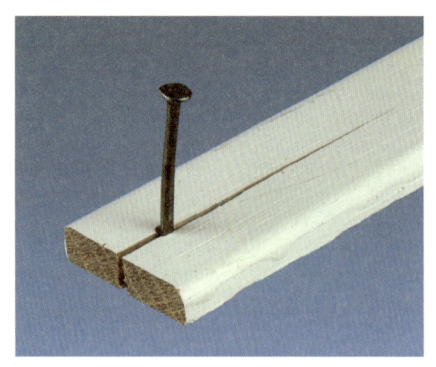

그림 I-6 누구나 이런 실수를 한 번은 한다. 많은 사람들은 한 번보다 더 실수를 반복한다.

개버리기도 한다. 모든 사람이 이런 실수를 저지른다. 따라서 실수를 한다고 부끄러워할 필요는 없다. 사실 실수는 저지를 필요가 있다. 그래야 실수를 피하는 법을 배울 수 있으니 말이다.

또한 지시 사항을 따르지 않을 때 어떤 일이 생기는지도 알아볼 필요가 있다.

예를 들어 대부분의 책에서 목재용 접착제를 사용하면 24시간 동안 클램프(clamp)[2]로 고정시켜 놓아야 한다고 이야기할 것이다. 그런데 만일 클램프로 고정시키지 않으면 어떤 일이 일어날까? 한 시간만 클램프로 고정시켜 놓으면 어떻게 될까? 그 결과를 확인하려면 직접 시도해보는 수밖에 없다.

이 책이 가르쳐주지 않는 것들

1만 달러(약 1천만 원)어치 각종 목공 장비가 가득한 지하 작업실에서 우아하고 복잡하고 커다란 가구를 만들려 한다면 이 책은 당신에게 맞지 않을 수 있다. 목공에 관한 많은 책과 잡지에 그런 전문적 정보가 담겨 있다.

세라믹 타일을 바닥에 붙이거나 건식벽을 설치하거나, 배관과 관련된 작업을 하려 한다면 이 책은 도움이 되지 않을 것이다. 그런 일에 관련해서는 주택 개조를 위한 DIY 책이 필요하고 그런 책은 시중에 꽤 많이 나와 있다.

여러분에게 필요한 것

이 책에서 소개하는 프로젝트는 규모가 작은 편이어서 굳이 작업장이 따로 필요하지 않다. 튼튼한 테이블이 있다면 별도의 작업대가 없어도 된다. 뉴욕의 작은 아파트에서 살 때 나도 이런 방식으로 작업을 했다. 내 작업대 테이블이 놓여 있는 공간은 72″×72″ 크기였다. 내가 그랬던 것처럼 여러분도 충분히 할 수 있다. 물론 전용 작업대[3]가 있으면 더 편하게 일할 수 있겠지만 말이다.

전기드릴이나 전기 스크루드라이버를 제외하고 이 책에서 소개하는 프로젝트는 수공구를 사용한다. 전동공구보다 가격도 싸고 덜 위험하기 때문이다. 더 다양한 작업을 원한다면, 이 책 20장에 나와 있는 갖고 있으면 좋을 별도의 장비 목록을 참고하면 된다.

각종 재료와 장비를 사는 데 필요한 지출을 최소로 하기 위해 최대한 노력했다.[4]

다치는 경우도 생길까?

무언가를 만드는 취미에는 어느 정도 위험이 뒤따르게 마련이다. 나도 경험했지만, 바느질을 할 때도 다칠 수 있다. 부주의하고 참을성도 없기에 나는 가위를 사용하다가 손가락 끝을 다친 일도 있었다.

여기서 중요한 것은 '부주의하고 참을성이 없다'는 말이다. 참을성이 없다는 것은 (내가 그랬던 것처럼) 위험을 초래하는 요소가 된다.

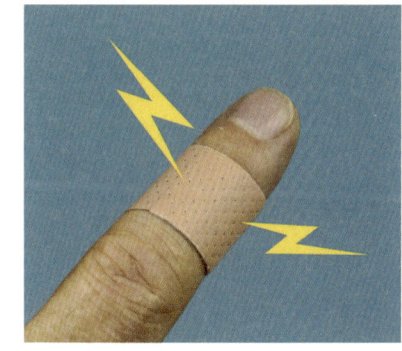

그림 I-7 이런 일은 분명 피할 수 있다.

작업 도중에 자주 멈춰야 한다. 미리 생각해보는 것도 필요하다. 자신이 어리석은 실수를 저지르고 있다는 사실을 확인하면, 잠시 휴식 시간을 갖도록 하라. 이런 방식으로 작업하면 베이거나 멍들거나 하는 일을 피할 수 있다.

무엇을 만들 것인가?

이 책에는 독자들이 스스로 만들어볼 수 있도록 자세한 부분까지 설명한 스무 가지 넘는 프로젝트가 담겨 있다. 프로젝트들은 서로 관련성이 있어서 책의 진도가 나갈수록 추가적인 기술, 공구, 부속품이 다 연결된다. 더 많은 프로젝트는 요약 형태로 포함시켰다.

보석 상자나 아이들을 위한 바퀴 큰 몬스터 트럭 같은 고전적인 프로젝트도 있지만 여러분이 상상하지 못했던 특이한 것도 포함시켰다.

책의 페이지를 넘기다 보면 기하학적인 문제에 관해 몇 번이나 거듭해서 보게 된다. 무언가를 만드는 과정은 결국 모양과 크기에 관한 것이고 사진 액자에서 모서리를 맞추기 위해 연귀각[5]을 잘라야 할 때라면 각도의 문제를 피해 갈 수 없다. 관심 없는 사람이라면 기하학과 관련한 이야기를 건너뛰어도 되겠지만 기본적인 기하학을 이해한다면 스스로 무언가를 디자인할 때 큰 도움이 될 것이다.

살 수 있는데 직접 만들어야 할까?

이 책에 소개하는 몇 가지 물건은 비싸지 않은 가격에 근처 가게에서 살 수 있는 것들이다. 그런데 왜 직접 만드느라 시간을 낭비할까?

무언가를 만드는 일에서 독특한 만족감을 얻을 수 있다고 믿는다. 어떤 물건을 가리키며 "내가 만든 거야"라고 말할 수 있는 것은 특별한 기분을 느끼게 해준다. 이런 물건은 수십 년간 나 자신의 일부가 되기도 하고, 수작업으로 만든 무언가를 좋아하는 누군가에게 잊을 수 없는 선물이 되기도 한다.

덧붙여, 세상을 대하는 자세에 있어 무기력해지기보다 자신감을 얻게 된다는 것도 장점이다. 다른 사람의 도움을 받지 않고 책장을 만들거나 벽에 그림을 걸 수 있다면, 멋진 일 아닐까? 무언가 고장이 나면 직접 수리할 수 있고 만든 사람은 전혀 상상하지 못했던 방식으로 물건을 새롭게 바꿔 사용할 수도 있다.

마지막으로, 모두 알다시피 남을 통하지 않고 직접 할 수 있다면 자신이 원하는 방식으로 일할 수 있다.

나에 대하여

왜 내가 이 책을 쓰게 되었는지 궁금해하는 사람들도 있을 것이다. 오래전 상급 목공 코스를 상위 1퍼센트의 성적으로 졸업했지만 그렇기 때문에 이 책을 쓴 것은 아니다. 오히려 엔지니어였던 아버지로부터 더 많은 것을 배웠다. 어릴 때 아버지가 공구 쓰는 법을 가르쳐주셨는데 그 후로 장난감부터 헛간에 이르기까지 무언가 디자인하고 만드는 것을 계속해 왔다.

대학에서 '사물의 작동과 수리'라는 과목을 가르쳤다. 밴을 개조하기도 하고 전기 장치를 개발하기도 했고 주방을 개조하기도 했다. 최근에는 캘리포니아 실험실을 위한 프로토타입을 설계하고 시공했다.

작가로서도 컴퓨터 프로그래밍이나 전기장치 등과 관련한 주제로 40여 권의 책에 이름을 올렸다. 티셔츠를 장식하고 꾸미는 것에 관해 책을 쓰기도 했다. 최근에는 〈메이크〉 잡지의 객원 편집자로 50편이 넘는 기사를 써왔다. 〈Cool Tools〉라는 웹사이트의 외부 기고가로 일하며 같은 사이트에 'Tool Tips' 란을 편집하고 있다.

지식의 빈틈을 채우기 위해 인생의 상당 부분을 전문 기술자로 보내온 제러미 프랭크(Jeremy Frank)를 훌륭한 조언자로 두었다. 그는 오랜 세월 쌓아온 지혜로 컨설턴트로서 나에게 조언해 준다. 우리 두 사람이라면 공구 사용법에 대해서는 상당 부분 빈틈없이 다룰 수 있을 것이다.

목표

내가 갖고 있는 지식의 상당 부분은 꽤 힘들게, 수많은 시행착오를 거쳐 얻은 것이다. 책과 카탈로그, 웹사이트를 통해서, 또 전문 매장을 방문하고 사람들을 만나 질문하며 다양한 정보를 얻기도 했다.

내가 했던 것과 마찬가지 방식으로 여러분도 한 걸음씩 공구에 관해 많은 것을 배울 수 있을 것이다. 하지만 한곳에서 이런 지식과 정보를 얻어서 잘 정리해 놓을 수 있다면 그보다 편한 것은 없지 않을까. 그것이 이 책을 쓴 목표다.

오류와 질문

이 책에서 뭔가 문제점을 찾아낸다면 다음 번 인쇄에서 고칠 수 있도록 우리에게 알려주길 바란다. 그러기 위해 시스템을 갖춰 놓았다. 아래 URL을 방문하면 된다.

http://shop.oreilly.com/category/customer-service/faq-errata.do

필자에게 묻고 싶은 것이 있다면, 상황은 조금 다를 수 있다. 공구 사용법에 관한 모든 질문에 다 답할 수 없지만 이 책에서 충분히 설명되지 않은 부분이 있다면 알려주기 바란다. 이를 위해 개설한 이메일 주소가 platt.tools@gmail.com이다. 이 주소로 보내온 메일은 모두 읽는다. 때로는 즉시 답을 보내기도 하지만 대부분 응답하는 데에는 10일 정도 걸린다. 그러니 인내심을 갖고 기다려 주시기를!

불만

독자인 여러분의 힘은 매우 크다. 아마존의 부정적인 리뷰 한 건은 긍정적인 리뷰 10건보다 더 큰 영향력을 발휘할 수 있다. 그러니 불만이 있다면, 나에게 직접 알려주시기 바란다. 내가 잘못 알고 있는 것일 수도 있고 아니면 내가 어떻게든 문제를 해결할 수도 있을 것이다. 공개적으로 그런 불만을 올리기 전에 나에게 미리 알려주어서 바로잡을 수 있는 기회를 주기 바란다. 감사드린다.

주

1 목공 도구의 일부 종류는 동양(일본)식과 서양식의 작동 원리가 다르다. 예를 들어, 한국에서 흔히 보는 대패는 나무로 된 몸통(대패집)에 쇳날이 들어 있으며, 몸 쪽으로 당길 때 나무가 깎인다. 반대로 서양식 대패는 몸통과 날이 모두 쇠로 되어 있으며 몸 쪽에서 바깥으로 밀 때 나무가 깎인다. 톱 역시 일본식 톱(Japanese-style pull-saw)과 서양식 톱은 당기고 미는 방식이 서로 다르다.
2 접착제로 나무를 붙이고 나서 접합 부위가 떨어지지 않도록 꼭 죄는 역할을 하는 ㄷ자(혹은 C자로)로 생긴 목공용 도구.
3 국내에서 작업대를 구매할 때에는 인터넷 쇼핑 사이트에서 '목공 작업대'를 검색하면 몇 만 원에서 백만 원이 넘는 것까지 다양한 제품을 고를 수 있다.
4 추후 목공 기계를 사용하더라도 이 책에 나오는 수공구 다루는 기술을 습득하는 것은 목공 작업에 필수적이다.
5 연귀(miter)는 책에서 계속해서 나오는 주제이다. 액자 모서리처럼 두 부재를 맞추기 위해 비스듬하게(예: 45도) 켜는 것을 말한다.

1장
당황스러운 퍼즐 만들기

누구나 만들 수 있는 쉬운 것부터 시작해보자. 일정 길이의 목재를 여러 개의 조각으로 자르고, 그중 두 개를 접착제로 붙이고, 날이 서 있는 가장자리를 사포로 둥글게 만들기만 하면 된다. 판지 한 장만 추가하면 여러분이 해야 할 일은 끝이다.

이 장에서는 영국에서 100년도 더 전에 발명된 '대드 퍼즐러(Dad's Puzzler)'란 작은 게임을 만들 것이다. 옛날 영국에서는 전국적으로 이 게임에 빠져들었다. 사람들이 왜 그토록 이 게임에 빠져들었는지 알고 싶다면 한 시간 정도만 들여 직접 만들어보면 된다. 이 게임은 재미있지만 매우 어렵기도 하다.

그림 1-1에서 보듯이 이 게임은 아홉 개의 목재 블록이 담긴 판으로 구성되어 있다. 커다란 사각형 블록이 왼편 아래쪽 코너에 위치하도록 블록을 이리저리 움직이는 것이 핵심이다.

쉬워 보이지만 이렇게 하기 위해서는 40번이 넘게 블록들을 움직여야 한다. 블록을 상자 판에서 들어내거나 회전시켜 움직이는 것은 허용되지 않는다.

이 퍼즐을 만들기 위한 도구와 재료는 다음 페이지에 나온다. 공구나 재료 중에 처음 들어보거나 사용법을 모르는 것이 있을 수도 있다. 하지만 이 퍼즐을 만들다보면 금세 알아차리게 될 것이다.

이 장의 새로운 주제
- 측정하기
- 연귀통으로 톱질하기
- 사포로 모서리를 부드럽게 만들기
- 접착제로 붙이고, 클램프로 조이기
- 폴리우레탄으로 마감하기

필요한 재료는 다음 쪽 참조

그림 1-1 대드 퍼즐러의 개념은 단순하지만, 이를 해결하는 것은 단순하지 않다.

필요한 것

- 강화 톱니가 달린 장부톱
- 연귀통
- 트리거 클램프 2개
- 인치와 밀리미터 눈금이 매겨진 스테인리스 자: 18"(457mm), 뒷면 코르크
- 스피드 스퀘어: 7"(178mm)
- 고무 사포 블록
- 작업용 장갑
- 방진 마스크(선택)
- 보호안경(선택)
- 3/4"×3/4"(19mm×19mm) 정사각형 각재목: 길이 36"(914mm)
- 작업대로 쓸 3/4"(19mm) 혹은 그 이하 두께의 합판: 크기는 24"×24"(610mm×610mm) 이상 (메이소나이트[1]도 괜찮다.)
- 목공용 접착제: 8 ozt
- 사포(80방): 9"×11" (229mm×279mm) 크기 3장
- 폴리우레탄: 1파인트[2](0.5리터 내외)
- 판지: 어떤 두께이든 9"×9"(229mm×229mm) 크기
- 폴리우레탄을 다룰 때 사용할 일회용 장갑
- 페인트 붓(원할 경우)

이 재료들은 향후 프로젝트에서도 유용하다.

연필, 종이, 지우개, 종이 타월 등은 이미 갖고 있는 것으로 간주한다.

이 책에 나오는 " 표시는 인치를 뜻한다.[3] 피트(feet) 단위는 쓰지 않는다.

정사각형 각재목 구매하기

동네에 있는 목공소나 대형 공구상가[4]에 가면 정사각형 각재목을 구할 수 있을 것이다. 각재목이라고 하면 옷장 안에 걸려 있는 둥근 막대기를 생각하는 사람이 있을 것이다. 하지만 그림 1-2에서 보듯이 끝 쪽에서 바라보면 정사각형인 각재목도 있다.

블록 가장자리의 틀까지 포함해서 작업 과정에서 실수하거나 낭비되는 것을 고려하면 길이 36" 각재목이 있어야 대드 퍼즐러를 만들 수 있다. 각재목을 살 때에는 나무가

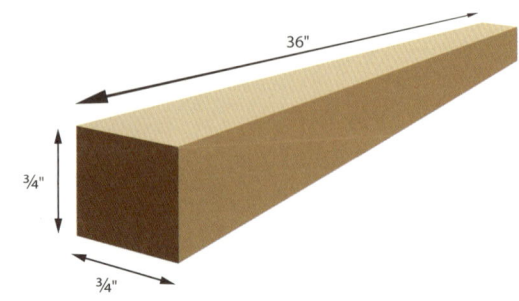

그림 1-2 이 프로젝트를 위해서는 정사각형 각재목을 사용해야 한다. 어떤 나무인지는 중요하지 않다.

똑바른지, 흠은 없는지 확인해야 한다. 만약 가까운 곳에서 이런 나무를 구할 수 없다면? 온라인 상점에서 살 수 있다. 부록 구매 가이드를 참조하자.

작업대 갖추기

목공 작업대가 있으면 좋겠지만 이 책에 실린 내용을 실습하는 데 꼭 필요하지는 않다. 부엌의 싱크대 테이블이 비교적 단단하고 휘지 않았다면 이를 사용할 수 있다. 작업면을 보호하기 위해 파이버 보드의 일종인 메이소나이트(Masonite) 혹은 합판(plywood)을 권하는데, 두께는 1/4"에서 3/4" 정도면 좋고 크기는 최소한 24"×24"는 되어야 한다. 일부 매장에서는 24"×48" 정도 크기로 미리 잘라 놓고 팔기도 할 텐데 이 정도가 이상적이다. 만약 매장에서 일반 사이즈인 48"×96"로만 판매할 경우에는 여러분의 상황에 맞게 잘라 달라고 하면 보통 잘라 준다.

합판이나 메이소나이트와 같은 복합재에 대한 정보는 89쪽에 나와 있는 '복합재 자세히 알아보기'를 참고하기 바란다.

톱 고르기

다음과 같은 네 가지 이유로 동력톱보다는 손톱(hand saw) 사용을 권한다.

- 손톱을 사용하면서 손과 눈을 함께 쓰는 훈련은 다른 목공 도구를 사용하는 데에도 유용하며 의미 있는 경험이다.
- 작고 세심한 작업을 할 때에 자주 손톱을 사용해야 한다.
- 동력톱에 비해 손톱은 훨씬 싸다.
- 손톱이 동력톱에 비해 더 안전하다.

이후에 동력톱을 사용하고 싶다면 그때 그렇게 해도 된다. 293쪽에 이런 종류에 대한 논의가 나와 있다. 하지만 초기 단계에 경험 많은 전문가의 도움 없이 동력톱을 쓰는 것은 바람직하지 않다.

손톱은 가장 기본적 도구이기 때문에 많은 종류가 있다. 19쪽에 손톱에 대한 자세한 정보가 나와 있다. 이 책의 프로젝트를 위해서는 다음과 같은 도구가 필요하다

- 14″ 혹은 그보다 짧은 강화 톱니(1인치당 톱니 12~13개)가 달린 장부톱. 그림 1-3 참조.

더 큰 목재를 좀 더 빠르게 자르고 싶다면 두 번째 톱이 도움이 될 수 있다.

- 대략 10″의 강화 톱니(1인치당 톱니 10~11개)가 달린 다용도톱. 그림 1-4 참조.

그림 1-3 강화 톱니가 있는 장부톱

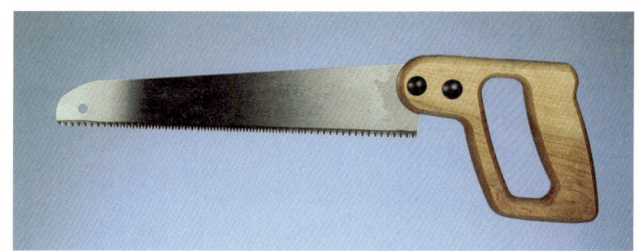

그림 1-4 다용도톱

참고로 톱의 길이를 이야기할 때에는 톱 전체가 아니라 톱날의 길이를 말한다. 장부톱은 연귀톱(miter saw)이라고도 하는데, 이는 연귀맞춤(miter joint)[5]을 하는 데 사용할 수 있기 때문이다(연귀에 대해서는 뒤에서 살펴본다). 어떤 사람들은 이 톱을 등대기톱(back saw)이라고 부르는데, 이는 톱날 등 부분에 딱딱한 지지대[6]가 붙어 있기 때문이다. 장부톱은 경재(hardwood)[7]의 작은 조각들을 정확하게 자르는 데 유용하다.

다용도톱은 때론 공구상자톱(toolbox saw)이라고 부르기도 한다. 공구 상

자에 들어갈 만큼 작기 때문이다. 다용도톱은 장부톱만큼 정확하지는 않으며, 깔끔하게 잘리지 않는다. 하지만 장부톱보다 빨리 톱질할 수 있다.

다용도톱이 꼭 필요하지는 않다. 이 책에 나오는 모든 프로젝트는 장부톱 하나로 처리할 수 있다. 하지만 강화 톱니를 꼭 써야 하는데, 이는 톱니의 모양이나 뾰족한 정도에 따라 톱질할 때 수고를 많이 덜 수 있기 때문이다. 강화 톱니의 유일한 단점은 잘 부러지고, 쇠줄(metal file)로 톱을 갈아 다시 날카롭게 만드는 것이 어렵다는 점이다. 하지만 많은 사람들은 이런 수고를 어쨌든 하지 않으니 걱정 마시길.

나는 아직도 그 이유를 잘 이해하지 못하겠는데, 대부분의 장부톱에는 강화 톱니가 달려 있지 않다. 온라인에서 찾아야 할지도 모른다. 내가 이 책을 쓰고 있을 때 스탠리 팻맥스(Stanley FatMax) 17-202[8]가 큰 폭으로 할인 행사 중이었다. 여러분에게 필요한 것이 바로 이것이다.

스탠리 사는 20-221 모델과 같은 다용도톱도 생산, 판매한다.

손톱 사용상의 안전

톱날을 손으로 꽉 쥐지 않는 한, 살짝 잡는다고 해서 다칠 일은 거의 없다. 이는 톱날을 쥐고 있는 힘이 여러 개의 톱니로 분산되고, 톱니가 피부 위로 왔다 갔다 하는 것이 아니기 때문이다.

그렇다고 해서 안전에 대해 잘못된 생각을 갖지 않길 바란다. 이 톱니들이 나무 안에 박히는 순간 놀라운 힘을 발휘하며, 손가락까지도 자를 수 있기 때문이다.

안전과 관련한 몇 가지 규칙을 지켜야 한다.

- 연귀통을 쓰지 않는 한, 톱을 쥐지 않은 손은 항상 톱으로부터 최소한 4″ 이상 띄우도록 한다. 어설프게 톱질을 하다가 톱날이 옆으로 튀어서 손을 다칠 수 있기 때문이다.
- 작업용 장갑을 착용한다. 장갑을 끼면 정확한 움직임을 하는 데 다소 방해가 되기는 하지만 충분한 보호 가치를 제공할 것이다(물론 손톱의 경우만 그렇고 동력톱은 작업용 장갑으로는 충분치 않다). 철물점[9]에서 다양한 작업용 장갑을 살 수 있다.
- 만약 눈이 아프거나 먼지가 들어갈 것 같다면 보호안경을 착용하여 톱밥 등으로부터 보호하자. 기침을 한다면 방진 마스크(dust mask)를 착용하

여 폐를 보호하자.
- 손의 어떤 부분이든 톱질을 할 때 절대로 날 밑부분에 두어서는 안 된다. 그림 1-5 참조.
- 술을 마시거나 약을 복용한 후 정신이 혼미한 상태에서는 절대로 톱질을 하지 않는다.
- 작업할 때 주변에 어린이가 있다면 반드시 성인이 옆에서 주의시키고 필요한 안전 조치를 취해야 한다.
- 톱질을 마치고 나면 서랍이나 상자에 넣어 보관하거나 톱에 있는 구멍을 활용하여 벽에 안전하게 걸어서 보관한다. 만약 톱을 작업대 위에 올려놓으면 뜻하지 않게 바닥에 떨어뜨릴 수 있고 톱날이 바닥으로 향하면서 발을 다칠 수도 있다. 운동화나 샌들을 신고 있다면 이는 톱에도 작업자에게도 좋지 않다. 작업장에서는 작업용 신발이 좋다. 샌들은 절대로 신어서는 안 된다. 맨발은 말할 것도 없다.

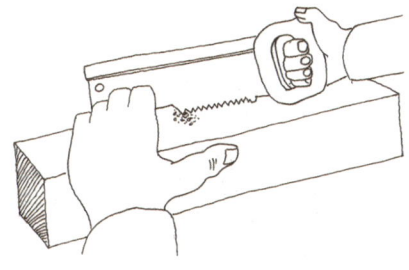

그림 1-5 이 그림에서 무언가 잘못된 것이 보이는가?

손톱은 주의해서만 사용한다면 안전한 도구이다.

연귀통이란 무엇인가?

이 도구는 똑바르게, 그리고 정확한 각도로 톱질을 하도록 도와주는 장치이다. 연귀통은 마치 두발자전거를 처음 배울 때 쓰는 보조 바퀴와 같은 역할을 한다. 3장에서는 연귀통의 도움 없이 손만을 이용해 톱질을 하겠지만, 그것은 연귀통을 사용할 때보다 좀 더 어려울 것이다. 그림 1-6은 플라스틱으로 만든 노란색 연귀통이다.

공구 가게에 가면 연귀통과 장부톱을 하나의 패키지로 파는 경우도 있다. 하지만, 이런 패키지로 된 상품들을 써보니 톱은 보통은 품질이 좋지 않고, 강화 톱니가 아니었다. 따라서 힘을 더 써야 했고, 결국 별 도움이 되지 않았다. 돈을 조금 더 쓰더라도 연귀통과 톱은 별도로 구매하는 것이 더 바람직하다.

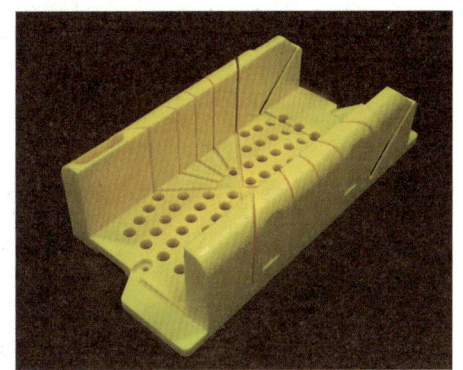

그림 1-6 연귀통은 정확한 각도로 톱질하도록 도와준다.

클램프[10]로 작업물을 꽉 조이기

많은 사람들이 톱질 모탕(sawhorse)[11] 위에 나무를 올려놓고 발로 고정시킨

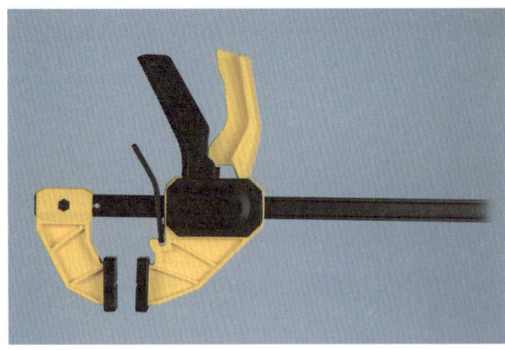

그림 1-7 트리거 클램프는 여러분의 작품을 안정적으로 다루는 데 필수적이다.

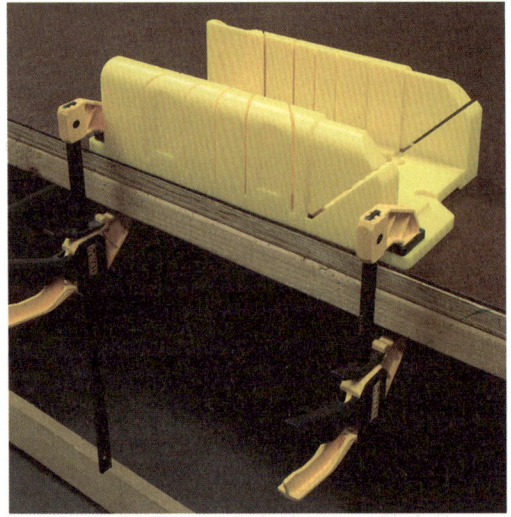

그림 1-8 연귀통의 양쪽 끝에는 클램프로 조일 수 있는 날개가 있어야 한다.

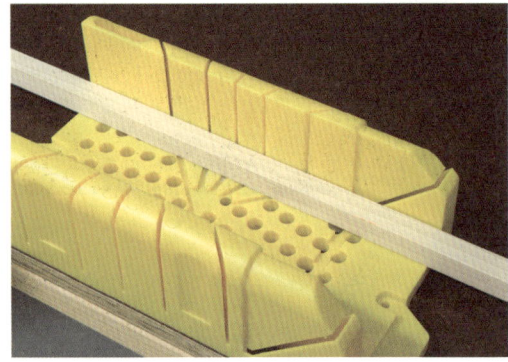

그림 1-9 연귀통에 정사각형 각재목 놓기

뒤 톱질을 하면 된다고 말할 것이다. 나도 그렇게 해봤지만 한 다리는 땅을 딛고 서 있고 다른 다리로 나무를 고정시킨 뒤, 팔 뻗으면 되는 정도의 거리를 두고 톱질을 할 때 정확성을 얻기란 힘들다.

이 책에 나오는 프로젝트를 수행하기 위해서는 정확한 톱질이 필요하다. 이를 위해 가장 좋은 방법은 클램프를 이용해 작품을 안정된 작업대나 테이블에 꽉 물려 놓는 것이다.

트리거 클램프(trigger clamp)는 그림 1-7에 나오는 것처럼 가장 손쉽게 이용할 수 있다. 이 클램프는 바 클램프(bar clamp)라고도 한다. 그림 중간에 있는 바를 중심으로 아래를 향하고 있는 클램프의 턱을 벌리거나 좁히기 위해서는 바 위의 맨 앞에 있는 작은 철로 된 레버를 눌러야 하는데, 이를 트리거라고 한다. 트리거로 대상물에 맞춰 클램프의 넓이를 조정한 다음 바 위에 보이는 큰 검은색 플라스틱 레버를 반복해서 쥐었다 폈다 하면 클램프가 물건을 꽉 물게 돼 있다.

스크루 클램프(screw clamp)[12]는 더 힘이 좋지만 사용하는 데 트리거 클램프보다 시간이 더 걸린다.

트리거 클램프 두 개만 있으면 이 책에서 다루는 모든 프로젝트를 할 수 있다. 그림 1-8은 연귀통을 사용할 경우, 클램프로 연귀통이 움직이지 않도록 어떻게 고정할 수 있는지를 보여준다. 연귀통을 사용하지 않을 때에는 클램프를 작업하고 있는 목재에 직접 물릴 수 있다.[13]

필요한 길이로 잘라내기

긴 나무로는 정확한 작업을 하기 힘들다. 만약 여러분이 갖고 있는 정사각형 각재가 36″가 넘는다면, 이 이하로 잘라내야 한다. 각재를 그림 1-9에 나오는 것처럼 연귀통에 놓자.

내가 구매한 연귀통에는 캠(cams)이라고 부르는 몇 개의 봉처럼 생긴 못이 들어 있다. 그림 1-10에서 보는 것처럼 이 캠을 연귀통에 있는 동그란 구멍에 넣어서 자르려는 나무가 흔들리지 않도록 단단히 고정할 수 있다.

여러분이 구매한 연귀통에 이런 기능이 없다면, 그림 1-11에 보듯이 왼손으로 연귀통 안에 놓인 나무를 고정할 수 있다(만약 왼손잡이라면 오른손으로 나무를 고정하면 된다). 톱과 손의 거리가 너무 가깝지 않도록 주의한다. 톱질을 할 때에는 작업용 장갑을 끼는 것이 좋다.

톱질을 시작할 때 잘 안 될 수 있는데, 톱이 나무에 박혀서 잘 움직이지 않기 때문이다. 이때는 톱을 자신의 몸 쪽으로 몇 번 살짝 켜보라. 좁은 홈이 생길 것이다. 이렇게 해놓고 톱을 밀어보면 더 쉽게 톱질이 된다. 아직도 톱질이 잘 안 된다면, 톱을 자기 쪽으로 몇 번 더 켜보면 된다. 그림 1-12는 톱질이 어느 정도 진행된 모습이다.

톱질을 할 때 너무 세게 힘을 주지 않도록 하라. 톱과 씨름을 해서는 안 된다. 톱질은 작업자가 아닌 톱이 주도해야 하는 것이다.[14]

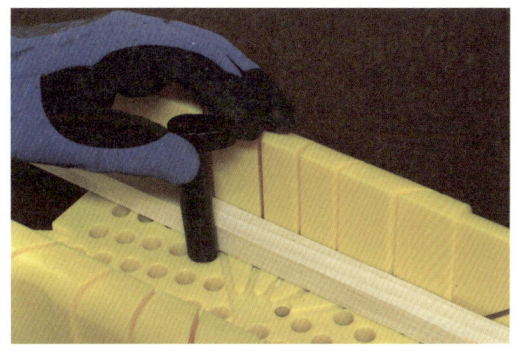

그림 1-10 일부 연귀통에는 캠이라고 부르는 못이 있어서 나무를 고정시키는 역할을 한다.

그림 1-11 엄지로 나무를 고정하고, 나머지 손가락으로 연귀통의 반대편을 꽉 잡는다.

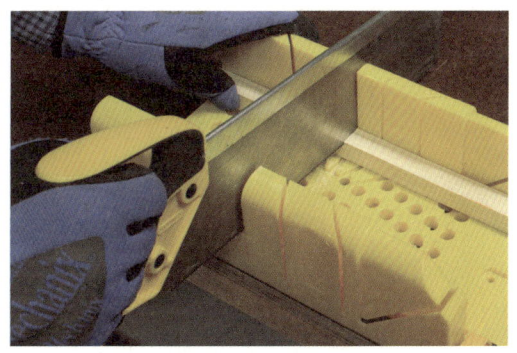

그림 1-12 연귀통에 놓고 나무 톱질하기

끝부분 손질하기

36″이거나 그보다 짧은 정사각형 각재목을 갖고 있다면, 이제 각재 끝부분을 얇게 잘라내어 다듬어야 한다. 만약 가게에서 새 나무 조각을 사서 작업을 시작할 때에는 이 작은 절차를 매번 반복해야 한다. 항상 기억해야 할 것이 있다.

- 여러분이 구매한 목재 끝부분은 제대로 손질이 안 되어 있을 수 있다. 끝부분이 살짝 기울어져 있을 수 있다.

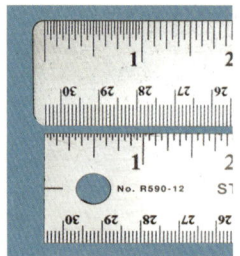

그림 1-13 스테인리스 자는 그림 위쪽에 있는 예처럼 양쪽 끝에 여백이 있을 수 있다. 아래 것처럼 여백이 없는 자가 더 좋다.

그림 1-14 스테인리스 자의 코르크로 된 뒷면

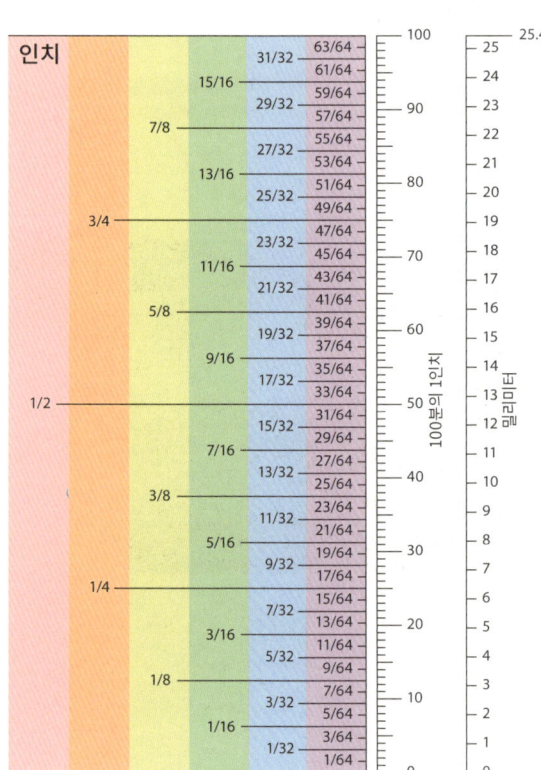

그림 1-15 측정의 단위

여기에서 얼마나 잘라내야 할지 자로 잴 필요는 없다. 대략 1/4″를 잘라내면 된다. 앞에서 연귀통을 이용해 톱질한 것을 참조하여 그대로 하면 된다.

만약 처음 시도했을 때 나무 막대기의 끝이 깔끔하지 않고 사각형으로 잘리지 않는다면, 조금 더 움직여서 다시 톱질을 해보면 된다.

나무 끝부분이 깔끔하게 다듬어지면, 블록 퍼즐을 만들도록 치수에 맞춰 자를 준비가 된 것이다. 이제 측정을 해야 한다.

길이 측정하기

가장 중요한 측정 도구는 스테인리스 자이다. 플라스틱 자를 쓰는 것은 어떨까? 플라스틱 자는 쓰다 보면 이가 빠지고, 흠집이 나고, 작업장에서 부서지기도 하기 때문에 권하지 않는다. 스테인리스 자로는 훨씬 세밀한 측정을 할 수 있다.

그림 1-13의 위에 나오는 것처럼 일부 스테인리스 자는 끝부분에 여백이 있다. 그림 1-13의 밑에 나오는 것처럼 또 어떤 자는 끝부분부터 눈금이 시작된다. 나는 여백 없는 자를 선호하는데, 상자의 깊이를 측정하기 위해 스테인리스 자를 세워서 사용할 때 여백이 있으면 방해가 되기 때문이다. 여러분도 여백이 없는 자를 구매할 때에는 눈금이 금속의 맨 끝부분부터 시작되는지 확인하길 바란다. 때때로 생산 과정에서 측정 눈금이 제대로 새겨지지 않은 제품도 있다.

자는 최소한 18″는 되어야 하며 뒷부분이 코르크로 되어 있어서 미끄러지지 않는 것이 좋다. 미끄러지지 않는 것은 생각보다 중요하다. 코르크 자의 뒷면은 그림 1-14에 나와 있다.

자는 밀리미터와 인치 두 가지 눈금이 모두 표기되어 있어야 한다. 미국의 경우, 목재를 자를 때에는 항상 인치를 단위로 하며 15인치의 절반, 또 절반의 절반, 그리고 또 절반의 절반의 절반 등으로 나눈다. 즉, 1/2″, 1/4″, 1/8″, 1/16″, 1/32″, 1/64″ 등으로 표시된다. 그림 1-15는 이를 명확하게 보여주기 위해 그려 놓은 것이다.

분수를 사용할 때에는, 분자와 분모를 2배로 곱하면 그 값은 같다. 즉 2/4나 1/2은 동일하고, 6/32과 3/16은 똑같다.

이를 알고 나면, 5/32가 1/8보다 큰지 작은지 알 수 있다. 1/8은 2/16와 같고, 또 4/32와 같다. 따라서 5/32는 1/8보다 크다. 이런 정보는 여러분이 드릴 비트를 이용해서 구멍을 뚫고자 할 때, 그 구멍을 몇 분의 몇만큼 더 크게 파려고 할 때 도움이 된다.

그림에 분모를 100으로 계산한 길이(인치)를 포함시켰는데 왜냐하면 가끔 이 시스템을 쓰기 때문이다. 예를 들면 철의 두께를 측정할 때 그렇다. 그리고 완벽성을 기하기 위해 밀리미터도 포함시켰다.

1인치는 정확히 25.4㎜이다.

그림 1-1을 다시 보면, 이 퍼즐은 2개의 작은 정사각형 블록, 6개의 직사각형(각 직사각형은 작은 정사각형보다 두 배 더 길다), 그리고 하나의 커다란 정사각형 조각으로 이루어져 있다. 이 조각들을 어떻게 만들어야 할까?

작은 정사각형은 여러분이 구한 정사각형 막대기의 길이로 정할 수 있다. 예를 들어 여러분의 막대기를 정사각형 쪽에서 보았을 때 그 길이가 각각 3/4″라면, 작은 정사각형 블록은 3/4″ 길이로 만들 수 있다. 직사각형 블록은 두 배 길어야 하므로 1 1/2″ 길이로 자르면 된다. 하지만 1 1/2″×1 1/2″의 정사각형은 어떻게 만들어야 할까?

걱정 안 해도 된다. 1 1/2″ 길이의 직사각형 막대기 2개를 자른 뒤, 접착제로 붙여서 정사각형으로 만들면 된다.

이제 다 모아보면, 1 1/2″ 길이의 조각이 총 8개 필요하고, 3/4″ 조각 2개가 필요하다. 그림 1-16을 참조하기 바란다.

하지만 아직 자로 재기 시작하지 말기를! 톱으로 자르다 보면 톱날의 두께 등의 영향으로 항상 나무의 일부가 없어지기 마련이다. 만약 나무 막대에 여러 개의 길이를 모두 한꺼번에 표시해 두고 톱으로 자르면 여러분이 원한 만큼 길이가 나오지 않는다. 실제 원한 길이보다 조금씩 짧은 조각이 나오게 된다. 절차는 이렇다. 먼저 한 조각의 길이를 표시해 놓고, 그

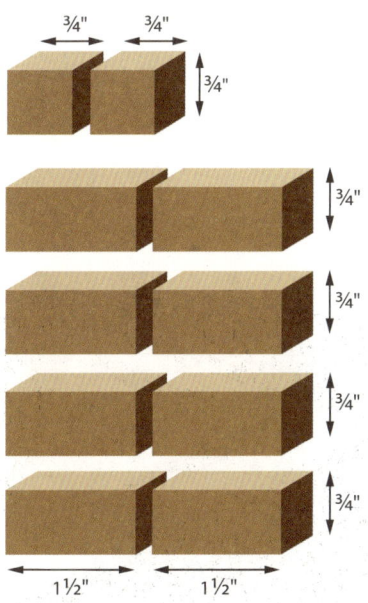

그림 1-16 퍼즐 조각들을 만들기 위해서는 총 10개의 막대기가 필요하다.

선의 바깥 부분을 톱으로 자른다. 그러고 나서 또 하나의 길이를 표시하고, 또 자르고… 이렇게 한다. 이 방법은 다음 두 페이지에 걸쳐 설명한다.

90도 각도 만들기

우선 각도를 어떻게 측정하는지 알아야 한다. 그림 1-17은 몇 가지 예를 보여준다. 90도를 직각이라고 부른다. 나뭇조각의 끝부분이 길이와 90도를 이룰 때 우리는 그 끝을 직각이라고 한다.

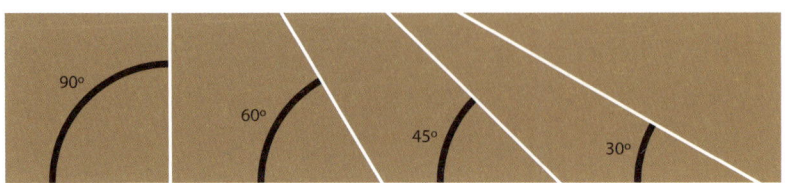

그림 1-17 보통 쓰이는 각도들

연귀통은 자동적으로 90도로 자를 수 있도록 만들어주지만, 조만간 여러분은 연귀통의 도움 없이 톱질을 해야 할 것이다. 예를 들어, 연귀통에 들어가기에 너무 큰 나뭇조각을 잘라야 할 때 그렇다. 연귀통을 쓴다 하더라도 자신이 톱질한 것이 정확한지 확인할 수 있어야 한다. 따라서 90도로 선을 그릴 수 있어야 한다.

나무에 선을 그을 때는 연필을 사용한다. 연필은 HB이거나 더 단단한 연필심을 쓰는데, 왜냐하면 나무의 거친 면 위에서 너무 연한 연필은 오래 쓰지 못하기 때문이다.

연필보다는 볼펜이나 얇은 마커펜으로 선을 그리는 것이 낫지 않을까? 그럴 수도 있겠지만, 잉크는 나무에 스며드는 성질이 있기 때문에 나중에 지우기 어렵다. 하지만 연필은 지우개나 사포만으로도 쉽게 지울 수 있다.

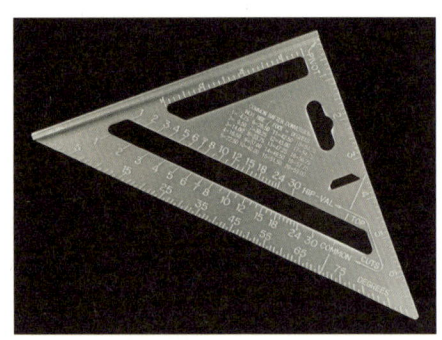

그림 1-18 7" 스피드 스퀘어의 길이는 다양하지만 이 책에서 작품을 만드는 데는 이 정도면 적절하다.

90도를 그리기 위해서 보통 두 가지 도구를 쓴다. 그림 1-18에 나오는 스피드 스퀘어(삼각자)[16]는 삼각형으로 생겨서 90도 각도를 그리는 데 도움을 준다.

그림 1-19는 스피드 스퀘어를 사용하는 한 가지 방법을 보여준다. 이 도구의 두꺼운 면을 나무의 가장자리에 바짝 붙여야 한다. 그다음 자를 이용해 스피드 스퀘어

(그림 1-19에 나오는 스피드 스퀘어의 세로로 된 직각면)와 나무 끝(그림 1-19에 나오는 나무의 오른쪽 끝)과의 거리를 잰다. (다른 방법을 쓸 수도 있다. 만약 자의 끝에 여백이 있다면, 우선 자만을 이용하여 나무에 표시를 해놓고 나서, 스피드 스퀘어를 이용해 연필로 나무에 직선을 그을 수 있다.)

왼손으로 스피드 스퀘어를 꽉 잡으면서, 오른손으로는 자를 치우고 그림 1-20에서 보는 것처럼 스피드 스퀘어의 세로로 된 직각면을 따라 연필로 선을 그리면 된다. 연필을 스피드 스퀘어에 바짝 붙여서 연필선과 스피드 스퀘어 사이에 간극이 없도록 한다.

같은 목적으로 사용할 수 있는 또 다른 공구는 그림 1-21에 나오는 직각자(try-square)[17]이다.

스테인리스 자를 스피드 스퀘어와 함께 사용한 것처럼 똑같은 방식으로 직각자와 함께 사용할 수 있다. 그림 1-22에서 보는 것처럼 직각자 손잡이의 날 부분을 나무의 날에 나란히 맞추면 된다. 하지만 직각자 중에는 정확하게 생산되지 않은 것이 있다. 직각자를 살 때에는 종이의 구석 면이나 또 다른 믿을 만한 직각으로 된 물건에 대어 90도가 맞는지 확인하기 바란다.

나는 매사에 다소 어설픈 편이어서 개인적으로 스피드 스퀘어를 선호하는데, 스피드 스퀘어는 콘크리트 바닥에 떨어뜨려도 부서지거나 고장 날 일이 거의 없기 때문이다. 이 책에서 여러분은 내가 스피드 스퀘어를 사용하는 사진들을 계속 보게 된다. 하지만 여러분은 원한다면 직각자를 사용해도 괜찮다. 두 가지 모두 가격은 비슷할 것이다.

연필로 선을 그릴 때와 톱으로 나무를 켤 때 일정 부분의 두께를 먹어 들어간다는 점을 명심해야 한다. 그림 1-23은 무슨 뜻인지를 보여준다. 스피드 스

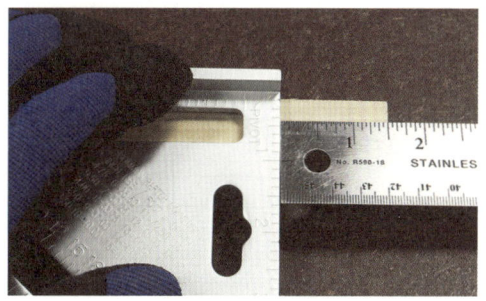

그림 1-19 자르고 싶은 만큼 나무를 측정하기

그림 1-20 톱으로 자르도록 안내하는 선 그리기

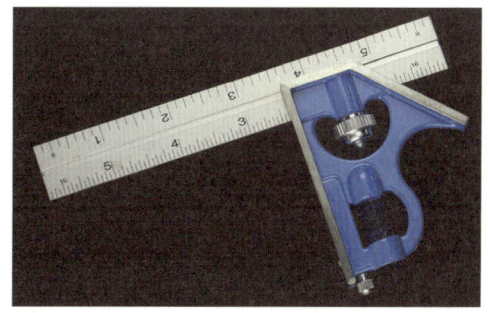

그림 1-21 직각자

그림 1-22 직각자로 90도 선 그리기

퀘어(혹은 직각자)의 날은 나무 끝으로부터 여러분이 원하는 정확한 거리에 위치하게 된다. 연필을 스피드 스퀘어의 날에 대고 그릴 때 연필선은 스피드 스퀘어 날 안쪽에 그려진다. 따라서 스피드 스퀘어를 떼고 톱은 연필로 그은 선의 바깥쪽(그림에서 연필선의 왼편)을 따라 켜야 한다. 이렇게 하지 않으면 톱날의 두께만큼을 나무에서 먹어 들어가게 되어 원하는 만큼의 길이를 얻지 못하게 된다.

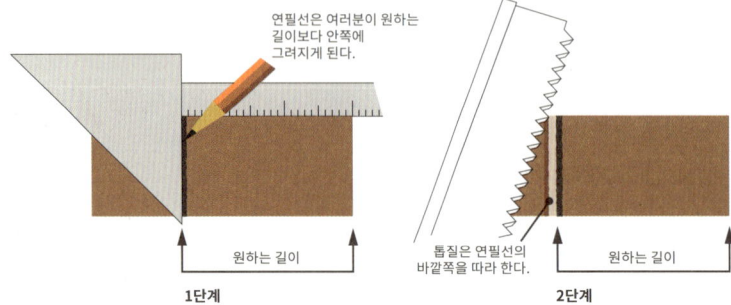

그림 1-23 연필선의 바깥쪽으로 톱질하는 것이 중요하다.

기억해야 할 몇 가지를 적어본다.

- 연필심은 자주 뾰족하게 깎아야 한다. 연필심이 두꺼우면 정확한 작업을 하는 데 아무 도움이 되지 않는다. 샤프펜슬을 이용하는 것도 괜찮다. 문구점에서 구할 수 있다.
- 정확한 작업을 할 때에는 자신이 원하는 길이보다 약간 크게 자르는 것이 좋다. 사포질을 하면 정확한 크기가 된다.

사포질하기

나무를 자르고 나면, 사포질을 하여 가장자리를 부드럽게 만들어야 한다. 사포는 9″×11″[18] 정도의 표준 크기로 판매하며, 산화알루미늄 같은 다양한 성분을 천이나 종이에 붙여 만든다. 이 책의 프로젝트를 위해서는 어떤 사포를 써도 괜찮다. 혹은 재활용이 가능한 샌딩 스펀지(sanding sponge)[19]를 사서 써도 좋다. 나는 샌딩 스펀지를 선호하는데, 스펀지로 되어 있어서 곡선으로 된 나무를 사포질할 때 유연하게 작업이 가능하기 때문이다.

그림 1-24는 사포의 표면을 클로즈업하여 보여준 것이

그림 1-24 사포 조각을 클로즈업한 모습

다. 샌딩 스펀지는 그림 1-25에 나와 있다. 사포의 거친 정도를 방(grit)[20]이라고 하는데, 40방은 매우 거칠고 600방은 매우 부드럽고 곱다. 높은 방의 사포는 매우 세심한 마무리를 할 때 사용하며, 낮은 방의 사포는 빨리 갈아내고 싶을 때, 특히 경재(hardwood) 류로 만드는 나무 막대(봉) 등에 사용한다. 이 프로젝트에는 80방짜리 사포를 사용할 것을 권한다.

그림 1-25 샌딩 스펀지

사포를 사용할 때 고무로 된 샌딩 블록(rubber sanding block)이 필요하다.[21] 이 고무 블록은 한 면은 곡선으로 되어 있고, 또 한쪽은 평면으로 되어 있다. 표준 크기의 사포를 4개의 동일한 조각으로 나누면, 고무 샌딩 블록의 평평한 면을 감쌀 정도의 크기가 된다. 사포는 칼이나 가위로 자르지 않도록 한다. 날이 뭉툭해지기 때문이다. 사포를 앞뒤로 접어 주름을 만든 뒤, 그 선을 따라 찢어낸다. 작업대의 끝이나 스테인리스 자의 끝에 대고 사포를 자르는 것도 좋다 (단, 자를 사포의 뒷면에 대고 잘라야 한다. 앞면에 대고 자르면 자에 홈이 생기기 때문이다).

그림 1-26 사포 조각을 고무 샌딩 블록의 넓이만큼 찢은 후, 한쪽 끝을 샌딩 블록에 넣고, 고무를 들어올려 사포가 홈에 들어가도록 한다.

사포의 끝은 블록의 홈으로 들어가고, 3개의 날카로운 핀에 물리게 된다. 그림 1-26을 보면 사포의 한쪽 끝이 블록에 삽입된 것을, 그림 1-27에서는 핀들을 볼 수 있다. 블록의 홈에 손가락을 넣으면 사포를 넣을 수 있을 만큼 위로 벌어진다. 블록을 꽉 쥐면 핀들이 사포를 물게 된다.

그림 1-27 샌딩 블록의 핀들이 사포를 고정시킨다.

이번에는 또 다른 사포의 끝을 블록의 반대편 끝에 넣으면 그림 1-28처럼 된다.

그림 1-28 작업 준비가 끝난 샌딩 블록

샌딩 블록이 꼭 필요할까? 그냥 손으로 사포를 잡고 나무 표면을 문지르면 안 될까? 물론 그렇게 할 수도 있다. 하지만 사포도 종이이기 때문에 결국에는 찢어지게 된다. 샌딩 블록은 찢어지는 것을 방지하고 작업 면을 상대적으로 평평하게 만들어준다. 가구처럼 커다란 것을 만들 때에는 샌딩 블록을 가구 면에 대고 문지르지만, 여기에 나오는 작은 목재는 블록 위에 조각을 대고 문지르는 것이 더 편할 수 있다.

어떤 방식이 더 적절한지 시험해보길 바란다.

각 목재 조각을 사포질한 뒤, 크기를 재보고, 그러고 나서 다시 또 다른 조각을 측정하고 자르면 된다. 이런 말이 다소 반복처럼 들릴 수 있겠다. 하지만 목공 작업에서 하는 많은 일들은 반복이 필요하다. 목공 작업에 몰두하다 보면 이런 작업들이 즐겁게 느껴질 것이다. 날것의 재료를 가공하여 유용하고 보기에도 좋은 것으로 변화시키고, 내가 애쓴 노력도 깃들여지기 때문이다.

접착제

마지막으로 접착제가 필요하다. 보통 본드 색깔처럼 흰색이 아닌 노란색인 것만 빼면 엘머스(Elmer's)[22]와 같은 것들이 목공용 접착제다. 이 밖에도 다양한 브랜드가 있다.[23] 그림 1-29를 참조하길 바란다.

목공용 접착제는 물에 녹기 때문에 손가락에 묻어도 쉽게 지울 수 있다. 하지만, 접착제가 굳고 나면 놀랍게도 강력한 힘을 발휘한다.

목재를 접착제로 붙일 때 지켜야 할 두 가지 기본 원칙이 있다.

그림 1-29 목공용 접착제. 브랜드는 중요하지 않다.

- 톱밥 등의 먼지를 없애야 한다. 접착제를 바를 부분이 깨끗하고 건조해야 한다.
- 접착제를 너무 많이 사용하지 않는다.

접착제는 목재에 조금씩 스며들어야 하는데, 톱밥 등의 먼지가 있으면 이를 방해한다(기름기가 묻어 있으면 더 안 좋다). 먼저 작업 공간에 있는 먼지를 없앤다. 진공청소기로 먼지를 없애고 나서는 작업할 공간에 종이를 놓는다. 접착제를 바를 면을 축축한 종이 타월이나 해진 천 등으로 닦아서 남아 있는 먼지를 없앤다. 그러고는 한 시간 정도 내버려둔다.

여러분이 자른 나무 조각들을 접착제로 붙이기 전에 실험을 해볼 필요가 있을 수 있다. 그림 1-30에 나오는 것처럼 클램프를 사용하지 않고 나무 두 조각을 붙여보라. 서로 붙을 면에 접착제를 얇은 막 정도로 바른다. 종이 타월이나 손가락을 이용해 접착제를 바르면 된다.

그림 1-30 클램프를 이용하지 않고 접착제의 강도를 테스트해보기

접착제는 빨리 마르지 않기 때문에 서두를 필요가 없다. 나무

조각을 잘 맞추어서 한 조각 위에 또 다른 조각을 올려 놓고 몇 시간 동안 그대로 둔다. 몇 시간 있다가 여러분은 그 조각들을 쉽게 떼낼 수 있다는 것을 확인하게 될 것이다.

이번에는 사포로 접착제가 남아 있는 부분을 갈아내고, 접촉면을 깨끗하게 만든 다음, 새로 접착제를 짜서 다시 바른 후 그림 1-31에 나오듯이 클램프를 이용하여 접착한 나뭇조각을 꽉 물린다. 이렇게 놔두었다가 몇 시간 후에 클램프를 빼내면 이번에 붙은 부분이 훨씬 단단한 것을 알 수 있다.

만약 클램프를 24시간 동안 물려놓으면 더 단단하게 붙을까? 그 답은 여러분이 스스로 찾아보길 바란다.

그림 1-31 클램프를 사용했을 때 접착제의 강도를 테스트해보기

테스트도 해보았으니 이제는 마지막으로 조각들을 붙일 차례이다. 1½″ 길이의 두 블록을 잘 맞추어 접착제로 붙인 후, 그림 1-32에 나온 것처럼 클램프로 조인다.

클램프를 꽉 조일 수 있는 만큼 조인다. 클램프로 조이면 본드가 넘쳐 옆으로 흘러나올 수 있는데, 이를 닦아내고 마르도록 놔둔다.

온도가 높을 때 접착제가 빨리 굳는다. 섭씨 10도 정도 이하에서는 접착이 잘되지 않는다.

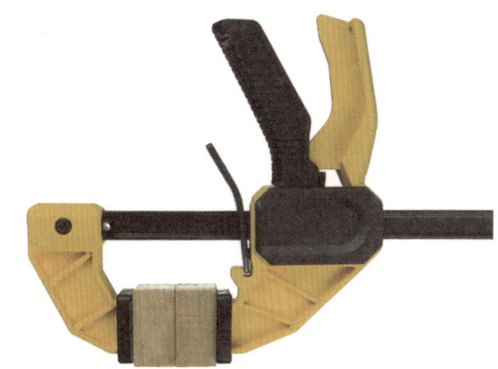

그림 1-32 퍼즐의 큰 정사각형 조각을 만들기 위해 나무 막대기의 두 조각을 클램프로 조인 모습

폴리우레탄으로 마무리하기

나무의 표면을 사포질하고, 가장자리는 사포 위에 놓고 문질러서 부드럽게 만든다. 나무에 묻어 있는 먼지는 젖은 헝겊이나 종이 타월로 닦아낸 뒤, 마르도록 놔둔다.

이제 폴리우레탄으로 코팅을 해야 한다.[24] 나무는 더러워지고, 이를 닦아내기 힘들기 때문이다. 폴리우레탄은 더러워지는 것을 방지해주는데 수성 혹은 유성, 광택, 반광택, 무광, 투명, 엷은 색 등 다양한 유형이 있다.

나는 유성 타입을 선호한다. 왜냐하면 유성은 진득진득해서 코팅을 많이 하지 않아도 되기 때문이다. 반면에 냄새가 고약해서 폴리우레탄을 칠하고 난 뒤 붓을 씻을 때 힘들 수도 있다. 하지만 비싸지 않은 일회용 붓을 사용할 수 있다. 각자 알아서 선택하면 된다.

이 프로젝트를 위해서는 투명한 반광택 타입이 적절하다. 1파인트 정도면 이 책에 나오는 모든 프로젝트를 하는 데 충분할 것이다.

폴리우레탄을 사용할 때 기본적 원칙은 간단하다.

- 통을 흔들지 말라! 액체에 거품이 생길 것이고, 마감질을 망치게 된다. 그냥 가볍게 저어주면 된다.
- 한 번 두껍게 바르는 것보다는 두 번 얇게 바르는 것이 항상 더 낫다. 두껍게 바르면 넘쳐나기 마련이다.
- 장갑을 착용한다. 어떤 사람들은 자신이 매사에 조심하기 때문에 손가락에 폴리우레탄을 묻히는 일은 없을 것이라 생각한다. 글쎄… 한번 잘해보시길! 일회용 장갑을 끼는 것이 안 묻히기 위해 신경 쓰는 것보다 더 편할 것이다. 라텍스 장갑은 피부 알레르기가 발생할 수 있으므로 착용하지 않는 것이 좋다.
- 폴리우레탄으로 코팅을 하고 나서 말리는 동안에는 벌레 등이 앉을 수 있는 곳에 두지 않도록 한다.
- 폴리우레탄을 바른 작업물은 애완동물이나 아이로부터 떨어뜨려 놓아야 한다.
- 폴리우레탄은 주변 온도가 높고 환기가 잘될 때 더 빨리 마른다. 환기는 유독 가스 흡입을 줄이기 위해서도 중요하다. 환풍기를 사용할 때에는 먼지가 날리지 않도록 주의한다.

털로 되어 있는 붓을 쓰는 것이 좋을까 아니면 스펀지 붓을 쓰는 것이 좋을까? 이는 취향의 문제다. 싸구려 털붓은 사용하다 보면 털이 빠져서 목재가 마르기 전에 털을 조심스럽게 없애야 할 수도 있다. 반면에 스펀지 붓은 튼튼하지 않아서 스펀지 끝에서 일부 조각들이 떨어져 작품에 붙을 수 있다. 나는 털붓을 선호하는데 스펀지 조각보다는 털을 없애는 것이 더 쉽기 때문이다. 어떤 사람들은 천을 더 선호하기도 한다. 여러분도 해보지 않았다면 한번 시도해볼 만하다.

붓을 사용하고 나서 음식을 담는 지퍼백에 넣고 밀폐시켜 두면 다음번에 다시 쓰기 위해 열었을 때도 부드럽게 붓을 사용할 수 있다.

퍼즐의 틀 만들기

그림 1-1을 보면 우리 일이 아직 끝나지 않은 것을 알 수 있다. 퍼즐을 담는 틀을 만들어야 한다.

틀을 만드는 한 가지 방법은 좁은 판지 조각을 잘라서 서로 붙여 울타리를 만드는 것이다. 그러고 나서는 또 하나의 판지를 밑에 대고 테이프로 붙인다.

하지만 여러분은 더 멋진 틀을 만들고 싶어 할지도 모른다. 그렇다면 그림 1-33에 보이는 것처럼 치수를 맞추어 정사각형 각재목을 사용할 수 있다. 틀의 치수에 약간 여유를 두었는데, 나무 블록들이 그 안에서 좀 더 자유롭게 움직일 수 있는 여지를 두기 위해서다.

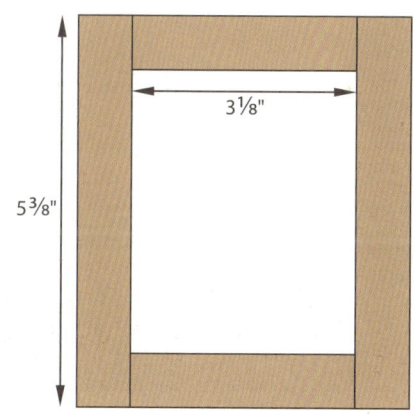

그림 1-33 대드 퍼즐러의 틀 치수

이상적으로는 사진 액자처럼 틀의 귀퉁이를 45도로 자르면 좋을 것이다. 하지만 45도로 연결 부위를 접착하고 클램프로 조이는 것은 어렵기 때문에 5장까지는 일단 미루도록 하겠다. 그림 1-34는 간단한 연결 부위를 클램프로 쉽게 조일 수 있다는 것을 보여준다. 이처럼 나무의 한쪽 이음새를 90도로 연결하는 것을 맞댄 짜임(butt joint)이라고 하는데, 이는 이음의 가장 간단한 형태이다.

아직 틀에서 밑바닥이 필요하다. 1/4″ 정도 두께의 얇은 합판이나 플라스틱판(ABS plastic sheet)을 사용할 수 있다. 이 재료들에 대해서는 잠시 후에 다루도록 하겠다. 지금은 판지를 프레임의 뒷면에 붙이면 된다.

판지와 프레임이 접착되는 부분이 비교적 넓기 때문에 쉽게 클램프로 일일이 조이기가 힘들 수 있다. 접착제가 마르는 동안 프레임 위에 무거운 책을 몇 권 놓아두면 된다. 책과 목재 사이에 종

그림 1-34 대드 퍼즐러의 프레임을 클램프로 조이기

이를 놓아서 삐져나온 접착제 때문에 책이 손상되지 않도록 주의한다. 만약 종이와 접착제가 붙어서 지저분하게 될 때에는 사포로 문질러 없애면 된다.

그림 1-35 이 퍼즐을 풀려고 하는 사람들을 당황하게 만들 준비가 끝난 대드 퍼즐러의 완성 모습.

내가 완성한 대드 퍼즐러는 그림 1-35에 나와 있다. 네 귀퉁이를 둥글게 만들기 위해서 꼼꼼하게 사포질을 해야 했다.

퍼즐 풀기

이제 중요한 부분이다. 이 게임의 목표는 여러분이 기억하듯이 블록을 섞어놓았다가 큰 정사각형이 왼편 위 귀퉁이에서 시작하여 왼편 아래 귀퉁이에 와서 끝나도록 배열하는 것이다. 어떻게 하면 될까?

여러 가지 방법이 있지만 내가 찾아낸 가장 빠른 방법을 알려주고자 한다. 그림 1-36을 보면 위의 그림은 시작할 때의 모습을 보여주고, 아래 그림은 끝났을 때의 모습을 보여준다. L이 큰 블록이고 A와 B가 작은 정사각형 블록이다. H가 수평으로 길고, L이 수직으로 긴 블록들이다.

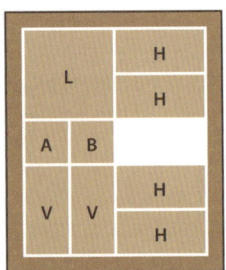
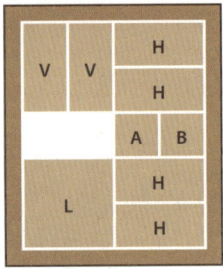

그림 1-36 움직이는 블록의 시작 위치(위 그림)와 끝 위치

지금부터 방법을 설명할 때 블록들은 그림 1-36에 나와 있는 것처럼 알파벳으로 구별한다. 그리고 위로, 아래로, 왼편으로, 오른편으로 움직이라는 지침은 하나 혹은 복수의 블록을 제시한 방향에서 가능한 한 많이 움직이면 된다. 예를 들어 "L 밑으로"는 큰 블록을 공간이 허락하는 한 최대한 밑으로 내리라는 뜻이다. "A+B 오른쪽으로"는 A와 B 블록들을 함께 공간이 허락하는 한 최대한 오른쪽으로 미는 것이다. 수평으로 긴 블록들은 따로 구분하지 않았는데,25 항상 그중 하나만 그 방향으로 움직일 수 있기 때문이다. 수직으로 긴 블록들도 마찬가지이다.

자 이제 방법을 보자.

A+B 오른쪽으로, L 아래로, H 왼편으로, H+B 위로, A+L 오른쪽으로, V 위로, V+H+H 왼편으로, A+B 밑으로, V+L 오른편으로, V 위로, H+H+B 왼편으로, A 위로, H 오른편으로, H 밑으로, A+B 왼편으로, L+H 밑으로, H 오른편으로, V+V+A 위로, B 오른편으로, V 밑으로, V 왼편으로, A+B 위로, V 오른편으로, V 밑으로, A 왼편으로, B 위로, H 왼편으로, H 밑으로, A+B 오른편으로, H 위로, H 왼편으로, B 밑으로, A+H+H 오른편으로, V 위로, V+L 왼편

으로, A+B 밑으로, V+H+H 오른편으로, V 위로, L+A 왼편으로, B+H 위로, H 오른편으로, L 밑으로.

방법을 알 것 같은가? 이제 앞의 지침을 보지 않고 할 수 있을 것 같은지? 슬라이딩 블록 퍼즐은 지금도 새로운 종류들이 개발되고 있다. 구글에서 'sliding block puzzle'로 검색하면 엄청나게 다양한 게임들을 볼 수 있다.

하지만 내가 지금까지도 가장 좋아하는 것은 대드 퍼즐러이다.

그림 1-37 천재의 IQ를 가진 사람들도 대드 퍼즐러 앞에서는 당황할 수 있다.

자세히 알아보기: 손톱(hand saw)

톱과 톱니

그림 1-38부터 1-43까지는 다양한 손톱들과 각자의 장점을 보여준다.

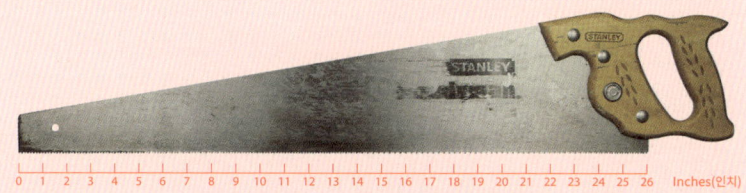

그림 1-38 동력톱이 시장에 널리 보급되지 않았을 때인 1970년대의 오래된 널빤지용 가는 톱. 이를 영어로 '패널소(panel saw)'라고 하는데, 이는 커다란 나무판(panel)을 자르는 데 사용한다고 해서 유래된 이름이다. 사진에서 보는 톱은 1인치당 9개의 톱니가 있다. 다른 것들은 1인치당 8~10개의 톱니가 있기도 하다.

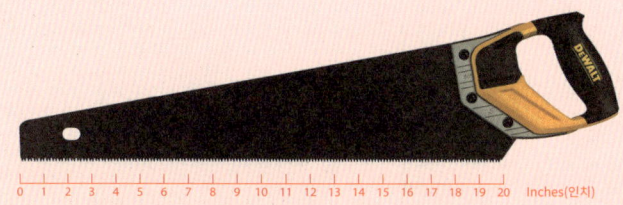

그림 1-39 현대의 널빤지용 가는 톱. 달라붙지 않는 코팅을 했으며, 톱날 디자인도 혁신적으로 개선된 모습. 1인치당 8개의 톱니가 있다.

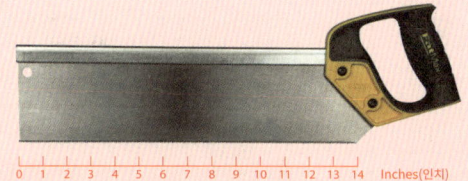

그림 1-40 장부톱. 등대기톱 혹은 연귀톱이라고도 한다. 1인치당 13개의 강화된 톱니가 있다.

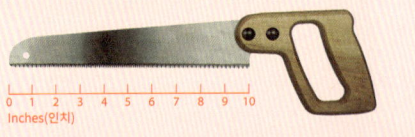

그림 1-41 일반적 목적의 다용도톱으로 1인치당 11개의 톱니가 있다.

그림 1-42 일반적 크기의 일본식 당기는 톱(pull-saw). 1인치당 9개의 톱니가 있다.

그림 1-43 작은 크기의 일본식 당기는 톱. 1인치당 매우 작고 세밀한 톱니 17개가 있다. 연한 플라스틱 등을 깔끔하게 잘라내는 데 이상적이며 이에 대해서는 이 책 15장에서 다룬다.

그림 1-44는 네 가지 톱의 톱니를 확대하여 보여준다. 톱니가 넓으면 보통 더 빨리, 과감하게 잘라낸다. 따라서 톱질을 하고 난 면이 다소 거칠기 마련이다. 하지만 톱니의 모양이 어떤지는 더 중요하다.

그림 1-44 톱니를 확대해서 보면 놀랍게도 서로 다르며, 이런 차이를 아는 것이 중요하다. 다음 페이지의 설명을 읽어보자.

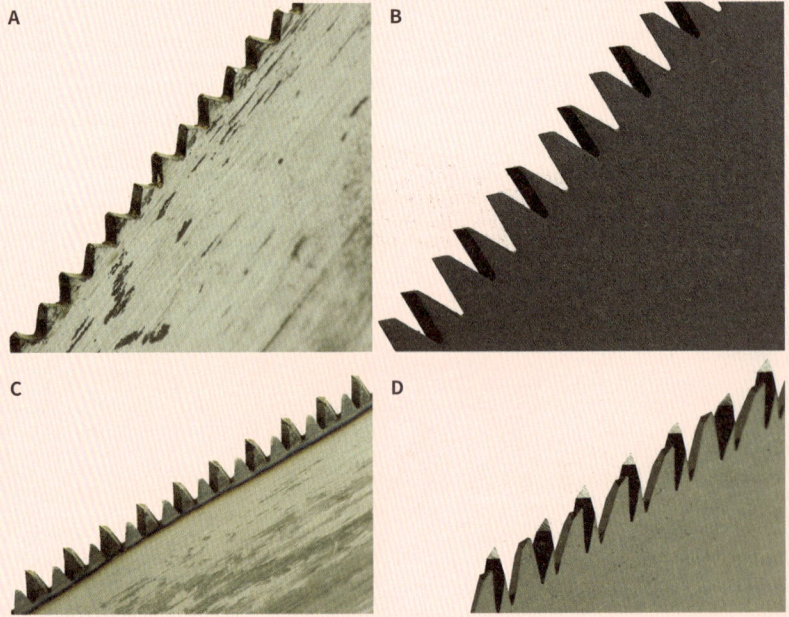

톱니의 기하학적 구조는 지난 몇 세기에 걸쳐 많은 변화를 거쳐왔다. 톱니를 확대한 그림 1-44의 A는 26인치짜리 오래된 널빤지용 가는 톱의 다소 뭉툭한 톱니를 보여준다. 그림 B는 현대의 널빤지용 가는 톱이다. C는 다용도톱으로 어두운 부분은 강화되었음을 보여준다. D는 작은 일본식 당기는 톱이다.

밀어? 당겨?

서양식 톱을 사용할 때에는 톱을 바깥으로 밀면서 나무를 자르게 된다. 이렇게 하기 위해서는 톱날이 상대적으로 두꺼워야 미는 힘에 톱날이 휘지 않는다. 장부톱은 얇은 날 윗면(등쪽)에 두꺼운 철 지지대가 붙어 있어서[26] 톱날을 뻣뻣하게 유지해 준다. 하지만 불행히도 철 지지대가 폭이 넓은 나무를 통과해 톱날이 내려가지 못하도록 하기에, 자를 수 있는 정도에 한계가 있다.

일본식의 당기는 톱은 톱을 사용자 쪽으로 당길 때 나무를 자른다. 미는 것이 아니라 당기는 방식이기 때문에 톱날이 얇아도 되며, 장부톱처럼 날 윗면에 철 지지대가 없기 때문에 톱날 전체가 나무를 뚫고 들어가는 방식으로 사용할 수 있다. 어떤 사람들은 무거운 톱질을 할 때에는 일본식 톱이 덜 효과적이라고 생각하며, 톱을 사용자 쪽으로 당기는 것이 부상의 위험이 더 크다고도 생각한다. 개인적으로 이는 어떤 방식에 익숙한가의 차이일 뿐이라고 본다.

톱이 작동하는 방식

그림 1-45는 서양식 톱에 달린 두 개의 톱니가 오른편에서 왼편으로 미는 모습이다. 각 톱니는 마치 매우 작은 칼날과 같으며, 나무의 표면을 파내어 톱밥을 바깥으로 배출한다(일본식 당기는 톱이라면 톱날은 오른편에서 미는 것이 아니라 왼편에서 당기는 방식으로 작동할 것이다).

그림 **1-45** 두 개의 톱날이 톱밥을 만들어내고 있다.

톱을 끝부분에서 세밀하게 바라보면 두 개의 톱니가 양 방향으로 살짝 갈라져 있는 것을 확인할 수 있다. 그림 1-46은 중심으로부터 벗어난 이 두 개의 톱니가 톱으로 켠 자국(톱날의 두께)을 만들어내는 것을 보여준다. 톱니가 바깥을 향하고 있기 때문에 톱날 몸체보다 살짝 넓게 나무를 잘라내게 되며, 동시에 톱날이 자유롭게 움직일 수 있도록 만들어준다.

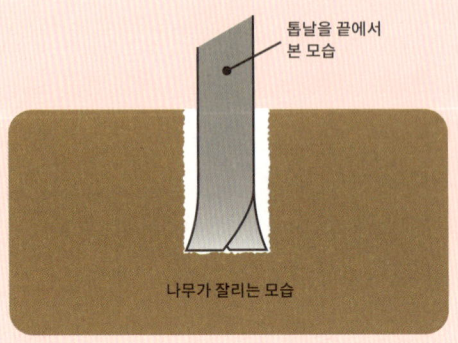

그림 1-46 톱날을 끝부분에서 보면 톱니가 바깥으로 향하고 있어서 톱날보다 살짝 두껍게 나무가 잘리는 이유를 알 수 있다.

쇠톱

그림 1-47은 철을 자르는 쇠톱(hacksaw)이다. 쇠톱의 프레임을 조정하여 10″ 혹은 12″ 길이의 톱날을 끼울 수 있다. 1인치당 톱니의 개수는 18개, 24개, 32개 등으로 다양하다. 톱날이 얇고 완벽하게 고정된 것이 아니기 때문에 톱을 쓰다 보면 톱날이 휘어지기도 한다. 따라서 정확하게 자르는 것은 어려울 수 있다.

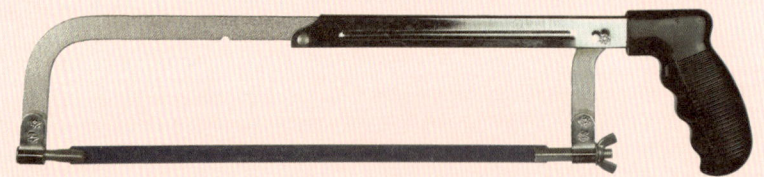

그림 1-47 일반적인 쇠톱

곡선을 자르는 톱

다양한 톱들은 구멍을 내거나 곡선을 자르는 데 사용되는데, 이에 대해서는 193쪽에 나오는 '구멍과 곡선 자세히 알아보기'에서 상세히 설명한다.

톱을 보호하기

강화된 톱니가 달린 톱이라 하더라도 부주의하게 다루어 다른 쇠나 돌, 콘크리트와 부딪히면 쉽게 상할 수 있다. 톱은 잘못하여 바닥에 떨어지지 않을 장소에 보관해야 한다. 습기가 많은 장소에 있다면 톱이 녹슬지 않도록 헝겊에 기름을 묻혀 닦아주거나 이런 용도로 만들어진 글라이드코트[27]와 같은 왁스를 사용하는 것도 좋다.

손톱과 동력톱

동력톱에 대해서는 20장을 참조하기 바란다.

주

1. 미국의 메이슨(W. H. Mason)이란 사람이 고안한 파열법으로 만든 파이버 보드의 일종.
2. 파인트(pint)라는 말이 종종 나온다. 미국이나 영국, 아일랜드 사람들이 맥주 한 잔을 뜻하는 말로 'pint of beer'라는 말을 쓰는데, 1파인트는 1갤런의 1/8이다. 그런데 영국의 1갤런은 4.5461리터인 반면 미국의 1갤런은 3.7854리터이다. 따라서 영국의 1파인트는 0.57리터인 반면 미국의 1파인트는 0.47리터에 해당한다. 이 책에서 파인트는 대략 0.5리터로 생각하면 된다.
3. 국내에서는 밀리미터를 사용하므로 xi쪽에 밀리미터 환산표를 표시해 놓았고 각 장이 시작될 때마다 나오는 '필요한 것'에서는 인치와 함께 밀리미터(반올림)도 제시했다.
4. 국내에서는 목공소에 가거나 온라인으로 검색해서 구매하면 된다.
5. 앞서 설명한 것처럼 두 부재의 횡단면 또는 측면을 각각 90도와 180도가 아닌 빗각으로 깎아서 부재가 4각, 6각, 8각 등 다각형이 되게 접합하는 것을 연귀맞춤(miter joint)이라고 한다.
6. 이 부분을 등대기철물이라고 한다.
7. 경재(hardwood)와 연재(softwood)도 계속해서 나오는 용어이다. 경재는 단단한 목재로 주로 활엽수이며, 연재는 재질이 연한 목재로 침엽수이다. 예를 들어 참나무(oak)는 경재이고, 소나무(pine)는 연재이다.
8. 스탠리 팻맥스는 미국에서 1843년에 시작한 유명한 공구 업체이다. 실제 국내 공구상에 가도 노란색 줄자 등 스탠리 제품들을 쉽게 볼 수 있다. 17-202는 이들이 만들어 파는 장부톱의 모델명이다. 국내 온라인 쇼핑몰에서도 이 모델을 검색하면 구매할 수 있다.
9. 요즘은 동네에 철물점이 많지 않다. 물론 작업용 장갑은 마트에서도 살 수 있다. 하지만 여러 가지 목공 공구를 구경하고 구매하고 싶은 사람이라면 보다 전문적인 공구 상가나 가게에 들러볼 것을 권한다. 예를 들어 구로 공구상가, 을지로 공구상가 등이나 종로5가역 근처에서 50년째 목공 도구를 팔고 있는 덕영상사 등이 있다.
10. 목수들이 클램프는 아무리 많아도 좋다고 할 만큼 자주 유용하게 사용하는 공구이다.
11. 모탕은 나무를 패거나 자를 때 받쳐 놓는 나무 토막을 말한다. 톱질 모탕이란 다리 4개 달린 작업대를 말하는데, 'saw horse'(두 단어를 붙여서 쓰기도 한다)라는 영단어로 검색하는 것이 더 빠르다. 보통 톱질 모탕 두 개를 짝으로 만들어 쓴다. 가끔 TV에 보면 마당의 평상에 나무판을 얹어놓고 한 발로 나무를 밟아 고정시킨 뒤 톱질을 하는 모습을 볼 수 있는데, 이 문장은 바로 그런 그림을 연상하면 된다.
12. 보통 국내 공구상가에 가서 클램프를 달라고 하면 이 책에 나오는 트리거 클램프나 스크루 클램프를 보여줄 것이다. 트리거 클램프는 보통 플라스틱과 철제 바로 이루어져 있고, 스크루 클램프는 보통 철제로 이루어져 있다. 트리거 클램프가 가격이 더 비싼 편이지만, 편하기 때문에 보통 이를 사용하고, 대신 무거운 목공 작품을 다룰 때에는 스크루 클램프를 쓰는데, 이는 힘이 더 좋기 때문이다.
13. 클램프, 특히 스크루 클램프를 목공 작품에 직접 물릴 때에는 조심해야 한다. 왜냐하면 물리는 압력에 의해 나무에 자국이 남을 수 있기 때문이다. 그래서 보통 작품과 클램프가 물리는 사이에 나뭇조각 등을 대어 안전 조치를 한다.
14. 목공을 처음 배울 때 가장 큰 교훈 중의 하나는 톱질로부터 얻었다. 어깨와 팔, 손에 힘을 잔뜩 주고 톱질을 하면 잘될 것

같지만, 실은 그 반대다. 톱이 떨어지지 않을 정도로, 각도를 유지할 정도로만 잡고 최대한 힘을 뺀 상태에서 톱질을 하면 오히려 톱질이 더 잘된다. 마치 우리 삶에서 힘을 빼고 사는 것이 더 여유롭고 일도 잘 풀릴 때가 있는 것처럼.

15 한국에서는 밀리미터를 단위로 사용한다.

16 목공에서 쓰는 스피드 스퀘어를 영어로 트라이앵글(triangle)이라 하지 않고 빠른 직각이라는 뜻의 스피드 스퀘어(speed square)라고 한다. 왜 그럴까? 이를 이해하기 위해서는 스완슨(Swanson)을 알아야 한다. 미국 일리노이주에서 활동하던 알버트 J. 스완슨(Albert J. Swanson)이란 목수는 1925년 지붕 공사를 할 때 직각을 빠르고 쉽게 잴 수 있는 스피드 스퀘어를 고안해 내었다. 이 스피드 스퀘어의 한쪽 면에는 그림 1-19에서 보는 것처럼 굵은 바가 90도로 붙어 있어서 나무 등의 평평한 면에 쉽게 붙여서 금방 직각을 측정할 수 있다. 이를 본 많은 동료들은 그에게 자기도 그가 만든 스피드 스퀘어를 갖고 싶다고 했고, 스완슨은 수작업으로 만들어 팔다가 결국은 스완슨이라는 공구 회사를 세웠고, 지금도 이 회사는 목공 도구들을 생산, 판매하고 있다.

17 직각자를 뜻하는 영어 단어 try-square는 말 그대로 사각형인지 아닌지를 알아보는 용도로 만들어진 데에서 유래했다.

18 참고로 우리가 컴퓨터 프린터에서 사용하는 A4 용지가 210 mm×297mm이다.

19 혹은 스펀지 사포라고도 한다.

20 그리트(grit)란 영어 단어는 원래 모래나 아주 작은 돌을 뜻하며, 사포에서 그리트의 숫자가 낮으면 사포가 더 거칠고, 높으면 더 곱다. 보통 국내에서는 그리트를 '방'이라고 부른다. 그리트(방) 숫자는 사포 뒷면에 적혀 있다.

21 고무 샌딩 블록을 인터넷에서 구매할 때에는 'rubber sanding block'으로 검색하면 더 많은 상품을 찾을 수 있다. 하지만 최소 1만 원대가 넘는다. '고무샌딩블록' 혹은 '사포손잡이/사포홀더' 등으로 검색하면 몇 천 원으로 살 수 있는 것들이 나온다. 샌딩 스펀지는 1천 원 내외로 구매 가능하다.

22 엘머스(Elmer's)는 1947년 이후 70년간 다양한 접착제를 만들어온 유명한 전문 회사이다. 대표적인 제품 브랜드로 글루올(Elmer's Glue-All)이 있다.

23 예를 들어 국내에는 50년 넘은 오공본드, 독일의 헨켈(Henkel), 미국의 타이트본드(titebond) 등이 있다.

24 폴리우레탄을 사용하는 것이 부담스럽게 느껴질 수도 있다. 이럴 때에는 친환경 페인트 혹은 목공 오일로 검색하면 다양한 제품들이 나온다. 친환경 페인트로 유명한 브랜드로는 던 에드워드(Dunn-Edwards Paints)가 있다. 온라인 쇼핑몰이나 페인트 가게에 가보는 것도 좋다. 폴리우레탄을 비롯하여 페인트, 목공 오일 등을 두루 살펴볼 수 있다.

25 H 블록이 4개 있지만, 이를 따로 구분하지 않았다는 뜻이다.

26 그림 1-3, 1-40의 장부톱 그림을 보면 톱날 위에 있는 철 지지대가 무엇인지 쉽게 이해가 간다.

27 다양한 전문 코팅제를 판매하는 상표 이름이다. Glidecoat.com

2장
별난 큐브

각재목으로 조금 더 연습해보기

이제 삼차원 작품을 시도해보자. 이 장에서 새로운 기술은 필요 없다. 다만 톱질, 클램프 조이기, 접착제로 붙이기 등의 기술을 좀 더 연마할 수 있을 것이다. 이번 장을 마치고 나면 내가 가장 좋아하는 장난감 중의 하나를 여러분도 갖게 될 것이다.

소마 큐브(Soma cube)로 잘 알려진 이 장난감은 덴마크의 과학자 피트 하인(Piet Hein)이 발명한 것이다. 그는 헥스(Hex), 택틱스(TacTix), 님비(Nimbi)와 같은 다른 게임과 퍼즐도 만들었지만 소마 큐브야말로 사람들의 상상력을 사로잡았다.

여러분이 ¾″×¾″ 정사각형 각재목을 갖고 있다고 가정하면 그림 2-1에서 보는 것처럼 길이 ¾″인 4개의 정사각형 조각, 길이 1½″인 조각 10개, 2¼″인 조각 1개가 필요하다. 이를 조합하여 접착하면 그림 2-2에서 보는 것과 같은 블록 A에서 G까지를 얻게 된다.

이 장의 새로운 주제
- 3차원으로 접착하기

필요한 것
- 정사각형 각재목: ¾″×¾″(19mm×19mm), 길이 24″(610mm)

앞에서도 사용한 도구들:
장부톱, 연귀통, 트리거 클램프, 고무 샌딩 블록, 작업용 장갑, 방진 마스크(선택), 보호안경(선택), 합판으로 된 작업대, 목공용 접착제, 사포, 폴리우레탄, 일회용 장갑, 페인트 붓

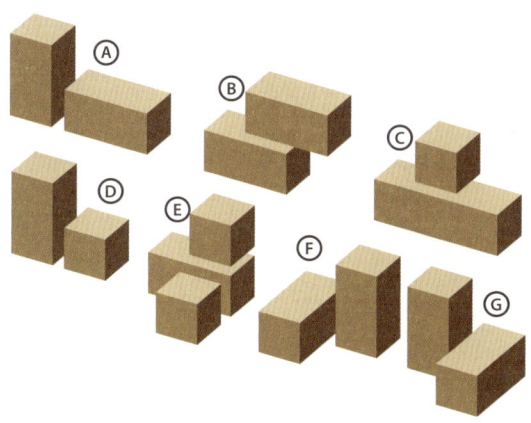

그림 2-1 7개의 퍼즐 조각을 만들기 위한 나뭇조각의 대략 위치

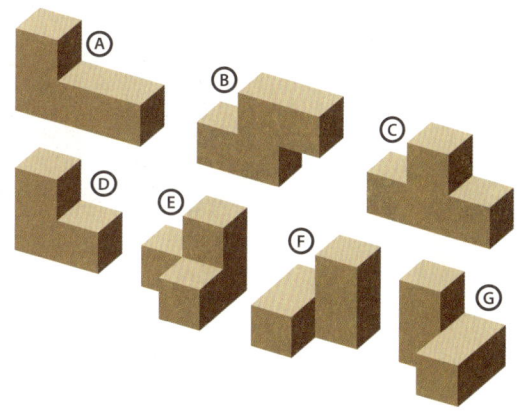

그림 2-2 접착하고 나면 이런 모양이 되어야 한다.

내가 만든 퍼즐 조각들은 그림 2-3에 나와 있고, 큐브로 조합한 것은 그림 2-4에 나와 있다. 큐브로 만드는 것은 그렇게 어렵지 않은데, 조합 방법이 무려 240가지나 되기 때문이다.

소마 큐브를 온라인에서 찾아보면 이 똑같은 조각들로 3차원의 모양을 만드는 수백 가지의 사례를 볼 수 있을 것이다.

그림 2-3 7개의 퍼즐 조각들

그림 2-4 여러분은 퍼즐 조각들을 조합하여 이런 큐브 형태로 만들 수 있을까?

3장
커다란 주사위

지금까지 정사각형 각재목으로 작업을 해왔다. 이 장은 소나무와 같은 연재 (soft wood)를 좀 더 커다란 크기로 익숙하게 다루는 데 목적이 있다. 여러분은 특대 사이즈 주사위를 두 개 만들 것이다. 쉬운 것처럼 보이지만 앞으로 써먹기 좋은 기술들을 배우게 될 것이다.

제재목 측정하기

목재를 보(beam) 혹은 보드(board)의 형태로 팔 때, 이를 보통 제재목(lumber)[3]이라고 한다. 캐나다, 호주, 영국, 그리고 일부 다른 국가에서는 팀버 (timber)라고 부른다. 하지만 미국에서 팀버는 나무 안에 들어 있는 목재를 가리킨다.

미국에서 소나무는 가장 저렴한 목재에 속한다.[4] 여러분이 목재 야적장이나 대형 공구상에 가서 '투바이포(two-by-four)'를 달라고 하면 보통 소나무 (때로는 전나무) 96″ 길이에 끝에서 봤을 때 대략 두께 2″에 폭 4″짜리 투바이포를 줄 것이다.[5]

내가 '대략'이라고 말한 것은 무슨 뜻일까? 제재소에서 나올 때, 제재목들은 거칠고 쪼개진 표면을 갖고 있으며, 투바이포는 실제 처음에는 2인치 두께에 4인치 폭으로 나온다. 하지만 이 거친 제재목을 다루기 쉽게 만들기 위해 보통 커다란 기계 대패로 거친 표면을 깎아내어 만지기 부드럽게 한다. 기계 대패가 대략 $\frac{1}{4}$인치씩 양면을 깎아내기 때문에 여전히 투바이포라고 부르기는 해도 실제로는 두께 $1\frac{1}{2}″$에 폭은 $3\frac{1}{2}″$가 된다.

마찬가지로 투바이식스(two-by-six)도 두께는 약 $1\frac{1}{2}″$, 폭은 $5\frac{1}{2}″$ 정도이며 투바이에이트(two-by-eight)는 두께 $1\frac{1}{2}″$, 폭 $7\frac{1}{2}″$가 된다.

만약 여러분이 책장을 만들기 위해 원바이식스(one-by-six)를 구매했다면 어떻게 될까? 투바이포처럼 양면으로 $\frac{1}{4}″$만큼 깎이고 나면, $\frac{1}{2}″ \times 5\frac{1}{2}″$ 정도가 되지 않을까? 그럴지도 모른다. 하지만 보통 $\frac{3}{4}″ \times 5\frac{1}{2}″$가 될 것이다. 모든 1인치 두께의 보드들은 실제로는 $\frac{3}{4}″$ 두께이다. 39쪽의 '목재 자세히 알아보기'에 나온 정보를 확인하기 바란다.

이 장의 새로운 주제
- 경재(하드우드, 딱딱한 목재)와 연재(소프트우드, 연한 목재)[1]
- 나뭇결과 틀어짐
- 연귀통 없이 톱질하기
- 템플릿 사용하기
- 페인트칠로 마무리하기

필요한 것
- 송곳
- 심이 뾰족한 마커
- 다용도톱(선택)
- 구멍을 그리기 위한 템플릿
- 옹이가 없는 투바이포 소나무: 길이 9″(229mm)
- 소나무(나무 상태 상관없음): 두께 51mm, 폭 102mm, 길이 305mm
- 킬즈(Kilz) 브랜드 혹은 유사 우드 밑칠 페인트(wood primer)[2] 1파인트(0.5 리터 내외)
- 라텍스 흰색 페인트: 1파인트(0.5리터 내외)

앞에서도 사용한 도구들:
장부톱, 연귀통, 트리거 클램프, 자, 스피드 스퀘어, 고무 샌딩 블록, 작업용 장갑, 방진 마스크(선택), 보호안경(선택), 합판 작업대, 사포, 일회용 장갑, 페인트 붓

만약 투바이포가 실제 2″×4″가 아니라면 1장과 2장에서 다룬 ¾″ 각재는 왜 실제로도 높이와 넓이가 ¾″였는지 궁금해 할 수 있을 것 같다. 마찬가지로 1″ 각재를 구매했다면 실제로도 1″×1″일 것이다(약간의 질적 차이는 있을 수 있다). 내가 말할 수 있는 것은 각재들은 다 다르다는 것이다. 각재의 라벨에 적혀 있는 사이즈가 실제 제품의 사이즈이다.

소나무가 저렴하기 때문에 투바이포는 보통 96″ 길이(혹은 그보다 약간 짧은 길이)로 판다. 만약 차 안에 싣거나 대중교통으로 들고 다니기 힘든 경우에는 판매처에 절반으로 잘라달라고 하면 된다.

결함

투바이포 목재는 미국에서는 대부분 집의 뼈대 용도로 사용하기 때문에 목재의 모양은 중요하지 않다. 따라서 제재목 야적장에서는 그림 3-1에서 보는 것처럼 상당히 보기 싫은 견본을 발견할 가능성이 높다.

그림 3-1 투바이포에 있는 몇몇 심각한 흠

그림에서 달걀형으로 어둡게 된 부분은 옹이(knots)라고 하는데, 나무의 가지가 자라났다가 죽거나 부러지면서 그 가지의 밑동이 나무에 흔적을 남겨 이루어진 것이다. 더 보기 좋은 나무를 찾기 위해서는 '셀렉트(select)'급(80%가 옹이가 없는 목재) 혹은 '#1'급(75%가 말끔한 목재)을 주문할 수 있는데, 모든 가게들이 이런 급수의 목재를 취급하는 것은 아니다.

목재의 강도라는 측면에서 보면 옹이는 어떤 기여도 하지 않는다. 이 책에서 다루는 프로젝트를 위해서는 옹이를 피해서 쓸만한 조각들을 잘라서 써야 한다.

더 힘든 것은 목재가 틀어지는 경우인데, 목재를 자른 뒤에 말리는 과정에서 나무 표면에 곡선이 생기는 것이다. 그림 3-2는 투바이포를 끝쪽에서 본 모습인데,

그림 3-2 자 밑으로 얇은 선이 보이는데, 이것이 목재가 틀어진 부분이다.

여기에서 보는 것처럼 목재의 폭을 따라서 틀어짐이 생겨날 수 있다. 자의 밑에 흰색으로 된 부분이 보이는데, 이곳이 목재가 틀어진 곳이다.

목재판이 길이를 따라 틀어진 경우도 있는데, 목재판을 길게 잡고서 표면을 따라 눈으로 보면 알 수 있다. 여기에서 얻을 수 있는 교훈은 명확하다. 투바이포 목재를 집으로 가져오기 전에 주의 깊게 살펴보라는 것이다. 더 상세한 사항은 39쪽의 '목재 자세히 알아보기'를 확인하기 바란다.

주사위 프로젝트 계획하기

커다란 주사위 두 개를 만들기 위해서는 당연히 두 개의 나무로 된 정육면체가 필요하다. 나는 소나무 투바이포를 이용해서 만들려고 하는데, 소나무가 연한 목재 중의 하나이면서 자르거나 모양을 만들기가 쉽기 때문이다.

그림 3-3이 나의 계획이다. 여러분은 투바이포의 한쪽 부분으로부터 시작할 텐데, 이것을 작업 부분이라고 부르겠다. 끝부분으로부터 일부를 잘라내는 부분은 주사위 부분이라고 부르자. 그림에서 보는 것처럼 너비는 높이와 정확히 동일해야 한다.

작업 부분의 나머지는 혹시라도 다음 단계에서 실수할 경우를 대비하여 예비로 남겨두자.

주사위 부분을 돌려서 목재의 너비와 높이를 똑같이 만들어서 두 개의 정육면체를 잘라낼 것이다. 그러고 나면 주사위가 완성된다. 정말 간단하지 않은가!

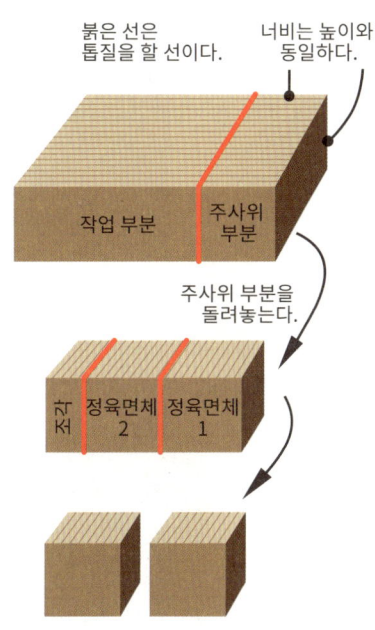

그림 3-3 투바이포 목재에서 두 개의 정육면체를 잘라내기 위한 기본 계획

하지만 몇 가지 예상치 않은 문제점들이 보이는데, 일단 시작하고 중간에 문제가 생기는 대로 해결하자.

작업 부분 골라내기

여러분이 갖고 있는 투바이포에는 옹이나 다른 결함이 있을 것이다. 9″ 정도 길이의 깨끗하고 부드러우며, 어느 정도 평평한 부분을 골라내자. 이것이 여러분의 작업 부분이 될 것이다. 그림 3-4에는 내가 골라낸 작업 부분이 보인다. 여러분이 가진 제재목에서 비슷한 선택을 해보자.

그림 3-4 투바이포 목재에서 결함 없는 부분을 골라내자.

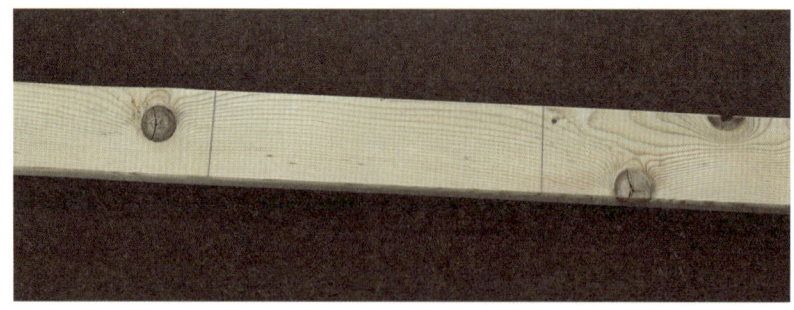

여러분이 투바이포 목재에 연필로 선을 그릴 때 그림 3-5에서 보는 것처럼 이 선을 수평뿐 아니라 수직으로도 그리는 것이 좋다. 이렇게 하면 직각으로 톱질하는 데 도움이 된다.

앞 장에서 연귀통을 사용하여 각재목을 잘랐던 것처럼 여기에서도 똑같은 방식으로 작업 부분을 잘라내면 된다. 다용도톱이 있다면 장부톱을 사용하는것보다 빠르게 작업할 수 있을 것이다.

돈을 절약한다고 싸구려 톱을 구매한 사람들은 소나무를 자르면서 그 결정을 후회할지도 모른다. 소나무는 경재보다는 훨씬 연하지만, 투바이포 목재에서 잘라내는 부분은 5제곱인치보다 크다. 3/4″×3/4″ 각재를 자를 때는 1/2제곱인치밖에 안 되지만 말이다. 결국 각재목을 톱질할 때보다 이번에는 10배나 더 많이 톱질을 해야 하는 것이다.

그림 3-5 톱질할 선을 각 면에 그리기

내 경험으로 보면 강화 톱니가 훨씬 힘이 덜 든다. 만약 여러분이 가진 톱이 강화 톱니가 아니라면 더 참을성을 발휘하면서 작업하는 수밖에 없다.

톱질에 필요 이상의 힘을 가하면 톱을 제어하기 더 힘들다는 것을 알게 될 것이다. 작업 부분을 골라낸 다음에는 조심스럽게 끝부분을 확인해 보라. 만약 한쪽 끝이 정확하게 정사각형이 아니라면, 다른 쪽을 살펴보라. 한쪽 끝만 제대로 되어 있으면 된다. 만약 필요하면 수직으로 만들기 위해 불필요한 부분을 손질할 수 있다.

그림 3-6 소나무를 연귀통에 넣고 톱질할 때 끝 면이 약간씩 쪼개지는 것은 흔한 일이다.

그림 3-6에서 보는 것처럼 목재 한쪽 끝에 거칠

게 가시 같은 것이 있을 수 있는데, 이는 톱이 나무를 자르고 나오면서 생겨난 것이다. 연재(softwood)에서 이런 점은 문제일 수 있는데, 쉽게 쪼개지기 때문이다. 이 프로젝트에서는 주사위의 각진 부분을 둥그렇게 만들 것이기 때문에 별 문제는 되지 않는다. 하지만, 연재를 연귀통에 넣고 자를 때 이처럼 거칠게 가시 같은 부분이 생길 수 있다는 점은 알아둘 필요가 있다. 잠시 후 어떻게 하면 이를 피할 수 있는지 설명하겠다.

주사위 조각 자르기

작업할 목재의 모든 표면을 80방짜리 사포를 고무 샌딩 블록에 넣어서 부드럽게 갈아내자. 연한 소나무에 긁힌 자국이 나는 것을 피하려면 사포를 나뭇결 방향으로 문질러야 한다. 사포질을 하고 나서 손가락으로 목재의 표면을 만졌을 때 부드럽고 평평하게 느껴져야 한다.

이제 작업할 목재의 정확한 두께를 측정해보자. 그림 3-7에서 보는 것처럼 내가 갖고 있는 투바이포는 사포질을 하고 나서 측정해보니 $1\frac{1}{2}''$보다 살짝 모자란다. 제대로 재어보니 거의 정확하게 $1\frac{7}{16}''$였다. 그림에서 자의 눈금 1 오른편으로 7개의 작은 눈금이 있는 것을 볼 수 있다. $\frac{8}{16}''$는 $\frac{1}{2}''$와 동일하므로 $\frac{7}{16}''$는 $\frac{1}{2}''$보다 $\frac{1}{16}''$가 작은 것이다.

여러분이 갖고 있는 투바이포 목재의 두께가 얼마이든지 그것이 여러분의 주사위 크기가 될 것이다. 그림 3-8을 보면 내가 작업 부분의 윗면에 $1\frac{7}{16}''$를 자로 재고 있는 것이, 그림 3-9에서는 연필로 선을 긋고 있는 것이 보일 것이다. 여러분은 작업 부분을 자를 때 했던 것처럼, 이 연필선을 목재의 사면에 모두 그려야 한다. 이 프로젝트에서는 모든 것이 정확하게 정사각형이

그림 3-7 목재의 정확한 두께를 측정하기

그림 3-8 목재의 두께와 똑같이 표면을 측정하는 모습

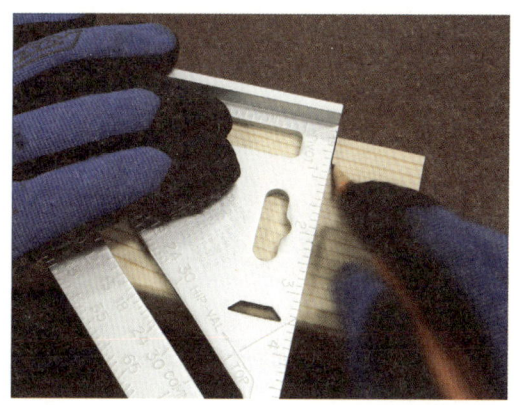

그림 3-9 톱질할 부분 선 그리기

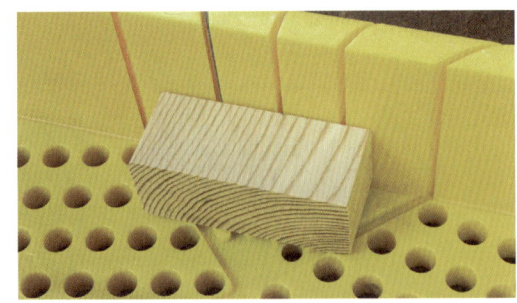

그림 3-10 연귀통에 들어 있는 주사위 부분은 제대로 잡기가 힘들다.

어야 하기 때문이다.

주사위 부분을 연귀통에 넣고 잘라내자. 그러고 다음 단계로 가기 전에 크기와 직각 여부를 조심스럽게 확인하자.

이 주사위 부분에서 어떻게 두 개의 정육면체를 만들 수 있을까? 이런. 여기에 문제가 있다. 그림 3-10에 보는 것처럼 주사위 부분은 비교적 작기 때문에 연귀통에서 움직이지 않도록 잡는 것이 힘들 것이다. 설사 여러분이 성공적으로 꽉 잡고 있을 수 있다고 해도 두 번째 정육면체를 얻어야 하는 조각은 훨씬 더 작을 것이다.

이제 연귀통을 벗어나서 한번 생각해봐야 할 시간이다. 나무에 클램프를 물리고, 연귀통을 사용하지 않고 손으로 톱질을 해야 한다.

연귀통 밖에서 작업하기

어떻게 작업해야 할지 함께 살펴보자. 그림 3-11을 보면 주사위 부분을 두 개의 새로운 목재 조각 사이에 끼워 넣은 것을 볼 수 있다. 하나는 가이드목(木), 아래쪽의 또 하나는 톱질하고 나면 자국이 남아 지저분하게 되는 희생목(木)이다. 여러분이 붉은색 선을 따라 톱질하는 동안 이 세 부분은 모두 클램프로 꽉 조이게 된다.

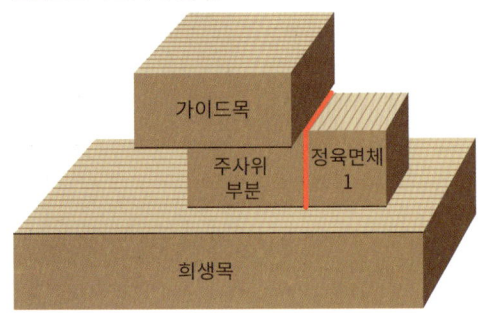

그림 3-11 주사위 부분에서 정육면체들을 잘라내기 위한 전략

톱은 가이드목의 끝을 따라서 움직이기 때문에 여러분이 직각으로 자르는 데 도움이 된다. 주사위 부분을 톱질할 때 밑에 깔려 있는 희생목의 표면 일부까지 자르면, 앞에서 보았던 것처럼 끝부분에 거친 지저깨비가 남거나 하지 않는다. 물론 밑에 있는 희생목에는 톱질 자국이 남지만, 그게 여기에서 자기 역할이다. 이 조각은 자신을 희생시킴으로써 그 위에 있는 주사위 부분의 가장자리가 깔끔해지도록 돕는다.

- 톱질할 때 이와 같이 희생목을 사용하는 것은 깔끔한 가장자리를 얻기 위해 흔히 사용하는 기술이다.

희생목은 목재의 어느 조각을 써도 좋다. 옹이나 다른 하자가 있어도 괜찮다. 평평하기만 하면 목재 상태는 크게 중요하지 않다. 길이는 8″에서 12″ 정도면 된다.

가이드목은 여러분이 갖고 있는 작업 부분의 나머지를 사용하면 된다. 길이는 2″ 정도면 된다. 가이드목의 측면은 정확하게 직각이어야 한다. 따라서 연귀통에 넣고 자른 후에 똑바른지 면밀하게 살펴야 한다.

이렇게 하면 잘될까? 다음 사진에서 보는 것처럼 내가 해본 바로는 잘된다.

그림 3-12를 보면 목재 끝부분부터 두께와 동일한 길이가 표시되어 있다.

그림 3-13을 보면 목재의 세 부분을 쌓아 톱질할 준비를 하고 있다. 클램프는 두 개가 필요한데, 이는 톱을 켤 때 그 힘으로 목재가 돌아가는 것을 방지하기 위해서이다. 나란히 클램프를 조일 수 있는 공간은 충분하다.

그림에서 가이드목과 연필선 사이에 약간 틈을 둔 것을 주의해서 보기 바란다. 톱날의 두께를 고려해서 그렇게 한 것이다. 톱질을 할 때에는 연필선의 안쪽(그림에서 보면 연필선의 오른편)을 자르지 않도록 한다. 또한 톱날이 클램프의 쇠에 닿지 않도록 주의해야 한다.

가이드목과 톱날은 수평으로 유지하면서 주사위 부분에 톱질을 하자. 여러분은 나뭇결과 반대 방향이 아니라 나뭇결을 따라서 톱질하는 것이다. 톱이 목재를 파고들어 간다기보다는 목재를 따라 스케이트를 타는 것처럼 다르게 느껴질 것이다. 이런 용도로 만들어진 톱도 구매할 수 있다. 켜는톱(ripsaw)[6]은 나뭇결을 따라 자른다. 하지만 이 책에 있는 목적을 위해서는 필요하지 않다. 일반톱으로도 충분하다.

그림 3-14처럼 자르고 나면 이제 정육면체 하나를 얻게 된다. 두 모서리 부분만 둥그런데, 걱정하지 않아도 된다. 모든 모서리를 둥글게 만들 것이기

그림 3-12 연필선과 목재 끝까지의 거리는 이 목재의 두께와 동일하다.

그림 3-13 쌓아 놓고 톱질 준비 완료!

3장 커다란 주사위 33

그림 3-14 첫 번째 정육면체가 작업 부분으로부터 나오는 모습

그림 3-15 두 번째 정육면체를 자르기 위한 준비가 된 상태

그림 3-16 마지막 톱질로 완성된 모습

그림 3-17 모양을 만들기 위한 손질을 앞둔 두 개의 정육면체

때문이다.

두 번째 정육면체를 잘라내기에 충분한 주사위 부분이 남아 있다. 하지만, 남아 있는 주사위 부분을 돌려야 한다. 클램프로 죄고 있던 주사위 부분이 두 번째 정육면체가 될 것이고, 오른쪽 부분은 버릴 것이다. 이 말은 결국 연필선의 왼편이 아니라 오른편을 따라 톱질해야 한다는 뜻이다. 그림 3-15에 보이는 것처럼 윗면의 연필선을 가이드목 밑에 놓아 그 선은 보이지 않아야 한다.

그림 3-16은 다 자르고 난 모습이며, 그림 3-17은 잘라낸 두 개의 정육면체 모습이다.

평평하게 사포질하기

여러분이 자른 정육면체를 손가락으로 가볍게 만져보면 몇 가지 결함이 발견될 것이다. 톱질한 흔적이 일부 남았을 수도 있고, 목재의 결로 인해 표면에 작은 자국들이 있을 수도 있다. 이제 보기 좋게 만들 차례이다.

정육면체의 표면을 완벽히 평평하게 만들기 위해서는 그림 3-18에서 보는 것처럼 사포를 평평한 작업대 위에 클램프로 물리는 것이 좋다.

이렇게 해놓은 뒤, 정육면체의 표면을 사포 위에서 부드러워질 때까지 문지른다. 육면 모두가 똑같은 면이 되었는지를 확인한다. 모두 똑같이 만들기 위해서 사포질을 더 해야 할 수도 있다.

나는 빠른 결과를 얻기 위해 80방짜리 사포를 사용했다. 항상 목재의 결을 따라서 평행한 방향으로 사포질을 해야 긁힌 자국이 없다는 점을 기억하자. 클램프로부터 바깥 방향으로 하는 것이 좋다. 만약 사포질을 클램프 방향으로 하면 사포가 접히거나 찌그러질 수 있기 때문이다.

소나무는 가장 연한 나무 중 하나이기 때문에 주사위를 매끈하게 만드는 작업은 긴 시간이 걸리지 않을 것이다.

모서리를 둥글게 다듬기

그럴듯한 정육면체를 얻었다면 이제 모서리를 둥글게 만들 준비가 된 것이다. 이 작업은 주사위가 잘 굴러가도록 하기 위해서 필요하다. 각 모서리를 곡선으로 다듬기 위해서는 모서리마다 돌아가면서 작업대 위의 사포에 정육면체를 대고 천천히 문지르면 된다.

이렇게 한 결과는 그림 3-19처럼 되어야 한다.

마지막으로 정육면체의 꼭짓점에 해당하는 날카로운 부분을 둥글게 만들어야 한다. 이 작업은 아주 간단하다. 한 손에는 정육면체를, 또 다른 손에는 샌딩 블록을 쥐면 준비는 끝난다. 너무 세게 누르지 않으면서 손목을 이용하여 정육면체를 사포에 대고 살살 돌리면 된다. 그림 3-20은 모양이 제대로 갖춰진 주사위의 모습이다.

그림 3-18 평평한 면을 사포질하기 위해서는 사포 자체가 평평해야 한다. 이를 위한 한 가지 방법이 이 그림에 나와 있다.

그림 3-19 모서리가 둥그런 정육면체

그림 3-20 모양이 완전히 갖춰지고 마지막 손질 준비가 된 모습

페인트칠하기

마지막 단계는 주사위에 점 표시를 하는 것이다. 이 작업에는 한 가지 문제가 있는데, 목재의 나뭇결 모양이 위아래 두 면과 옆 네 면이 같지 않다는 것이다. 수직으로 잘린 부분과 수평으로 잘린 면이 다르기 때문이다. 어느 면에서 봐도 똑같이 보이길 원할 것이다.

이 문제에 대한 해답은⋯ 바로 페인트를 칠하는 것이다!

나는 페인트칠하는 것을 별로 좋아하지 않는데, 시간도 많이 걸릴뿐더러 내가 원하는 만큼 완벽하게 보이지 않아서이다. 가공되지 않은 소나무는 특히 짜증이 나는데, 이 나무는 워낙 흡수력이 좋아서 목재에 밑칠(primer)로 보호막을 먼저 만들어야 한다.

내가 좋아하는 밑칠 페인트는 킬즈(Kilz)[7]라는 브랜드이다. 아마도 킬즈라는 이름은 목재의 얼룩이 페인트까지 번져서 눈에 보이는 현상을 막아준다(kills)는 데서 온 것 아닐까 싶다. 나는 킬즈 제품 중 유성을 좋아하지만 프리미엄 라텍스 제품군도 평가가 좋고, 쉽게 닦아낼 수 있다.

페인트칠을 하는 동안 주사위를 어떻게 잡고 있어야 할까? 그림 3-21에서 보는 것처럼 골판지에 삼각형 구멍을 두 개 파서 지지대를 만들기로 했다. 이 삼각형 구멍은 정육면체의 세 면을 잡아주어 그동안 다른 세 면에 작업을 할 수 있다. 먼저 세 면에 페인트 작업을 하고 나서 정육면체를 돌려 다른 세 면에 페인트칠을 하면 된다. 킬즈를 칠하고 나면 마르는 데 한 시간 정도 걸린다.

그림 3-21 목재에 밑칠을 하는 동안 정육면체를 고정시키는 한 가지 방법

밑칠을 위해 붓을 사용할 수도 있지만 이번처럼 작은 작업을 할 때에는 나는 종이 타월이나 헝겊을 사용하는 것이 낫다고 생각한다. 이렇게 하면 붓질한 자국이 남지 않기 때문이다. 당연히 작업용 장갑을 착용해야 한다. 1장에서 폴리우레탄을 칠할 때 사용했던 일회용 장갑을 추천한다. 그림 3-22는 페인트칠을 하는 모습이다.

밑칠 위에 어떤 페인트를 사용하든 괜찮다. 나는 반 광택(semi gloss) 라텍스 화이트를 사용했다. 페인트칠을 고르게 하기 위해서는 두 번 발라야 할 수도 있다. 다시 말하지만, 종이 타월에 살짝 묻혀서 칠하기 바란다.

그림 3-22 종이 타월로 밑칠을 하는 모습

마지막으로 점 찍기

나무 정육면체보다는 종이에 정확하게 그림을 그리기가 쉽다. 따라서 주사위 점들의 중심을 먼저 종이 위에 그린 뒤 이를 정육면체 각 면에 옮기는 것이 좋다.

그림 3-23의 왼편은 다섯 개의 점을 주사위에 어떻게 그려야 하는지 보여준다. 오른편은 점들의 배치를 위한 격자 그림이다.

각 점의 지름은 ¼″이다.

종이 위에 격자를 그리고 나서 원이 그려진 일곱 군데를 찔러 구멍을 만든다. 이 작업을 위해서는 송곳을 사용할 수 있다. 송곳은 작은 스크루드라이버처럼 생겼지만 그림 3-24에서 보는 것처럼 끝이 뾰족하다.

앞으로 여러 프로젝트에서 송곳을 쓰게 될 것이다. 보기보다는 매우 다양한 용도에 사용할 수 있다.

얇은 송곳 정도로 말할 수 있는 픽(pick)을 사용할 수도 있는데, 이 공구는 정확성을 필요로 하는 데 사용하기가 쉽다. 그림 3-25는 픽과 갈고리 세트(pick-and-hook sets)인데, 보통 저렴한 가격에 판매한다. 갈고리처럼 생긴 공구는 좁은 곳에 빠진 나무 조각 등을 빼낼 때 유용하다. 개인적으로 나는 송곳을 더 선호하는데 힘든 작업을 할 때에도 잘 견디기 때문이다. 예를 들어 12장에서 필요한 작업인 석고판에 구멍을 뚫을 때에도 사용할 수 있다.

각 점을 송곳으로 찌르고 나서는 그림 3-26에 나온 것처럼 주사위 한쪽 표면에 조심스럽게 그림의 중심을 잡는다. 여러분이 만들려는 점에 맞추어 끝이 뾰족한 마커로 꾹 찔러 넣는다. 이제

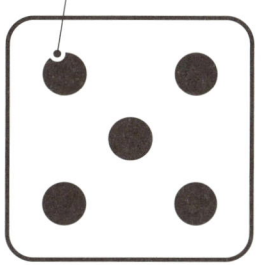
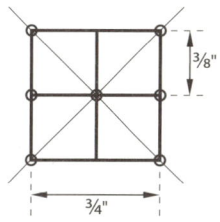

그림 3-23 주사위 점들의 배치와 이를 만들기 위한 격자 그림. 격자는 종이 위에 그린다.

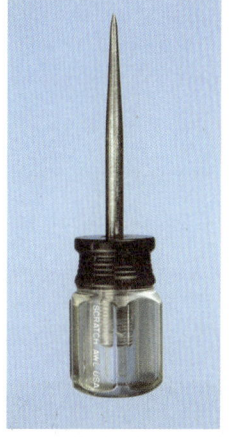

그림 3-24 송곳

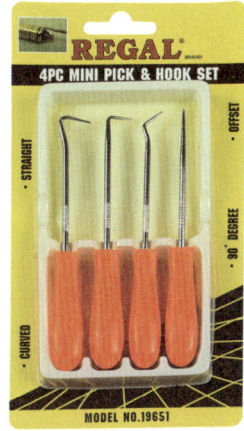

그림 3-25 일반 동네 공구 가게에서 값싸게 구입할 수 있는 픽과 갈고리 세트. 4개 중 끝이 구부러지지 않은 것이 픽이다.

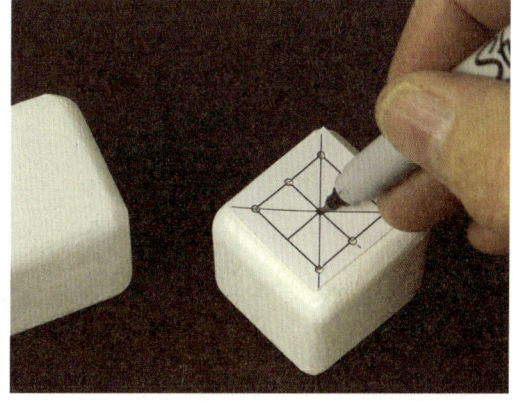

그림 3-26 주사위 한 개 표면에 견본 그림의 중심을 잡은 후 끝이 뾰족한 마커를 이용해 찔러서 점을 찍는다.

3장 커다란 주사위

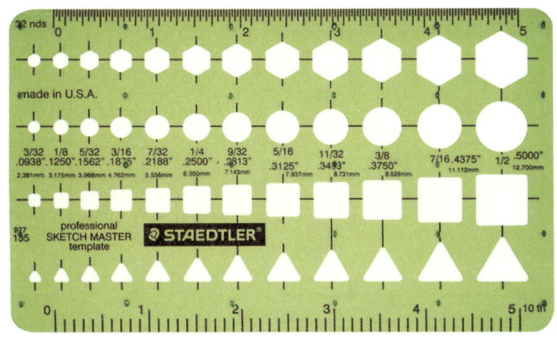

그림 3-27 원하는 원 모양을 그릴 수 있는 플라스틱 템플릿

종이 견본을 치우고 점을 중심으로 지름 1/4" 정도 혹은 자신이 원하는 적당한 지름의 원을 그려 넣어야 한다.

각 위치에 원을 그리는 방법으로는 두 가지가 있다. 그림 3-27에 나오는 것처럼 플라스틱 자를 이용하는 것이 가장 정확하다. 문구점에서 템플릿(template)[8]을 찾으면 된다. 만약 돈을 아끼고 싶다면 집 열쇠처럼 원이 있는 물건을 대고 그리면 된다.

검은색 페인트로 주사위 점을 칠하는 방법이 있을까? 물론 여러분이 페인트 붓질 기술이 매우 뛰어나다면 가능하다. 하지만 유성 마커로도 충분하다고 생각한다. 어쩌면 내가 생각하지 못한 또 다른 방법들이 있을지도 모르겠다.

그림 3-28은 내가 마무리한 주사위이다. 점을 찍을 때 전통적인 주사위는 서로 반대 면의 숫자를 더하면 항상 7이 되게 되어 있다. 전통이나 관습을 그다지 따지지 않는다면 이런 사실이 여러분에게는 중요하지 않을 수도 있다. 어쨌든 알려두는 것이 좋겠다는 생각이 들었다.

그림 3-28 완성된 주사위

한 가지 더 해보자

여기에서 만든 주사위는 제법 큰 크기였다. 하지만 정말 큰 주사위, 예를 들어 각 면이 이것보다 두 배씩 큰 것을 만들고 싶다면?

생각만큼 그렇게 어렵지 않다. 두 개의 투바이포 목재로 시작해서 면과 면을 접착제로 붙인다.

이때 목재면이 완벽하게 평평하지 않으면 접착이 제대로 안 될 것이다. 따라서 상당한 노력을 기울여서 사포질을 해야 한다. 그다음 목공 접착제로 붙이고, 클램프로 최대한 꽉 조인 후 밤새 놔둔다. 그러면, $3″ \times 3\frac{1}{2}″$ 크기의 목재를 얻을 수 있다(왜냐하면 투바이포 목재가 실제로는 $1\frac{1}{2}″ \times 3\frac{1}{2}″$였기 때문이다). 이제 두 개의 정육면체를 잘라내기 전에 옆 끝을 잘라내야 한다.

아주 쉽다고 할 수는 없지만 그래도 해볼 만하다!

자세히 알아보기: 목재

보와 보드

제재목(lumber)이란 제재소에서 보(beam)와 보드(board)를 만들기 위해 나무에서 잘라낸 목재를 말한다. 미국에서 보는 보통 투바이포나 투바이에잇처럼 '투바이(two-by)', 즉 $2″$로 시작한다. 보드는 보통 원바이식스($1″ \times 6″$) 혹은 원바이텐($1″ \times 10″$)처럼 '원바이(one-by)', 즉 $1″$로 시작한다.

투바이 보들은 보통 $1\frac{1}{2}″$ 두께인데, 거칠게 목재를 켠 부분이 커다란 기계 대패를 통과하면서 깎여나가기 때문이다. 원바이 보드들은 대략 $3/4$ 정도 두께이다. 보와 보드는 보통 이름에 붙어 있는 넓이보다 $1/2″$씩 짧다. 그렇기 때문에 투바이포는 $1\frac{1}{2}″ \times 3\frac{1}{2}″$인 것이다.

북미 지역의 집은 대부분 목재 프레임으로 되어 있다. 벽은 보통 투바이포 혹은 투바이식스를 중심으로 세워진다. 전통적으로 마루 밑에는 투바이에잇이나 그보다 더 큰 보를 써서 마루를 지탱했으며, 마루는 보드로 만들었다. 이러한 보나 보드들은 최근에 와서 합판이나 OSB 합판[9] 등의 복합재로 바뀌고 있다. 복합재에 대한 더 상세한 정보는 89쪽의 '복합재 자세히 알아보기'를 참조하기 바란다.

나무를 자르면 그 단면에 원 무늬가 나타나는데, 이는 나무가 여름에는 빠

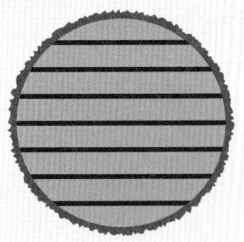

그림 3-30 평할제재 방식으로 잘랐을 때 나무줄기가 보드와 보가 되는 모습

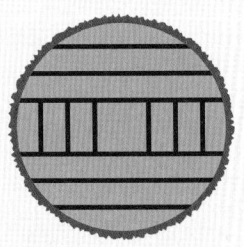

그림 3-31 나무줄기를 잘라내는 또 다른 일반적 방식. 이를 접선단면 제재법이라 한다.

그림 3-32 나무줄기를 잘라내는 또 다른 일반적 방식. 이를 4분할 제재법이라고 한다.

르게 자라고 겨울에는 느리게 자라면서 형성된 것이다. 나무를 톱질하여 널빤지 형태로 자르면 이 원 무늬가 길어지면서 나뭇결로 드러나게 된다. 그림 3-29 참조.

통나무에서 목재를 얻는 방법

나무줄기에서 제재목을 톱질하는 가장 간단하고 빠르며 경제적인 방법은 그림 3-30에서 보는 것처럼 평행하게 자르는 것이다. 이러한

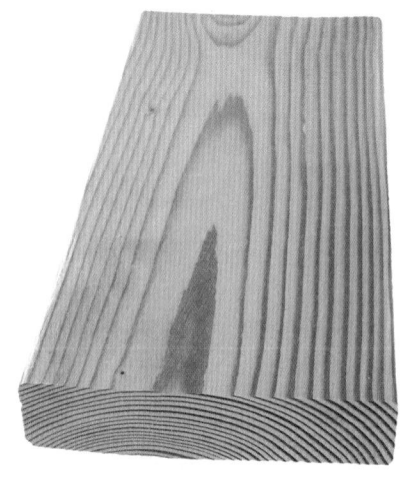

그림 3-29 성장륜(growth ring)[10]과 나뭇결은 같은 것의 두 가지 모습이다.

방식을 평할제재(through and through)[11]라고 한다. 또 다른 일반적 방식은 그림 3-31에서 보는 것처럼 접선단면 제재법(plainsawn)인데, 이렇게 하고 나면 나무 단면의 중심을 정사각형으로 떼어낸다(이때 떼어낸 기둥이 4″× 4″ 이상인 것은 건설 작업에 쓰이곤 한다).

4분할 제재법(quartersawn)은 그림 3-32에서 보는 것처럼 자른다. 이 방식의 장점은 각 보드에 나뭇결이 좀 더 정확한 대칭을 이룬다는 것이다. 나중에 설명하겠지만, 이 경우 보드의 틀어짐을 막는 데 도움이 된다. 하지만 이 방식은 나무로부터 제재목을 얻어내는 데 있어 가장 버리는 것도 많고 비용이 많이 드는 방식이다.

틀어짐, 쪼개짐, 그리고 다른 문제점들

숲속의 나무는 수분을 많이 함유하고 있다. 나무가 쓰러져 잘리고 나면 목재 내부의 농도가 공기 중의 습기와 균형을 이룰 때까지 수분이 목재 표면으로부터 증발한다.

목재에서 수분이 고르게 없어지는 것이 아니라 말라가면서 수축한다. 목재의 일부분이 다른 부분보다 더 수축되면서 이것이 응력(應力), 즉 수축 차이에 의한 힘을 만들고, 이에 따라 목재가 틀어지게 된다. 일부분이 굽는다는 뜻이다.

접선단면 제재법 혹은 평활제재 방식으로 자른 제재목의 횡단면에서 성장륜을 보면 옅은 색 원이 어두운 색 원보다 더 수축된 것을 볼 수 있는데, 이로 인해 목재가 넓이 쪽으로 틀어지게 된다. 이를 방사방향수축(radial shrinking)이라고 한다. 4분할 제재법으로 자른 제재목은 이 문제를 겪을 가능성이 훨씬 적다.

목재는 외층(outer layer)이 내층(inner layer)에 비해 상대적으로 너무 빨리 말라버리면 쪼개지거나 갈라져 터질 수 있다. 목재의 쪼개짐 현상은 대부분 보의 끝부분에서 일어나지만 전체 길이 방향으로 살피면서 갈라진 부위가 없는지 살펴야 한다. 그림 3-33은 급한 건조로 인해 갈라진 것으로 보이는 목재다.

그림 3-34는 나무가 송진으로 인해 습기를 잃을 수 있다는 것을 보여준다. 결국에는 송진이 마르게 되고 이는 긁어내거나 사포질을 해서 목재로 사용할 수 있다.

그림 3-33 등급과 상관없이 프리미엄 목재도 빨리 마르게 되면 제재목 끝부분에서 갈라지는 경향이 있다.

그림 3-34 목재 구매 후 6개월 동안 말린 나무로부터 송진 방울이 스며 나오고 있다.

나무 고르기

어떤 제재목은 제재소 바깥에 무더기로 쌓아놓고 자연건조(air-dried)시킨다. 하지만 상업적으로 팔리는 대부분의 제재목은 거대한 오븐과 같은 빌딩 안에서 열기건조(kiln dried)시킨다. 열기건조는 더 정확하게 통제가 가능해서 목재로부터 더 많은 습기를 없앨 수 있다. 또 자연건조보다 더 빠르다.

어느 방식이건 간에 목재가 판매될 때, 건조 프로세스가 완벽하게 끝나지 않은 상태일 수 있다. 제재목 야적장이나 대규모 공구 가게에서 투바이포 제재목이 쌓여 있는 것을 본다면 나무 더미 윗부분에서 몇 장을 빼 바닥면을 손가락으로 이리저리 훑어보라. 제대로 건조되지 않은 나무들은 실제 손가락의 감각으로 습기를 느낄 수 있다. 이런 나무는 구매 후 틀어진다는 것을 거의 장담할 수 있다.

제대로 건조된 것처럼 보이는 목재를 찾았다 하더라도 가능하면 몇 달 정도는 저장해 놓고 건조시키며 주변 공기와 습도가 동일한 정도가 될 시간을 갖는 것이 좋다.

경재와 연재

스트로브 잣나무(white pine), 포플러(poplar), 더글러스퍼(douglas fir)[12], 단풍나무(maple), 자작나무(birch), 참나무(oak)는 흔히 구할 수 있는 나무들인데, 일부 다를 수 있지만, 무른 것에서 딱딱한 순서대로 열거한 것이다. 그림 3-35는 적참나무(red oak)로 된 보드이다. 소나무와는 완전히 다르게 나뭇결이 얼마나 촘촘하고 균일한지 살펴보기 바란다.

일반적으로 연재(soft woods)라고 불리는 것들은 실제 무르고 절단하거나 모양을 만들기 쉽지만, 정확히 이야기하면 상록수에서 나온 것들이다. 연재는 경재보다 색깔이 옅으며, 빨리 자라기 때문에 보통 값이 싸다. 빠른 성장 때문에 나뭇결의 원이나 줄이 경재보다 더 넓게 분포하고 더 쉽게 눈에 띈다.

그림 3-35 말끔한 적참나무 보드

경재(hard woods)는 낙엽수로부터 나온다. 즉, 가시잎보다 넓적한 잎을 갖고 있으며 겨울에는 잎들이 떨어진다. 경재로 가장 널리 알려져 있는 것은 참나무일 텐데, 매우 무겁고 다루기가 쉽지 않다. 만약 참나무 모서리를 손으로 사포질하여 둥글게 만들려면 한참 시간이 걸릴 것이다.

경재가 가진 대단한 밀도, 성장륜의 촘촘함은 비틀어지는 문제를 줄이는 데 도움을 준다. 그렇다 하더라도 구매하기 전에 각 길이를 확인해봐야 한다. 경재가 연재보다 훨씬 비싸기 때문에 문제가 없을 것이라는 오해는 하지 말기를.

일반적인 제재목 야적장에서는 다양한 목재를 취급하지 않는다. 하지만 지역별로 있는 전문 가게에 가면 훨씬 더 다양한 것들을 볼 수 있다. 여기에서 구매하는 목재는 좀 더 비싸겠지만 질은 더 좋을 가능성이 높다.

무결점과 코먼 등급

'코먼(common)' 등급의 목재에는 옹이가 있다. 옹이는 나무줄기에서 가지가 나오고, 그 가지는 죽고 나무는 새로 성장할 때 박힌 흔적으로 일종의 하자이다.

옹이는 몇 가지 문제를 일으킨다.

- 구조적으로 아무런 힘이 없다. 목재에 구멍이 난 것과 거의 마찬가지이다. 실제로 종종 옹이는 수축돼 떨어져 나가면서 구멍을 남긴다.
- 동력톱을 사용할 때 목재에서 옹이가 튀어나와 있으면 톱질을 방해하고 옹이가 튀면서 위험한 상황을 만들 수 있다.
- 옹이는 목재의 다른 부분보다 밀도가 더 빽빽하다. 톱질하기 힘들며, 그 안에 못을 박기 어려울 수 있다. 나사산을 꽉 쥐고 있지 못할 것이다.
- 많은 사람이 특히 가구와 같은 물건에 옹이가 있으면 보기 싫다고 느낀다.
- 페인트칠을 한다면 목재의 표면보다 옹이 부위는 페인트를 훨씬 더 많이 빨아들인다. 실제 작업할 때는 옹이를 사포질하고, 목재에 사용하는 혼합물(wood filler)로 먼저 메워야 한다. 이렇게 해도 페인트칠 후에 옹이가 눈에 띌 수 있다.

나무의 깊은 속으로부터 잘라낸 목재라면 옹이가 전혀 없을 수도 있다. 이런 것들을 '무결점(clear)' 등급의 제재목이라고 부른다. 하지만 코먼 등급보다 무결점 등급은 두세 배 값이 비싸다. 그림 3-36은 두 개의 소나무 보드를 보여주는데, 위의 것은 코먼 등급의 것이고, 아래 있는 것은 무결점 등급이다.

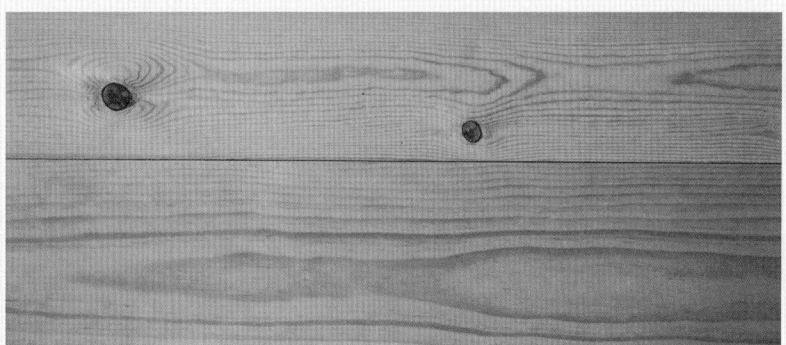

그림 3-36 코먼 등급의 제재목(위)과 무결점 등급의 제재목(아래). 안타깝지만, 두 목재의 가격 차이는 상당하다.

주

1 경재에는 참나무(oak), 단풍나무(maple), 호두나무(walnut) 등이 있고, 연재에는 가문비나무(spruce), 레드우드(redwood), 소나무(pine), 미송/더글라스 퍼(Doublas fir), 시더(cedar) 등이 있다. 국내에서 이런 나무를 주문할 때에는 보통

오크, 메이플 등으로 영어 단어를 그대로 쓸 때도 많다.

2 프라이머는 초벌칠용 도료를 말한다.

3 엄밀한 의미에서 원목이란 둥그런 나무 자체를 말한다. 이를 톱으로 켜서 평평하게 잘라낸 것을 제재목이라고 하며, 제재목을 옆으로 붙여 놓은 것을 집성목이라고 한다. 흔히 원목 가구 등을 말할 때, 넓은 의미에서의 원목이란 제재목과 집성목까지 포함한다. 이 밖에 가공목에는 합판, MDF(Medium Density Fiberboard)나 PB(Particle Board) 등이 있다.

4 국내에서도 소나무는 가장 저렴한 목재 중 하나이다.

5 국내에서 가구 등을 만들기 위해 목공 작업에 쓰이는 나무들은 많은 경우 수입 나무이다. 그러다 보니 목재소에서도 "투바이포"라는 말을 들을 때가 있는데, 수입목이기 때문에 인치로 말하는 경우가 있다. 다만 목공 작업을 하면서 "1재당 얼마인가?"라는 말을 들을 때가 있는데, 쉽게 말하면 우리가 집을 계약할 때 "1평당 얼마인가?"처럼 목공 작업에서 하나의 기준처럼 쓰이는 단위이다. 1재를 이해하기 위해서는 1치와 1자를 이해해야 하는데, 1치는 약 30mm(3cm)이고, 1자는 약 300mm(30cm)이다. 1재는 1치×1치×12자이다. 즉, 두께 30mm, 폭 30mm, 길이 3,600mm(3m 60cm)이다.

6 세로톱이라고도 한다.

7 1954년 미국 미주리주 세인트루이스에서 페인트 가게를 열었던 멜빈 콜드웰(Melvin Caldwell)이 사업을 발전시켜 1974년 미국 전국 페인트쇼에서 선보인 브랜드로 프라이머, 페인트 등을 생산하는 유명 브랜드로 성장했다.

8 제도 용구 중에 템플릿 혹은 도형자, 빵빵자, 원형자를 검색하면 나온다.

9 Oriented Strand Board의 약자로 인공 판재이다. 배향성 스트랜드보드라고도 한다.

10 목재의 횡단면에 나타나는 원 모양 무늬. 생장륜(生長輪)이라고도 한다.

11 혹은 일관제재라고도 한다.

12 미송(美松)이라고도 한다.

4장
못 박기

이번 프로젝트에서는 보드에 못을 박아서 랜더마이저(randomizer)를 만들 것이다. 랜더마이저가 무엇일까? 가파른 경사지에 수많은 못이 숲속의 나무처럼 서 있다고 상상해보라. 여러분이 구슬을 못 사이로 굴리면 구슬은 이리저리 튕겨서 결국 맨 끝에서는 동일한 가능성을 갖고 무작위로 왼쪽이나 오른쪽으로 떨어질 것이다. 왼편을 예스(yes)라고 정하고, 오른편을 노(no)라고 정해 놓고 랜더마이저를 게임에 사용하거나, 어려운 결정을 할 때, 혹은 그냥 재미로 쓸 수 있을 것이다.

또한 이 장치를 확률의 교묘한 측면을 보여주는 데 쓸 수도 있는데, 이에 대해서는 이 장 끝에서 설명하겠다.

앞서 나는 원바이식스 소나무가 실제로는 $3/4'' \times 5 1/2''$라고 말했다. 지난번 투바이포 목재처럼 여러분이 소나무를 사러 가면 아마도 $96''$ 길이를 사게 될 것이다. 이 프로젝트를 위해서는 원바이식스의 $12''$ 길이만 필요하다. 하지만 이 책의 뒷부분에서 다시 사용할 것이고, 또 크게 비싸지도 않다. $96''$를 사 놓을 만하다.

망치는 가장 저렴한 것이어도 된다. 만약 여러분이 몸집이 작거나 어리다면 8온스(227g) 망치를 고려해볼 수 있다. 왜냐하면 이 프로젝트에서 사용하는 못들은 작고, 박는 데 큰 힘이 필요하지 않기 때문이다. 10온스(283g) 혹은 12온스(340g) 망치도 있다.[1] 그림 4-1은 8온스 망치와 16온스(454g) 망치를 비교한 것이다.

이 장의 새로운 주제
- 못 박기
- 일정한 깊이로 못 박아 넣기
- 패턴 그리기
- 못의 종류
- 망치의 종류

필요한 재료는 다음 쪽 참조

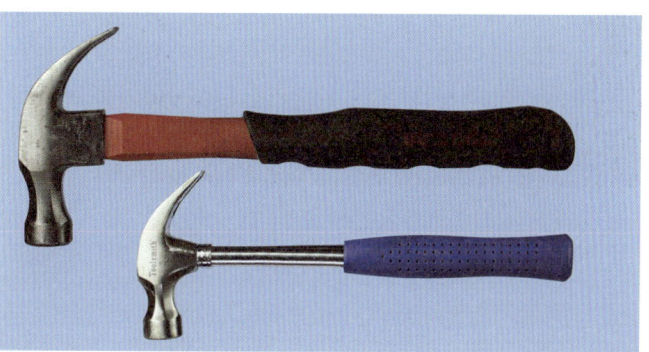

그림 4-1 두 가지 무게의 망치

필요한 것

- 장도리(claw hammer): 8온스(227g)에서 16온스(454 g) 사이(본문 참조)
- 일반적인 슬립 조인트 플라이어(slip-joint pliers), 롱노즈 플라이어(long-nose pliers)가 더 좋음
- 투바이포 소나무: 길이 12" (305mm), 어떤 상태여도 상관없음
- 원바이식스 소나무: 길이 12"(305mm), 옹이가 없고 틀어지지 않은 것
- 정사각형 각재목: $1/4" \times 1/4"$(19mm×19mm), 길이 3"(76mm)
- (가늘고 대가리가 작은) 끝막음못: $1\,1/4"$(32mm), 1파운드(454g) 박스
- 구슬: 지름 $9/16"$(14mm), 20개
- 마스킹테이프: 두께 $1/2"$(13mm)

앞에서도 사용한 도구들:
장부톱, 다용도톱(선택), 송곳, 트리거 클램프, 자, 스피드 스퀘어, 고무 샌딩 블록,
작업용 장갑, 방진 마스크 (선택), 보호안경(선택), 합판 작업대, 목공용 접착제, 사포

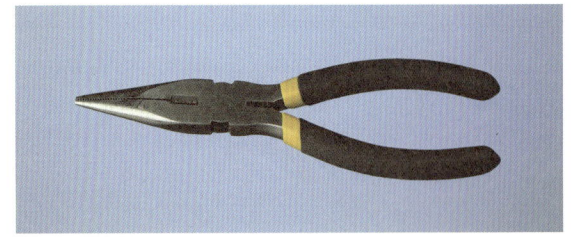

그림 4-2 5" 정도 길이의 롱노즈 플라이어는 망치질을 할 때 못을 붙잡고 있는 데 유용하다.

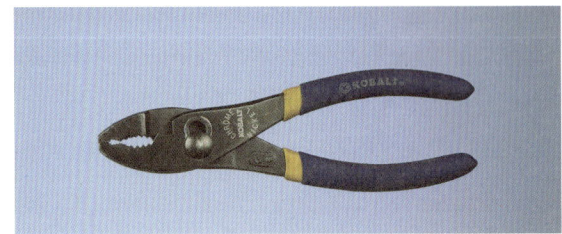

그림 4-3 일반적인 슬립조인트 플라이어

그림 4-2의 롱노즈 플라이어(long-nosed pliers)는 이 프로젝트에서 가장 사용하기 쉬운 종류이다. 만약 그림 4-3과 같은 일반적인 슬립조인트 플라이어 (slip-joint pliers)가 있다면 이를 사용해도 된다.

끝막음못이 무엇인지, 그리고 못에 대해 더 많은 것을 알고 싶다면 56쪽의 '자세히 알아보기: 망치와 못'을 참조하기 바란다. $1\,1/4"$ 끝막음못 한 박스는 그림 4-4에 나와 있는 것과 같다.

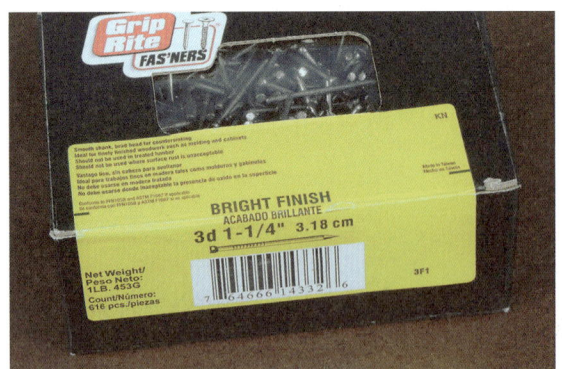

그림 4-4 일반적인 끝막음못 1박스(1파운드, 454그램)

구슬을 갖고 있지 않다면 마트나 문방구 등에서 싸게 살 수 있다. 구슬의 크

기는 구슬이 지나갈 못 사이의 공간을 고려했을 때 지름이 9/16"여야 한다.

망치질할 때의 안전 사항

망치질을 하기 전에 보안경을 착용해야 할지 고려하자. 큰 못을 박을 때, 드물게 금속 파편이 위험한 속도로 날아올 수 있다. 개인적으로 이런 경우를 보지는 못했지만, 어쨌든 이 책에 나오는 프로젝트들은 작은 못을 사용한다. 다만 향후 여러분이 겪을 수 있는 안전 위험성에 대해 미리 알려두는 것이다.[2]

망치질하다가 엄지를 찧는 것은 더 현실적인 위험인데, 대다수 사람들이 언젠가는 이런 일을 겪기 때문이다. 플라이어로 못을 잡음으로써 위험을 방지할 수 있지만 시간이 지나다 보면 이렇게 하는 것에 싫증이 날 수도 있다.

망치질 연습

이 프로젝트를 하려면 못과 못 사이의 공간을 정확하게 띄우는 것이 필요하므로 잠깐 연습을 해보는 것이 좋다. 투바이포 목재 한 조각을 놓고 망치질 기술을 연습해볼 수 있다. 먼저 그림 4-5를 보면서 망치질의 기본 개념을 익히자.

못질은 쉽다. (오른손잡이라면) 왼손으로 플라이어를 이용해 못을 잡아서 못질을 할 곳에 댄다. 수직으로 못을 잡은 뒤 (자기 손가락을 치지 않을 정도로) 망치를 짧게 잡고는 두세 번 못을 가볍게 두드린다.

못이 자기 힘으로 똑바로 설 정도가 되면, 플라이어를 뺀다. 이번에는 망치를 좀 길게 잡고 망치 머리가 못을 수직으로 때리도록 주의하면서 몇 차례 세게 친다. 망치는 팔의 연장선이나 마찬가지여서 망치를 길게 잡으면 훨씬 더 큰 힘을 발휘할 수 있다.

하지만 망치를 길게 잡으면 통제력을 발휘하는 것은 좀 더 힘들어진다. 만약 여러분의

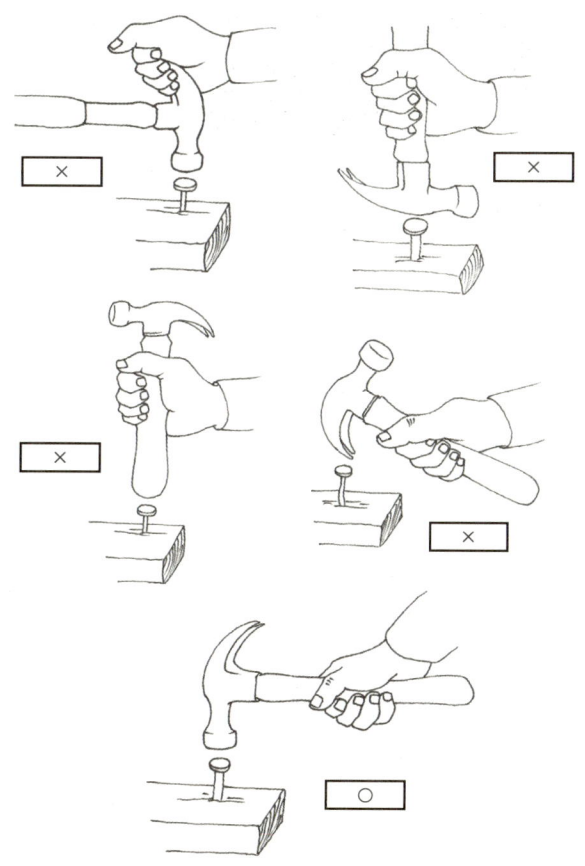

그림 4-5 망치질을 하는 다섯 가지 방법

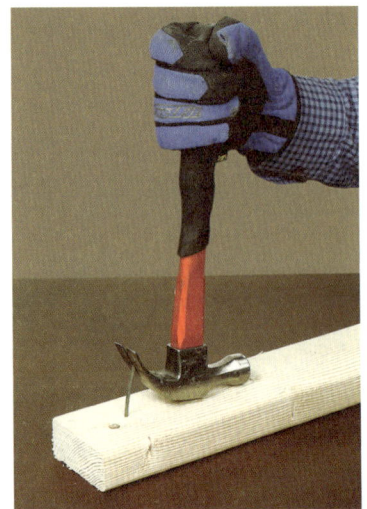

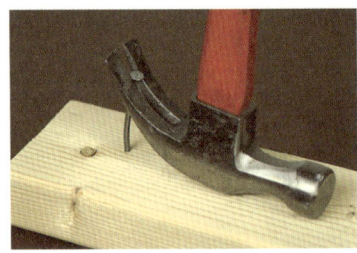

그림 4-6 못을 뽑기 위해 장도리를 사용하는 모습

망치질이 빗겨 나간다면, 망치를 좀 더 짧게 잡도록 한다. 때리는 힘은 줄어들겠지만 좀 더 정확한 망치질을 할 수 있다.

만약 못이 비스듬해지면? 즉시 플라이어로 바로 세우도록 한다. 못이 굽게 되면? 플라이어로 뽑아서 못을 버린다.

못의 역사

오래 전 미국의 식민지 시대에는 못을 수작업으로 만들었다. 당시엔 못이 워낙 귀했기 때문에 누군가 집을 버리면 사람들은 못을 찾아내기 위해 집을 불태울 정도였다. 토머스 제퍼슨[3]은 못을 만들어 파는 대장장이 사업을 하여 돈을 벌어들였다.

지금은 못이 너무 싸서, 굽은 못을 펴기 위해 시간을 쏟을 필요가 없다.

장도리는 그림 4-6에서 보는 것처럼 못을 뽑을 수 있게 만들어진 것이다. 이 프로젝트에서는 못 사이의 거리가 워낙 좁아서 장도리로 못을 뽑을 수는 없고 플라이어를 사용하는 것이 유일한 방법이다. 못들이 워낙 작아서 뽑는 데는 별 문제가 없을 것이다.

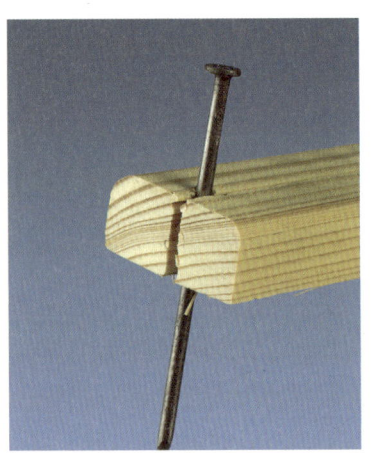

그림 4-7 소나무 조각 쪼개기

그림 4-8 파티클보드는 더 쉽게 쪼개진다.

목재가 쪼개지는 현상

못을 목재의 끝부분에 너무 가까이 박으면 못의 힘이 목재를 쪼갤 수 있다. 못이 너무 두껍거나 목재의 끝에 가까울수록 이런 위험성은 늘어난다. 오히려 경재가 연재보다 더 쉽게 쪼개질 수 있다. 얇은 목재는 두꺼운 목재보다 더 쉽게 쪼개진다. 또한 나뭇결을 따라 일직선으로 두 개 혹은 그 이상의 못을 박으면 목재는 더 쉽게 쪼개진다.

그림 4-7은 내가 소나무 조각을 쪼개는 장면이다. 이를 위해 나는 비교적 두꺼운 못을 썼다. 그림 4-8에서 보는 것처럼 파티클보드(PB)를 쪼개는 것은 더 쉬웠다.

나뭇조각을 쪼개보는 것은 못질 작업의 한계를 배우는 데 효과적이다. 이 프로젝트에서 사용하는 길이 1 1/4″의 작은 못으로 소나무 조각을 쪼갤 수 있을지는 모르겠다. 하지만 3/4″ 정사각형 각재목은, 특히 못이 들어갈 여지가 별로 없는 경재라면, 쪼갤 수 있을 것이다.

원바이식스 자르기

옹이가 없는 원바이식스 소나무, 길이 12″짜리가 필요하다. 이 프로젝트에 사용하는 나무에는 옹이가 있어서는 안 된다. 옹이가 딱딱하고 잘 부러져서 그 부분에 못질을 할 수 없기 때문이다.

원바이식스를 어떻게 잘라야 할까? 원바이식스는 연귀통에 들어가기에는 너무 크다. 만약 널빤지용 가는톱(panel saw)과 톱질 모탕(saw horse)[4]이 있다면 가장 확실한 방법이겠지만 여러분은 아마 테이블에서 장부톱으로 작업을 하고 있을 것이다.

이런 상황을 고려할 때, 그림 4-9는 내 생각을 잘 보여준다. 스피드 스퀘어로 가이드 선을 그린다. 보드 밑에는 보드와 같은 넓이인 5 1/2″길이의 투바이포를 희생목으로 깔아놓는다(희생목은 연귀통을 이용해서 자를 수 있다).

그림에서 보는 것처럼 작업할 영역보다 더 바깥으로 나와서 희생목을 설치한

그림 4-9 연귀통에 들어가지 않는 원바이식스 보드를 자르는 방법

다. 이렇게 하여 두 개의 클램프를 설치하고 톱질을 할 수 있다. 이 그림은 톱질 작업 중에 찍은 것인데, 톱이 사진에 없는 이유는 설치된 모양을 보다 쉽게 볼 수 있도록 하기 위함이다.

높이를 맞추기 위해 보드의 뒷면에 여분의 투바이포를 밀어 넣은 모습도 보길 바란다. 만약 앞장에서 보았듯이 톱질을 똑바르게 해 목재를 수직으로 자르는 데 가이드목이 필요하다고 생각되면, 또 다른 투바이포 5½″ 조각을 보드 위에 설치하고 클램프를 그 위에다 조이면 된다. 하지만 이번 톱질에서 정확도는 크게 중요하지 않으므로 자신의 톱질 기술도 시험해볼 겸 가이드 목 없이 해보는 것이 좋겠다.

톱질 후에 나무 끝에 남는 가시 조각 등을 신경 쓰지 않는다면 밑에 희생 목을 깔지 않아도 된다. 여러분의 선택에 달렸다.

12″짜리 옹이 없는 원바이식스 보드는 구슬이 자유롭게 돌아다닐 수 있도록 표면이 부드러운지 확인해야 한다. 손가락으로 표면을 만졌을 때 나뭇결의 솟아 있는 부분이 없어질 때까지 보드에 사포질을 하자.

도면 만들기

이 프로젝트를 위해서는 못들이 삼각형 패턴으로 배열되어야 하지만, 나는 직사각형 격자에서 그것을 끌어내는 간단한 방법을 알아냈다. 필요한 것은 A4 크기의 종이와 자, 그리고 세 가지 색깔의 펜뿐이다.

그림 4-10에서 보는 것 같은 격자로 시작하자. 여기에서는 밀리미터를 사용했는데, 16분의 1인치 등으로 표시하는 것보다 훨씬 더 쉽기 때문이다. 목공 작업실에서 인치를 사용하는 것은 미국에서는 필수이지만, 펜과 종이를 놓고 일할 때 필요 이상으로 일을 복잡하게 만들 필요는 없다.

나는 직사각형을 녹색으로 그렸는데, 여기에 다른 색들을 입힐 것이다.

이제 검은색 잉크를 사용하여 그림 4-11에

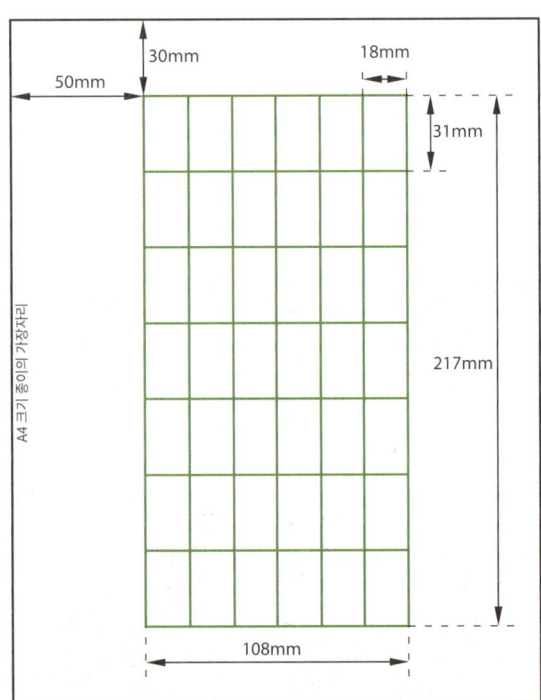

그림 4-10 이 프로젝트에서 못의 위치를 잡기 위해 격자무늬를 그리는 첫 단계

서 보는 것처럼 직사각형의 모서리들을 이어서 대각선을 그려 넣자. 선을 정확하게 그리도록 노력하자.

검은색 선이 만나는 지점에 그림 4-12처럼 빨간색 점을 그린다. 이 점들이 못을 망치질하게 될 지점이다. 그 위치가 특히 중요한데, 구슬이 못 사이를 굴러다닐 것이기 때문이다. 검은색 점들이 있는 곳에 못을 더 박아 넣을 텐데, 그 위치는 그렇게 중요하지 않다. 이들의 역할은 구슬이 격자에서 빠져나가지 못하도록 막는 것이기 때문이다.

이렇게 그린 그림을 목재에 어떻게 옮겨야 할까? 필수적인 절차부터 먼저 다루고 곧 설명하겠다.

정확한 망치질

망치로 못질할 때 가장 중요한 요소 중 하나는 확실한 지지대를 확보하는 것이다. 만약 보드를 작업대 한가운데 두면 책상이 움직일 것이다. 이 말은 여러분이 망치질할 때 사용하는 에너지가 쓸데없이 흩어져 책상이 들썩거리게 된다는 뜻이다.

가장 확실한 지지대는 견고한 목공 작업대이겠지만 만약 여러분이 책상을 사용한다면 망치질하는 힘을 바닥에 직접 전달하기 위해서는 작업물을 책상 다리 한 곳의 위에 놓도록 한다. 물론 유리가 아닌 목재로 된 책상을 쓸 것이라 믿는다!

작업물에 가까이 앉는다. 3″ 못을 박으려고 한다면 살짝 물러나서 자기 몸무게를 실어 망치질을 해야 할 것이다. 이 가벼운 작업에서는 그렇게 할 필요는 없다. 못 가까이에서 정확하게 볼 수 있도록 한다.

여러분이 그린 격자 그림을 테이프를 이용하여 투바이식스 목재에 붙이고 나서 망치질하기 전에 송곳을 사용한다. 이렇게 하는 것이 불필요한 추가 과정처럼 보이겠지만 실은 여러분의 작업 시간을 줄여줄 것이다. 송곳의 뾰족한 끝을 못이 들어가기를 원하는 곳에 정확하게 위치시킨다.

송곳을 직각으로 세우도록 주의하고, 종이 밑으로 꾹 눌러서 목재에 송곳이 찌른 흔적이 남도록 한다. 이제 망치로 못질을 할 때, 뾰족하게 눌린 구멍에 자동적으로 못이 들어가게 되고, 여러분의 작업도 훨씬 쉬울 것이다. 내가 이 프로젝트를 할 때 나는 못이 들어갈 모든 위치에 송

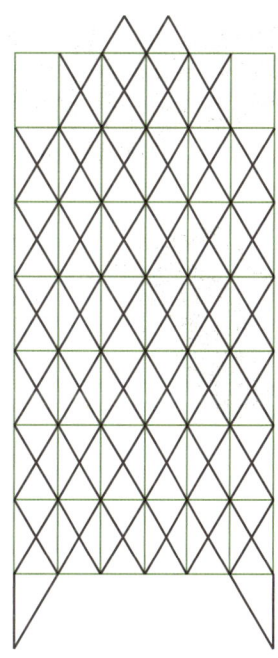

그림 4-11 격자무늬를 그리는 두 번째 단계

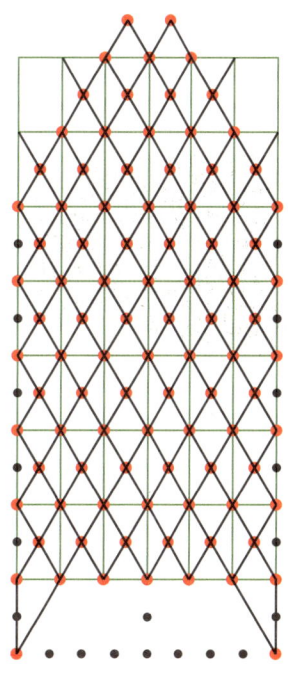

그림 4-12 붉은색 점과 검은색 점이 있는 곳에 못이 박히게 된다.

곳으로 찌르는 것부터 시작했다.

그림 4-13처럼 목재 위의 종이에 대고 못질을 한다. 망치질을 마치고 나면, 종이를 찢어 없애면 된다. 이렇게 하면 목재 위에다 선을 다시 그리고 지우고 하는 작업을 할 필요가 없다.

깊이 조절하기

못에 망치질을 너무 많이 하면 못이 보드를 뚫고 밑으로 삐져나오게 된다. 이를 피하기 위해서는 측정을 해야 한다.

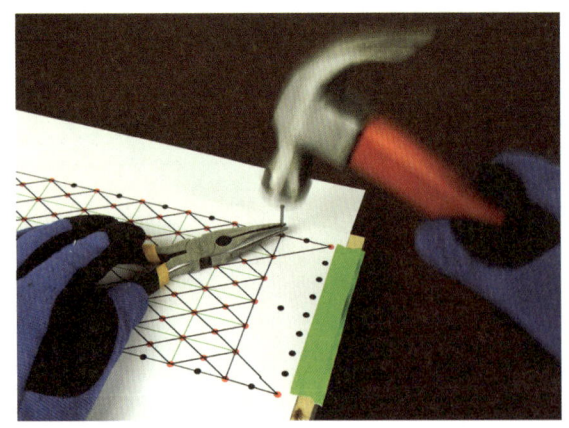

그림 4-13 첫 번째 못 박기. 격자를 그린 종이를 소나무 보드에 대고 마스킹 테이프로 붙인다.

보드가 $3/4''$이고 못이 $1 1/4''$인 점을 고려하면 각 못을 얼마나 깊이 박아야 할까? 모든 치수를 분모를 8로 놓고 변환시키면 쉽다. 보드는 $3/4''$이니까 $6/8''$ 두께이고, 각 못은 $5/4''$이므로 $10/8''$ 길이가 된다.[5]

못이 보드를 뚫고 지나가지 않도록 하기 위해서 목재의 $5/8''$(16mm) 깊이로 박으면 된다. 이렇게 하면 $1/8''$의 오차 여지를 두게 된다.

각 못의 길이가 $10/8''$이기 때문에 못질을 하고 위에 보이는 부분은 $5/8''$가 된다. 망치질을 시작할 때 자를 이용하여 각 못이 어느 정도 튀어나와 있는지를 측정할 수 있는데, 그림 4-14는 내가 이 작업을 하는 모습이다. 이 그림에서 $3/4''$가 튀어나와 있는 것을 볼 수 있다. $3/4''$는 $6/8''$와 동일하다. 따라서 $1/8''$를 더 박아 넣을 수 있다.

그림 4-15에 보면 첫 번째 못이 위치한 곳에서 대각선 방향 끝에 두 번째 못을 박았고, 그 사이에 실을 못 높이로 팽팽하게 매달았다. 이제 이 실로 된 선을 따라 못을 박으려면 실과 똑같은 높이로 망치질을 하면 된다.

줄을 팽팽하게 당겨 고정하는 방법은 건설 현장에서 자주 사용한다. 예를 들어, 벽돌을 벽에 나란히 고정할 때와 같이 말이다. 그림

그림 4-14 못의 높이 측정하기

4-16은 못들로 만들어진 첫 번째 줄의 모습이다.

어떤 사람들은 정확한 것을 좋아한다. 어떤 사람들은 그렇지 않다. 만약 정확한 것을 별로 좋아하지 않는 쪽이라면 못 높이 측정을 건너뛰고 각 못의 깊이를 대략 감으로 측정하면서 어쩌다 한 번씩 대략 높이가 맞는지만 확인하는 정도로 프로젝트를 완성할 수 있다. 이렇게 하면 못이 바닥을 뚫고 나오는 위험성이 커지지만 어쩌면 여러분에게는 이런 것도 중요하지 않을 수 있다. 중요한 것은 만족할 만한 방식으로 이 프로젝트를 완수하는 것이다.

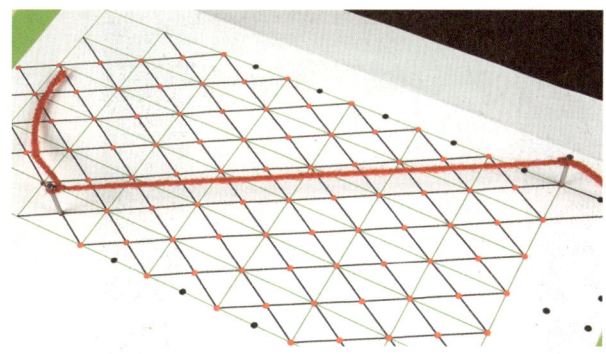

그림 4-15 중간에 위치하는 못은 실과 똑같은 높이로 박는다.

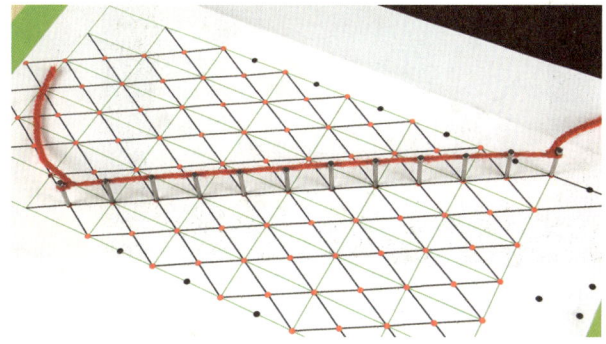

그림 4-16 못으로 만든 첫 번째 줄

무작위로 구슬 굴리기

못 박기가 완료되면 그림 4-17처럼 될 것이다. 약 120개의 못을 박는데, 이 많은 못을 다 박으려면 얼마나 시간이 걸릴까? 못 하나 박는 데 15초씩 걸린다고 가정해보자. 못을 전부 박는 데 30분 정도가 걸릴 것이다. 하지만 못질을 할수록 속도가 빨라질 것이다. 송곳을 이용하여 못의 위치를 잘 잡기만 한다면, 생각만큼 이 프로젝트가 어렵지는 않다.

이제 종이를 찢어버려도 된다. 목재를 위로 45도로 기울인 다음에 맨 위에서 구슬을 굴려보자. 구슬이 못들 사이로 튕기면서 마지막에 어디로 향할지 예측

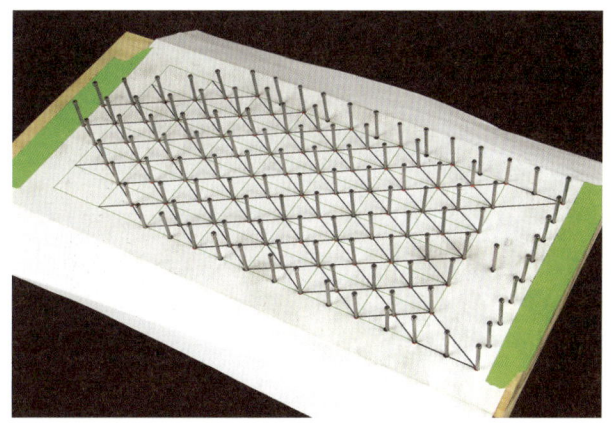

그림 4-17 못질이 완성된 모습. 100개 이상의 못을 박으면서 프로젝트가 끝날 즈음이면 여러분은 훌륭한 망치질 기술을 갖추게 될 것이다.

할 수 있을까? 아마도 힘들 것이다. 그래서 이 장치를 랜더마이저(randomizer)[6]라고 부르는 것이다. 예측 불가능하기 때문이다. 그림 4-18처럼 구슬 몇

개를 한꺼번에 굴려서 어디로 향하는지 보자.

어떤 구슬들은 보드의 가장자리에서 막혀서 멈출 것이다. 이 책에 나오는 많은 프로젝트의 몇몇 지점에서 여러분이 스스로 개선해볼 수 있도록 놓아둘 예정이다. 구슬이 이렇게 갇혀버리는 현상을 어떻게 방지할 수 있을까? 못을 몇 개 더 박으면 괜찮을까?

여기 또 다른 질문이 있다. 맨 꼭대기에 있는 못 사이에서 구슬 한 개를 몰래 한쪽에 붙여 떨어뜨리면 어떻게 될까? 이렇게 하면 결과에 영향을 끼칠 수도 있기 때문에 예방책을 써야 할지도 모른다. 맨 꼭대기에 있는 못들 위에 몇 개의 못을 더 박은 뒤에 그 사이를 정확히 구슬의 넓이만큼 만들 수도 있다. 이렇게 하면 매번 똑같은 방식으로 구슬이 떨어질 것이다. 정말 그럴까?

그림 4-18 테스트를 해본 결과 구슬들을 똑같은 장소에서 굴려도 얼마나 넓게 흩어지는지 알 수 있다.

작은 변화만 주어도 결과에 영향을 미친다는 것을 알 수 있을 것이다. 구슬에 작은 돌기가 있을 수도 있고, 기류 혹은 다른 영향도 있을 수 있다. 과학에서는 이런 영향을 통제되지 않은 변수(uncontrolled variables)라고 한다.

보드의 왼쪽 밑부분에 "예"라고 표시하고 오른편에는 "아니요"라고 표시한다고 가정해보자. 만약 이 장치가 정말 무작위로 작동한다면, 여러분이 여러 차례에 걸쳐 실험했을 때, 구슬은 같은 횟수만큼 "예"와 "아니요"에 떨어져야 할 것이다. 이를 확인하기 위해 직접 실험해볼 수 있는데, 몇 개의 구슬을 써서 실험 속도를 높일 수 있을 것이다. 만약 결과가 똑같이 "예"와 "아니요"로 발생한다면 선택이 균등하게 나누어졌다고 말한다.

못 사이를 더 떨어뜨려 놓으면 결과에 영향을 미칠 것이라고 보는가? 구슬들은 더 많이 이리저리 튕길 것이고 어디로 나갈지 예측이 더 힘들 수 있다. 정말 그럴까?

만약 이 보드를 더 혹은 덜 기울이면 어떻게 될까? 결과의 무작위성에 영향을 미칠까?

빈 머신

랜더마이저는 빈 머신(bean machine)이라고 알려진 장치의 소규모 버전으로, 내가 디자인한 것이다. 그림 4-19는 빈 머신의 예를 보여준다. 맨 위에 있는 저장소 역할을 하는 곳에 수십 혹은 수백 개의 작고 딱딱한 물체, 예를 들면 콩을 쏟아부어 저장할 수 있다. 앞의 판유리가 콩들이 밖으로 떨어지는 것을 막아준다고 상상해보자. 핀 사이로 콩이 흘러내려 갈 때 그림에서 보는 더미 모양으로 쌓이게 된다. 이때 더 많은 콩들이 양끝보다는 중간에 쌓이게 되는데 이는 콩들이 중간으로 갈 수 있는 경로가 더 많기 때문이다.

이는 중요한 개념이다. 빈 머신의 맨 밑 가장 오른쪽 끝을 보면 콩이 그곳으로 흘러들어 갈 수 있는 딱 한 가지 경로밖에 없다. 하지만 바로 왼쪽 옆에는 내가 계산해본 바로는 17개의 경로가 있다. 중간으로 가게 되면 수백 개의 다른 경로가 가능할 것이다.

그림 4-19 빈 머신에서 콩들이 종 모양의 곡선, 즉 벨 커브(bell curve)로 쌓인다.

우연하게도 '빈 머신'이라는 이름은 이런 종류의 장치에 널리 쓰인다. 이 이름은 내가 만든 것이 아니다. 심지어 인터넷상의 백과사전인 위키피디아(Wikipedia)에도 올라 있다. 여러분도 확인해볼 수 있다.

밑부분에 콩이 쌓여 있는 모습을 흔히 벨 커브(bell curve)라고 하는데, 종 모양처럼 생겼기 때문이다. 이 곡선은 통계학의 여러 분야에서 볼 수 있다. 예를 들어 SAT[7] 점수 분포는 종 모양을 이루는데, 대부분의 수험생들이 중간에 모여 있고, 양 극단에는 소수만이 있게 된다. 다른 예로는 생산 과정에서 발생하는 오류, 장기간에 걸친 우량주의 가치 변동, 그리고 일부 천문학적인 현상이 있다.

벨 커브의 정식 이름은 정규분포(normal distribution)로, 사회과학이나 수학에서도 매우 중요한 개념이다. 여러분이 참을성이 많다면, 정규분포를 정확하게 보여주기 위해 빈 머신을 만들 수도 있을 것이다. 정규분포는 왜 수많은 곳에서 나타날까? 이에 대해서는 각자 알아서 자료들을 찾아 읽어보기로 하자. 그나저나 여러분이 만든 랜더마이저를 이용해 무작위 테스트를 즐겨보길 바란다.

자세히 알아보기: 망치와 못

망치의 무게와 종류

망치의 무게 등급을 말할 때, 이는 망치 머리의 무게를 말하는 것이다. 일반적인 마감 망치(finishing hammer)는 머리가 16온스(454g)에 손잡이는 16"이다. 큰 힘을 들이지 않고 박을 수 있는 작은 못이나 체력이 상대적으로 약한 사람들에게는 더 작고 가벼운 망치가 적당하다. 무거운 망치는 망치질하는 데 힘이 더 필요하지만, 다룰 수만 있다면 더 큰 가속도가 생겨 커다란 못들을 더 빨리 박아 넣을 수 있다.

최소한 십여 개의 다른 스타일의 망치가 있는데, 장도리(claw hammer)는 가장 인기 있는 종류이다. 못을 뽑는 데 쓰는 집게발은 큰 지렛대 역할을 하는데, 이 힘은 망치 머리의 밑부분에 전달되어 여러분이 작업하고 있는 목재에 손상을 줄 수 있다. 이런 손상을 방지하기 위해서는 장도리 머리 아래에 작은 합판 조각이나 다른 폐품 조각을 대고 못을 뽑는다. 그림 4-20 참조.

모든 망치는 원래 나무 손잡이였고, 아직도 전통적인 것을 좋아하는 사람들은 나무 망치의 모양과 느낌을 선호한다. 하지만 목재는 망치 머리 부분이 느슨해지기도 해서 나는 왜 이런 망치를 계속 사용해야 하는지 이유를 모르겠다. 섬유유리(fiberglass) 손잡이는 더 가볍고 강하다. 또한 쇠 손잡이가 달린 망치를 구할 수도 있는데, 이는 가장 강력한 종류이지만 원치 않는 무게가 그만큼 더해진다. 못을 치는 부분이 망치의 머리이기 때문에 무게가 머리에 집중되는 것이 더 쓸모가 있다.

크로스핀(cross peen) 망치는 작은 못이나 압정을 박을 때 유용하다. 보통

그림 4-20 장도리를 이용하여 못을 빼낼 때 합판 조각을 받쳐서 목재 표면의 손상을 방지하는 방법

집게발이 있는 곳의 끝이 뾰족한 부분을 핀이라고 한다. 그림 4-21을 참조하기 바란다. 망치 위아래를 돌리면 핀 부분이 좁아서 못을 잡은 엄지와 집게손가락 사이로 못대가리를 두들기기가 좋다. 못이 목재에 살짝 들어가면 못을 잡고 있던 손을 치우고 망치를 다시 돌려서 망치질을 마무리한다.

그림 4-21 크로스핀 망치를 두 방향에서 본 모습

크로스핀 망치는 핀, 즉 망치 머리에서 뾰족하게 나와 있는 부분이 손잡이와 직각을 이룬다. 곧은머리 손망치(straight-peen hammer)는 이름처럼 핀의 방향이 손잡이와 평행을 이룬다. 하지만 이런 망치는 좀처럼 볼 수 없다.

슬레지해머(sledge hammer)는 머리 무게가 3파운드(1.4kg) 이상인 큰 망치로 말뚝을 땅에 박는 데 사용할 수 있다. 또한 콘크리트나 석조, 혹은 어떤 것이든 부수는 데 사용할 수 있다. 그림 4-22는 작은 슬레지해머이다.

그림 4-22 짧은 나무 손잡이가 달린 작은 슬레지해머

고무 망치는 깨지기 쉬운 물체를 나란히 맞추거나 쇠로 된 망치 머리로 치면 손상될 수 있는 부위를 밀어 넣을 때 유용하다. 그림 4-23을 참조하기 바란다.

그림 4-23 많이 사용되는 고무 망치

망치의 대체재

죔쇠(fasteners)[8]를 넣거나 빼낼 때 망치의 다양한 대체재가 있다. 몇 가지 예를 보자.

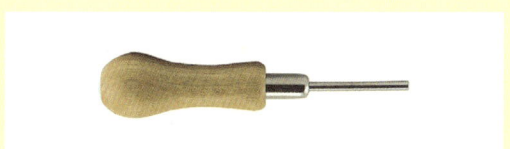

그림 4-24 브래드 푸셔. 못을 설명한 부분에서 브래드에 관한 내용을 적어 놓았다.

브래드 푸셔

브래드 푸셔(brad pusher)는 얇은 자석이 들어 있는 속이 빈 쇠 튜브에 둥그런 손잡이가 달려 있다. 브래드는 작고 가는 못을 뜻하는데(59쪽 참조), 이런 못을 튜브에 넣으면 자석이 못대가리를 붙잡는다. 그런 다음 못을 박을 자리에 놓고 손잡이를 세게 내리면 튜브 안의 못이 목재에 박히게 된다. 이 공구는 연재(soft woods)에만 사용한다. 그림 4-24 참조.

4장 못 박기 57

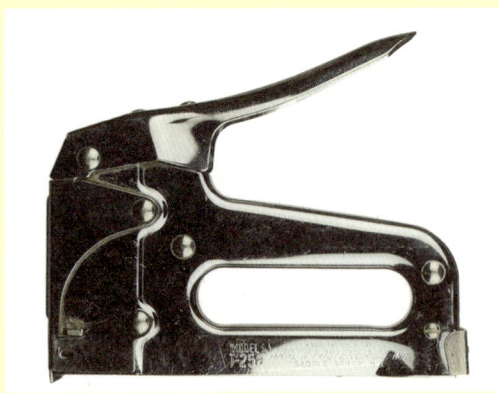

그림 4-25 손으로 작동하는 스테이플건. 이 공구를 쓰기 위해서는 힘이 좀 필요하다.

그림 4-26 기본적인 수동 리벳공

스테이플건

전기로 작동하는 스테이플건도 있지만 만약 손으로 움켜쥐는 힘이 세다면 옛날 방식의 수동 도구도 사용할 수 있다. 스테이플건은 작은 못을 망치로 치는 것보다 훨씬 빠르다. 천으로 감싼 의자의 밑부분을 보면 헝겊이 스테이플(스테이플러용 철침)로 고정되어 있는 것을 발견할 수 있다. 그림 4-25 참조.

둥그런 모양으로 된 스테이플에 사용하는 특수 목적의 스테이플건이 있는데, 이는 전화선이나 인터넷 선처럼 전압이 낮은 선들을 정리하는 데 좋다.

리벳공

리벳(rivet)은 두 조각의 얇은 재료를 빠르게 조일 수 있다. 각 재료에 드릴로 구멍을 낸 후, 두 개의 구멍을 관통하여 리벳을 밀어 넣고, 긴 쪽 꼬리 부분을 리벳공(riveter)에 넣어서 손잡이를 꽉 쥔다. 리벳의 아랫부분이 불룩하게 되면서 꼬리를 잘라낸다.

리벳은 알루미늄과 같은 부드러운 금속으로 만들어져서 비슷한 크기의 나사나 볼트에 비해 약하다. 자신이 조이고자 하는 재료의 두께에 맞추어 정확하게 맞는 길이의 리벳을 사용해야 한다. 매우 빠르게 사용할 수 있으며 소재의 밑부분을 신경 쓰지 않고 작업해도 된다. 그림 4-26은 리벳공의 모습이다.

네일건

못을 박는 공구인 네일건(nail gun)에는 가느다란 스트립에 특수 못들이 장착되어 있다. 주로 압축공기를 활용하는데, 네일건의 방아쇠를 당기면 못을 목재에 완벽하게 박아 넣게 된다.

주로 건설 현장에서 사용하는 이런 종류의 강력한 전동 공구들은 이 책의 범위에 속하지 않는다.

프라이바

프라이바(pry bar)는 그림 4-27에서 보는 것처럼 못을 빼내기 위한 도구다. 장도리의 머리처럼 끝부분이 예리하게 곡선을 이루고 있지만 프라이바는 힘을 더 넓게 분산시켜서 목재가 움푹 들어가거나 손상을 입힐 가능성이 적다. 프라이바의 또 다른 끝쪽은 두 개의 보드 사이의 틈새나 문과 문

그림 4-27 프라이바

틀 사이에 끼워서 둘 사이의 틈을 벌리고자 할 때 사용할 수 있다. 프라이바 끝에 있는 구멍으론 납작하게 머리를 내민 못의 머리에 끼워 사용할 수 있다. 프라이바의 크기는 다양하다.

못의 종류

그림 4-28의 왼쪽에서 오른쪽 순으로 브래드(brad), 지붕못(roofing nail), 싱커(sinker), 링섕크못(ring-shank nail), 대형 끝막음못(finishing nail), 보통못, 드라이월 못(drywall nail), 압정(tack)이 있다.

브래드는 얇고 짧은 못으로 테두리의 매우 작은 조각들을 결합하는 데 자주 쓰인다. 그림 4-24에서처럼 브래드 푸셔에 장착하여 사용한다.

지붕못은 못대가리가 넓어서 힘을 넓게 분산시키며 따라서 지붕에 까는 아스팔트 시트에 못이

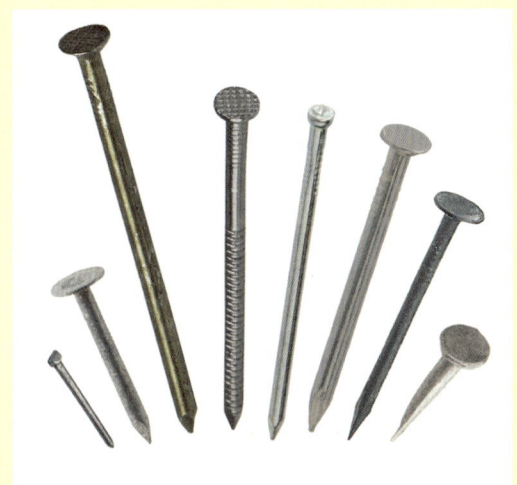

그림 4-28 몇 가지 종류의 못. 자세한 사항은 본문 참조.

쏙 들어갈 염려가 적다. 부식 방지를 위해 아연을 도금하거나 스테인리스강으로 만들기도 한다.

싱커는 얇은 접착제 필름으로 코팅이 되어 있어서 나무에 못이 들어갈 때 마찰로 인해 녹는다. 접착제는 즉시 차갑게 식어서 목재와 딱 붙어버리며, 이로 인해 느슨하게 빠져 나오는 일이 없다. 이런 종류의 못들은 금색 광택의 접착제로 인해 금방 구별이 가능하다. 못대가리에는 무늬가 있어서 비슷한 무늬를 가진 프레이밍 망치(framing hammer)의 때리는 면과 맞물리게 되어 있다.

링섕크못은 못의 몸체가 이랑처럼 오돌토돌하게 되어 있다(이 부분을 생

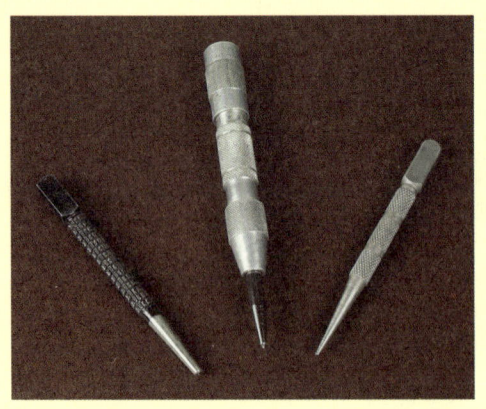

그림 4-29 네일세트와 센터펀치, 그리고 또 다른 네일세트

크(shank)라고 한다). 이 오돌토돌한 부분이 못을 제자리에 고정시키는 데 도움이 된다.

끝막음못은 대가리가 작고 둥글어서 머리 부분이 목재 안으로 들어가서 틈새를 메우거나 우드 필러[9] 등으로 처리를 한 후 그 위에 페인트칠을 할 수 있도록 만들어졌다. 만약 못을 목재 표면보다 밑으로 밀어 넣고 싶을 때에는 이런 목적으로 만든 공구를 사용해 망치질하면 된다. 네일세트(nail set)는 끝이 평평하거나 오목한 반면 센터펀치(center punch)는 송곳같이 생겼지만 더 단단하고 뾰족하다.

그림 4-29에서 왼편과 오른편은 네일세트이고, 중간에 있는 것은 자동 센터펀치이다. 네일세트는 망치로 쳐야 하지만 자동 센터펀치는 사용자가 힘껏 누를 때 작동하는 내부 스프링 장치로 작동한다. 센터펀치는 끝막음못을 박을 때 적절히 사용할 수 있는데, 머리 부분이 작게 움푹 들어가 있다.

드라이월[10] 못은 편평한 머리가 달려 있는데 이는 집을 지을 때 투바이포 목재에 붙는 건식벽에 우묵 들어가도록 하기 위한 것이다.

압정은 끝이 매우 예리한데, 압정 박는 망치(tack hammer)로 치기 전에 엄지로 누를 수 있게 되어 있다. 압정은 천 등을 고정시키기 위해 쓰인다.

대형 공구상가를 돌아다녀보면 여기 설명한 못들을 모두 찾아볼 수 있을 뿐 아니라 아마도 다른 변종 못들도 찾을 수 있을 것이다. 이 책에 나오는 것과 같은 작은 프로젝트에는 못을 사용하는 것이 적절치 않을 수 있지만, 여전히 건설 현장이나 가구의 커버 등을 고정하는 데에는 널리 쓰인다.

못의 크기

유럽에서는 못 크기를 밀리미터로 측정하지만 미국에서는 매우 원시적인 시스템을 사용한다. '투페니(twopenny)' 못이라고 흔히 말하는 것은 길이 1인치짜리 못을 말하고, '쓰리페니(threepenny)' 못은 1¼인치짜리를 말한다. 이 시스템은 그림 4-30에 나와 있다.

영국의 통화 시스템에 십진법이 도입되기 전에는 1파운드는 240페

페니 크기	길이
2d	1"
3d	1 ¼"
4d	1 ½"
6d	2"
8d	2 ½"
10d	3
12d	3 ¼"
16d	3 ½"
20d	4"
30d	4 ½"
40d	5"
50d	5 ½"
60d	6"

그림 4-30 못 크기를 나타내는 표. 20페니와 30페니 크기에 대해서는 자료에 따라 조금씩 길이 수치가 다른데, ½" 단위로 반올림해 제시했다.

니였고, 페니는 보통 d로 표시되었다. 왜 d를 썼을까? 로마가 수천 년 전에 영국을 지배했을 때 사용했던 라틴어에서 은화를 뜻하는 데나리우스(denarius)의 약어였기 때문이다. 여러분이 라벨에 '3d'라고 적힌 1¼″ 쓰리페니 못 한 박스를 살 때 여기에는 매우 오랜 옛날 역사의 한 부분이 담겨 있는 것이다. 46쪽의 그림 4-4를 자세히 보면 3d라고 적힌 것을 볼 수 있다.

못은 무게로 판다. 보통 1파운드(454g), 5파운드(2.3kg) 혹은 30파운드(13.6kg), 심지어 50파운드(22.7kg) 무게의 박스에 담겨 팔린다. 못의 길이가 길수록 더 무거워진다. 1파운드 안에는 못이 몇 개나 들어갈까? 경우에 따라 다르다. 그림 4-31은 보통못과 끝막음못의 대략적인 수량을 보여준다.

페니 크기	파운드당 보통못	파운드당 끝막음못
2d	850	1300
3d	550	800
4d	300	550
6d	150	300
8d	100	200
10d	70	120
12d	60	110
16d	50	90
20d	30	60

그림 4-31 1파운드 박스에서 기대할 수 있는 못의 수량. 자료마다 정확한 숫자가 다르기 때문에 8페니까지는 50단위로, 그보다 큰 사이즈는 10단위로 반올림을 했다.

못은 어떻게 작동하는가?

한마디로 말하면, 못은 마찰에 의해 작동한다. 망치로 못을 목재에 밀어 넣으면, 못은 목재를 밀어 넣게 되고, 목재는 밀쳐지게 된다. 이 사이의 압력으로 인해 못이 빠져 나오지 않게 된다. 목재가 완벽하게 건조되지 않았다면, 건조되는 과정에서 목재가 오그라들고, 이 경우 마찰이 줄어들어 못의 고정력이 약화될 수 있다.

나사(screw)는 목재와 더 강력하게 연결되는데,[11] 가격이 더 비싸고, 나사를 돌리는 데에는 망치로 못을 박는 것보다 시간이 더 든다. 건설 현장에서는 시간을 아껴야 하기 때문에 여전히 못을 많이 사용한다.

10장에서 나사의 특성을 알아볼 것이다. 8장에서는 드릴로 구멍을 뚫는 것에 대해서 살펴볼 것이다. 그 이전에 그림 액자와 같은 틀을 어떻게 만드는지에 대해 합판의 훌륭한 특징과 함께 살펴볼 것이다.

주

[1] 망치는 대, 중, 소 사이즈 중 손에 잡아보고 적절한 것을 고르면 되며, 이 프로젝트에서는 보통 집에 있는 가정용 망치를 사용해도 된다. 만약 인터넷에서 처음 구매한다면, 중이나 소 사이즈를 사면 된다.

2 보호안경을 구매하여 착용하는 것을 권한다. 목공을 하다 보면 점차 위험도가 높은 작업을 하게 되는데, 처음부터 보호안경 착용 습관을 들이는 것이 바람직하기 때문이다.
3 토머스 제퍼슨(1743~1826). 1776년 7월 4일 미국 독립선언문의 기초위원이자 미국의 3대 대통령.
4 톱질할 때 지지하는 대를 말한다.
5 여기에서도 분모와 분자를 변환시키는 것보다 우리가 익숙하게 사용하는 밀리미터로 계산해서 하면 더 쉽다. 보드 두께가 19mm이고 못이 32mm인데, 못을 16mm 정도 들어가게 하고, 나머지 16mm가 위로 올라오게 하면 된다.
6 랜더마이저의 랜덤(random)은 '무작위의'라는 뜻의 형용사이고, 랜더마이즈(randomize)는 동사로 '무작위로 순서를 정하다'라는 뜻.
7 미국의 대학입학시험.
8 죔쇠란 못, 볼트, 나사처럼 2개 이상의 부재를 접합, 고정하기 위해 사용되는 것을 말한다.
9 나무가 갈라진 좁은 간극을 메꿔 홈을 없애는 찰흙 같은 물질.
10 드라이월(drywall)이란 콘크리트 반죽 등으로 만드는 벽과는 달리 석고보드와 같은 건식벽체를 말한다.
11 나사못은 둥근못보다 지지력이 2배 강하다.

5장
액자 만들기

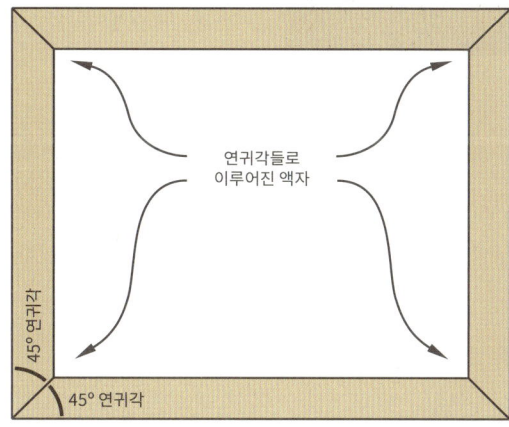

그림 5-1 거의 대부분의 나무 액자는 45도 연귀이음 모서리로 되어 있다. (일부 플라스틱 액자는 이런 이음이 없이 하나의 몸체로 만들어지기도 한다.)

나무로 된 액자를 보면 모서리가 연귀이음이 되어 있을 것이다. 연귀이음이란 그림 5-1에서 보듯이 각 모서리가 대각선으로 되어 있어서 대칭으로 깔끔하게 이어지는 것을 말한다. 이 각도는 0도와 90도 사이의 절반인 45도이다. 이를 연귀각(miter angle)이라고 한

이 장의 새로운 주제
- 각도 측정
- 연귀이음 모서리 만들기
- 사각형이 아닌 틀 모양
- 지그(jig) 만들어 사용하기

필요한 것
- 원바이식스(25mm×152mm) 소나무: 옹이가 없고 틀어지지 않아야 하며, 길이는 12″(305mm)
- 정사각형 각재: 1/4″×1/4″(6mm×6mm), 길이 60″(1,524mm)
- 각도기(선택)
- 래칫 스트랩(선택)
- 만능칼

앞에서도 사용한 도구들:
장부톱, 연귀통, 트리거 클램프, 자, 스피드 스퀘어, 고무 샌딩 블록, 작업용 장갑, 송곳, 마스킹 테이프, 방진 마스크(선택), 보호안경(선택), 합판 작업대, 목공용 접착제, 사포, 폴리우레탄, 일회용 장갑, 페인트 붓(선택), 끝막이못, 나일론 로프 혹은 무거운 줄

다. 앞에서 나온 연귀통을 보면 45도로 자르는 부분이 두 개 나오는데, 이것이 연귀이음을 만들기 위한 것이고, 그래서 연귀통이라 부르는 것이다.

연귀이음은 보기 좋은 반면, 수공구를 사용할 경우 연귀각으로 액자를 만드는 것은 어려울 수 있다.

하지만 불가능한 것은 아니다. 이번 프로젝트에서는 사각형 액자뿐 아니라 다른 모양도 어떻게 만들 수 있는지 알아본다.

연귀각 처음 만들어보기

무엇인가를 배우는 가장 좋은 방법은 실제로 해보는 것이다. 그러니 정사각형 각재목 일부를 써서 액자의 바깥면 기준으로 6″×5″ 크기의 작은 틀을 하나 만들어보자.

그림 5-2에 나와 있는 것처럼 첫 번째 단계는 6″ 넓이로 각재에 두 개의 직각선을 그리는 것이다. (보통 사진 액자는 프레임 안쪽의 사이즈로 측정한다. 그래야 사진이 액자에 맞는지 여부를 알 수 있기 때문이다. 하지만 바깥

그림 5-2 측정하기

그림 5-3 45도 각도로 자르기

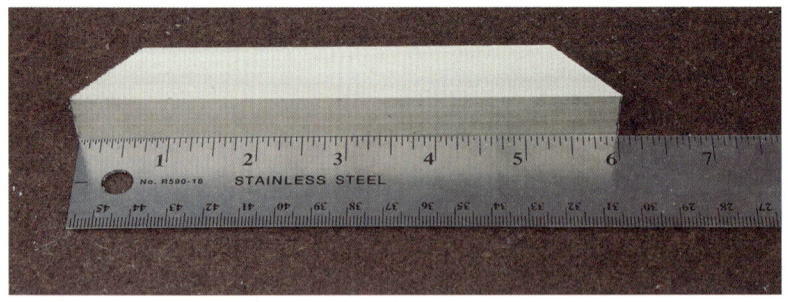

그림 5-4 자른 목재의 길이를 확인하기

을 기준으로 하는 것이 쉽기 때문에 이번 프로젝트에서는 이렇게 하기로 한다.)

그림 5-3을 보면 각재를 연귀통에 넣고, 톱을 45도 각도로 해 놓았다. 캠(cam)으로 목재를 고정할 수도 있지만, 많은 연귀통들이 캠이 없는 상태로 팔리기 때문에 여기에서는 여러분도 캠을 갖고 있지 않은 것으로 가정하겠다. 엄지손가락으로 목재를 고정시키면 되는데, 손가락을 톱날로부터 멀리 띄우도록 한다. 연필로 그은 선 바깥을 톱을 사용하여 아래 방향으로 조심스럽게 움직인다. 톱질을 하면서 목재가 이리저리 움직이기 때문에 엄지손가락으로 목재를 최대한 꽉 고정하자.

그림 5-4처럼 여러분이 자른 것의 길이를 확인하자. 톱질을 하고 난 끝부분이 거칠기 때문에 사포로 다듬고 싶은 마음이 들겠지만 사포질을 하면 정확도가 떨어질 수 있다.

좋은 소식 하나. 첫 번째 조각을 45도로 자르고 나면 자동으로 각재의 나머지 부분도 45도가 되어 프레임의 다음 부분으로 사용할 수 있다. 그림 5-5는 이를 보여준다. 새롭게 측정하고 나서 자른 후에 첫 번째 것과 맞는지 살펴보자. 그림 5-6에 나오는 것처럼 총 4개의 조각이 나올 때까지 하면 된다.

그림 5-5 프레임의 한 조각을 정확한 각도로 자르고 나면 다음 조각도 자동으로 정확한 각도를 갖게 된다.

그림 5-6 어떤 방식으로든 붙인 뒤 클램프로 조일 준비가 된 4개의 조각들

각도가 정확히 맞는지 확인해보자. 이제 곤란한 부분인데, 이 조각을 모두 어떻게 붙일 것인가의 문제다.

모서리를 클램프로 조이기

그림 5-7에서 보듯이 클램프의 힘이 각 귀퉁이에 대각선으로 서로 작용하여 맞물리기를 바랄 것이다(그림에서 여러분이 눈으로 확인할 수 있도록 접착제의 양을 과장되게 그렸다). 하지만 클램프를 대각선으로 물리려고 해도 프레임에 제대로 물리지도 않고, 스르르 풀릴 것이다.

이 문제는 오랜 세월 동안 있어 왔고, 이를 해결하기 위해 많은 방법이 고안되었다. 구글 이미지에서 'clamped mitered corner'('클램프를 한 연귀이음 모서리'란 뜻)로 검색하면 수많은 해결책이 나올 것이다. 하지만, 그 어떤 것도 완벽한 해결책이라고 말할 수 없다. 만약 한 가지 방법이 나머지 모든 방법들보다 나았다면 굳이 누구도 새로운 방법을 고안해내려고 애쓰지 않았을 것이다.

가장 간단한 방법은 각 귀퉁이를 모두 한 번에 접착제로 바른 후, 프레임 바깥쪽을 끈으로 두르고, 이를 꽉 죄는 것이다. 이런 목적으로 만들어진 끈

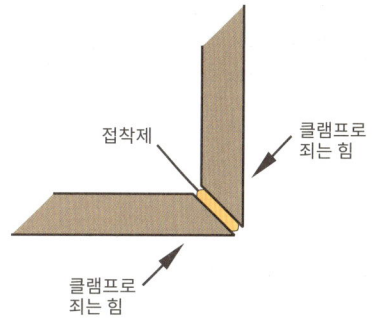

그림 5-7 45도 각도로 귀퉁이에 클램프를 댈 경우의 문제점

그림 5-8 클램프 대신 래칫 스트랩 사용하기

그림 5-9 래칫 스트랩을 활용한 실제 예

그림 5-10 큰 액자에 래칫 스트랩을 사용할 경우의 위험

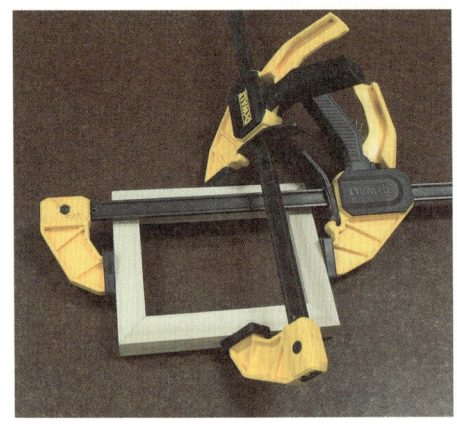
그림 5-11 간단한 방법은 프레임에 90도로 클램프들을 물리는 것이다.

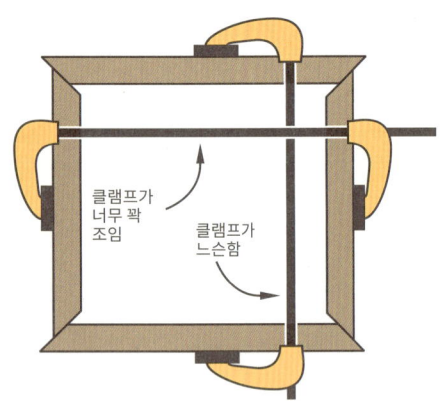
그림 5-12 클램프가 정확하게 물리지 않으면 이런 현상이 발생한다.

(strap)을 구매할 수도 있지만 여러분이 액자를 많이 만들 것이 아니라면 그렇게까지 돈을 들이고 싶지는 않을 것이다.

트럭이나 SUV 차량의 지붕에 실은 짐들을 고정하기 위해 파는 끈(이를 래칫 스트랩(ratchet strap)이라고 한다)[1]을 사용할 수도 있다. 이런 끈들은 한쪽 끝이 끈을 조이는 톱니바퀴 쪽으로 다시 물릴 수 있는 것을 택해야 한다. 끝이 갈고리로 되어 있는 것은 안 된다.

그림 5-8을 보면 어떤 이야기인지 알 수 있을 것이다. 그림 5-9는 실제 작업 장면이다. 이런 방식은 작은 액자에는 잘 작동하지만, 끈으로 조이는 방식은 각도 조절이 쉽지 않기 때문에 큰 액자에 적용하면 그림 5-10처럼 잘못될 수도 있다.

이 문제를 방지할 수 있는 방법도 있다. 다른 방법은 무엇이 있을까?

어쩌면 여러분은 왜 그림 5-11에서 보는 것처럼 90도 각도로 두 개의 클램프를 설치하지 않는지 궁금해할지도 모른다. 이렇게 했을 때에는 두 가지 문제점이 있다. 첫째, 액자 크기가 클 경우 클램프를 조이는 과정에서 휘게 되는데, 이렇게 되면 연귀이음 모서리가 조금 벌어질 수 있다. 이런 문제를 보완하기 위해 클램프와 액자 사이에 투바이포 목재 일부를 넣을 수도 있다. 하지만 두 번째 문제는, 클램프의 압력과 위치 선정이 정확해야 하는데 그렇지 않으면 그림 5-12에서 보는 것처럼 엉망이 될 수 있기 때문이다.

또 다른 방법은 그림 5-13에 나오는 것과 같은 코너클램프(corner clamp)를 사는 것이다. 이 그림에 흰색 선을 그려놓았는데, 이는 틀이 이런 종류의 클램프에 어떻게 맞물리는지를 보여주기 위해서이다. 코너클램프는 네 귀퉁이를 동시에 물리는 것이 가장 이상적인데 그러려면 4개의 코너클램프가 필요하고, 게다가 가격이 저렴하지도 않다.

내가 생각하는 좋은 방법은 지그(jig)를 만드는 것이다.

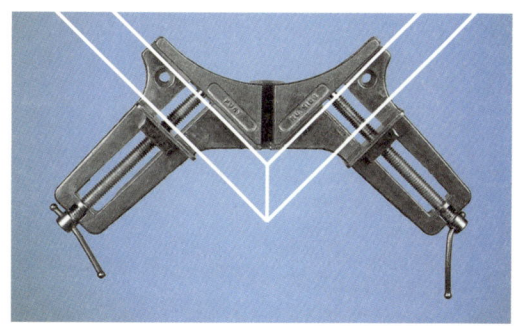

그림 5-13 코너클램프

지그를 만들고 사용하기

지그는 아일랜드 민속춤의 한 종류이지만, 작업장에서 이 단어를 사용할 때는 프로젝트에서 사용할 재료들이 제 위치에 있도록 하기 위해 작업자가 직접 만드는 보조 도구의 일종을 뜻한다. (그런 점에서 보면 춤을 뜻하는 지그가 보조 도구의 이름으로 사용된 것은 어쩌면 이리저리 움직이는 부품을 제자리에 고정시켜주기 때문인지도 모르겠다.)

나는 지그를 잘 사용하지 않는데 보조 도구인 지그를 만드는 데 들어가는 시간이 그리 생산적이지 않다고 느꼈기 때문이다. 무엇보다도 지그는 해당 프로젝트를 마치고 나면 쓸모가 없다. 하지만, 연귀이음을 위한 지그는 간단하고 재사용할 수도 있다. 물론 여러분이 지그를 제대로 보관하고 어디에 두었는지 기억할 수 있다면 말이다.

그림 5-14 90도 프레임을 만들기 위한 간단한 지그

그림 5-15 틀을 제 위치에 클램프로 조인 모습

내가 디자인한 지그는 그림 5-14에서 보는 것처럼 코너클램프와 비슷하다. 3/4″ 두께에 3″×3″ 크기의 소나무 조각의 한쪽 귀퉁이를 잘라낸 다음 원바이식스 소나무에 이 책 4장에서 사용했던 1 1/4″ 끝막음못으로 고정한다.

5장 액자 만들기

그림 5-15에서 보는 것처럼 정사각형 조각에 액자틀을 클램프로 고정한다.

이 지그를 만들기는 매우 쉽다. 원바이식스 보드의 끝부분 12″를 먼저 자르는데, 4장(49쪽의 그림 4-9)에서 한 것과 동일한 방식으로 작업하면 된다. 이제 12″ 조각에서 그림 4-9와 동일한 방식으로 3″를 잘라낸다.

나머지 부분은 일단 한쪽으로 치워둔다. 이 부분은 그림 5-15에서 보는 것처럼 지그의 밑판이 될 것이다.

방금 전에 잘라낸 조각은 3″×5 1/2″ 크기가 되는데, 이를 돌려서 끝부분으로부터 3″ 떨어진 곳에 선을 긋는다. 이를 연귀통에 넣은 후에 선을 따라 톱으로 자른다. 이 부분은 액자 모서리의 정확성을 결정짓는 것이기 때문에 매우 정확하게, 조심해서 자른다. 자르고 나서 별로 마음에 들지 않는다면, 1/4″ 정도를 잘라내면 되는데, 이 나무 덩어리의 크기가 특별히 중요하지는 않기 때문이다. 한 가지 기억해둘 점이 있다.

지그 자체의 정확성에 따라 그 지그로 만드는 프로젝트의 정확성도 결정된다.

그림 5-16에 나오는 도면은 방금 이야기한 세 번의 톱질을 어떻게 해야 하는지 보여준다.

3″×3″ 정사각형 보드의 한쪽 모서리는 비스듬히 잘라내야 하는데 이는 액자틀이 붙은 부위에서 접착제가 흘러나올 때 같이 붙지 않도록 거리를 띄우기 위

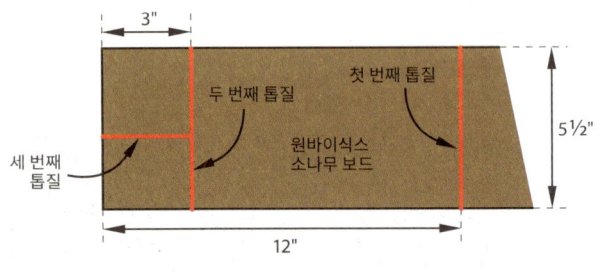

그림 5-16 원바이식스 보드에서 3″×3″를 톱질하기

해서이다. 귀퉁이는 톱으로 자르거나 아니면 사포질을 해도 괜찮다. 얼마만큼을 잘라내는지는 중요하지 않다.

3″×3″ 보드를 그림 5-15에 나오는 것처럼 위치를 잡은 다음 못을 몇 개 박고 나면 지그를 사용할 준비가 된 것이다. 밑판이 꼭 필요한 것은 아니지만 이로 인해 보다 안정적이고, 지그를 사용하기 더 쉽게 만들어준다.

클램프가 연귀이음에 힘을 가하는지 궁금할 수 있다. 각 클램프는 액자틀과 가운데 정사각형 사이에 압력을 가하지, 연결 부위에 힘을 가하는 것은 아니다. 그렇지만 연결 부위에 접착제를 바르고, 모든 부위를 제 위치에 놓고 꽉 조이면 클램프의 압력이 연결 부위를 포함하여 모든 부위에 퍼진다.

이 시스템의 유일한 문제점은 한 번에 한 귀퉁이씩 작업을 할 때, 각 프레

임을 붙여 나가는 과정에서 작은 오차라도 있으면 맨 마지막 틀과 첫 틀이 정확하게 붙지 않을 수 있다는 것이다. 하지만 필요하다면 마지막 부분을 맞추기 위해 사포질을 하거나 약간 잘라내는 등의 손질을 할 수 있다.

틀을 연귀각으로 맞추기 위해 이 방법이 최선일까? 아니다. 나는 그렇게 주장한 적이 없다. 내가 디자인한 것은 만들기 간단하고 저렴하다. 또 지그의 개념을 이야기하고 싶었기 때문이기도 한데, 이 개념은 중요하고, 9장과 19장에서도 필요한 것이다.

틀을 연귀각으로 맞추는 '최선'의 방법은 아마도 이 목적만을 위해 만들어진 도구를 많은 돈을 들여 사는 것이다. 하지만 여러분은 그렇게 하는 것을 원치 않을 것이다. 어쨌든 그러한 도구는 사각형이 아닌 틀을 만들려고 할 때에는 아무 소용이 없는데, 이제부터 그런 틀에 대해서 살펴보려 한다.

직사각형이 아닌 틀

그림 5-17에 나오는 틀들을 살펴보자. 이런 모양을 만드는 게 쉬울까? 나는 쉽다고 본다. 그렇게 만들려면 그동안 살펴보았던 연귀각을 목재 조각에 옮기기만 하면 되는데, 나는 세 가지 방법을 찾아냈다.

첫째, 이 다양한 모양에 이름을 부여하자. 직선 측면이 여러 개인 이 모양의 정확한 명칭은 다각형(polygon)이다. 측면의 길이가 모두 같고, 서로 같은 각도를 갖고 있으면 이를 정다각형(regular polygon)이라고 한다.

그림 5-17에 나오는 다각형들의 이름은 다음과 같다.

- 5개 측면: 5각형(pentagon)
- 6개 측면: 6각형(hexagon)
- 7개 측면: 7각형(heptagon)
- 8개 측면: 8각형(octagon)
- 9개 측면: 9각형(nonagon)
- 10개 측면: 10각형(decagon)

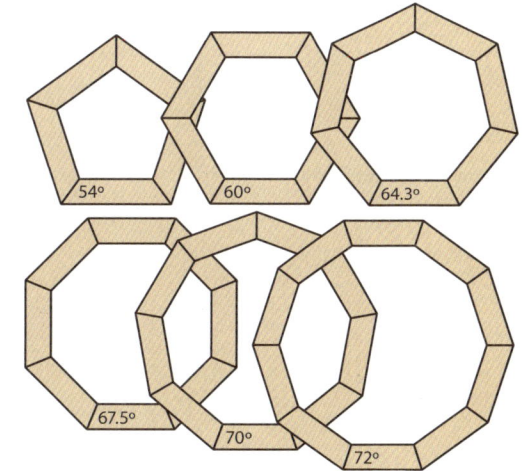

그림 5-17 흥미로운 측면 개수를 가진 다양한 틀

자, 지금까지 상식적인 것을 나누었다면 이제는 연귀각을 설명할 차례다. 다양한 각도를 그리는 한 가지 방법은 그림 5-18에

그림 5-18 각도기

나오는 각도기라는 아주 오래된 도구를 구입하는 것이다. 각도기는 아직도 문구점에 가면 구입할 수 있다. 종이 한 장을 꺼내 직선을 그린 후, 선 위의 한 지점에 표시를 한다. 이 표시를 출발점이라고 부르자. 종이에 그린 직선과 각도기의 밑부분을 일치시킨 후, 각도기의 중심점과 여러분이 표시한 출발점 위에 일치시킨다. 이제 자신이 원하는 각도를 찾아 옆에 표시를 한다. 각도기를 치우고, 출발점에서부터 여러분이 표시한 각도 표시까지 직선을 긋는다. 가위나 칼로 그린 선을 따라 오려낸 뒤에 이를 목재에 대고 종이 주변으로 선을 그으면 여러분이 종이에 그린 각도를 목재에 옮기게 되는 것이다. 지금과 같이 이런 종이 모양을 사용할 때 이를 견본이라고 부른다.

만약 각도기를 사고 싶지 않다면 어떻게 해야 할까? 인터넷에서 자신이 원하는 도형을 검색한 뒤에 종이에 인쇄한다. 물론 이는 투명한 플라스틱을 이용하는 것만큼 쉽지는 않다. 도안 소프트웨어를 갖고 있다면, 컴퓨터 화면에 자신이 원하는 각도를 그릴 수 있다. 이를 프린트하면 이것 역시 견본이 된다.

만약 도안 소프트웨어가 없다면? 걱정 마시길! 내가 작은 컴퓨터 프로그램을 하나 만들었는데 우리가 필요한 연귀각들을 모두 갖고 있는 다양한 삼각형을 그릴 수 있다. 그림 5-19를 참조하라.

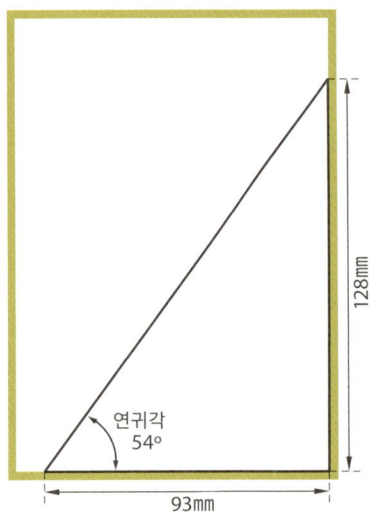

그림 5-19 연귀각을 만드는 데 도움을 줄 수 있다.

직사각형 종이에 직각면을 V라고 하고 하단 우측 귀퉁이로부터 128mm를 측정하고, 역시 하단 우측 귀퉁이로부터 수평면을 H라고 한 뒤 93mm 되는 지점을 표시한다. 두 선의 끝을 이으면 왼편 하단의 귀퉁이는 거의 정확하게 54도가 되는데, 이는 오각형을 만들 때 필요한 연귀각이다.

이 삼각형을 종이에서 잘라내고 액자틀을 만들기 위해 사용하는 목재에 대고 대각선을 따라 선을 그으면 연귀각이 만들어진다. 그림 5-21을 참조하자. 그러고 나면 연귀통에는 54도로 자를 수 있는 칸이 없기 때문에 선을 따라서 매우 조심스럽게 톱질을 한다.

그림 5-20에 나오는 표는 다른 연귀각을 만들기 위한 V와 H의 값을 보여준다. 이렇게 나온 각도는 완벽하게 정확하지 않을지는 몰라도 실제 수공구로 작업할 때보다는 더 정확할 것이다. 이 정도면 충분하다.

왜 여기에서 밀리미터를 단위로 쓰는지 궁금한 사람이 있다면 4장에서 밝혔던 이유와 똑같다. 내가 1/32" 혹은 1/64"를 그리라고 말하는 것보다는 종이에서 밀리미터를 사용하는 것이 더 편리하다. 만약 면이 10개보다 더 많은 다각형을 만들고 싶다면 어떻게 해야 할까? 연귀각을 스스로 계산해야 한다. 혹시라도 궁금한 분들을 위해 아래에 공식을 적어둔다.

면의 수	연귀각	거리 V (mm)	거리 H (mm)
3	30°	56	97
4	45°	100	100
5	54°	128	93
6	60°	168	97
7	64.3°	164	79
8	67.5°	239	99
9	70°	272	99
10	72°	317	103

그림 5-20 종이에 다양한 연귀각을 그리기 위한 V와 H 값 (밀리미터) 표

만약 다각형이 N개의 면을 갖고 있다면
연귀각 = 90 - (180 / N).

예를 들어서 N = 12라면, 연귀각 = 90 - (180 / 12).
이렇게 하면 90 - 15 = 75도가 나온다.
그게 전부다.

나만의 다각형 만들기

이 시스템을 시험해보기 위해 여러분에게 오각형 프레임을 한번 잘라보라고 권하고 싶다. 나는 오각형이 늘 멋진 다각형이라고 생각했다(물론 워싱턴 DC에 있는 상당히 큰 못생긴 건물의 모양[2]이기도 하지만 말이다).

그림 5-21을 보면 각재 위에 7"되는 지점에 표시를 해놓았는데, 이를 오각형 틀의 각 외면 길이로 결정했기 때문이다. 견본을 사용하여 어디에 톱질을 해야 할지 보여주고 있다.

그림 5-21 5각형 액자를 만들기 위해 연귀 맞춤을 하기 위한 준비 작업

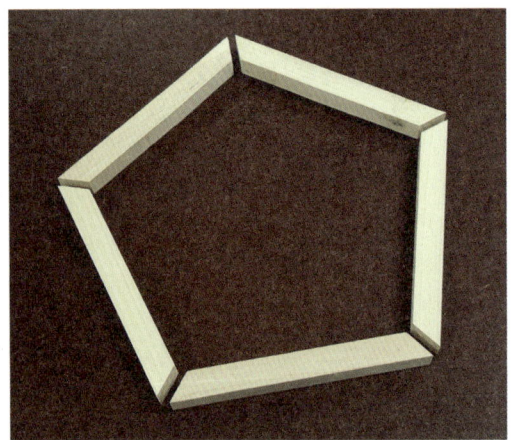

그림 5-22 다섯 개의 틀

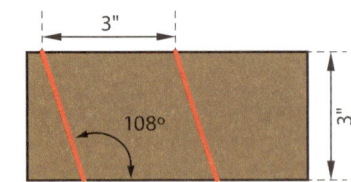

그림 5-23 오각형을 위한 지그

그림 5-24 접착제가 마르는 동안 로프로 조여놓은 오각형 액자

그림 5-22에는 다섯 개의 틀 조각이 나와 있다. 이를 어떻게 한꺼번에 접착할 수 있을까?

앞서 설명한 것처럼 사각형은 아니지만 유사한 방식으로 지그를 만들 수 있다. 그림 5-23에 나오는 도면을 이용하여 블록을 만들 수 있다.

그림 5-23의 위쪽 도면은 3/4″ 두께의 소나무 조각에서 3″짜리 지그를 자르는 방법을 보여준다. 108도를 그리기 위해서 각도기나 제도 소프트웨어, 혹은 54도짜리 템플릿을 두 개 맞추어 사용할 수 있다. 빨간색으로 표시된 줄은 똑같은 각도여야 한다. 클램프는 평행한 면에 물려야 안정적으로 작동하기 때문이다.

그림 5-23의 아래에 나와 있는 도면은 지그 주변에서 틀의 면들이 어떻게 만나는지 보여준다.

만약 이 작업이 너무 어렵게 느껴지면 이 정도는 크기가 작아서 래칫 스트랩으로 작업하기에 충분하다. 물론 래칫 스트랩을 갖고 있다면 말이다. 만약 없다면 두꺼운 나일론 로프를 풀매듭(slip knot, 당기면 조여지는 매듭)으로 하여 프레임 주위에 둘러매어 최대한 꽉 조여준다. 매듭을 꽉 조인 후에는 느슨해지지 않도록 못이나 이쑤시개를 매듭에 박는다. 마분지를 끼워 넣어 로프가 목재에 미끄러져 말려들지 않도록 조치를 하지 않는 한 얇은 로프나 줄은 사용하지 않는 것이 좋다. 그림 5-24를 참조하기 바란다. 접착제가 마르도록 시간을 둔 후 줄을 풀고 사포질을 해서 살짝 접합 부분이 고르지 않은 것을 잡아준다.

실제 액자

지금까지 이 프로젝트를 위해 정사각형 각재목을 사용했는데, 이는 앞 장에서 여러분이 이 각재를 다뤄보았기 때문이다. 실제 사진 액자를 보면 사진을 끼워 넣을 수 있도록 틀에 홈이 있다.

공예 가게 등에서 프레임을 구매할 수도 있지만 다른 방법이 한 가지 있다. 여러분이 갖고 있는 각재 틀 안쪽에 가늘고 긴 대를 붙이는 것이다.

먼저 종이 위에 오각형 프레임을 놓고 안쪽 면을 따라 선을 긋는다. 그림 5-25에 나오는 것처럼 종이 두 장을 테이프로 붙이거나 커다란 종이를 써야 할 것이다.

이제 끝에서 보았을 때 $1/4″ \times 1/4″$ 정도의 작은 정사각형 각재 테두리가 필요하다. 공구상 등에서 이런 작은 테두리 각재를 싸게 구입할 수 있다. 조금 전 종이 위에 그린 것처럼 오각형의 안쪽으로 이 작은 각재를 줄을 맞춘 뒤, 연귀 자름을 한다.

이 작은 각재는 매우 얇고 약해서 그림 5-26에 나오는 것처럼 다용도 칼로 자르는 것이 좋다. 칼날을 살짝 움직이면서 세게 누른다. 실제 길이보다 조금 길게 자른 뒤, 사포질을 하여 길이를 맞춘다.

그림 5-27에서 보는 것처럼 오각형의 틀 안쪽에 작은 테두리를 접착제로 붙인다. 테이프나 케이블 줄 혹은 적당한 압력을 가할 수 있는 무엇이든 이용하여 접착제가 굳을 때까지 고정시킨다.

이 액자에 유리를 끼우고 싶은가? 난 사실 별로라고 생각한다. 유리는 작업하기 힘들고 가장자리는 무섭게 날카롭다.

유리 대신 흔히 렉산(Lexan)이라는 브랜드로 팔리는 폴리카보네이트를 사용할 수 있다. 근처 공구 가게에 가면 깨진 판유리를 대체할 목적으로 파는 작은 폴리카보네이트를 찾을 수 있다. 톱으로 잘라도 되는데, 투명 플라스틱에 대해서는

그림 **5-25** 종이 위에 오각형 프레임을 따라 줄 긋기

그림 **5-26** 테두리를 잘라 맞추기

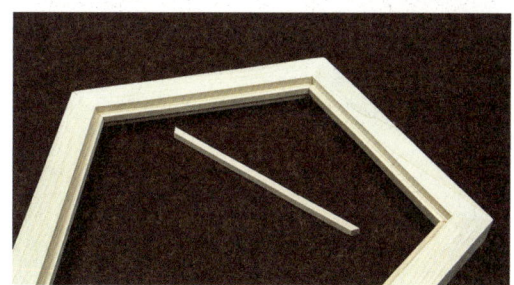

그림 **5-27** 손질한 오각형 틀

그림 5-28 액자 안에 들어가는 대상물은 항상 액자의 모양과 맞아야 한다.

18장에서 다시 살펴볼 것이다. 그때까지 잠시 액자를 미뤄놓아도 좋겠다.

새로 붙인 작은 대는 폴리카보네이트 판과 그 밑에 들어갈 사진을 잡아주는 역할을 하게 된다. 맨 뒤에 두꺼운 마분지를 덧댈 수도 있는데, 작고 가는 못이나 핀으로 제자리에 고정할 수 있다. 액자에 넣을 사진을 고를 때 액자 모양과 잘 맞는 사진이어야 한다는 점을 기억하자. 그림 5-28에서 보는 것처럼 말이다.

도처에 존재하는 기하학

이 프로젝트는 주로 각도에 대한 것이었다. 어떤 사람들에게는 이 주제가 살짝 이해하기 어려울 수도 있지만, 각도에 대한 이해는 매우 유용하다. 예를 들어 집의 뾰족한 지붕이나 창고의 기울어진 지붕을 만들기 위한 틀을 짤 때 각도는 피할 수 없는 주제이다. 스피드 스퀘어에는 이런 목적으로 각도가 표시되어 있다.

다각형과 관련해서는 만약 8면체의 식탁을 만들고 싶다면? 5면체의 컵받침이나 6면체의 보석함을 원한다면 어떻게 해야 할까?

그림 5-29 건설 중인 12면체 건물

한번은 작은 산 정상에 12면체의 건물을 디자인한 적이 있다. 그림 5-29는 당시 작업 중이던 모습이다. 면을 맞추기 위해 비스듬하게 프레임을 만들어야 했다. 이를 맞추기 위해서는 연귀각을 알아야 했는데, 답은 75도였다. 이를 어떻게 계산하는지 기억하는지?

기하학은 우리 주변 어디에나 존재한다. 펜이나 연필을 담기 위한 어떤 통들은 6면체이다. 집에 8면체 창문이 있는 경우를 본 적이 있을지 모르겠다. 일부 북미 원주민 부족의 집은 8면체였다.

상징들은 흔히 다면체로 만들어진다. 미국 일부 도시의 보안관 배지(별 모양)는 7개의 뾰족한 끝을 갖고 있다. 차도의 정지(stop) 표지판은 8면체이다. 미국뿐 아니라 러시아나 중국에서 5각형 별 모양은 흔한 상징이다. 이러한 별 모양을 그리는 가장 쉬운 방법은 5각형에서 시작하는 것이다.

틈새 막기

액자의 틀을 자를 때 작은 실수라도 하면 틈새가 발생한다. 이런 경우 어떻게 해야 할까? 플라스틱 우드(Plastic Wood)[3]와 같은 우드필러(wood filler)로 틈새를 메꾸면 어떨까? 이러한 제품들은 예를 들면 나처럼 항상 정교하게 맞추어 물건을 만들지 않는 사람들이 사용할 수 있다.

플라스틱 우드는 여러 가지 색깔로 작은 캔에 담겨 판매된다. 이 색깔들은 여러분이 작업하는 목재와 동일해서 이론적으로는 사람들이 눈치채지 못한다. 한 가지 주의해야 할 점은, 폴리우레탄을 사용할 경우 플라스틱 우드는 실제 목재 색깔과는 완전히 다른 색깔로 변하며 따라서 사람들이 눈치채게 된다는 것이다.

그림 5-30은 이런 문제점의 예를 보여준다. 폴리우레탄을 칠하기 전까지는 우드필러가 눈에 보이지 않았지만, 그 이후에는 그림에서 보는 것처럼 문제가 확연하다.

플라스틱 우드필러는 실제 참나무보다 더 딱딱하게 굳는다. 잘못 묻은 자국을 없애려면 애를 먹을 것이다. 이만큼 딱딱하게 굳지 않는 우드필러의 다른 브랜드들도 있지만 이 점에 대해서 철저한 비교 테스트는 아직 하지 못했다.

추가로 만약 우드필러 없이 작업할 수 있다면 더 편할 것이다. 그렇게 하는 한 가지 방법은, 사포질을 하면서 고운 가루가 틈새로 들어가 쌓이면서 메워지도록 하는 것이다. 표면에 있는 가루는 닦아내지만 틈새에 쌓인 가루는 그대로 둔 뒤에, 바로 폴리우레탄으로 코팅을 하면 된다.

그림 5-30 적참나무(red oak) 색깔이라는 라벨이 붙어 있는 플라스틱 우드(필러)를 실제 적참나무에 바른 후 폴리우레탄으로 코팅을 하면 어떤 문제가 발생하는지를 보여주는 사진.

다른 아이디어

하트 모양의 액자

그림 5-31에 나오는 디자인을 보기 바란다. 이런 액자를 만들 수 있을까? 각도를 잘라내는 것은 쉬울 것이다. 왜냐하면 모두 45도나 67.5도인데, 이 각도들은 전부

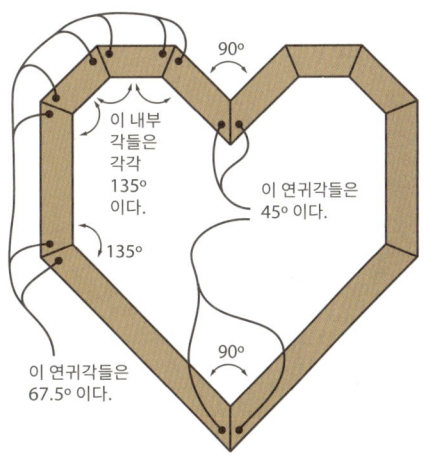

그림 5-31 45도와 67.5도 연귀각들만으로 된 하트 모양의 액자 프레임

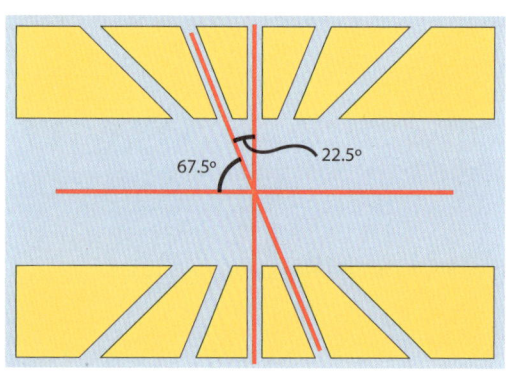

그림 5-32 67.5도 각이 들어 있는 연귀통의 개요. 때로는 22.5도로 표시된다.

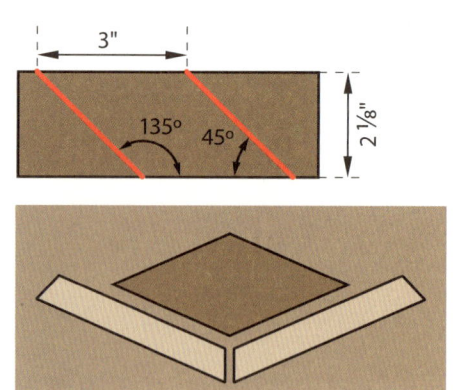

그림 5-33 그림 5-31에 135도로 되어 있는 각들을 위한 지그 만들기

다 연귀통에 있기 때문이다(일부 연귀통에서는 67.5도가 22.5도라고 적혀 있기도 할 것인데 이는 그림 5-32에 나와 있는 것과 연관이 있다).

이 액자틀을 클램프로 조이는 것은 어려울 수 있는데, 그림 5-33에 나와 있는 것처럼 지그를 만들 수 있다.

자세히 알아보기: 클램프

비용을 최소화하려고 이 책에서는 단지 두 개의 트리거 클램프로만 모든 프로젝트를 만들고 있다. 하지만 다른 종류의 클램프도 많이 찾아볼 수 있다.

기본 스크루 클램프

이 클램프는 작업에 따라 아주 작은 것부터 엄청 큰 것까지 있다. 미국에서는 C 클램프라고 하며 영국에서는 G 클램프라고 부른다. 개인적으로는 스크루 클램프는 C보다는 G를 더 닮은 것 같다. 그림 5-34는 중간 정도 크기의 클램프이다.

퀵릴리스 스크루 클램프

그림 5-35에서 보는 것과 같다. 퀵릴리스 스크루 클램프(Quick Release Screw Clamp)는 트리거 클램프와 비슷하다. 다만 클램프를 물릴 적정 위치에 놓은 후 나사산이 붙어 있는 손잡이를 돌려서 마지막으로 꽉 조여주는 역할을 한다는 점이 다르다. 이 클램프는 트리거 클램프보다 훨씬 더 강력하다.

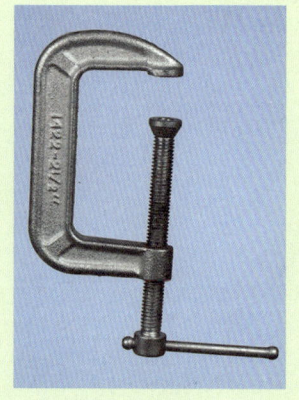

그림 5-34 기본 C 클램프

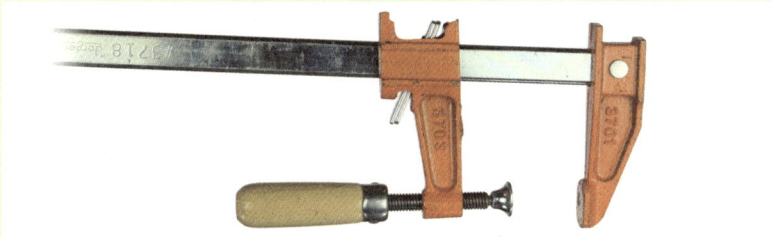

그림 5-35 퀵릴리스 스크루 클램프

파이프 클램프

가구처럼 커다란 물건을 클램프로 조일 때 유용하다. 그림 5-36에 견본이 나와 있다. 파이프 클램프(Pipe Clamp)는 결코 싸지 않다!

그림 5-36 4피트(1,219mm)짜리 파이프 클램프

로킹 클램프

바이스그립(Vise-Grip) 클램프 혹은 플라이어(plier)는 브랜드 이름으로, 해제 레버를 풀어줄 때까지는 계속 물고 있는 로킹 클램프(Locking Clamp)이다. 여러 가지 종류가 있다. 그림 5-37에 나오는 것은 로킹 C 클램프이다.

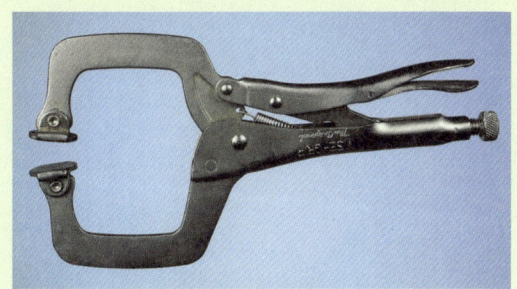

그림 5-37 커다란 로킹 클램프

버트조인트 클램프

버트조인트 클램프(Butt-Joint Clamp)는 목재 두 개를 90도로 물리는 데 쓰인다. 수직으로 물리는 부분은 클램프 윗부분에 있고, 수평으로 물리는 부분은 아래에 있다. 아래쪽의 나사산이 달려 있는 클램프는 수평으로 물리는 부분을 수직으로 물리는 부분의 밑부분에 꽉 밀착하도록 밀어주는 역할을 한다. 그림 5-38 참조.

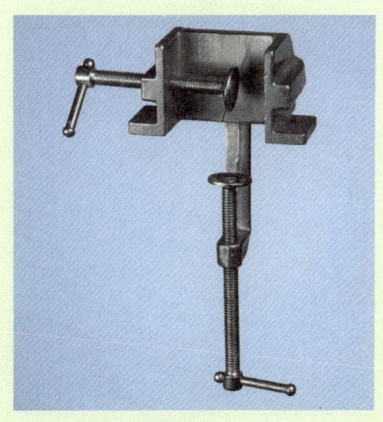

그림 5-38 버트조인트 클램프

주

1 래칫 스트랩을 공항 수하물 찾는 곳에서 가끔 발견할 수 있는데, 승객들이 여행용 가방이 열리지 않도록 겉에 벨트를 조여 놓는 경우가 있다. 이것도 래칫 스트랩의 일종이며, 국내 검색엔진에서 '(다용도, 수하물, 캐리어) 조임벨트'로 검색하면 쉽게 찾을 수 있다.

2 펜타곤은 1943년에 지어진 5각형 건물로서 미국의 국방 업무를 일원화하기 위한 연방정부 건물이다. 세계에서 가장 많은 수용 인원을 자랑한다.

3 플라스틱 우드는 나무 틈새를 메꾸는 데 쓰이는 우드필러의 상품명 중 하나로, 국내 인터넷 쇼핑몰에서도 검색과 구매가 가능하다.

6장
기하학 퍼즐

조각들이 서로 맞물리는 그림 퍼즐을 만드는 것은 이 책에서는 너무 야심 찬 목표다. 하지만 다른 종류의 퍼즐도 있다. 이번 프로젝트는 간단해 보여도 실제로는 전통적인 퍼즐보다 맞추기 어려운 퍼즐 만들기이다. 또한 이 프로젝트는 합판이라는 정말 훌륭한 다용도 재료에 익숙해질 수 있는 최고의 방법이기도 하다.

합판의 기원

목재를 여러 겹으로 합쳐 만든 것을 합판이라고 한다. 얇은 판을 여러 장 붙여 하나의 판을 만드는 개념은 이집트 시대에도 있었지만, 오늘날 우리가 보는 합판은 100년 정도 된 것이고, 예나 지금이나 통나무에서 껍질을 벗겨낸 다음 켜켜이 자르고, 이 자른 나무판을 여러 겹 층층이 접착해 만든다.

합판은 여러 가지 복합재 중 하나이다. 복합재란 재료들이 작은 조각이나 부분들로 이루어지고 보통 함께 접착된 것을 말한다. 좀 더 자세한 사항은 89쪽의 '복합재 자세히 알아보기'를 확인하면 된다.

켜[1]의 강점

합판이 왜 유용한지를 알기 위해서 한 가지 작은 실험을 해보고자 한다. 투바이포 목재 조각으로 시작하는데, 목재 끝부분에서 3/4″ 정도를 잘라낸다(여기에서 정확한 수치는 별로 중요하지 않다). 목재의 나뭇결이 위를 향하도록 작업대에 둔 뒤, 그림 6-1에 나오는 것처럼 클램프로 조인다.

그림 6-1 투바이포 목재의 끝에서 얇은 조각을 잘라내기 위한 준비

이 장의 새로운 주제
- 합판과 복합재
- 벡터 그래픽 소프트웨어 사용하기
- 패턴을 종이에서 목재로 옮기기
- 목재 착색제 바르기
- 합판을 끝에서 끝까지 자르기

필요한 것
- 투바이포 소나무: 어떤 상태이든 괜찮음, 12″ (305mm)
- 정사각형 각재목: 3/4″ × 3/4″ (19mm × 19mm), 길이 30″ (762mm)
- 합판, 소나무 혹은 참나무: 1/4″ (6mm) 두께, 크기 12″ × 18″ (305mm × 457mm)
- 목재 착색제: 어두운 색으로 최소한의 분량

앞에서도 사용한 도구들:
장부톱, 연귀통, 트리거 클램프, 자, 스피드 스퀘어, 고무 샌딩 블록, 작업 장갑, 송곳, 마스킹 테이프, 방진 마스크(선택), 보호안경(선택), 다용도톱(선택), 합판 작업대, 목공용 접착제, 사포, 폴리우레탄, 일회용 장갑, 페인트 붓(선택), 나일론 로프 혹은 무거운 줄

그림 6-2 나뭇결과 엇갈리게 조각을 잘라내기

그림 6-3 나뭇결과 동일한 방향으로 굽혀보기

그림 6-4 나뭇결과 같은 방향으로 목재는 쉽게 부러진다.

그림 6-2에 나오는 것처럼 이 조각에서 나뭇결과 엇갈리게 1/8" 정도 두께로 잘라낸다. 작은 조각이기 때문에 톱질하다가 톱이 될 수도 있으니 각별히 주의해야 한다. 톱질하지 않는 손은 톱으로부터 멀리 두도록 한다.

그림 6-3에서 보는 것처럼 손가락 사이에 조각을 잡은 뒤, 나뭇조각을 굽히려고 압력을 가해보자. 그림 6-4에 보는 것처럼 목재가 쉽게 부러지는 것을 알 수 있다.

이번에는 부러진 조각을 다른 방향으로, 즉 나뭇결과 직각 방향으로 부러뜨리려고 해보자. 훨씬 힘을 더 필요로 하거나 어쩌면 부러뜨리기 힘들지도 모른다.

나뭇결과 평행으로 힘이 가해질 때 목재의 취약성은 구조적 강도라는 측면에서 문제가 될 수 있다. 가구를 만들 때 이 점을 염두에 두고 디자인해야 한다. 또한 목재를 붙여서 평평하고 커다란 판을 만드는 것은 시간도 많이 들어가고 하기 힘든 일이기도 하다.

합판은 이 두 가지 문제점을 모두 없애준다. 합판은 보통 48"×96"(어떤 때는 더 큰 사이즈도 있다)짜리 한 장 단위로 판다. 합판의 결 혹은 켜는 서로 딱 좋은 각도로 접착되어 있다. 어떤 크기에서도 합판은 양방향으로 똑같은 강도를 유지하게 되어 있다.

또 합판은 비교적 안정적인데, 이 말은 판재(board)나 보(beam)처럼 뒤틀리지 않는다는 뜻이다. 합판에는 다양한 등급과 두께가 있다.

그림 6-5는 다섯 가지 샘플을 보여준다. 위에서부터 아래로 두께가 각각 1/8", 7/32", 1/4", 5/16", 3/8"이다. 옅은 색으로 된 세 장은 공방에서 가져온 질이 좋은 재료이다. 위에서 두 번째 것은 대형 공구 상가에서 가져온 것인데,

그 두께에서는 가장 질 좋은 재료였다.

맨 밑에 있는 3/8"짜리 합판은 가장 저렴한 것인데, 3장의 겹만 있고, 연재(softwood) 표면이 거칠다.

그림 6-6은 질 좋은 3/4" 합판인데, 아홉 겹에 표면이 자작나무(birch)로 되어 있다. 이 합판 역시 공방에서 가져온 것이다. 건설 현장에서 쓰이는 3/4" 합판은 보통 마감이 거친 편이고, 따라서 마감의 질이나 세밀한 부분이 중요한 작은 규모의 작업에는 적절치 않다.

기하학적 퍼즐을 만들기 위해서 나는 7/32" 합판을 골랐다. 이보다 얇은 재료로 작업할 경우에는 목재가 갈라지는 문제가 생길 것이다. 만약 더 두꺼운 재료를 선택하면 톱질하는 데 더 많은 힘을 써야 한다. 1/4" 정도 두께의 합판으로 표면이 경재(hardwood)인 것을 선택하는 것이 적절하다.

그림 6-5 합판의 다섯 가지 샘플. 자세한 사항은 본문 참조

그림 6-6 질 좋은 3/4"(19mm) 합판

패턴

퍼즐을 만들기 위한 도면은 그림 6-7에 나와 있다. 보기에는 간단해 보이지만 이 도면이 정교하게 디자인된 것임을 알게 될 텐데, 조각을 조합하는 것이 쉽지만은 않을 것이다. 이들 중 몇 가지는 가장자리 길이가 동일해서 여러 가지 다른 방식으로 서로 맞출 수 있게 되어 있는 반면, 또 다른 가장자리 길이는 동일하지 않아서 혼란을 준다. 또한 90도 각도를 여러 개 포함하도록 만들어서 어느 조각이 귀퉁이에 들어가는 것인지 알기 어렵게 했다.

이 패턴을 종이에 옮기는 방법을 세 가지 생각해볼 수 있는데, 이를 알고 나면 여러분은 합판에 옮기는 데에 이용할 수 있을 것이다. 가장 손쉬운 방법은 이 책의 해당 페이지를 복사하는 것인데 만약 컴퓨터 화면으로 이 책을 보고 있다면 이미지를 복사 후 붙여넣기를 하면 된다. 복사하거나 인쇄할 경우 확대할 수 있지만 가장 긴 면이 6"를 넘어서는 안 된다. 장부톱으로 길게 잘라내는 것이 어렵기 때문이다. 이에 대해서는 곧 알게 될 것이다.

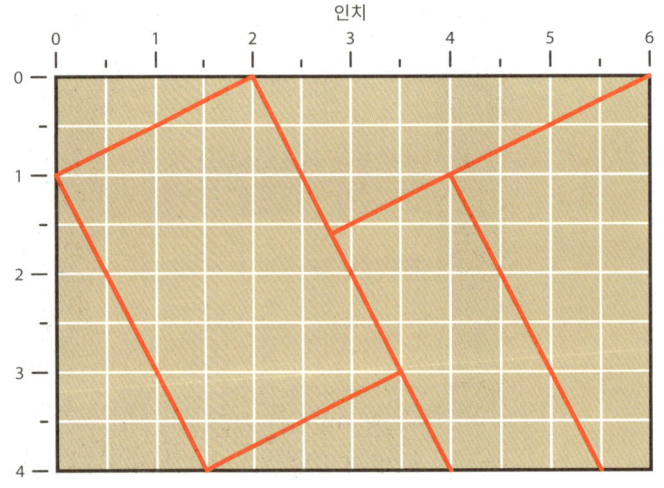

그림 6-7 기하학적 지그소 퍼즐

또 다른 방법은 모눈종이에 직접 그리는 것이다. 문구점에 가면 모눈종이를 판다. 무료로 모눈종이 양식을 다운로드할 수 있는 웹 사이트도 많다. 여기에서 프린트하면 된다.

세 번째 방법은 벡터 그래픽 소프트웨어를 사용하여 컴퓨터에서 패턴을 재생하는 것이다. 이에 대해 곧 상세하게 다룰 것이다. 왜냐하면 이런 종류의 소프트웨어는 여러분이 스스로 디자인 작업을 하고 싶을 때 유용하기 때문이다. 게다가 내가 추천하는 소프트웨어는 무료다.

벡터 그래픽 소프트웨어

사진 편집 소프트웨어를 사용할 경우, 이미지를 확대하면 픽셀도 커진다. 리샘플(resample)하지 않는 한 이미지의 세밀한 부분을 잃게 된다. 이런 종류의 소프트웨어는 정확하게 선을 그리는 데에는 적절치 않다.

벡터 그래픽 소프트웨어에서는 이미지가 선과 곡선을 정의하는 숫자의 집합으로 저장된다. 구체적으로 사이즈가 명시된 사각형은 완벽하게 똑같은 크기로 재생되는데, 이는 숫자로 크기에 대한 정보가 저장되기 때문이다. 여러분이 크기를 두 배로 만들어도, 사진을 확대할 때처럼 세밀함을 잃거나 하지 않는데, 이는 소프트웨어는 단순히 그 모양을 가리키는 숫자 정보를 두 배로 만들기 때문이다.

벡터 그래픽 프로그램은 많다. 하지만 내가 제안하는 것은 오픈 오피스 드로우(OpenOffice Draw)인데, 이는 윈도우, 맥, 리눅스에서 모두 무료 소프트웨어이기 때문이다.

www.openoffice.org로 가서 다운로드 탭을 클릭하면 된다. openoffice와 이름이 유사한 사이트를 방문하지 않도록 주의하기 바란다. 패러디 사이트들이 있어서 이들은 원치 않는 툴바(toolbars)나 서치바를 여러분이 다운로드할 때 끼워넣기 때문이다.

OpenOffice 패키지 전체를 내려받아야 하는데, 다운로드한 이후에 원하면 Draw 프로그램만 설치할 수도 있다.

다운로드를 완료하고 나면, 설치(installer) 버튼을 시작하고 일반(typical) 설치 혹은 주문(custom) 설치를 선택할 때까지 화면에 나오는 통상적인 질문들에 답하면 된다. 주문 설치를 선택한다.

이제 Draw 부분을 선택한 뒤, 나머지 모든 프로그램들은 선택하지 않을 수 있다. 물론 여러분이 다른 프로그램을 원치 않는다면 말이다. 예를 들어 Writer 프로그램은 마이크로소프트 워드 프로그램을 모방한 것이며, Calc 프로그램은 마이크로소프트 엑셀을 모방한 것이다. 이러한 프로그램들은 마이크로소프트 파일로 읽을 수 있으며, 마이크로소프트 포맷으로 저장할 수 있다.

OpenOffice Draw 사용하기

OpenOffice 프로그램을 시작하고 나면 Drawing 기능을 선택할 수 있다. 그러면 빈 문서를 보여준다. 여러분이 알아야 하는 기본적인 기능은 다음과 같다.

메뉴바에서 View>Grid를 선택하면 Display Grid와 Snap to Grid 기능을 모두 선택하여 켜져 있도록 한다(두 가지 각 기능 옆에 있는 작은 아이콘을 누르면 아이콘이 켜졌다 꺼졌다 한다).

이제 화면에 점선으로 격자무늬가 나타난다. 엷은 회색이어서 쉽게 보이지는 않지만 잠시 후 이를 수정할 것이다. 메뉴바에서 Tools>Options를 선택한다. 대화상자가 열리면 위의 리스트에서 OpenOffice를 더블클릭한다. 그러면 하부 메뉴(submenu)에서 Appearance 버튼이 나타난다. Drawing/Presentation으로 내려가서 격자의 색깔(grid color)을 변경할 수 있다(아직까지는 변경 내용이 화면에 나타나지는 않을 것이다).

대화상자의 왼편에 있는 미니 메뉴로 돌아가서 General을 더블클릭하고, 측정 단위(units of measurement)를 선택할 수 있다(일부 플랫폼에서는 이 선택 버튼이 OpenOffice Draw 메뉴 밑에 있기도 하다). 미국의 독자들은 인치를 원하겠지만, 그 밖에 자신이 원한다면 밀리미터를 선택하면 된다. 하부 메뉴에서 Grid를 더블클릭하고 Resolution의 격자무늬에서 수평과 수직, 점선의 간격을 정할 수 있다. 또한 한 구획의 숫자를 정할 수도 있다. 기본으로 5 혹은 10으로 되어 있을 것이다(이는 여러분이 어떤 플랫폼 혹은 버전을 사용하는가에 달려 있다). 하지만 나는 여러분이 사용하는 스테인리스 자와 호환이 되도록 16^2으로 맞출 것을 제안한다. OK를 클릭하면 이제 화면에 나타나는 문서가 여러분이 지정한 대로 변경되어 있을 것이다.

이제 여러분은 선, 사각형, 혹은 타원 등의 도구를 사용하여 화면에 모양을 그릴 수 있다. 이러한 도구들은 좌측 하단 구석에 있다. 어느 도구 버튼이든 작동시키기 위해서 클릭하면 된다.

각 모양을 그리기 위해서는 마우스를 끌어당기면 된다. 시프트(Shift) 버튼을 누른 상태에서 선을 그리면 미리 정해진 각도만큼 자동으로 증가하면서 선을 그릴 수 있다. 또한 시프트 버튼과 함께 사각형과 타원형을 그리면 정사각형과 원을 그릴 수 있다.

대상물을 그리고 나서 클릭하면 대상물 주변으로 작은 점들이 나타난다. 이제 화면의 상단 좌측에 있는 데이터 입력란을 활용하여 선의 굵기, 선의 색깔, 색깔 채우기 등을 변경할 수 있다. 혹은 대상물을 오른쪽 마우스로 클릭하면(맥인 경우에는 Option을 클릭) 메뉴가 뜨면서 대상물을 다양한 형태로 변경시킬 수 있도록 해준다. Position이나 Size 기능을 활용하면 사이즈를 정확한 양만큼 재조정하고, 움직이고, 회전시킬 수 있다.

기억해야 할 중요한 점은 이 소프트웨어를 사용할 때에는 하나 혹은 그 이상의 대상물을 선택해야 앞서 말한 기능들을 활용할 수 있다는 것이다. (화면 왼편 하단에 있는) Arrow(화살) 도구로 어떤 대상물이든 클릭할 수 있으며, 선택하고자 하는 대상물 주변으로 끌어당기면 점선으로 이루어진 대형 천막처럼 펼쳐지면서 여러 개의 대상물을 선택할 수 있다.

이 프로그램에서는 여러분이 어떤 새로운 대상물을 만들고 나면 Arrow 도구는 다시 기본 모드로 돌아오게 되어 있다.

Draw 프로그램은 그다지 고급 프로그램은 아니다. 어도비 일러스트레이터(Adobe Illustrator) 같은 전문가용 소프트웨어에 있는 많은 기능을 이 프로그램에서는 찾아볼 수 없다. 하지만 너무 비관하지 않아도 되는 것이, 이 책에 나오는 프로젝트들을 하는 데 필요한 모든 것을 할 수 있을 뿐 아니라 비용이 무료이기 때문이다.

송곳이 필요한 이유

어떤 방식으로든 여러분이 패턴을 종이에 인쇄했다고 치자. 그다음 단계는 합판에 패턴을 옮기는 것이다. 종이를 목재에 테이프로 붙이고 바로 톱질을 할 수는 없다. 톱질을 하면서 종이가 찢기고 으깨질 것이기 때문이다. 송곳을 써야 한다.

그림 6-8에 나오는 것처럼 송곳을 이용하여 패턴의 각 귀퉁이에 구멍을 뚫는다. 그러고 나서 그림 6-9에 나오는 것처럼 종이를 없앤 후 구멍이 뚫린 곳 사이를 선으로 잇는다.

작업할 부분 자르기

합판이 퍼즐보다 훨씬 크다고 했을 때, 여러분이 다루기 쉽게 퍼즐 제작을 위해 작업할 부분만 대략 잘라내야 한다. 1″ 정도의 여분을 두고 자른다.

대략적으로 자르는 것이기 때문에 정확한 위치나 질을 걱정할 필요는 없다. 사실상 합판 밑에 희생목을 대는 것이 힘들 수 있는데, 이는 톱질을 할 때 합판 밑부분까지 통과해서 희생목까지 자를 것이기 때문이다. 그림 6-10을 보자.

장부톱의 윗부분을 가로지르는 대는 이번처럼 길게 톱질을 할 때에는 이상적이지 않지만 어쨌든 이 작업을 할 수 있다.

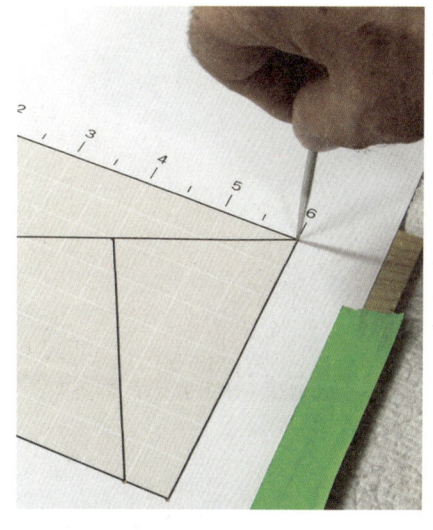

그림 6-8 종이에 인쇄된 패턴을 합판에 테이프로 붙이고 나서 송곳이나 픽을 이용하여 각 끝부분에 구멍을 뚫는다.

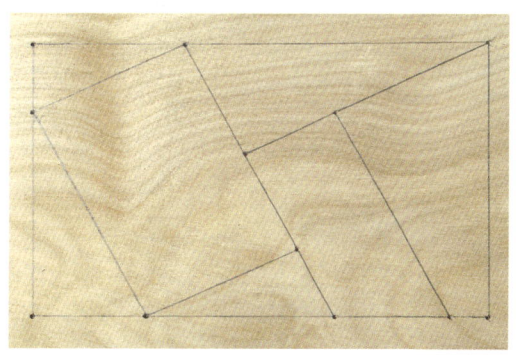

그림 6-9 연필을 이용하여 구멍 뚫은 곳을 잇는다.

그림 6-10 작업하기 좀 더 쉽게 합판의 일부를 대략 자르기

그림 6-11 쪼개지는 현상을 줄이기 위해 희생목을 대지 않고 톱질을 했을 때 밑부분의 모습

그림 6-11은 쪼개지는 현상에 신경 쓰지 않았을 때 합판 밑부분에 어떤 일이 벌어지는지를 보여준다. 이 프로젝트에서는 퍼즐 조각을 만드는 데 끝부분을 쓰지 않을 것이기 때문에 괜찮다.

착색으로 시작하기

미리 생각해보자. 퍼즐의 윗부분은 아랫부분과 다르게 보여야 한다. 만약 어느 쪽이 위쪽인지 알 수 없다면 퍼즐을 맞추기 아주 힘들기 때문이다.

밑부분을 다르게 보이도록 만드는 가장 쉬운 방법은 착색을 하는 것이다. 착색제(wood stain)는 바르기 쉽고 매우 빨리 마른다. 하지만 주의해야 할 점도 있다.

그림 6-12 합판의 뒷면에 착색제를 바르기

- 착색제는 손이나 옷, 작업장에 묻었을 때 지우기가 어렵다. 일회용 장갑을 끼고, 적절한 작업복을 입어야 하고, 작업할 공간에 보호 조치를 해야 한다.
- 캔을 열기 전에 힘차게 흔든다. 열어둔 상태에서는 가끔씩 막대기로 저어서 착색제가 캔 밑부분에 진흙처럼 가라앉지 않도록 한다.
- 착색제에는 유성 혹은 수성이 있다. 나는 유성을 선호하지만, 이는 반드시 환기가 잘되는 곳에서 사용해야 한다. 또한 화재 위험이 있기 때문에 유성 착색제를 바른 헝겊이나 종이 타월을 집 안에 쌓아두면 안 된다.
- 착색제 색깔은 여러분이 칠하고자 하는 나무의 색깔이 어떤 것인지에 따라 영향을 받는다.
- 캔의 라벨에 붙어 있는 추가 주의 사항을 확인한다.

그림 6-12를 보면 종이 타월로 목재 위에 착색제를 문지르는 것을 볼 수 있다. 착색제는 나뭇결을 타고 스며든다. 오래 둘수록 색깔은 더 어두워진다. 스며들도록 둔 뒤에 깨끗한 타월로 문질러서 표면에 남아 있는 것을 없애야 한다. 10분 정도 지나면 손가락에 착색제를 묻히지 않고 목재를 다룰 수 있을 것이다.

자르는 순서

이제 퍼즐에 사용할 조각을 자를 준비가 되었다. 어떤 조각을 먼저 자르는지가 문제가 될까? 당연히 그렇다! 그림 6-13에서 알파벳 순서대로 자를 수 있도록 표시를 해놓았다. 가장자리가 거친 이유는 커다란 합판에서 이 조각들을 만들기 위해 여유를 두고 거칠게 잘랐기 때문이다.

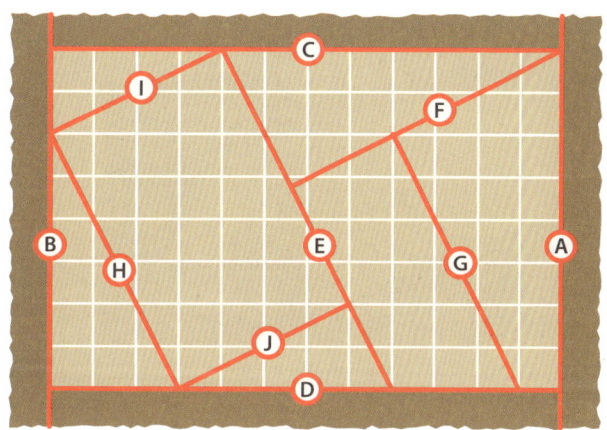

그림 6-13 퍼즐 조각을 자르는 순서

순서가 중요한 이유는 매번 톱질을 할 때마다 잘라내는 조각의 한쪽 끝에서 또 다른 한쪽 끝까지 한 번에 모두 잘라야 하기 때문이다. T 자로 되어 있는 부분을 잘라내야 할 때 밑에 희생목을 대고 T 자의 세로 부분을 먼저 자르는 것은 거의 불가능하다. 한쪽 끝에서 또 다른 끝까지 먼저 자르는 것으로 시작해야 한다. 그리고 나서 수직 방향으로 작은 부위의 한쪽 끝에서 또 다른 끝까지 자를 수 있다. 그림 6-14는 이를 보여준다.

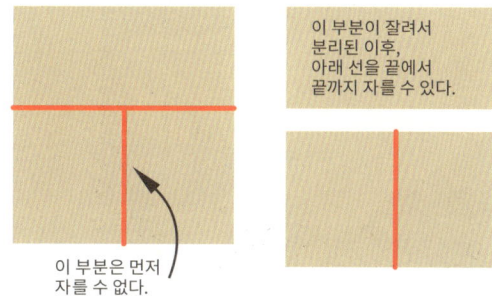

그림 6-14 작업 중인 조각의 끝에서 끝까지 매번 잘라내야 한다.

정확하게 자르기

퍼즐 조각이 서로 잘 맞아야 하기 때문에 정확성은 이 프로젝트에서 중요하다. 따라서 가이드목을 합판 위에 두고, 합판이 깔끔하게 잘리도록 희생목을 밑에 대어야 한다(이에 대해서 3장 32쪽에서 설명한 바 있다).

그림 6-15는 어떻게 설치해야 하는지 보여준다. 그림 6-16은 사각형 퍼즐의 가장자리를 따라 첫 번째 자르기를 진행 중인 모습이다.

그림 6-15 가이드목 역할을 하는 투바이포 목재가 위에 있고, 밑에는 톱질할 때 희생목을 놓고 그 사이에 합판을 클램프로 조여 놓은 모습.

6장 기하학 퍼즐   87

그림 6-16 사각형 퍼즐의 가장자리 잘라내기

그림 6-17 매번 잘라낼 때마다 퍼즐 조각들을 분리하는 것과 같으므로 톱질을 할 때에는 선의 옆이 아닌 위를 잘라야 한다.

그림 6-18 마지막 톱질 준비

이 프로젝트에서는 선 옆 부분이 아니라 선 위를 잘라내야 한다는 점을 기억하라. 이는 붙어 있는 퍼즐 조각들 사이를 잘라내는 것이기 때문에 각 조각으로부터 똑같은 양의 목재를 잘라내야 하기 때문이다.

톱은 그림 6-17처럼 위아래를 살짝 기울여 사용해야 하는데, 왜냐하면 톱을 나무와 수평으로 자르려고 하면 나무를 파고들기보다는 주변에서 미끄러지기 때문이다. 톱의 각도는 결국 밑에 있는 희생목에 홈을 파게 된다. 그것이 희생목의 역할이지만 이는 여러분이 다소 추가적인 일을 하게 되는 것을 뜻한다.

그림 6-17은 그림 6-13에 나온 E라고 표시된 부분을 자르는 것까지 진행된 모습이다. 그림 6-18은 마지막으로 몇 개 톱질을 하는 모습인데, 워낙 짧아서 가이드목이나 밑에 받친 희생목의 방향을 바꿔야 한다.

마무리

그림 6-19는 퍼즐 조각을 완성한 모습이다. 하지만 1장에서 퍼즐을 만들었을 때처럼 액자에 담아 놓으면 더 좋지 않을까? 연귀각으로 액자를 짜는 방법을 이미 배웠기 때문에 이 작업은 오래 걸리지 않을 것이다. 내가 만든 액자는 6-20에 나와 있다. 합판의 남은 부분을 이용하여 액자의 뒷면으로 붙였다.

누군가에게 퍼즐 조각을 액자 안에 맞춰보라고 하면 틀림없이 그들은 고생할 것이다. 물론 일반적인 퍼즐에서 그림을 맞추듯이 이 퍼즐에서도 나무의 결을 보면서 맞출 수 있다는 점을 생각해 내지 않는 한 말이다. 어쩌면 이를 눈치채지 못하

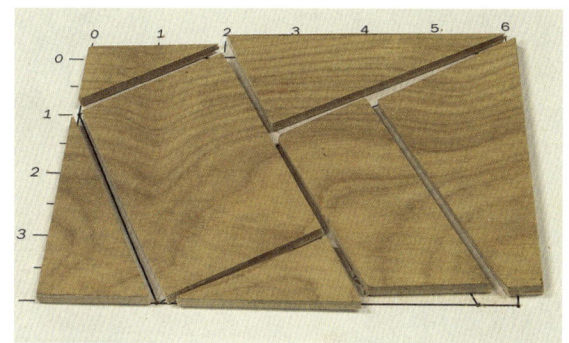

그림 6-19 퍼즐 조각이 완성된 모습

그림 6-20 액자로 만든 퍼즐

도록 조치를 취해야 하지 않을까?

   확실한 방법은 나뭇결을 덮기 위해 페인트칠을 하는 것이다. 나뭇결이 보이도록 내버려두는 쪽을 선호할 수도 있다. 그래야 퍼즐을 푸는 데 힌트를 제공할 수 있기 때문이다. 이럴 경우 각 조각들을 폴리우레탄으로 코팅할 수 있는데, 내가 만든 것은 그렇게 하지 않은 상태로 두었다. 여러분 것은 어떻게 할지 스스로 선택하면 된다.

자세히 알아보기: 복합재

복합재는 일반적으로 얇고 작은 목재 조각들을 함께 접착한 판을 말한다. 가장 일반적인 복합재로는 합판(plywood), 파티클보드(particle board), 엠디에프(MDF, 중밀도 섬유판), 메이소나이트(Masonite), OSB 합판 등이 있다.

합판

합판은 A, B, C, D 등의 알파벳 표시 등급으로 나눈다. A는 가장 흠이 없는 것이고, D는 옹이 구멍이 있거나 다른 결함이 있을 수 있다. D 등급 합판은 작업이 거친 건설 현장에서나 쓸 수 있다.

   어떤 합판은 양쪽 면이 모두 상태가 좋은데, 이런 경우 A-A 혹은 B-B 등급을 받게 된다. 양면의 상태가 동일하지 않을 경우에는 A-B 혹은 A-C와 같이 등급을 받게 된다.

   가장 저렴한 합판은 연재 세 겹으로만 이루어지는데, 이를 때로는 세 겹이란 뜻의 'three-ply'라고 부른다. 표면의 뚜렷한 나뭇결을 눈으로 볼 수 있는데, 똑

6장 기하학 퍼즐

같은 방식으로 연재로 만든 보드에서도 나뭇결 패턴은 육안으로 볼 수 있다.

질 좋은 합판은 더 많이, 더 빽빽하게 겹을 이루고 어떤 경우에는 참나무(oak)와 같은 경재로 만든 것을 볼 수도 있다. 이 경우 가장자리가 세 겹 합판(three-ply)의 가장자리보다는 훨씬 깔끔하고 부드럽다.

파티클보드

흔히 칩보드(chipboard)라고 부른다. 톱밥을 압축하여 서로 붙여 만든다. 표면이 그다지 매력적이 아니어서 거의 항상 목재 단판(veneer), 비닐 혹은 내열 플라스틱판인 포마이카(Formica)로 덮는다.

파티클보드는 어떤 형태의 나뭇결도 없기 때문에 보통 틀어지지 않으며, 부엌 찬장이나 책꽂이처럼 값싼 가구를 만들 때 좋다. 파티클보드는 같은 두께의 합판에 비해 쉽게 휘거나 부러뜨릴 수 있다. 알갱이 구조로 되어 있어서 나사나 못이 들어가면 알갱이들이 해체되는 경향이 있다. 파티클보드로 만든 선반은 흔히 구멍 안에 나무 못이나 넉넉한 지름의 구멍에 긴 나사못을 이용하여 수직으로 지지하도록 한다.

이 제품은 습기에 취약하다. 물에 젖으면 부풀어 오르고 구조적 강도를 잃게 된다.

MDF

파티클보드와 비슷하지만 톱밥이 아닌 목섬유로 만들어져 가격이 조금 더 비싸지만 이가 빠지거나 부러질 위험이 덜하다. MDF는 중밀도 섬유판(medium density fiberboard)의 약자이다.

MDF는 스피커 보관장에 흔히 사용되는데, MDF의 높은 밀도가 공명의 빈도를 줄여준다.

멜라민

저렴한 옷장의 선반용 자재는 대형 공구 상가나 제재목 야적장에서 살 수 있는데, 포마이카와 유사하게 얇고 흰색의 겹으로 미리 마감되어 있지만 더 얇고 덜 튼튼하다. 이 겹을 멜라민이라고 하는데, 파티클보드나 MDF에 적용할 수도 있다. 종종 보드에 이런 마감 처리를 한 것을 멜라민이라고 부르기도 한다.

일부 미리 잘라놓은 제품의 경우 최소한 한쪽 가장자리는 보드의 표면과 동일한 방식으로 마감이 되어 있다. 선반 재료는 뒤쪽 가장자리와 끝부분을 톱질하여 크기에 맞추어 쓸 경우 페인트칠을 할 필요 없이 그대로 설치할 수 있다.

메이소나이트

1920년대에 개발된 것으로 발명가인 윌리엄 메이슨(William Mason)의 이름을 따라 지었다. 그가 이 이름으로 상표등록을 마쳤다. 매우 높은 압력에서 목재 조각을 수증기로 흠뻑 적셔서 만든다. 이렇게 하면 목재가 섬유 덩어리로 줄어들면서 압축되어, 한쪽 면은 독특하게 부드러운 마감으로 또 한쪽은 거칠고 특별한 질감이 있는 어두운 갈색의 판을 형성하게 된다. 이 과정에서 접착제는 사용하지 않는다.

보통 메이소나이트는 $1/8''$와 $1/4''$ 두께로 판매하는데, 내부가 빈 벽장에 매우 저렴하게 판자로 붙이는 데 적절하다. 한쪽 면이 흰색으로 미리 칠해진 메이소나이트는 화장실 보드(때로는 샤워보드)로 팔리며, 모조 타일 패턴을 새겨 넣을 수도 있다. 모든 복합재 중에서 가장 저렴하다.

하드보드는 메이소나이트의 일반 형태를 가리킨다.

OSB

이 이름은 배향성 스트랜드보드라는 뜻의 oriented strand board로부터 왔다. 여기에는 목재의 가닥들이 연속적으로 서로 90도 각도로 향해 있다. OSB는 가격이 저렴해서 미국의 경우 집의 마루에 까는 합판을 대체해 왔다. OSB는 표면이 거칠고 가장자리는 더 거칠기 때문에 가구처럼 일정한 품질 이상으로 만들어야 할 작업에는 적절하지 않다.

커다란 판을 자르기

어떤 복합재를 사용하든 간에, 이를 자르는 문제는 똑같다. 장부톱은 톱 등에 붙은 지지대 때문에 목재를 관통해 자르기 어렵기 때문에 톱질할 대상이 매우 길 경우에 사용하기 힘들고, 목재가 쪼개지는 것을 최소화하기 위해 희생목을 대기도 대단히 곤란하다.

손으로 합판을 톱질할 때에는 널빤지용 가는 톱(톱질할 때 끝까지 톱을 밀어 넣을 수 있다) 혹은 일본식의 당기는 톱(톱질할 때 끝까지 톱을 당길 수 있다)이 필요하다.

가장 손쉬운 방법은 곡선톱 기계를 사용하는 것이지만, 앞서 말한 것처럼 동력톱을 처음 시도할 때에는 여러분과 함께 옆에서 지켜봐줄 경험자가 필요하다.

주

1 켜(ply)는 합판을 구성하는 목재의 각 층을 말한다.

2 우리는 인치가 아닌 밀리미터를 사용하므로 10으로 맞추는 것이 좋다.

7장
쪽모이 세공

상감(marquetry)은 가구 장식 등을 위해 단판(veneer: 목재의 얇은 겹) 조각을 서로 맞추어 그림을 창조하는 예술이다. 그림 7-1에 나오는 것은 250년도 더 전에 만들어진 하나의 예이다.

이 장의 새로운 주제
- 쪽모이 세공
- 에폭시 접착제 사용하기

필요한 재료는 다음 쪽 참조

그림 7-1 샤젠 미술관(Chazen Museum of Art)[1]에 전시되어 있는 상감 걸작. 사진 출처: Wikimedia Commons

쪽모이 세공(parquetry)은 상감과 비슷하지만 특정 모양을 반복하면서 더 단순하고 추상적 패턴들을 활용한다. 쪽모이 세공 바닥재(parquet flooring)는 이름이 나타내듯 쪽모이 세공의 한 양식이다. 쪽모이 세공은 그림 7-2, 7-3, 7-4에 나오는 전통적 패턴처럼 단순한 모양일 수도 있고, 혹은 그림 7-5에 나오는 놀라운 예처럼 복잡할 수도 있다.

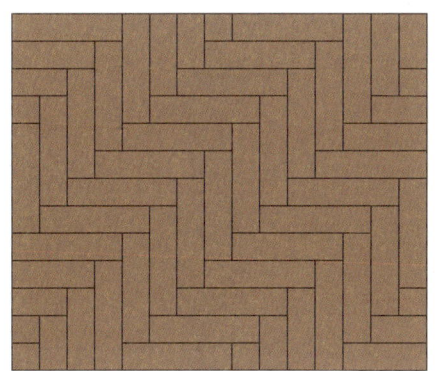

그림 7-2 쪽모이 세공 바닥재의 익숙한 전통 패턴

그림 7-3 여러 가지 색깔의 목재는 더 흥미로운 패턴들을 만들 수 있다.

필요한 것

- 투바이포 소나무: 어떤 상태여도 괜찮음, 18"(457mm)
- 합판: 자작나무, 1/8"(3mm) 두께, 크기 12"×12"(305mm×305mm)
- 목재 착색제: 갈색, 최소량
- 에폭시 접착제와 경화제: 2온스(57g)
- 플라스틱 각도기
- 사포 220방

앞에서도 사용한 도구들:

장부톱, 트리거 클램프, 자, 스피드 스퀘어, 고무 샌딩 블록,

작업 장갑, 방진 마스크(선택), 보호안경(선택), 다용도톱(선택), 합판 작업대, 사포, 폴리우레탄, 일회용 장갑, 페인트 붓 3개(선택)

그림 7-4 90도 외의 각도들을 사용하면 더 많은 가능성을 가질 수 있다.

그림 7-5 고대 마루. 사진 출처: Wikimedia Commons

여러분이 쪽모이 세공 바닥재를 깔 수 있다고 말하는 것은 아니다. 나는 좀 더 작은 규모의 작업을 생각하고 있는데 쪽모이 세공을 이용하여 그림 7-6에 나오는 사각형과 삼각형 패턴들로 냄비 받침(trivet mat)[2]을 장식하는 것이다. 6장에 나온 합판 절단 기술을 연습했다면 이 프로젝트를 할 수 있다.

그림 7-6 쪽모이 세공 패턴. 합판을 활용해 작은 규모로 만들 수 있다.

이 프로젝트는 지금까지 한 것 중 가장 어렵다는 점을 고려해야 하는데, 정확하게 29개의 작은 조각들을 잘라내야 한다. 여러분이 원하는 것보다 너무 많다고 생각되면, 더 단순한 전통적인 쪽모이 세공 패턴들도 있다(비록 재미는 떨어지지만 말이다). 이번 장 맨 끝에 몇 가지 예를 포함시켜 놓았다.

제작 계획

이 프로젝트를 실행하는 가장 손쉬운 방법은 목공 공방 등에서 살 수 있는

고품질의 자작나무 합판을 사용하는 것이다. 몇 번 실험을 한 끝에 1/8″ 자작나무가 가장 다루기 쉽다고 결정했는데, 쪼개지지 않도록 밑받침 나무에 클램프로 조이기 좋다.

자작나무는 원래 색깔이 매우 연하다. 몇 조각에는 어두운 빛의 착색제를, 또 다른 조각들에는 갈색 착색제를 발라서 총 세 가지 색깔의 조각들을 만들 것이다.

여러 개의 사각형과 삼각형을 자르고 착색제를 바른 뒤에 밑받침 역할을 할 또 다른 합판 조각에 이들을 붙여 나간다. 가장자리를 다듬으면 끝이다.

패턴 선택하기

그림 7-7 위쪽의 패턴은 그림 7-6에서 가져온 것으로 이를 다듬어서 그 밑에 있는 모양으로 만들 수 있다. 바깥이 직선으로 된 가장자리는 기하학적 모양으로 만들어진 지그재그 모양보다 자르기가 훨씬 쉬울 것이다. 여러분이 더 의욕이 넘친다면 그림 7-8에 나오는 것을 시도해 볼 수도 있다.

이러한 패턴들을 위해 삼각형과 사각형을 만들려면 6장에서 설명했던 벡터 그래픽 소프트웨어를 사용할 수 있다.

사각형과 삼각형을 연필과 자를 이용해 그리고 싶다면 여기 좋은 소식 한 가지가 있다. 밑변이 30mm인 등변삼각형은 높이가 거의 정확하게 26mm라는 것은 많이 알려지지 않은 사실이다. (여기에서 인치가 아닌 밀리미터로 설명하는 것은 앞선 프로젝트의 도면에서 밀리미터를 썼던 것과 같은 이유이다. 자로 표시하기가 더 쉽기 때문이다.)

이 크기의 조각들을 이용한다면 그림 7-7의 패턴은 약 4½″×4½″ 정도로 비교적 작은 크기의 냄비 받침이다. 그림 7-8에 나오는 패턴은 약 7″×7″이다. 첫 번째

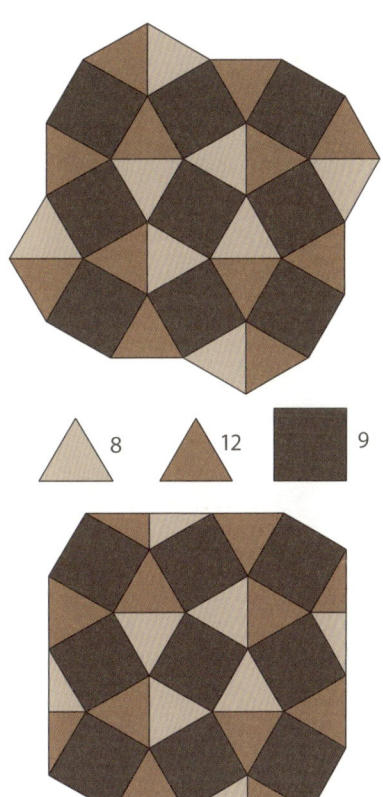

그림 7-7 냄비 받침 디자인

그림 7-8 합판을 더 많이 자를 준비가 되어 있는 사람들을 위한 냄비 받침

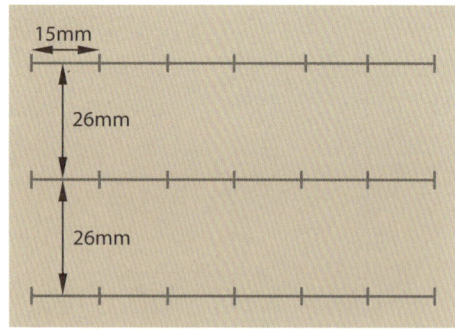

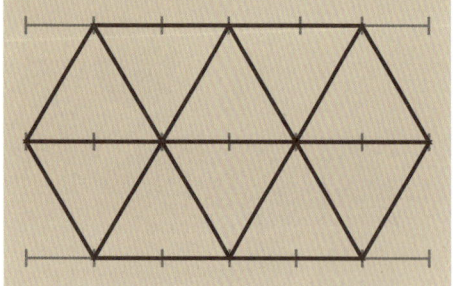

그림 7-9 선 위로 톱질할 경우 삼각형을 그리는 방법

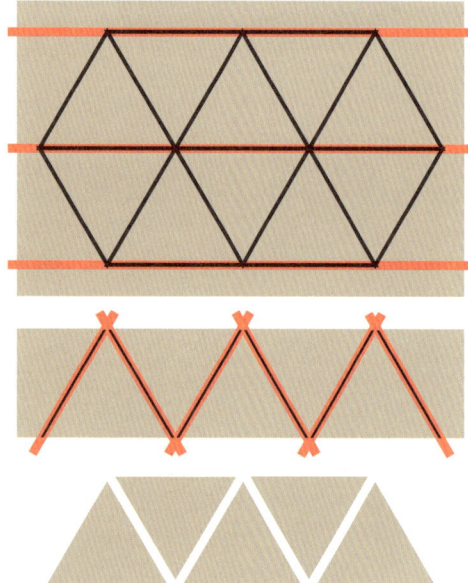

그림 7-10 선 위로 톱질하기. 붉은 선의 두께는 톱날의 두께를 뜻한다.

냄비 받침의 크기를 줄여서 컵받침을 만들 수 있는데, 작은 조각들을 사용할 때 장부톱으로 정확하게 자르는 것이 어려울 것이다. 미니 톱도 있기는 하지만 이 책의 범위를 벗어난다.

톱질 방법 선택하기

이 프로젝트를 위해서 톱질을 하는 데에는 두 가지 방법이 있다. 첫 번째는 '선 위'를 톱질하는 방식이다. 이는 톱날의 중심을 각 선 위에 놓고 톱질을 하여 톱날의 두께가 양쪽에서 똑같은 양만큼 없어지는 방식이다. 이 방식은 6장에서 설명했는데, 이번 프로젝트에서 이 방식은 더 힘들다. 왜냐하면 조각들이 더 작고, 조각마다 길이가 반드시 동일해야 하기 때문이다.

두 번째 선택 안은 '선 바깥'을 톱질하는 방식으로 각 선의 바깥 면을 자르면 된다. 이 방식은 기술적으로는 덜 힘들지만 톱질을 더 많이 해야 하기 때문에 시간이 더 걸린다.

삼각형들을 선 위로 톱질하기 위해서는 그림 7-9에 나오는 도면으로 시작한다. 종이 위에 이 도면을 그리고 합판에 테이프로 붙인 후, 각 선이 만나는 지점에 송곳으로 구멍을 뚫는다. 혹은 합판 위에 직접 도면을 그릴 수도 있다. 이 그림의 위에 나오는 도면은 26㎜ 간격으로 수평선을 그리고, 매 15㎜마다 표시를 했다. 그 밑에 있는 도면은 표시점들을 어떻게 이어 삼각형을 만들 수 있는지 보여준다.

그림 7-10은 각 선 위로 톱질하는 과정을 보여준다. 붉은 선은 톱날의 넓이를 나타낸다. 붉은 선 밑의 목재들은 모두 톱질을 하면서 없어지게 된다. 먼저 수평으로 된 붉은 선을 따라 톱질을 시작한 뒤, 남아 있는 붉은색 대각선 위를 톱질한다. 이렇게 하면 그림 밑에 있는 삼각형들이 남게 된다.

만약 선 밖으로 톱질하기를 원한다면 그림 7-11을 보면 되는데, 수평선에 15㎜ 간격의 선을 높이 26㎜ 간격으로 그린다. 하지만 이번에는 두 개씩 짝을 이루는 수평 가이드라인과 다음 짝 사이에 10㎜씩 간격을 둔다. 두 번째 그림은 삼각형 사이의 간격을 어떻게 띄우는지를 보여주는데, 이 간격들을 이용해 각 주변 선의 바깥쪽을 자를 수 있다.

그림 7-12를 보면 여기에서도 수평으로 먼저 잘라내는데, 이번에는 위아래로 두 번 잘라 삼각형 조각들을 확보한다. 이렇게 하고 나서 삼각형의 선 바깥쪽을 잘라내면 된다.

삼각형을 잘라내기 위해 어떤 선택을 했든 사각형을 그릴 때 똑같은 방식으로 톱질을 해야 한다. 만약 삼각형은 선 위로 톱질하고 사각형은 선 밖으로 톱질을 하면 크기가 서로 달라지고, 따라서 모양이 서로 맞지 않게 된다.

그림 7-11 선 밖을 톱질하기 위한 삼각형들을 그리는 방법   **그림 7-12** 선 바깥쪽 잘라내기

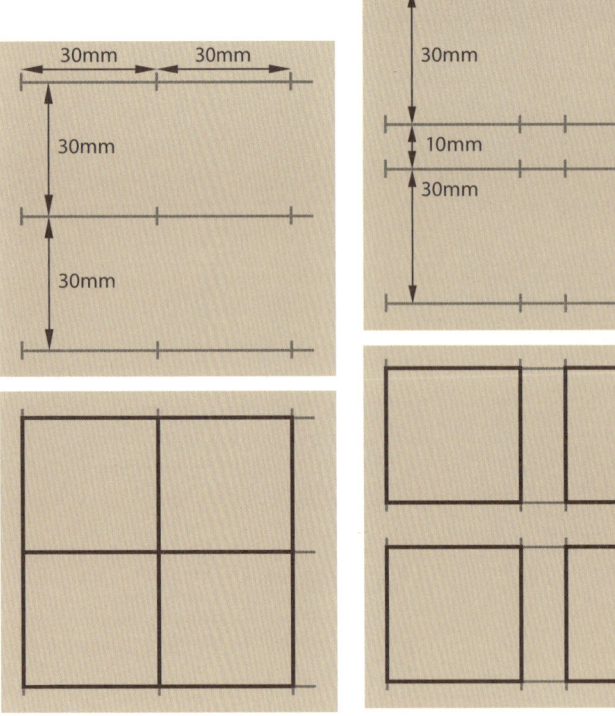

그림 7-13은 선 위로 톱질하여 사각형을 잘라내기 위한 도면이다. 수평으로 그려진 가이드라인 사이가 30㎜만큼 떨어져 있다는 것을 유념하기 바란다.

그림 7-14는 먼저 여러 개의 사각형을 길게 잘라낸 뒤 거기에서 하나씩 사각형을 잘라내는 것을 보여준다. 여기에서도 붉은 선들은 톱날의 넓이를 나타낸다.

그림 7-15는 선 밖으로 톱질하여 사각형을 잘라낼 경우의 도면을 보여준다. 삼각형 도면과 유사하다.

그림 7-16은 여러 개의 사각형을 길게 잘라낸 뒤 거기에서 사각형을 하나씩 잘라내는 것을 보여주는데, 한 가지 차이점이 있다면 선 밖을 잘라낸다는 점이다.

어떤 선택을 하든, 합판에 옮길 수 있도록 도면을 인쇄하거나 종이 위에 그린다. 손으로 도면을 그릴 경우 종이 가장자리에서 안쪽 방향으로 측정을 한다.

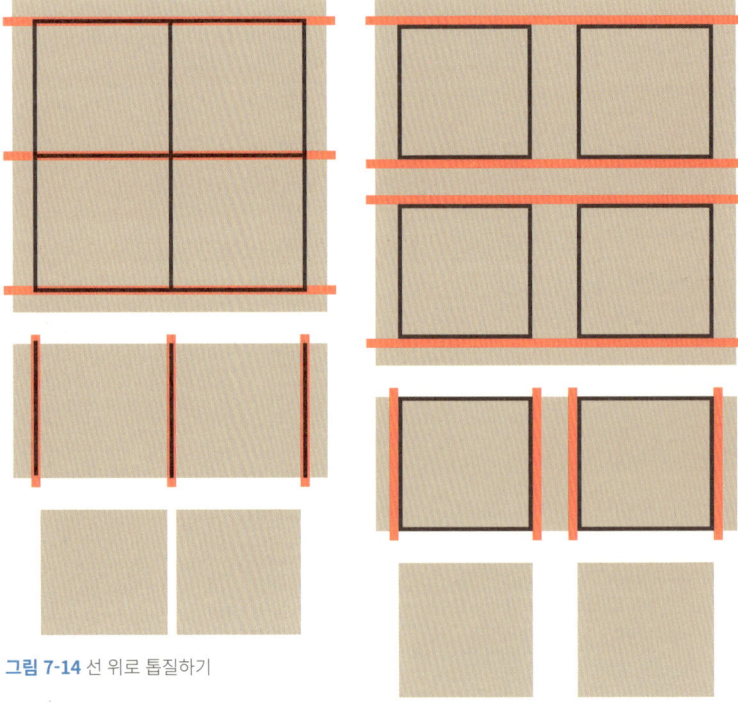

그림 7-13 선 위로 톱질하기 위한 사각형 그리기
그림 7-15 각 사각형을 선 밖으로 자르기 위한 도면
그림 7-14 선 위로 톱질하기
그림 7-16 선 밖으로 톱질하기

이 조각들은 워낙 작아서 이 프로젝트는 상당히 어렵다는 점을 미리 알려주어야겠다. 20쪽의 그림 1-43에 나오는 당기는 톱을 사는 데 돈을 쓸 의향이 있다면 이 작업을 쉽게 할 수 있는데, 톱날이 얇고 톱니가 섬세해서 이 프로젝트에 딱 맞는 톱이기 때문이다. 하지만 주의하면서 참을성만 있다면 장부톱으로도 가능하다.

나는 장부톱으로 선 밖을 톱질했다.

정확하게 톱질하기 위해 합판 위에는 가이드목, 밑에는 받쳐놓고 자를 희생목이 필요하다. 밑에 희생목을 받쳐놓으면 길게 톱질하기가 힘든데, 톱의 각도에 따라 밑의 나무에 상당한 홈을 파내기 때문이다. 여러분이 작업할 때에는 넓이가 6″(152㎜)보다 크지 않은 합판을 사용하기 바란다. 만약 12″×12″ 합판으로 시작할 경우

그림 7-17 삼각형과 사각형을 톱질하기 위한 합판은 6″보다 넓지 않은 것으로 한다. (12″×12″ 크기의 합판에서 남은 부분은 나중에 냄비 받침의 무늬목을 붙이는 밑판으로 사용할 수 있다.)

에는 그림 7-17에서 보는 것처럼 쪼개지는 현상은 걱정하지 말고 중간 지점을 대략 잘라놓고 시작한다.

이제 사각형과 삼각형들을 종이에서 목재로 옮길 수 있다. 톱질을 시작할 때 합판 위에 놓는 가이드목이나 밑에 받쳐놓는 희생목 역시 6″ 길이라면 작업이 더 쉬울 것이다. 그림 7-18은 첫 번째 가장자리를 톱질하기 위한 준비 모습이다. 다시 말하지만, 나는 선 밖을 자르기로 했다.

그림 7-19는 두 번째 가이드라인을 선 밖으로 톱질하기 위해 합판을 돌려 놓은 모습이다.

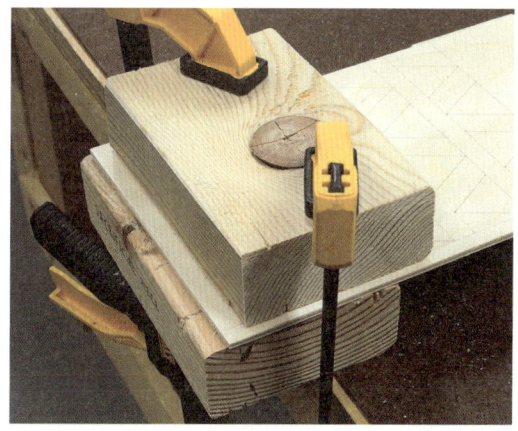

그림 7-18 합판에서 길게 잘라내기 위한 준비

그림 7-19 두 번째 가이드라인을 자르기 위한 준비

그림 7-20 가느다란 조각으로부터 개별 조각 잘라내기

그림 7-20은 각각의 삼각형을 잘라내기 위한 준비가 된 모습이다. 선 밖으로 톱질하기 위해서는 매번 새롭게 잘라낼 때마다 합판을 회전시켜야 한다.

조각들을 톱질하여 잘라낸 이후에는 그림 7-7과 7-8에서 보는 것처럼 두 가지 색깔을 써서 적절한 숫자만큼 착색제를 발라야 한다. 최종적으로 바르기 전에 합판 조각에 먼저 색깔이 제대로 나오는지 시험해보자.

(220방 정도의) 사포로 표면을 부드럽게 갈아낸다. 이때 각 모양의 구석이나 가장자리를 둥그렇게 만들지 않도록 주의한다. 축축한 헝겊으로 먼지를 없앤 후 목재가 완전히 마르도록 잠시 둔다. 헝겊이나 종이 타월 뭉치로 착색제를 바른다. 어떤 사람들은 붓을 사용하는 것을 좋아하는데, 이에 대한 의견은 거의 균등하게 나뉘는 것 같다. 중요한 점은 몇 분 이내에 남아 있는 착색제를 없애는 것이다. 그런 다음 색깔이 더 어두워질 것이라는 점을 염두에 두고 두 번째 코팅을 하고 싶은지 생각해보라. 목재 착색제에 대해서는 86쪽의 추가 정보를 읽어보길 바란다.

착색제는 한 시간 내외에 마를 것이다.

마지막으로 6″×6″ 정도로 밑판을 자르고 나면 이제 접착할 준비가 된 것이다.

에폭시에 대한 모든 것

목공용 접착제가 이 프로젝트에서 가장 좋은 선택은 아닐 것이다. 왜냐하면 접착제로 붙이고 나면 클램프로 조여야 하고, 이 프로젝트에는 워낙 많은 조각들이 있어서 이들을 똑같이 클램프로 조이는 데 힘이 들기 때문이다. 그보다는 에폭시 접착제를 써볼 것을 권하고 싶은데, 이 경우 클램프를 크게 신경 쓰지 않아도 된다.

주의할 것은 일부 에폭시는 상대적으로 독성이 있기 때문에 피부에 닿지 않도록 해야 한다는 것이다. 일회용 장갑을 끼고 적절하게 환기를 한다.

에폭시는 일종의 수지인데 경화제로 알려진 별도의 액체에 반응할 경우 굳는다. 에폭시를 구매할 때 수지와 경화제가 따로 포장되어 있다. 그림 7-21에서 보는 것처럼 개별 병에 담겨 있을 수 있다. 종종 편하게 이중 용기에 작은 양이 함께 담겨 있어서 하나의 버튼을 누르면 조금씩 나오는 제품도 있다. 두 가지 액체를 목재나 판지 조각 위에 약간씩 짜서 주걱으로 섞는다. 여기서 말하는 주걱은 부엌에서 쓰는 조리 도구가 아니다. 아이스크림 나무 막대기처럼 그저 얇은 목재 조각을 말한다. 접착제 파는 곳에서 이런 용도의 주걱을 포장해서 판다.

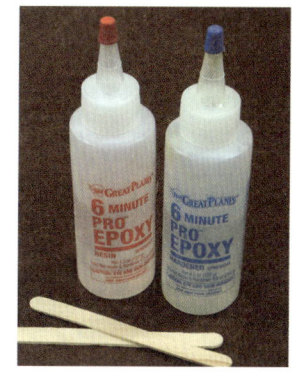

그림 7-21 플라스틱 병에 담긴 에폭시 접착제와 경화제

대부분의 에폭시는 같은 양의 수지와 경화제를 필요로 하지만 일부는 다른 비율로 섞기도 한다. 사용하기 전에 포장지에 있는 설명을 확인하자.

그림 7-22는 수지와 경화제를 목재판 위에 짠 상태이다. 이 다음 단계는 주걱으로 액체를 힘차게 휘저어서 완벽하게 섞이도록 하는 것이다. 그리고 나서 소량을 냄비 받침에 들어갈 조각에 바른 후 밑바닥에 쓰는 합판에 맞추어 붙인다. 그림 7-23은 조각들을 다 붙인 모습이다.

그림 7-22 접착제와 경화제를 똑같은 양으로 섞는다.

에폭시는 빠르게 굳는 것과 덜 빠르게 굳는 것으로 판매한다. 30분짜리 에폭시는 굳기 전에 조각들을 움직이거나 조정할 시간이 있다. 하지만 나는 참을성이 없는 편이어서 6분짜리를 선호한다.

그림 7-23 합판 받침에 조각들을 붙인 모습

어떤 종류의 에폭시를 사용하든 최대의 강도에 도달하기까지 몇 시간이 걸린다. 조각들이 다 굳은 것처럼 보이더라도 건드리지 말고 당분간 그대로 두어야 한다.

에폭시는 몇 가지 장점이 있다.

- 거의 모든 재료에 사용할 수 있다.
- 굳고 나면 대부분의 화학물에 반응하지 않는다.
- 매우 강력하다.
- 붙이는 부분에 재료가 잘 접촉되어 있는 한 클램프를 세게 조일 필요가 없다.
- 접착제와는 달리 얇은 겹은 물론 두꺼운 겹을 붙일 때에도 좋다.

물론 단점도 있다.

- 목공용 접착제보다 비싸다.
- 사용하기가 간단하지는 않다.
- 옷이나 여러분이 원치 않는 곳에 에폭시가 묻으면 이를 없애기는 매우 힘들다.

가격은 매우 다양하다.

기억해야 할 점은 다음과 같다.

- 경화제가 에폭시를 굳게 하는 것은 화학반응인데, 낮은 온도에서는 좀 더 시간이 걸릴 수 있다(화씨 50도(섭씨 10도) 정도 아래에서). 따뜻할수록 더 빨리 굳는다.
- 일단 에폭시가 굳고 나면 되돌릴 수 없다.
- 두 용기의 뚜껑을 절대 혼동하지 말라! 만약 경화제 뚜껑을 수지 병(혹은 그 반대로)에 사용하면, 다시는 열 수 없을지도 모른다.
- 목공용 본드를 닦을 때처럼 젖은 헝겊으로 에폭시를 닦을 수 없다. 면도기로 긁어내거나 자국을 지우기 위해 사포질을 할 수는 있다.

에폭시가 완전히 굳은 후에는 폴리우레탄으로 코팅할 수 있다. 옅은 색 헝겊이나 종이 타월로 가볍게 톡톡 누른다. 너무 세게 닦아내지 않도록 한다. 유성 폴리우레탄은 색소 얼룩을 빨아들일 수 있어서, 앞뒤로 문지르면 옆 조각들로 번져 작품을 망칠 수 있다. 조심스럽게 톡톡 두드리면서 자주 색소를 먹지 않는지 확인한다(왜 헝겊이 옅은 색깔이어야 하는지 이제 그 이유를 알 수 있을 것이다). 필요에 따라 깨끗한 헝겊 면이 바깥으로 나오도록 다시 접거나 타월을 활용한다.

폴리우레탄이 완전히 마르고 나면 고운 사포(220방 혹은 더 높은 것)로 갈아내고 두 번째 코팅을 한다.

접착제가 완전히 굳고 폴리우레탄이 완벽히 마르면 그림 7-24에 나오는 것처럼 냄비 받침 위에 가이드가 될 목재를 클램프로 조이고 난 뒤 디자인을 다듬을 수 있다. 밑부분이 그림에서는 보이지 않지만 희생목을 받쳐놓았다.

어쩌면 사각형과 삼각형으로 지그재그를 이루고 있는 윤곽을 따라 자르고 싶어 할 수도 있다. 하지만 이 작업은 쉽지 않다. 일부 모양이 잘라지기는 하겠지만 직선으로 자르는 것이 가장 좋은 선택이다.

톱으로 자른 가장자리에 착색제를 바르고, 가장자리에 묻은 에폭시는 문질러서 마무리한다. 완성된 냄비 받침이 그림 7-25에 나와 있다.

그림 7-24 가장자리를 다듬을 준비가 된 모습

모자이크 세공

때로는 두 개의 다른 세상이 이상하리만치 유사한 생각을 한다. 쪽모이 세공은 일종의 모자이크 세공인데, 평평한 면을 모양으로 나누어 서로 맞물리면서 그 사이에는 빈 공간이 없도록 만드는 기하학적인 과정이다.

위대한 모자이크 장인 중에 네덜란드의 예술가인 M. C. 에셔(Escher)가 있는데 그의 작품들은 1960년대에 알려졌다. 지적 재산권 문제가 있어서 여기에서 보여주지는 못하지만 온라인에서 이 이름을 검색해보길 바란다. 구글 이미지에서 에셔의 예술 작품을 많이 볼 수 있는데 어떤 사람들은 그의 작품을 쪽매붙임 형식으로 재생산하기도 했다.

그림 7-25 완성된 냄비 받침

다른 프로젝트를 찾는다면

여러분이 90도와 45도만으로 이루어진 보다 적은 수의 조각으로 만들어보고 싶다면 전통적인 쪽모이 세공 디자인에는 수많은 선택이 있다. 그림 7-26에 그중 네 가지를 담아놓았다. 이제 이를 복사하거나 다시 그려서 어떻게 조각들을 잘라내는 것이 가장 좋은 방법일지에 대해서는 여러분에게 맡겨두겠다.

그림 7-26 몇 가지 쪽모이 세공 디자인

가장 단순한 디자인은 다른 모양 없이 사각형만으로 이루어져 있다. 64개의 사각형 중에서 절반을 어둡게 칠하면 체스 보드를 만들 수 있다. 주변에 어떻게 틀을 만들어야 할지에 대해서는 앞서 배웠다. 냄비 받침보다 더 간단한 프로젝트처럼 보인다. 하지만 수많은 사각형만 가지고 만들어야 해서 재미는 덜하고 시간은 더 많이 들어간다.

주

1. 미국 위스콘신 주립대(매디슨 캠퍼스)에 있는 미술관.
2. 삼발이를 뜻하는 trivet과 깔개를 뜻하는 mat로 이루어진 trivet mat은 뜨거운 접시나 프라이팬 밑에 두어 식탁이 타지 않도록 하는 받침을 뜻한다.

8장
드릴로 뚫기

아직까지 다루지 않은 매우 기본적인 작업이 있다. 여러분이 사용하는 재료에 드릴로 구멍을 뚫는 작업이다. 매우 단순하지만 상당히 정확한 드릴 작업이 필요한 프로젝트를 소개할 것이다. 그 전에 먼저 필요한 공구를 설명한다.

드릴과 비트

드릴에는 모터가 들어 있고, 이는 드릴 척(chuck)을 돌리는 기능을 한다. 드릴 척은 비트를 물게 된다. 그림 8-1은 이들 부분이 어디인지를 보여준다.

이 장의 새로운 주제
- 드릴을 선택하고 사용하기
- 드릴 비트에 대한 이해
- 깔끔하게 수직으로 구멍 뚫기

필요한 것
- 투바이포 소나무: 옹이가 없고 틀어지지 않은 것, 길이 7″(178mm)
- 원바이식스 소나무: 옹이가 없고 틀어지지 않은 것, 길이 6″(152mm)
- 끝막음못: 1 1/4″(32mm)
- 전동 드릴과 드릴 비트 (자세한 사항은 본문 참조)
- 카운터싱크: 1/2″(13mm), 유니플루트

앞에서도 사용한 도구들:
장부톱, 트리거 클램프, 자, 스피드 스퀘어, 고무 샌딩 블록, 작업 장갑, 송곳, 망치, 플라이어, 방진 마스크(선택), 보호안경(선택), 합판 작업대, 사포

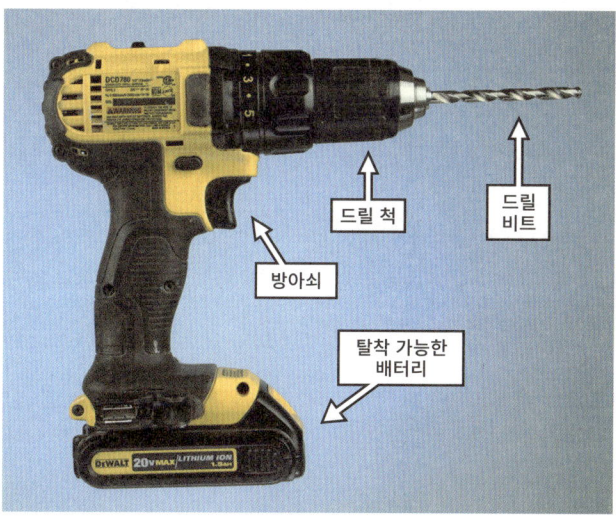

그림 8-1 무선 전기드릴의 주요 부위

그림 8-2 드릴 비트(왼쪽)와 스크루드라이버 비트(오른쪽)

가장 일반적인 종류의 비트는 드릴 비트와 스크루드라이버 비트이다. 그림 8-2에 견본이 나와 있다.

　　드릴 비트는 구멍을 뚫는다. 그 끝부분은 절단면이 비스듬하게 되어 있다. 나선형 세로 홈(flute)이 여러분이 드

릴 작업을 할 때 구멍으로부터 목재 조각들을 밖으로 뽑아낸다. 세로 홈 윗부분의 매끄러운 부분은 섕크(shank)라고 부르는데, 이 부분은 드릴 척의 턱(jaws)에 물린다.

스크루드라이버 비트는 스크루드라이버의 끝부분처럼 생겼다. 스크루와 스크루드라이버에 대해서는 10장에서 다룰 것이다.

혼란스럽게도 일부 카탈로그나 다른 자료들은 드릴 비트를 트위스트 드릴(twist drills)이라고 부른다. 더 혼란스러운 것은 평상시에 어떤 사람들은 "그 드릴을 이리 줘봐"라고 말하면서 실제로는 드릴 비트를 가리키기도 한다는 점이다.

이 책에서는 용어를 다음과 같이 정리해서 사용한다.

- 드릴은 모터가 들어 있고, 끝에 드릴 척이 달린 공구이다.
- 비트는 드릴 척에 들어간다. 비트라고 하면 드릴 비트이거나 스크루드라이버 비트이다.
- 드릴 비트는 구멍을 뚫는다.
- 스크루드라이버 비트는 나사못에 물린다.

117쪽에 나와 있는 '드릴과 드릴 비트 자세히 알아보기'를 통해 드릴과 비트에 대해 더 알 수 있다. 우선 드릴이 없는 경우 어떤 것을 구매해야 하는지 살펴보자.

드릴 선택하기

예전에는 개인용 전기드릴이 없었다. 가정에서는 그림 8-3에서 보는 것과 같은 수동 도구를 사용했다.

비트에는 여러 가지 종류가 있다.

지금도 온라인에서 수동 도구를 살 수는 있다. 하지만 여러분은 좀 더 쉽게 사용할 수 있는 도구를 원할 것이다. 아마 전기드릴이 필요할 텐데, 이 책에서 필요한 모든 도구 중에서 가장 비싼 도구일 것이다. 자, 그럼 얼마나 돈을 써야 할까?

앞으로 이 도구들을 얼마나 제대로 쓰게 될지 모른다면 되도록 최소한의 돈을 쓰는 것이 좋을 것이다. 앞으로 수년간 쓸 것이 아니라면 고품질의 제품을 살 이유가 없다.

그림 8-3 수동 드릴

그래도 여전히 몇 가지 선택해야 할 문제들이 있는데 그중의 첫 번째는 무선과 유선 드릴 중 어떤 것을 살 것인지이다.

유선 드릴은 전원에 꽂아 사용하며 유사 품종의 무선 드릴에 비해 값이 저렴하다. 실은 좀 전에 하버 프라이트(Harbor Freight)[1] 카탈로그에서 맥도날드 해피밀[2] 가격에 파는 것을 보았다(하버 프라이트 카탈로그는 저렴한 가격으로 공구를 구매하려는 사람들에게 잘 알려진 할인 품목 소책자다).

유선 드릴은 충전할 필요가 없고, 결국에는 교환해야 하는 비싼 배터리에 의존하지 않아도 되는 장점이 있다. 하지만 한편으로는 전원 코드 가까이에서 일할 때에도 전원 줄이 방해가 된다. 줄 때문에 물건이 쓰러지거나 심지어 작업자가 넘어질 수도 있다. 전원이 멀리 있을 때에는 거추장스러운 연장 케이블을 써야 한다.

만약 유선 드릴을 구매하기로 결정했다면 그림 8-4에 나오는 것처럼 옆에 튀어나온 보조 손잡이(이를 마초라고 한다)는 필요하지 않다. 이 손잡이가 달린 드릴은 다루기 불편하고 가벼운 드릴에 비해 더 비싸며, 콘크리트에 구멍을 내는 것처럼 힘든 작업을 할 것이 아니라면 필요하지 않다.

드릴 척과 배터리

유선 혹은 무선 중 어느 것을 선택하든 두 가지 타입의 드릴 척에 대해 알아둘 필요가 있다.

그림 8-4 이 책의 프로젝트를 위해서는 이런 육중한 드릴은 필요 없다.

드릴 척을 조이기 위해서는 어떤 드릴은 레버와 기어로 이루어진 키(key)가 필요하다. 이런 종류의 드릴 척은 비트 생크를 아주 강력하게 물고 있을 수 있다. 하지만 이 책에 나오는 프로젝트들을 수행하는 데에는 키가 없는 드릴 척(keyless chuck)으로도 충분한데, 이 경우 손가락으로 조였다 풀었다 할 수 있다(물론 드릴이 돌지 않을 때 말이다).

만약 유선이 아니라 무선 드릴을 산다면 조금 전에 언급했던 하버 프라이트 카탈로그를 보면 배터리로 작동하는 모델을 해피밀 두 개의 가격으로 판매하는 것을 볼 수 있다. 이 정도면 훌륭한 가격인데, 하지만 카탈로그의 작은 글씨를 유념해 볼 필요가 있다. 이 모델은 니켈카드뮴(NiCad) 배터리를 쓰는데, 카탈로그에는 NiCd로 약어 처리가 되어 있다(스카치테이프(Scotch tape)와 같이 NiCad도 원래는 상표이지만 일반 명사처럼 쓰인다).

니켈카드뮴 전지는 동급의 힘을 가진 리튬이온 배터리에 비해 더 크고 무겁다. 또한 평생 쓸 수 있다고 하지만 조심해서 다루지 않으면 그렇지 못할 수 있다. 충전 상태로 오랫동안 두어서는 안 되며, 완전히 방전될 때까지 다시 충전하지 말아야 한다. 니켈카드뮴 전지를 두세 달 쓰지 않을 때 어떤 경우에는 배터리를 방전시켰다가 충전해야 한다고 말한다. 이런 점들을 감안하면, 무거운 무게를 감당하고 주의를 기울여 관리할 수 있을 때에만 니켈카드뮴 전지를 사용해야 한다.

리튬이온 배터리는 상대적으로 불규칙하게 충전, 방전해도 괜찮다. 하지만 이 배터리로 된 드릴은 해피밀 세 개 혹은 네 개의 값을 들여야 살 수 있다.

드릴 구하기

무엇을 살지 결정하고 나면 대형 공구 상점에 특별 할인이 있는지 확인해보라(공휴일 특가 등이 있는지도). 혹은 중고 드릴을 싸게 구매할 수 있는 이베이 등의 온라인 쇼핑몰을 살펴볼 수도 있다. 하지만 중고 드릴은 피하는 것이 나을 수 있는데, 니켈카드뮴 배터리의 경우 제대로 관리가 되었는지 알 수 없고, 리튬이온 배터리의 경우 충전-방전 사이클이 몇 번 남지 않았을 수도 있기 때문이다.

드릴을 전기 스크루드라이버와 묶음으로 멋진 케이스에 담아 파는 경우를 흔히 볼 수 있다. 이런 상품은 매력적으로 보이기 마련인데 스크루드라이버는 앞으로도 기본으로 사용할 것이고, 수동 스크루드라이버는 금방 넌더리 나게 되기 때문이다.

하지만 배터리가 하나만 들어 있는 세트는 주의하기 바란다. 드릴과 스크루드라이버에 배터리를 번갈아 끼워야 한다면 차라리 드릴은 하나만 갖고, 드릴 비트와 스크루드라이버 비트를 번갈아 끼우는 편이 낫기 때문이다.

드릴 비트 선택하기

지름이 $1/16''$에서 $1/2''$까지 $1/64''$씩 증가하는 드릴 비트 종합 세트를 구매할 수 있는데, 이 책 프로젝트에 필요한 정도로는 과잉 구매라고 할 수 있다. 이 책에 나오는 프로젝트에는 그 많은 드릴 비트가 필요하지 않으며, 적당한 가격으로 구할 수 있는 소형 드릴의 경우 최대 섕크 지름이 $3/8''$ 정도이다($3/8''$

는 1/2″보다 작다는 점을 기억하자).

다음에 소개하는 11개 사이즈의 드릴 비트면 충분하다. 만약 이들을 세트로 구매한다면 드릴 값보다는 저렴할 것이다. 내가 이 책을 쓰고 있을 때 디월트(DeWalt)[3]에서 내가 생각하는 이상적인 한정판 드릴 세트를 판매하고 있었는데, 그 크기는 다음과 같다.[4]

- 1/16″ 2개
- 5/64″ 2개
- 3/32″
- 7/64″
- 1/8″ 2개
- 5/32″
- 3/16″
- 7/32″
- 1/4″
- 5/16″
- 3/8″

이 세트는 1/16″, 5/64″, 1/8″짜리 비트를 두 개씩 담고 있는데 왜냐하면 이 크기의 비트들이 많이 쓰이기에 먼저 닳거나 부러지고, 한편 다른 것보다 잃어버리는 일도 많기 때문이다.

여러분이 어떤 브랜드를 선택하든 이 책에 나오는 프로젝트들은 목재와 부드러운 플라스틱에 구멍을 뚫기 때문에 특별한 비트가 필요하지 않다는 점만 유의하기 바란다. 텅스텐으로 코팅된 것도 필요 없다(물론 코팅되어 있다면, 그것도 상관없다). 검은색 마감이든 밝은색 철로 마감이 되어 있든 상관할 필요가 없으며, 끝부분의 날의 각도가 얼마인지도 신경 쓰지 않아도 된다. 하지만 드릴 비트의 눈금이 인치인지 밀리미터인지 살펴보고,[5] 목재에는 적당하지 않은 석조용 비트인지도 살펴볼 필요가 있다.

드릴 사용하기

키가 없는 척이 장착된 드릴이라고 가정하고 드릴을 앞부분 쪽에서 볼 때 시계 반대 방향으로 드릴 척을 돌리면 사용하고자 하는 드릴 비트를 넣을 수 있게 척 내부의 턱이 열린다. 비트를 넣고 비트가 중심축에 와 있는지 확인하면서 드릴 척을 조인다. 커다란 비트들은 종종 평평한 면이 (둥그런) 섕크 부분에 있어서 드릴 척의 턱에 잘 맞추어야 한다.

드릴의 방아쇠 스위치를 당기기 전에 비트가 어느 방향으로 돌지 알아야 한다. 요즘의 드릴은 거의 모두 양방향으로 돌아가는데, 다만 방향 설정을 위한 레버나 버튼의 위치는 제조사마다 다르다. 드릴에 포함되어 있는 사용 설명서를 확인해보길 바란다. 드릴이 움직이지 않는 잠금 위치도 중앙에 있을 수 있다는 점을 기억하길.

방아쇠 스위치를 얼마만큼 당기는가에 따라 드릴의 속도도 다양하게 달라진다. 또한 많은 드릴에는 스피드 범위를 설정하는 두 단계 스위치가 있기도 하다. 1/4″ 혹은 그보다 작은 드릴 비트로 목재에 구멍을 뚫을 때에는 좀 더 빠른 속도가 적당하다. 보다 큰 구멍을 뚫을 때에는, 특히 경재의 경우, 빠른 속도로 돌리면 드릴 비트가 뜨거워질 수 있다. 목재에 눌은 자국을 내거나, 비트를 드릴에서 분리할 때 손가락을 데길 원치는 않을 것이다.

드릴 솜씨를 시험해보기 위해서 1/8″ 정도의 다소 작은 비트를 끼우고 투바이포 목재 조각에 사용해보기 바란다. 하지만 먼저 다음의 안전 예방 조치를 읽어보길.

드릴 안전

드릴은 해 될 것이 없는 것처럼 보일 수도 있지만, 몇몇 경우는 그렇지 않다.

작업자의 머리카락이 길거나, 셔츠의 소매 끝동이 느슨하거나, 목걸이나 넥타이 혹은 무엇이든 매달려서 달랑거릴 수 있는 것이 있다면, 이러한 것들은 드릴 비트가 돌아갈 때 함께 말려들어 갈 수 있다. 작은 도구가 얼마나 놀라운 힘을 발휘하는지 보게 될 것이다. 그 결과는 고통스러울 수 있다. 머리는 묶고, 소매 끝동은 단추로 잠그고, 무엇이든 말려들어 갈 수 있는 옷은 입지 않는 것이 좋다. 그림 8-5를 보라.

또 한 가지 규칙은 손으로 잡고 있는 목재 조각에 절대로 드릴을 사용하지 않는 것이다. 특히 목재를 손으로 감싸 들고 있는 경우에는 더더군다나. 드릴은 아무렇지도 않게 여러분 손에 구멍을 낼 수 있으며, 이렇게

그림 8-5 긴 머리는 뒤로 묶어야 한다. 항상!

되면 여러분은 근처 병원의 응급실에 가야 할지도 모른다. 그림 8-6을 주의해서 보길.

드릴 작업을 할 때에는 대상물을 클램프로 조여야 하며, 두 개의 클램프를 사용하는 것이 하나보다 낫다.

특히 1/4″ 혹은 그보다 큰 드릴 비트를 사용할 때에는 더욱 중요하다. 비트가 목재를 꽉 물게 될 수 있으며, 클램프로 조이지 않으면 손으로 목재를 잡고 있어도 드릴 비트가 목재를 물고 돌아가면서 손가락이 다칠 위험이 있다. 긴 합판의 경우 전기선풍기의 날개처럼 돌아가기 시작할 수 있으며, 다칠 수도 있다.

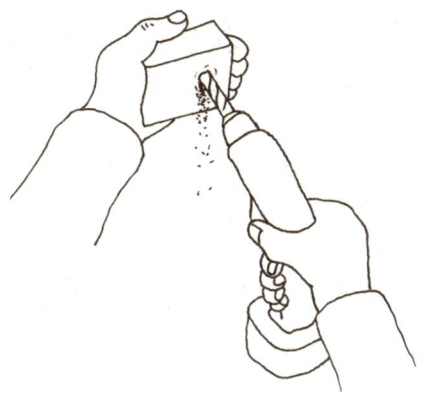

그림 8-6 이 그림에서 문제는 무엇인가?

드릴 비트는 여러분이 뚫고자 하는 지점으로부터 잽싸게 벗어날 수 있다는 점을 유의하기 바란다. 한 손으로 드릴을 잡고 있을 때 나머지 한 손은 안전하게 떨어져 있어야 한다. 모든 드릴 비트는 끝부분의 비스듬한 면이 부엌에서 사용하는 칼보다도 더 날카로울 수 있다는 점을 기억하기 바란다.

장갑을 끼면 더 안전할 것 같지만 장갑의 헝겊이 돌아가는 비트에 말려서 손가락을 다칠 가능성이 있다. 이런 이유에서 미국 노동부 산하 직업안전위생국(Occupational Safety and Health Administration: OSHA)은 드릴을 사용할 때 장갑을 착용하지 말도록 권장하고 있다.

약이나 알코올은 작업장에서, 특히나 전기 공구를 사용할 때에는 피해야 한다. 보호안경을 끼는 것이 보통 좋은데 드릴은 예상치 않게 조각들을 흩날릴 수 있기 때문이다.

마지막으로 주의할 점이 있다. 드릴을 잡을 때 자연스럽게 손잡이를 들게 되는데, 이럴 때 방아쇠 스위치를 쉽게 당길 수가 있다. 무선 드릴은 사용자가 이쪽에서 저쪽으로 옮기는 중에도 항상 켜질 준비가 되어 있는 상태이니, 배터리를 빼놓는 습관을 들이면 이런 위험을 방지할 수 있다. 혹은 드릴의 방향 전환 스위치 중간에 잠금장치가 있다면 잠금 상태에 놓아두는 것도 방법이다.

깔끔하게 구멍 파기

목재 조각에 위아래로 관통하는 구멍을 뚫고 싶을 때는 그림 8-7에서 보는 것처럼 희생목 위에 클램프로 조여야 한다. 이렇게 해야 작업 공간을 보호할 수

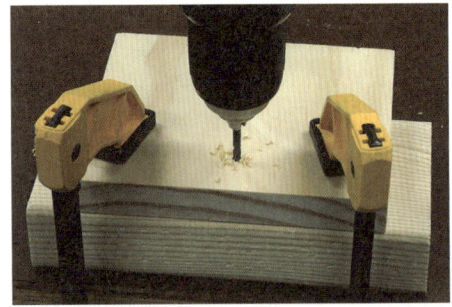

그림 8-7 드릴로 목재를 관통하는 구멍을 뚫을 때에는 그 밑에 희생목을 받치고 클램프로 조여야 한다.

있을 뿐 아니라 드릴 비트가 뚫고 있던 구멍의 빠져나가는 쪽 부위 주변을 부스러뜨리는 것을 막을 수 있다.

만약 구멍이 목재를 뚫고 나가지 않을 것이 확실하면 그림 8-8처럼 클램프를 설치해도 된다.

비트가 목재를 깊이 파고들어 갈 때 구멍이 막히면서 드릴이 제대로 작동하지 않을 수 있다. 비트를 빼 보면 비트 끝부분에 탄탄한 나무가 껴 있을 것이다. 홈(flute)을 비워주어야 하는데, 얇은 목재로 파내면 된다. 이때 마찰로 인해 금속 비트가 뜨거울 수 있다는 점을 유의하자.

그림 8-8 드릴이 목재를 관통하지 않을 것이 확실하다면 클램프를 이렇게 설치하면 된다.

드릴 비트 보관대 디자인하기

자, 이제 첫 번째 드릴 작업 프로젝트를 시작해보자. 보통 드릴 비트는 뚜껑이 달린 보관함에 넣어 파는데, 빼고 넣고 하기가 불편하다. 비트 보관대가 있으면 문제가 해결된다. 쉽게 말하면 목재 덩어리에 각 비트에 맞는 구멍을 뚫고 그 구멍에 비트를 보관하는 형태이다.

물론 말처럼 간단하지는 않다. 매우 기본적인 이 프로젝트를 완성하는 과정은 유익하다.

그림 8-9는 내가 디자인한 비트 보관대를 단순하게 표현해본 것이다. 투바이포 목재의 7″ 목재와 원바이식스의 5″ 약간 안 되는 목재만 있으면 된다.

그림 8-10은 109쪽에서 소개한 14개의 드릴 비트 세트를 투바이포 목재 가장자리에 어떻게 배열할지 보여준다. 여러분이 가진 비트 수가 더 많거나 적을 때는 이

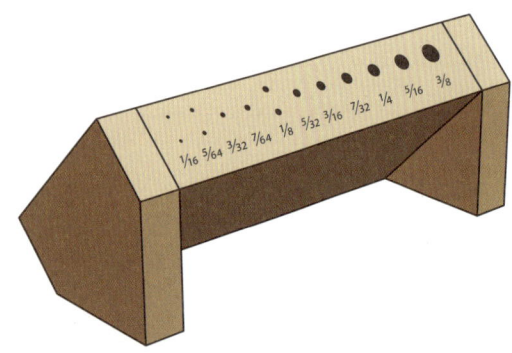

그림 8-9 드릴 비트 보관대의 개념도

투바이포 소나무(가장자리에서 보았을 때 도면)

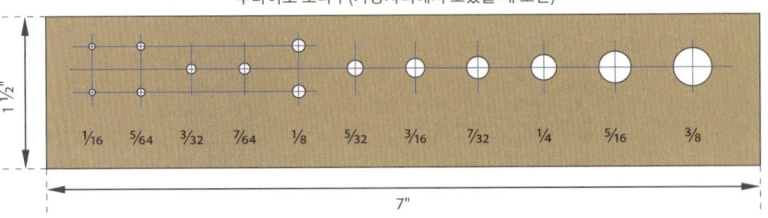

그림 8-10 14개 드릴 비트(한 쌍의 구멍이 뚫린 세 종류 비트 포함)의 배치도. 구멍의 정확한 위치는 각자 정하면 된다.

도면을 변형하면 된다. 어느 쪽이든 종이 위에 인쇄를 한 뒤, 투바이포 목재에 대고 송곳으로 종이를 찔러 목재에 표시를 하면 된다.

드릴 작업 과정

이제 목재에 드릴 작업을 할 때 첫 번째 문제에 봉착하게 되는데, 소나무와 같은 연재의 경우 나뭇결의 옅은 색 나이테는 짙은 색 나이테보다 훨씬 부드럽다는 점이다. 따라서 드릴 비트는 늘 엷은 부분을 파고들게 된다.

이를 해결하는 한 가지 방법은 송곳에 힘을 많이 주면서 좀 더 깊고 넓은 가이드 구멍을 뚫는 것이다. 필요하다면 송곳에 망치질을 할 수도 있다. 이때 구멍 위치를 잘 잡아야 드릴 비트가 다른 곳으로 가지 않고 제 위치에서 작동하게 된다.

다음으로 부딪히는 문제는, 연재에 드릴로 작업할 때는 빠져 나오는 구멍(목재를 위아래로 뚫을 경우) 주위에만 목재 부스러짐 현상이 생기는 게 아니라는 것이다. 커다란 비트를 사용하면 목재에 드릴이 들어가는 쪽에도 부스러짐 현상이 생길 수 있다.

그림 8-11은 이 말이 무슨 뜻인지를 보여준다. 별다른 준비 없이 3/8″ 비트를 사용했을 때 부서지면서 파편 등으로 지저분해진 모습이다.

내가 제시하는 해결책은 이렇다. 첫째, 그림 8-12 밑에 보이는 것처럼 송곳으로 구멍을 뚫는다. 그다음 단계는 많이 쓰이지는 않지만 내게는 잘 먹힌다. 송곳 구멍을 넓히기 위해 카운터싱크(countersink)를 사용할 수 있다. 카운터싱크란 일종의 비트인데 목재 나사의 머리 부분이 들어가게 구멍을 비스듬하게 넓히는 데 쓰인다. 여기에서는 드릴 비트가 들어가는 길을 만들기 위해 사용한다. 그림 8-13에서 보는 것처럼 비트보다 더 날카로운 각으로 되어 있어서 비교적 깔끔하고 콘 모양의 구멍을 만든다. (이 그림에서 카운터싱크는 드릴 척에 꽂혀 있다. 이는 한 개의 날과 절단각을 가졌다는 의미에서 유니

그림 8-11 연한 소나무에 3/8″ 드릴 비트를 바로 사용할 때 어떤 일이 벌어지는지 보여준다.

그림 8-12 사진에 보이는 것처럼 송곳으로 가이드 구멍을 뚫어야 한다.

그림 8-13 카운터싱크는 송곳으로 뚫은 구멍을 넓힐 수 있으며, 가장자리가 비교적 깔끔하다.

플루트(uniflute) 타입의 카운터싱크라고 부른다.)

다음에는 3/8″보다 작은 비트를 사용하게 된다. 그림 8-14에서 보는 것처럼 나는 3/16″를 사용했다.

마지막으로 그림 8-15에서 보는 것처럼 3/8″짜리 비트로 약간의 부수적 피해가 있기는 했지만 구멍을 넓혔다. 카운터싱크로 인해 구멍의 가장자리에 비스듬한 자국이 남았지만 나는 이런 모양이 좋다.

경재를 사용할 경우에는 쪼개짐 문제가 훨씬 덜하다는 점도 기억하자.

드릴 작업 완료하기

깔끔하게 구멍을 뚫는 방법을 익혔다면 그다음 도전은 목재 표면으로부터 90도로 구멍을 뚫는 것이다. 여기에서도 나뭇결이 비트의 방향을 바꿀 수 있다. 드릴 작업을 하는 중간에 방향이 바뀌지 않았는지 드릴을 멈추고 앞이나 옆에서 확인해봐야 한다.

일부 드릴에는 기포관 수준기(bubble level)가 장착되어 있는데, 여기에는 작은 캡슐에 기포가 있는 액체가 담겨 있다. 기포가 중심에 올 때, 드릴은 수직으로 놓였다는 표시이며 수평면을 놓고 보았을 때 드릴로 뚫고 있는 구멍이 90도 각도라는 것을 보여준다.

항상 드릴은 가급적 두 손으로 꽉 쥐고, 목재는 가능하면 두 개의 클램프로 꽉 물리는 것이 좋은데 커다란 비트는 목재가 휘둘릴 정도의 힘을 갖고 있어서 한쪽만 물리면 예상치 않은 방향으로 튀면서 돌아갈 수 있기 때문이다.

깊은 구멍을 뚫을 때에는(이 프로젝트에서도 필요하다) 가끔씩 드릴 비트를 빼서 나뭇조각 등을 제거하는 것을 잊지 말자.

그림 8-14 커다란 드릴 비트로 처음부터 구멍을 뚫는 것보다 작은 구멍을 드릴로 뚫어놓고 넓히는 것이 쉽다.

그림 8-15 결국 연한 소나무에 상당히 깔끔한 구멍을 뚫었다.

맞춤 조정

이제 모든 비트에 맞게 구멍을 뚫는 임무를 완수했다고 치자. 그다음 질문은 날카로운 비트의 끝을 위로 보이게 해야 할까, 아니면 아래로 향하게 하여 저장해야 할까?이다. 날카로운 끝을 밑으로 하여 보관하는 것이 비트를 손으로 잡기 더 좋을 것이다. 하지만, 구멍을 뚫었던 비트를 그 구멍에 넣는 것이 쉽지 않을 것이다. 꽉 맞는 크기인데 어떻게 느슨하게 만들 수 있을까?

쉬운 해결책은, 그다음으로 큰 비트를 사용하여 구멍을 넓히는 것이다. 이 방법은 보관대가 넘어져서 비트가 떨어지지 않는 한 괜찮다. 3/8″ 비트는 이보다 큰 비트가 없기 때문에 문제가 된다. 따라서 이런 경우에는 드릴의 속도를 높여서 구멍의 위아래로 드릴을 반복해서 움직이면서 드릴을 양쪽으로 살짝 기울이면 된다. 작은 크기의 비트는 구부러지거나 부러질 수 있어서 좋은 방법은 아니지만, 대부분의 사람들은 결국 이런 방법을 쓰게 된다. 비트의 대(flute)에는 아무런 절삭 기능이 없기 때문에 성급하게 결과를 기대하지는말자.

마구리 만들기

그림 8-16에 마구리(end pieces)의 도면이 있다. 그림에 나와 있는 것처럼 나뭇결을 향하게 한 뒤 원바이식스 목재를 4 5/8″ 길이로 자른 다음 시작한다.

먼저 두 줄의 붉은 선을 따라 톱질을 한다. 이 선들은 45도 각도로 되어 있기 때문에 그림 8-17에 나오는 것처럼 스피드 스퀘어를 이용하여 그릴 수 있다.

여러분이 자르려고 하는 삼각형에 맞게 미리 잘라놓지 않았다면 희생목을

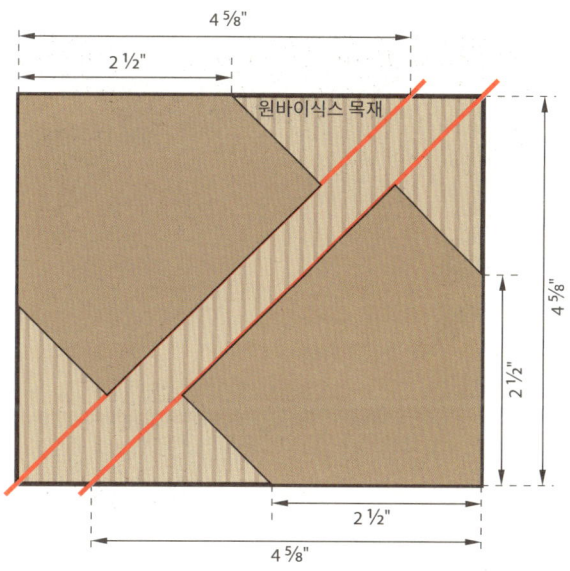

그림 8-16 원바이식스 소나무 작은 조각으로부터 두 개의 마지막 부위를 잘라내기 위한 도면

그림 8-17 스피드 스퀘어를 이용하여 45도 각도의 선을 그리자.

8장 드릴로 뚫기

사용하는 것이 어려울 수도 있다. 하지만 이 작업은 톱의 각도를 얕게 유지하는 한 희생목이 꼭 필요치 않겠다는 생각이 든다.

두 개의 붉은 선을 따라 톱질을 하고 나서 그림 8-16에서 본 두 개의 오면체 갈색 모양을 얻기 위해서는 톱질을 네 번 더 해야 한다. 물론 여러분이 오면체 조각보다 더 큰 연귀통을 갖고 있고, 연귀통을 선호한다면 모를까, 이 톱질 작업은 모두 그림 8-18에 나오는 것처럼 손으로 할 수 있다.

이 마구리를 투바이포 목재에 붙이기 위해서는 앞선 프로젝트에서 쓰고 남은 1 1/4" 끝막음못을 사용할 수 있다. 한 가지 아이디어를 덧

그림 8-18 마지막 조각은 손으로 톱질이 가능하다. 톱질이 끝나갈 무렵 목재와 거의 수평으로 톱을 유지하면 쪼개짐 현상은 최소화될 수 있다.

붙이자면, 원바이식스 목재가 부서지는 위험을 줄이고 못이 제자리에 들어갈 수 있도록 1/16" 비트로 작은 구멍을 뚫는 것이다. 이를 파일럿 구멍(pilot holes)이라고 부르는데, 목재에 못이 들어갈 구멍을 안내하기 때문이다.

이 프로젝트는 별로 머리를 쓰지 않아도 완성할 것처럼 보이는데, 실제 해보면 예상치 않은 문제에 부딪히게 될 것이다. 특히, 구멍 중 몇 개는 이상한 각도로 뚫릴 것이다. 왜 그런 일이 벌어질까? 구멍을 뚫는 동안 드릴도 제대로 맞춘 것 같은데.

이런 일이 벌어지더라도 너무 실망하지 말기를. 드릴을 정확하게 직각으로 유지하는 것은 사실 어렵다. 그렇기 때문에 결국에는 드릴 프레스(drill press)가 필요하다. 이에 대해서는 291쪽에서 더 이야기할 것이다.

그림 8-19는 내가 만든 비트 보관대로 얇고 긴 종이에 비트의 크기를 프린트해서 붙였다. 여기에도 폴리우레탄 코팅이 필요할까? 아마도 그렇지 않을 것이다. 작업장에서 쓰는 이런 물건들은 나무 그대로 써도 충분하다.

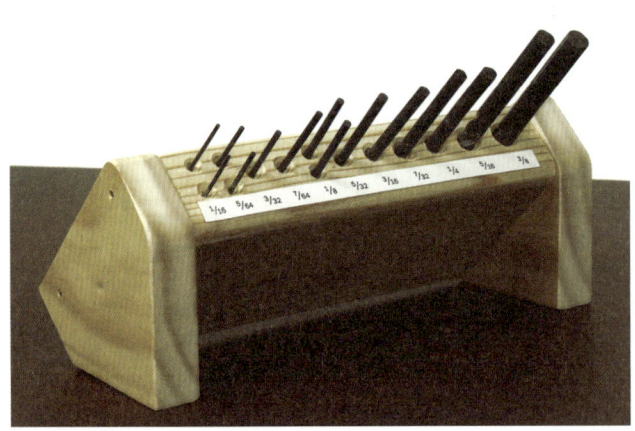

그림 8-19 완성된 드릴 비트 보관대

다른 아이디어

목재에 구멍을 뚫을 수 있는 새로운 능력으로 또 무엇을 만들 수 있을까? (카드 게임의 일종인) 크리비지의 득점판에는 많은 구멍들이 있다. 다이아몬드 게임(Chinese checkers) 보드나 핀을 박는 구멍이 열십자 모양으로 나 있는 솔리테어 보드(solitaire board) 류의 게임판에도 구멍이 많다. 여행용 체스판을 만들 수도 있다. 구멍에 맞는 체스 조각들만 구할 수 있다면 말이다.

자세히 알아보기: 드릴과 드릴 비트

일반적인 드릴 사용 설명서에는 다음과 같은 정보가 포함되어 있다.

토크

토크(torque)는 회전력을 측정하는 단위이다. 당연히 가능한 한 최대한의 토크를 원하겠지만, 드릴 사용 설명서가 다른 모델들과 비교할 수 있는 수치를 항상 제공하지는 않는다. 벽에 꽂아서 사용하는 유선 드릴은 배터리를 사용하는 무선 드릴보다는 더 강한 힘을 발휘할 가능성이 높다.

드릴 무게

작은 대상물에 정확한 작업을 하기 위해서는 통상 가벼운 것이 더 좋다.

최대 속도

보통 1200rpm 정도이다. 이 속도 이상은 필요하지 않다. 최대 속도가 적혀 있을 것이고, 두 번째로 낮은 속도 범위 정도로 작동시키는 것이 바람직하다. 속도는 내부 기어에 저장되어 있다고 가정할 때 낮은 기어가 높은 기어보다 더 큰 토크(회전력)를 발휘하며, 속도 조정 장치가 없는 드릴보다 높은 토크를 발휘할 것이다. 속도 조정 장치가 없는 드릴에서 방아쇠를 살짝 누른다고 해서 더 힘이 좋아지는 것은 아니다.

최대 생크 크기

보통 3/8"이지만 때로는 1/2"도 있다. 생크 크기가 더 크면 쓸모가 있고, 명시되어 있지 않더라도 더 큰 토크를 발휘할 수 있다는 의미일 것이다. 1/2" 드릴은 3/8" 드릴보다는 더 비쌀 것이다.

배터리 용량

암페어(amp-hours)로 측정하는데 줄여서 Ah라고 한다. 이는 이론적으로는 1암페어의 전류를 사용한다고 가정했을 때 드릴을 몇 시간 동안 작동할 수 있는지를 알려준다. 이 수치를 다른 드릴의 배터리 용량과 비교하는 데 사용할 수 있다.

전압

전압(voltage)이 높을수록 보통 더 큰 힘을 발휘한다. 대부분의 드릴은 12V(요즘은 비교적 낮은 전압이다) 혹은 18V, 20V(평균)이다.

해머 드릴 능력

경재에 비트가 더 깊이 들어가지 못하고 힘을 발휘하지 못할 때, 드릴이 자동적으로 비트를 천천히 돌리는 모드로 돌아가는 경우가 있다. 이는 바람직한 기능이다. 이는 석조에 구멍을 뚫는 데에도 유용하다.

클러치

일정 수준의 토크가 나오면 드릴을 멈추는 장치다. 클러치 링을 돌려 어느 정도 힘에 멈출지 조절할 수 있다. 드릴을 스크루드라이버로 사용할 때 클러치를 설정하여 드릴이 나사못을 부러뜨릴 정도의 힘을 가하기 전에 헛돌도록 하겠다는 발상에서 나왔다. 모든 드릴이 이런 기능을 갖고 있지는 않다(내 드릴에도 이런 기능이 있지만 한 번도 사용하지는 않았다).

LED 조명

일부 드릴에는 LED 조명이 달려 있어서 드릴 바로 앞부분을 비추어 조명이 약한 환경에서 드릴 작업을 하고 있는 부분을 볼 수 있다. LED 조명은 드릴 작업을 시작하면 켜졌다가 방아쇠 스위치를 놓고 나서 10초 혹은 20초 정도 켜져 있을 수 있다. 처음 이 기능을 접했을 때 나는 하나의 상술이 아닐까 했지만 써보고 나서는 이 기능이 매우 마음에 들었다.

어떤 제조사?

모두가 좋아하는 브랜드가 있다. 하지만 일반적으로 자신이 많은 돈을 들여

산 제품의 브랜드를 선호하는 경향이 있다. 사람들은 더 많은 돈을 썼을수록 자신이 더 현명한 투자를 했다고 느끼기 때문이다. 나는 개인적으로 디월트(DeWalt) 제품을 좋아하지만 밀워키(Milwaukee), 마키타(Makita), 보슈(Bosch), 히타치(Hitachi)를 좋아하는 친구들도 있다. 드릴을 자주 사용할 것이 아니면 덜 비싼 브랜드로도 충분하다.

드릴 비트 기초

고속도강 비트는 대부분의 재료에 일반적으로 사용할 수 있다. 코발트강 비트는 스테인리스강, 티탄합금, 니켈합금 등 매우 강한 소재에 사용한다. 카바이드로 용착한 드릴 비트는 유리섬유나 알루미늄과 같은 연마 재료에 더 나은 내마모성을 갖추고 있다. 솔리드 카바이드 비트는 더 단단하고 강력하며 고속도강, 코발트강, 카바이드 용착 드릴 비트보다 내마모성이 더 강력하지만 잘 부러지며 조심해서 관리해야 한다. 타일, 유리, 석재 등의 견고한 소재에 드릴 작업을 하기 위한 특별 목적의 비트도 있다. 이 책에 나오는 프로젝트에는 어려운 재료를 쓰는 것이 없기 때문에 저렴한 비트로도 충분하다.

길이

짧은 것(좁은 공간에 사용), 자버 길이(jobber's length,[6] 평균), 길이가 연장된 버전(extended reach) 등이 있다. 길이가 긴 비트는 예를 들어 인터넷 커넥터를 설치하기 위해 벽 속에 투바이포나 투바이식스 목재에 구멍을 뚫어야 할 때에 필요할 수 있다.

나사송곳

나사송곳(auger)은 일반 비트처럼 기능하는데, 나사못 비슷하게 생긴 끝이 있고, 나사산이 성겨서 목재 잔해물 등을 더 잘 치울 수 있다는 점이 다르다. 또한 나사송곳은 끝부분에 각진 날이 아니라 수평날을 쓴다. 일반 비트보다 가격이 비싸다.

스텝 비트

스텝 비트(stepped bit)는 비트의 끝부분에서 올라오면서 점차 큰 크기의 절단 링이 원뿔 모양으로

그림 8-20 두 종류의 스텝 비트

쌓여 있는 형태로 되어 있다. 그림 8-20에 두 가지 견본이 나와 있다. 이 비트들은 기름칠이 살짝 되어 있어서 톱밥 등이 붙어 있는 것을 볼 수가 있다.

여러 개의 구멍 크기를 하나의 비트를 밀어 넣어서 뚫을 수 있다는 아이디어에서 만들어진 것이다. 큰 결점은, 각 링의 크기보다 얇은 재료에 드릴 작업을 할 때만 사용이 가능하다는 점이다.

그림 8-21 윗부분이 카운터싱크로 된 테이퍼포인트 드릴 비트

또 다른 종류의 스텝 비트

스텝 비트라는 용어는 비트에 두 부분이 있는 것을 가리키기도 하는데, 하나는 목재용 나사못의 나사산을 위한 파일럿 구멍을 만들기 위한 것이고, 또 하나는 나사못의 섕크를 위한 더 넓은 구멍을 만들기 위한 것이다(목재용 나사못에 대해서는 10장에서 배우게 될 것이다). 이 두 부분은 작은 부품으로 연결될 수도 있고, 그림 8-21에서 보는 것처럼 한쪽 지름이 다른 쪽에 비해 가늘어진 경우도 있다. 이를 정확히 말하면 테이퍼포인트(taper-point) 드릴 비트라고 한다. 윗부분의 각진 카운터싱크 부분은 구멍의 가장자리를 비스듬하게 만들기 위한 것이다. 이 부위는 6각 렌치를 사용하여 풀어서 위치를 비트 위아래로 옮길 수 있다.

더 커다란 구멍

커다란 구멍을 뚫기 위한 특별한 비트에 대해서는 193쪽의 '구멍과 곡선 자세히 알아보기'에서 다룬다.

주

1 미국에서 1977년 창업한 공구 가게로 현재 미국 전역에 800개 이상의 점포가 있다.
2 해피밀은 2017년 현재 2500~3000원이다.
3 1924년 미국 펜실베이니아에서 창립된 유명 공구 브랜드. 노란색의 로고가 유명하며 국내 공구 상점에서도 손쉽게 볼 수 있다.
4 국내에서는 통상 홈쇼핑이나 인터넷 쇼핑몰에서 여러 드릴 세트를 판다. 그중 마음에 드는 것 하나를 사면 된다. 드릴 비트 세트도 보통 같이 들어 있다.
5 국내에서는 밀리미터이다.
6 드릴 비트를 말할 때 영어에서 jobber's length는 평균적인 길이를 말하는데, 일설에 의하면 대부분의 일(job)에 적절한 길이라서 이렇게 부르게 되었다고 한다.

9장
스와니 휘슬

양철 피리는 보통 금속 배관으로 만든다. 하지만 여러분도 신경만 쓴다면 목재를 이용하여 비슷한 것을 만들 수 있다. 이번 프로젝트에서 만들 악기는 영국에서 1800년대에 발명된 스와니 휘슬로 슬라이드 휘슬(slide whistle)이라고도 한다. 여러분이 만들 휘슬은 상당한 고음을 낼 텐데 이는 드릴 세트의 제한점 때문에 그렇다. 여러분은 적절하게 조정해야 할 것이고, 결국에는 휘슬을 불 수 있게 될 것이다.

이 프로젝트에는 3/8″ 드릴 비트를 이용해 길고 똑바른 구멍을 뚫는 기술이 필요하다. 앞선 프로젝트에서 이런 작업은 해봤지만, 이번 것은 좀 더 어려울 것이다. 둥그런 경재 목재의 중심을 따라 구멍을 뚫어야 하기 때문이다.

드릴을 사용하는 동안 조심해야 한다. 드릴이 미끄러지거나 혹은 중간에 목재가 쪼개질 경우 손이 가까이에 있다면 위험하기 때문이다. 목재를 안정되게 클램프로 조이는 것을 잊지 말고, 작업할 때 두 손 모두 (목재가 아닌) 드릴에 두어야 한다.

둥근 목재에 드릴로 구멍 뚫기

어떤 둥근 목재는 연재로 만들어진다. 투바이포 목재처럼 나뭇결의 선들이 명확하게 눈에 띈다. 지금 필요한 것은 이런 종류가 아니다. 나뭇결이 눈에 쉽게 보여서는 안 된다. 구매하는 목재에 딱지가 붙어 있다면 참나무, 단풍나무, 혹은 (소나무가 아닌) 포플러처럼 경재인지를 확인해야 한다.

길이 6″, 두께 3/4″의 둥근 목재로 시작해보자. 이는 3/8″ 드릴 비트보다 훨씬 길지만 양쪽에서 드릴로 구멍을 뚫어 중간에서 만나도록 할 것이다. 이렇게 할 수 있을까? 조심하고 꼼꼼하게만 한다면 가능하다고 본다.

첫 번째 단계는 목재를 어떻게 클램프로 고정시킬지를 결정하는 것이다. 목재를 작업대 표면 위에 평평하게 놓고 클램프로 고정할 수도 있다. 하지만 이 경우 수평으로 드릴을 이용해 구멍을 뚫어야 한다. 좌우로 흔들리지 않고 수평으로 구멍을 뚫기 힘들기 때문에, 수직으로 클램프로 고정하는 것을 권한다.

이 장의 새로운 주제
- 다른 종류의 지그
- 정확한 드릴 작업
- 휘슬의 작동 원리

필요한 것
- 투바이포 소나무: 옹이가 없고, 비틀리지 않은 10″(254mm) 길이
- 둥근 각재: 경재, 3/4″(19mm), 길이는 실수할 경우를 대비하여 18″(457mm)
- 둥근 각재: 경재, 3/8″(10mm), 길이 12″(305mm)

앞에서도 사용한 도구들:
장부톱, 연귀통, 트리거 클램프, 자, 스피드 스퀘어, 고무 샌딩 블록, 작업 장갑, 송곳, 만능칼, 전동 드릴, 드릴 비트, 카운터싱크, 방진 마스크(선택), 보호안경(선택), 합판 작업대, 사포, 에폭시 접착제, 경화제

그림 9-1 톱질을 위해 표시한 투바이포 3″ 목재. 두 수평선은 ³⁄₄″ 떨어져 있다. 나뭇결의 방향을 주의해서 보기 바란다.

그림 9-2 톱질할 준비가 된 목재

그림 9-3 톱을 안정적으로 만들기 위해 처음에 하는 수직 톱질

이렇게 하기 위해서는 지그가 필요하다. 각각 3″ 길이의 투바이포 두 조각을 이용할 생각이다. 각 조각에 V 자 모양의 홈을 잘라내고, 두 조각이 목재를 꽉 물게 되면 드릴로 구멍을 뚫는 동안 돌아가지 않도록 할 것이다. 123쪽의 그림 9-6은 완성된 지그의 모습이다.

지그를 사용하는 동안 쪼개지는 위험을 최소화하기 위해서는 V 모양의 홈을 나뭇결 방향을 가로질러 파내야 한다.

그림 9-1은 목재에 톱질을 따라 할 수 있도록 어떻게 표시를 해야 하는지 보여준다.

목재 표면의 두 선은 목재 앞부분의 가장자리에서 90도로 스피드 스퀘어를 이용해서 그릴 수 있다. 옆 면으로부터 선들이 얼마나 떨어져 있는지는 중요하지 않지만, 두 선은 반드시 서로 ³⁄₄″ 떨어져 있어야 하고, 서로 평행해야 한다.

두 선을 그리고 나면, 스피드 스퀘어를 이용해서 그림에서 보는 것처럼 목재의 가장자리에서 45도 각도로 앞쪽 표면에 선을 이어준다.

각도에 따라 어떻게 톱질을 해야 할까? 연귀통에 수평면에서 45도 각도로 톱을 기울일 수 있는 칸이 보통 한쪽 끝에 있는 경우가 있다. 이 칸은 사용하기가 쉽지 않기 때문에 나는 이를 권하지 않는다.

그림 9-2는 연귀통 없이 톱질을 하도록 어떻게 설치할 수 있는지 보여준다. 처음부터 각도에 맞춰 톱질을 시작할 수 있다고 생각하지 말기를. 톱이 미끄러질 것이기 때문이다. 처음에는 그림 9-3에서 보듯이 수직으로 ¹⁄₁₆″ 정도 깊이로 먼저 살짝 톱질을 한다.

목재를 가로질러 홈이 생기면, 그림 9-4에서 보

듯이 톱을 기울이고 각도에 맞춰 톱질을 시작할 수 있다.

톱니가 클램프 막대와 가깝다는 점을 주의하기 바란다. 톱이 클램프에 닿지 않도록 매우 조심해야 한다. 클램프의 쇠막대에 닿으면 톱니가 뭉툭해질 것이고, 톱은 다시는 예전처럼 예리한 상태로 돌아오지 않는다.

그림 9-5는 V 모양의 홈이 완성된 목재 조각 중 하나이다. V 자의 옆면이 지저분하다. 하지만 V 자로 홈이 파진 두 선이 목재의 옆면과 평행한 것이 가장 중요하다. 이 정도 고르지 않아도 원형 목재를 파인 홈에 클램핑하는 데는 별 문제가 되지 않는다.

그림 9-4 각도에 맞춰 톱질하기

두 번째 목재 조각을 처음과 동일하게 자른다. 그림 9-6에서 보듯이 서로 반대편에서 맞물려 세울 수 있다.

이제 그림 9-7에서 보는 것처럼 지그에 3/4" 목재의 6" 조각을 물린다. 좀 더 안정성을 보완하기 위해 나는 양쪽에 목재 두 개를 더 세워놓았다 클램프 하나를 수평으로 해 모든 조각들을 꽉 조인다. 두 번째 클램프는 수직으로 물려서 드릴 작업을 시작했을 때 전체가 움직이지 않도록 한다.

그림 9-5 완성된 지그 한 조각

8장에서 말했던 것처럼 3/8" 구멍을 뚫을 때는 작은 몇 단계를 밟아 진행하는 것이 좋다. 소나무에 드릴 작업을 할 때보다는 경재를 다룰 경우 이 점은 덜 중요해진다. 하지만 작은 단계를 밟아 나가면 작업을 하면서 생기는 실수들을 수정하면서 갈 수 있다.

첫 번째 단계는 송곳으로 목재 중앙에 표시를 하는 것이다. 중심을 찾기 까다로울 수 있지만, 자를 이용해 송곳으로 점을 찍을 부분이 양면에

그림 9-6 지그 반쪽 두 개가 완성된 모습

그림 9-7 드릴 작업을 할 준비가 끝난 모습

그림 9-8 카운터싱크로 만든 구멍은 훨씬 쉽게 구멍을 뚫게 만든다.

그림 9-9 구멍 속에 1/4" 스크루드라이버를 넣어 수직으로 드릴이 되었는지를 확인한다.

서부터 같은 거리에 위치해 있는지를 확인해보면 된다. 그런 다음 자를 돌려서 다른 방향에서 다시 확인한다.

송곳으로 구멍을 낸 뒤에는 카운터싱크를 드릴에 장착하여 그림 9-8에서 보는 것처럼 구멍을 만든다. 한 번에 조금씩 작업을 해야 한다. 구멍의 중심이 잘 맞지 않을 경우 드릴을 한쪽 혹은 다른 쪽으로 누르면서 맞춰야 한다.

수직으로 구멍을 내기 위해 $1/4''$ 비트를 사용한다. 만약 드릴에 수직인지를 알려주는 기포관 수준기(bubble level)가 없다면 구멍이 깊어질 때 자주 멈춰서 드릴 비트를 정면, 옆, 다시 정면과 옆을 살펴보아야 한다. 너무 세게 누르지 말기를. 그리고 톱날에 붙은 톱밥 찌꺼기를 치우기 위해 드릴 비트를 자주 빼주어야 한다. 더 천천히 작업할수록 제대로 할 가능성이 더 높아진다.

드릴에 있는 나선형 세로 홈은 드릴 작업을 하는 구멍에서 나오는 톱밥을 파내기 위해서 필요하다는 점을 기억하자. 따라서 드릴에 파인 홈이 보이지 않는 깊이로는 드릴을 하지는 않는다. 부드럽고 둥그런 드릴 비트의 섕크가 구멍에 들어가면, 아주 빠르게 뜨거워질 것이다.

그림 9-9는 $1/4''$ 드릴 비트로 가능한 한 깊게 구멍을 파고 나서 스크루드라이버를 구멍 안에 세워 수직인지를 확인하는 모습이다.

이제 흥미로운 부분이다. $3/8''$ 드릴 비트로 바꾸어서 천천히 드릴을 작동시킨다. $1/4''$ 구멍에 드릴 비트를 조심스럽게 댄다. $1/4''$ 구멍을 뚫는 것과 $3/8''$ 구멍을 뚫는 것은 매우 다른 경험이다. 드릴 비트는 무심코 사용하면 목재를 물 수 있다. 주의해야 하며 서두르지 말아야 한다.

여러분의 목표는 3″를 살짝 넘겨 아래로 드릴링을 하는 것이며 이는 보통 3/8″ 드릴 비트가 아무런 문제없이 완수할 수 있는 일이다. 파낸 구멍 주위의 톱밥 부스러기를 치우면 결과는 그림 9-10에서 보는 것과 같아야 한다. 완벽하게 중심에 위치하지는 않지만 거의 가까운 모습이다.

이제 톱밥 부스러기들을 깔끔하게 치우기 위해 클램프를 느슨하게 풀고 지그를 떼어놓는다. 지그를 다시 조일 때 톱밥이 끼지 않도록 해야 한다.

목재의 위아래를 바꾸어서 클램프로 조인 뒤, 다른 쪽에서부터 드릴 작업을 똑같이 반복한다.

그림 9-10 1단계 작업을 마친 모습

양쪽에서 뚫은 구멍이 완벽하게 맞지는 않을 것이다. 어느 정도 이상으로만 맞으면 된다.

한쪽 구멍이 다른 쪽 구멍과 만나 뚫릴 때, 드릴 비트가 목재를 물면서 클램프를 아무리 세게 조였어도 이 둥근 목재가 빙글빙글 돌기 시작할 수 있다. 드릴 비트의 홈을 깔끔하게 관리했다면 이럴 가능성은 덜하다. 하지만 이런 현상이 발생할 경우 목재가 돌지 않도록 붙잡는 행동은 하지 말자! 목재가 부서지면서 열리고, 어느 순간 그 안에 있는 드릴 비트를 잡게 될 위험이 있다. 이런 일은 매우 위험한 경험이다.

만약 드릴이 걸러서 끼는 것 같으면 드릴을 역회전으로 바꾸고 살짝 들어 올린다. 그러고 나서 다시 원래 방향으로 돌리면서 회전 속도를 높인다. 그러면 목재 내부 양쪽에서 뚫고 들어온 구멍을 이을 수 있을 것이다.

목재에 물린 클램프를 풀어 구멍이 잘 맞춰 뚫어졌는지 보고 싶을 것이다. 그러나 구멍을 보곤 아마도 실망할 것이다. 3/8″ 드릴 비트는 구멍 아래쪽에 남은 톱밥을 끌어올린 것이 아니라 오히려 밀어 넣었을 것이다. 스크루드라이버나 연필을 이용하여 구멍 안쪽을 치워야 한다.

입으로 바람을 불어넣되 목재에 입이 가까이 있을 때 먼지를 흡입하지 않도록 주의해야 한다. 톱밥을 입속으로 빨아들이길 원하는 사람은 없을 테니까. 머리를 돌려서 깨끗한 공기로 숨을 쉬고, 다시 구멍에 바람을 불어넣는다. 그래도 내부가 깨끗하지 않으면 드릴질을 다시 할 필요가 있다.

마우스피스 만들기

스와니 휘슬은 휘슬을 부는 구멍 아랫부분이 막혀 있으며, 바람은 모두 목재 옆 부분에 잘라서 내는 홈으로 나오게 된다. 휘슬에 바람을 불어넣는 부분을 피플(fipple)이라 하고 공기가 나오는 곳을 피플 구멍(fipple hole)이라고 한다. (내가 만든 용어가 아니라 실제 사용하는 단어이다. 인터넷 웹사이트를 검색해보면 장난감 호루라기의 피플 기하학에 대한 논의들을 찾아볼 수 있다. 이는 사소한 문제가 아니다.)

피플(마개)이 제대로 작동하도록 만드는 것은 힘든 문제인데, 조금만 변형시켜도 큰 차이가 생기기 때문이다. 하지만 참을성 있게 시도해 소리를 내게 만들 수 있다. 나는 이 프로젝트를 세 번 해봤는데, 결국 항상 높은 소리가 나오곤 했다.

첫 번째 단계는 목재의 끝부분에서 1" 되는 지점에 톱질을 한다. 이때 그림 9-11에서 보는 것처럼 목재를 수평으로 붙들도록 지그를 돌려놓고 한다.

그림 9-11 수직으로 톱질을 해 휘슬의 피플 구멍을 윗부분에 만들기

조심스럽게 자르자. 너무 깊이 자르지 않도록 한다. 톱이 목재 안의 구멍에 닿자마자 즉시 톱질을 그만한다.

이제 사선으로 잘라서 수직으로 자른 것과 만나도록 한다. 가장 쉬운 방법은 그림 9-12에서 보는 것처럼 만능칼을 사용하는 것이다. 목재를 작업대에 클램프로 조인 후 몸에서 바깥쪽으로 칼을 움직여 자르고, 다른 쪽 손은 멀리 두도록 한다.

그림 9-12 만능칼로 피플 구멍을 비스듬히 깎기. 몸에서 바깥쪽으로 칼을 움직여 깎아내도록 주의한다. 칼을 잡지 않은 다른 손은 자르는 부위에서 멀리 둔다.

구멍은 가능한 한 깔끔하게 만든다. 끝이 들쑥날쑥하면 공기의 흐름이 흩어지면서 소리가 고르게 나지 않는다. 그림 9-13에서 보는 것처럼 칼을 조심스럽게 사용하여 구멍의 끝부분을 잘 다듬는다.

그림 9-13 구멍의 끝부분 다듬기. 칼이 작업자를 향하고 있다. 따라서 매우 조심스럽게 사용하고 너무 힘을 주지 않도록 한다.

다음 단계는 공기의 흐름을 일정하게 제한해 마우스피스와 휘슬 옆부분의 구멍 밑으로 흐르도록 하는 것이다. 이를 위해서는 그림 9-14에서 보듯이 1″ 길이의 3/8″ 원형 목재 한쪽 면을 평평하게 만들어 끼워야 한다.

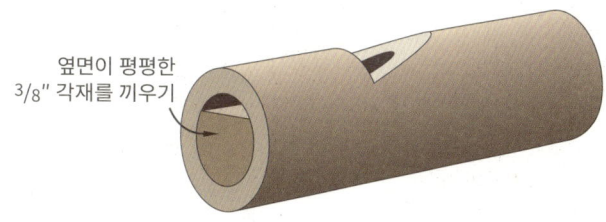

그림 9-14 피플 디자인의 기본 원리는 공기의 흐름을 일정하게 제한해 이를 휘슬 옆 부분의 구멍 밑으로 흐르게 하는 것이다.

3/8″ 원형 목재 조각을 사포질하여 한쪽 면을 평평하게 만들 수 있다. 1″ 부분을 자르기 전에 그림 9-15에서 보는 것처럼 쉽게 사포질할 수 있다.

그림 9-16에서 보듯이 3/8″ 한쪽 면을 다듬은 원형 목재를 휘슬의 부는 쪽으로 살짝 끼운다. 전체를 모두 밀어 넣지 않도록 하자. 플러그(목재)를 끼운 채로 입으로 바람을 불어보자. 바람이 플러그와 드릴로 만든 구멍 사이의 얇은 틈새로 들어가도록 한다. 손가락으로 반대편 구멍을 막아본다. 이렇게 해도 애매하거나 단순히 숨소리만 난다면 플러그를 조금 더 밀어 넣거나 빼본다. 그래도 소리가 나지 않는다면? 플러그에 사포질을 좀 더 한 뒤 다시 시도해보자. 플러그의 치수가 중요하며, 입으로 공기를 불어넣는 힘도 영향을 미친다.

세게 불면 안 된다. 아주 조심스럽게 불어야 소리가 제대로 날 가능성이 높다.

입을 대고 있을 때 빨아들이지 않도록 주의하자. 플러그가 꼭 맞았으면 좋겠지만, 헐거울 경우 입으로 빨려 들어갈 수 있기 때문이다.

휘슬에서 소리가 제대로 나면 플러그를 피리의 끝과 맞추어 잘라내고 본드로 제자리에 붙이면 된다. 그런 다음 사포질을 하여 더 나은 모양의 마우스피스로 만들자. 그림 9-17 참조.

그림 9-15 사포질로 3/8″ 원형 목재에 평평한 면을 만들기

그림 9-16 플러그의 깊이를 조정하여 휘슬을 반복하여 실험해보자.

그림 9-17 휘슬에 비스듬하게 만든 마우스피스

마지막으로 3/8″ 목재의 3″를 잘라서 그림 9-18 에서 보듯이 휘슬의 반대편 부분에 넣어보자. 넣었다 뺐다 하는 정도에 따라 휘슬의 소리가 달라질 것이다.

더 큰 휘슬은 더 깊고, 더 크고, 더 부드러운 톤의 소리를 만든다. 어떻게 이렇게 되는 것일까? 목재 대신에 PVC 송수관과 같은 플라스틱 튜브를 사용한다면? 15장에서 플라스틱의 전반적인 주제에 대해 다룰 것이다.

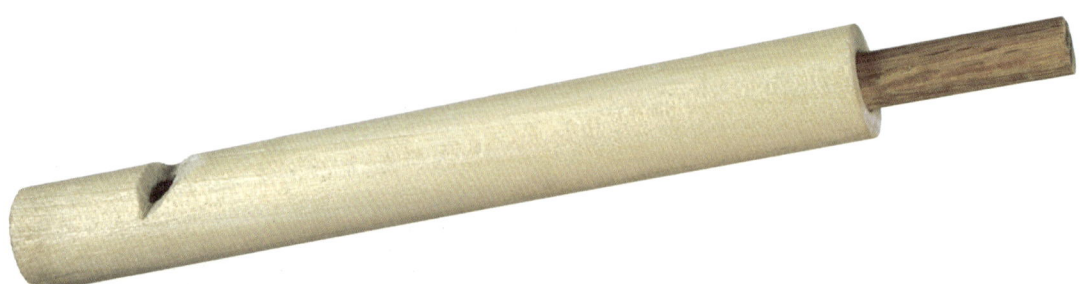

그림 9-18 완성된 휘슬

10장
기본 상자

나사 부품에 대한 개념은 역사가 2000년도 넘은 것이다. 그리스의 위대한 발명가 아르키메데스는 강에서 물을 끌어올리기 위한 수단으로 엄청나게 큰 나무 나사를 발명했다. 한참 뒤, 1800년대에 나사와 볼트는 산업혁명의 필수품이 되었다. 현대 세상은 우리가 알듯이 이런 부품들이 없이는 돌아가지 않는다.

이번 프로젝트는 접착제로는 충분히 튼튼히 붙지 않는 곳에 나사를 사용한다. 세상에서 가장 기본적인 모양 중의 하나인 사각형 상자와 관련된 디자인 이슈에 입문하게 된다.

142쪽에 나오는 '나사와 스크루드라이버 자세히 알아보기'에서 나사에 대한 정보들을 보게 될 것이다. 전동 스크루드라이버를 구매하기 위한 선택에 대해서도 언급하겠지만 이 프로젝트를 위해서는 십자형(Phillips head)[1] 수동 스크루드라이버 중간 사이즈(2번) 하나면 된다.

이 장의 새로운 주제
- 나사의 종류
- 스크루드라이버의 종류
- 3D로 디자인하는 방법
- 귀퉁이 접합의 종류

필요한 재료는 다음 쪽 참조

나사와 정사각형 각재목

프로젝트를 시작하기 전에 4장에서 못을 다룰 때처럼 목재를 쪼개는 작은 실험을 해보았으면 한다. 3″ 길이의 ¾″×¾″ 정사각형 각재목(이전 프로젝트에서 쓰고 남은 것들을 활용), 3″ 길이의 ½″×½″ 정사각형 각재목, 스크루드라이버, 목재 나사 3개가 필요하다. #10 나사면 어느 것이나 가능하지만, 그림 10-1에서 보듯이 나사는 1″ 길이, #10 크기면 된다.

그림 10-1 나무 쪼개기 실험을 위한 스크루드라이버 끝부분과 스크루

#10 분류법은 나사의 생크(자루) 부분 두께를 말한다. 나무 나사의 경우 생크는 못대가리의 밑에 있는 매끈한 부분(드릴 비트의 매끈한 부분처럼)을 말한다. 길이가 길면 자루 부분이 두툼해지는 못과 달리 #10 나사는 길이와 상관없이 두께가 같다. 이 프로젝트 끝에 있는 자세히 알아보기의 그림 10-34에 나사 크기를 정리한 표가 나와 있다.

필요한 것

- 투바이포 소나무:
  어떤 상태여도 좋음, 길이
  18"(457mm)
- 정사각형 각재목: 경재,
  1/2"×1/2"(13mm×13mm),
  길이 18"(457mm),
  정사각형 각재목:
  3/4"×3/4"(19mm×19mm),
  길이 3"(76mm)
- 합판: 1/4"(6mm) 두께, 크기
  12"×18"(305mm×457mm)
- 나무 나사: #6×5/8"(16mm),
  납작머리, 십자형, 20개
- 나무 나사: #10×1"(25mm),
  납작머리, 십자형,
  3개(선택)
- 스크루드라이버:
  십자형, 2번 크기 혹은
  전기 스크루드라이버와
  비트(선택)

앞에서도 사용한 도구들:
장부톱,
연귀통, 트리거 클램프, 자,
스피드 스퀘어, 고무
샌딩 블록, 작업 장갑, 송곳,
마스킹 테이프, 전기드릴과
드릴 비트, 카운터싱크, 방진
마스크(선택), 보호안경(선택),
다용도톱(선택), 합판 작업대,
사포, 에폭시 접착제, 경화제

3/4" 사각형 각재 조각으로부터 시작하자. 여기에 나사를 어떻게 돌려 넣을 것인가? 무조건 세게 힘을 주면서 스크루드라이버를 돌리면 나사가 제대로 들어갈 것 같지만 각재목이 경재일 경우에는 특히나 쉽지 않다.

망치를 써서 목재에 나사를 세게 칠 수도 있겠지만 더 좋은 생각은 송곳을 이용하는 것이다. 송곳의 뾰족한 끝을 눌러서 3/4" 정도 들어가게 만든다. 세게 누르면서 구멍을 만들기 위해 좌우상하로 송곳을 움직여본다.

이제 나사를 돌리기 시작하는 것은 큰 문제가 아니겠지만, 더 깊이 넣기 위해서는 힘을 더 써야 하고, 그랬다간 그림 10-2처럼 목재가 쪼개진다는 데 걸겠다. 특히 상대적으로 굵은 나사라면, 못처럼 목재를 쪼갤 가능성이 높다.

#10 나사는 이 작업을 위해서는 너무 크다. 하지만 정말 원한다면 3/4" 경재 각재목에 집어 넣는 방법이 있다. 드릴로 파일럿 구멍을 뚫는 것이다.

그림 10-2 #10 나사를 3/4"×3/4" 각재 작은 조각에 강제로 밀어 넣을 때 벌어지는 현상

파일럿 구멍의 중요성

드릴로 구멍을 뚫으면 목재에 심각한 압력을 가하지 않고, 아주 자그마한 나무 부스러기만 뽑아낸다. 구멍은 그러니까 나사 몸체가 들어갈 공간만 만들며, 나사산이 구멍 주변의 목재를 파고들어 고정된다.

1/8" 드릴로 또 다른 #10 나사를 위한 파일럿 구멍을 만들어보자. 왜 1/8"를 선택했는지 궁금할 수 있는데, 파일럿 구멍이 크면 나사가 세게 물리지 않을 수 있는 반면, 구멍이 작으면 여전히 나사가 목재를 쪼갤 수 있다. 그림 10-34에서 추천하는 구멍 크기의 표를 볼 수 있다.

이제 나사를 돌려 넣으면, 더 쉽게 들어가면서도 목재가 쪼개지지 않고, 안정적인 것을 볼 수 있다. 1/8" 파일럿 구멍으로 그림 10-3에서 보는 것처럼 매우 얇은 1/2" 사각 각재목에도 #10 나사를 집어넣을 수 있다.

8장에서 드릴 보관대를 만들 때 끝막음

그림 10-3 1/8" 파일럿 구멍을 뚫으면, #10 나사를 1/2"×1/2" 사각형 각재목에 쪼개지지 않고 맞추어 넣을 수 있다.

못으로 파일럿 구멍을 뚫는 선택지를 제안했다. 나사를 작고 정확한 프로젝트에 사용할 때, 파일럿 구멍은 더 이상 그저 선택지가 아니다. 필수이다.

귀퉁이 블록

이번 프로젝트는 기본 상자를 만드는 것인데 상자 모양이 구조물 작업의 기본이기 때문이다. 부엌 싱크대의 각 서랍은 상자 모양으로 만들어진 것이다. 찬장도 기본적으로 상자이다. 서양장기인 체스 세트도 나무 상자로 포장되어 있을 것이다. 책장 역시 상자 모양이다.

여러분이 만들 첫 번째 기본 상자는 매우 간단하다. 옆면, 바닥, 뚜껑은 $1/4''$ 두께의 합판으로 만든다. $1/2'' \times 1/2''$ 작은 사각 각재목 조각들로 코너의 옆면을 이어줄 것이다.

그림 10-4 귀퉁이 블록을 이용한 상자 만들기

그림 10-4는 앞면과 뚜껑을 제외한 상자 디자인의 3차원 그림을 보여준다. 나사는 합판을 뚫고 들어가 코너 안쪽에 있는 나무 조각에 물리게 된다.

귀퉁이를 만드는 다른 방법들이 있고, 이 프로젝트 마지막에 그중 몇 가지를 소개할 것이다. 하지만 블록은 가장 쉬운 선택이다.

합판 자르기

톱질을 최소화하고 상자를 작게 디자인했지만 여러분이 상대적으로 큰 합판으로부터 작업을 시작할 것이라 생각한다.

작은 동네 제재목 야적장을 찾아가 어떤 나무가 있는지 살필 때, 그들은 가게에서 팔리지 않고 오래된, 살짝 흠이 있는 $1/4''$ 소나무 단판을 추천했는데, 내가 보기에는 쪼개질 것이 확실했다. 작은 상자를 이것으로 만들 수 있을까? 여러분도 이와 유사한 경험을 할 수 있기 때문에 내가 직접 알아봐야겠다는 생각이 들었다. 그들은 $48'' \times 24''$ 크기의 $1/4$장을 팔았다.

더 좋은 품질의 합판을 구하게 되더라도 표면이 고르지 못하거나 가장자리가 닳은 경우가 흔히 있다. 따라서 제재목 회사에서 만든 판을 잘라서 나만의 판을 만드는 것이 기본적인 절차이다.

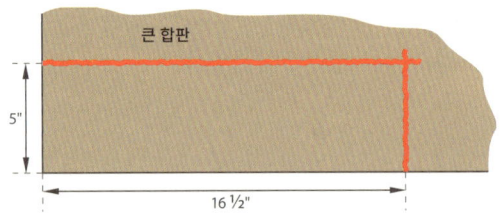

그림 10-5 처음에 자르는 두 번은 대충 자른다

그림 10-5는 첫 번째 단계를 보여준다. 고르지 못한 붉은색 선은 거친 절단면을 나타내는데, 여기에서는 목재의 밑부분이 지저분하게 톱질되더라도 걱정하지 않아도 된다. 왜냐하면 16 1/2" 길이를 자르면서 밑에 희생목을 대기는 쉽지 않기 때문이다.

어쨌든, 짧은 조언을 하나 한다.

- 긴 길이를 톱질할 때 걸리거나 끼익하는 소리가 날 경우 그림 10-6에서 보는 것처럼 톱질하는 부위에서 멀리 떨어져 나무 끝을 손으로 잡고 왼편을 비틀어 살짝 올려보자. 이렇게 하면 톱날에 가해지는 압력이 줄어든다. 톱니로부터 손가락을 멀리 유지하는 것만 주의하자.

그림 10-6 톱에 가해지는 압력을 줄이기 위해 자르는 부위에서 떨어진 목재 부분을 비틀어 올린다.

이제 작업할 만한 크기가 되었으니 이 자른 합판으로 세 개의 작은 사각형을 만들어보자. 그림 10-7은 첫 번째 사각형을 어떻게 잘라낼지 보여준다. 두 번째와 세 번째 것은 잠시 후에 알려주겠다. 내 생각에 어느 것도 6"를 넘지 않아야 하며 그래야 장부톱으로 쉽게 작업할 수 있다.

나무판의 끝면으로부터 1/2" 정도 안쪽을 A 선을 따라서 대략 평행하게 가며 깔끔하게 잘라낸다. 정확한 위치는 중요하지 않다. 그림 10-8에서 보는 것처럼 합판 밑에 희생목을 대고 자르자.

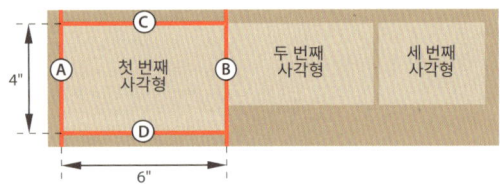

그림 10-7 세 개 중 첫 번째 사각형 잘라내기

직선으로 잘 자르면 이를 기준 측면(reference edge)으로 사용할 수 있다. 즉, 다음 줄을 긋고 자를 때 첫 번째 잘라낸 면을 기준으로 사용할 수 있다는 말이다. 이 프로젝트의 모든 측정은 이 측면을 기준으로 사용하게 될 텐데 다른 측면들은 대략 자른 것이거나 공장에서 자른 것이어서 완벽하게 신뢰할 수 없기 때문이다.

그림 10-8 A 선을 따라 자르기

그림 10-9 A 선을 따라 4″ 떨어뜨려 두 지점 표시하기

그림 10-10 그림 10-7에서 C와 D로 표시된 선을 따라 6″ 측정하기

기준 측면을 만들고 나면 그림 10-9에서 보듯이 위에 서로 4″ 띄워서 두 개의 점을 표시한다.

그림 10-10에서 보는 것처럼 스피드 스퀘어를 기준 측면에 대고 두 개의 6″ 선을 그으면 C와 D 선이 된다. 연필로 6″ 지점에 표시를 한다.

그림 10-11과 같이 6″ 띄워 표시한 두 개의 점을 이어 B 선을 그린 뒤, 이 선을 합판 조각에서 모서리까지 확장한다(어느 것이 B 선인지 잊어버렸다면 그림 10-7을 다시 참고하기 바란다). 여러분은 방금 기준 측면에서 출발해 사각형을 그렸다. 스피드 스퀘어가 정확하다면 여러분이 그린 사각형도 딱 맞아야 한다.

그림 10-12에서 보는 것처럼 B 선을 따라 톱질한다. 자르고 나면 나머지 부분은 한쪽으로 치워 놓고 여러분이 작업한 부분을 돌리면, 이제 C와 D 선이 그리 길지 않아서 장부톱으로 한 번에 끝까지 잘라낼 수 있다. 연필선 바깥을 톱질해야 한다는 것을 기억하라.

그림 10-11 첫 번째 사각형의 경계선을 그린 모습

그림 10-12 B 선을 따라 자르기

10장 기본 상자

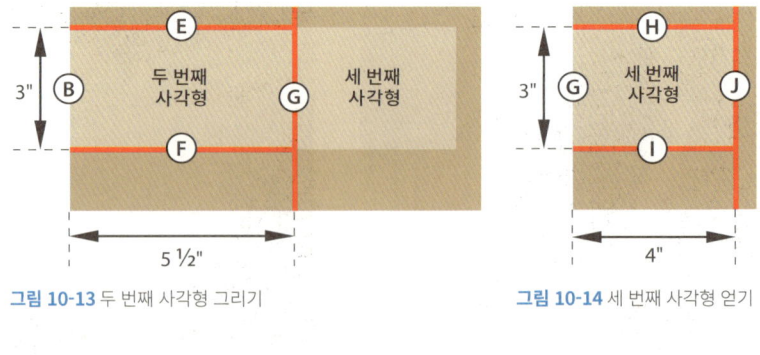

그림 10-13 두 번째 사각형 그리기 / 그림 10-14 세 번째 사각형 얻기

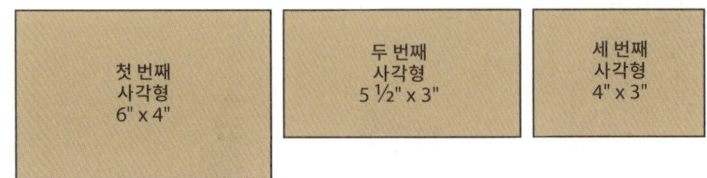

그림 10-15 세 개의 사각형

아까 잠시 치워놓았던 나머지 부분을 가져와서 두 번째 사각형을 만들어 보자. 그림 10-13에 B 선이 보이는데, 이 선이 이제 기준 측면이 된다. 3″ 띄워 두 개의 지점을 표시하자. 이제 스피드 스퀘어를 이용하여 E와 F를 잘라내기 위한 선을 긋는데, 각 선은 5½″ 길이가 된다. 그런 다음 G 선을 그리고 잘라낸다. 마지막으로 E와 F도 잘라낸다. 첫 사각형을 잘라내는 데 사용한 것과 같은 절차를 밟은 것이다.

그림 10-14는 세 번째 사각형을 잘라내기 위한 절차이다. 이 절차들을 모두 밟고 나면 그림 10-15에서 보는 것처럼 세 개의 사각형을 얻는다.

이제 왜 내가 더 큰 상자를 제안하지 않았는지 알 수 있을 것이다. 이 작업을 하기 위해서는 여러 번 톱질을 해야 한다. 하지만 아직 끝난 것이 아니다. 똑같은 작업을 해 세 개의 사각형을 또 잘라내야 한다(뚜껑까지 포함해서 상자에는 6개의 면이 있기 때문이다). 처음에 작업했던 합판을 다시 가져와서 그림 10-5에서 본 것처럼 대충 자르는 것부터 시작하여 앞에서 했던 절차를 반복한다.

6개의 합판 조각(각 모양별로 2개씩)을 마련한 후, ½″×½″ 정사각형 각재목, 길이 3¼″로 4개의 조각이 필요하다. 연귀통을 사용하여 자를 수 있다.

합판에 드릴로 구멍 내기

그림 10-16은 상자를 밑부분에서 본 것으로 우리의 최종 목표를 보여준다. 앞면과 밑면의 색깔을 구분했는데, 이는 나사의 위치를 보여주기 위한 두 개의 엑스레이 사진처럼 그린 그림 10-17의 색깔과 맞춰볼 수 있게 하기 위한 것이다. 이 그림을 보면 나사가 서로 다른 방향에서 부딪히지 않도록 하는 것이 중요함을 알 수 있다.

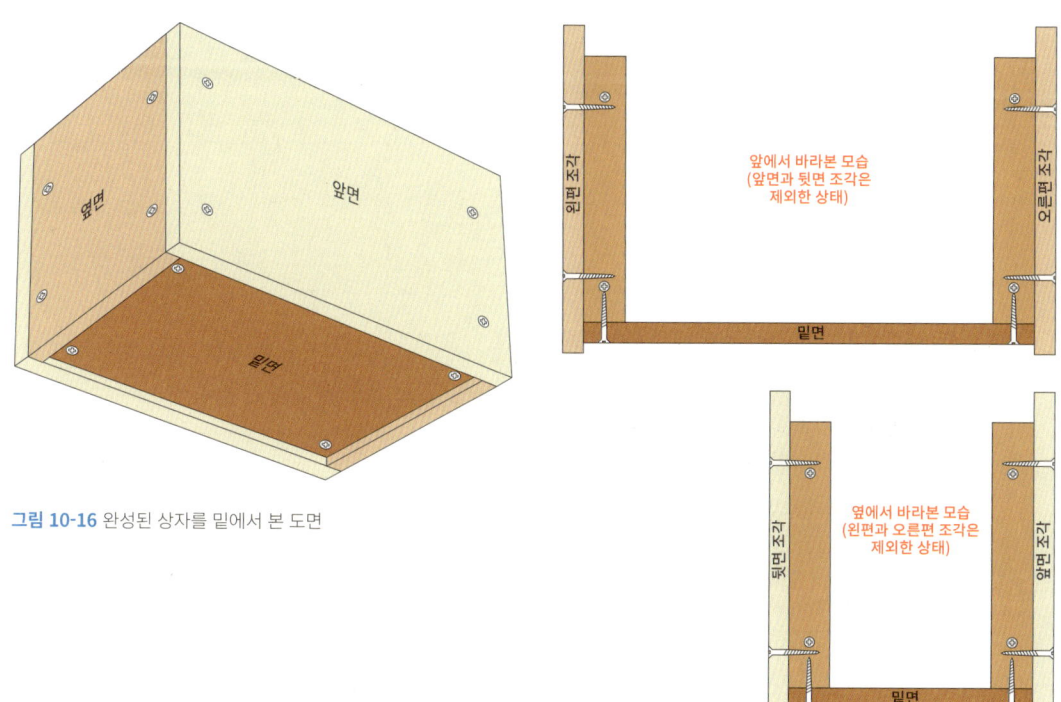

그림 10-16 완성된 상자를 밑에서 본 도면

그림 10-17 나사의 위치를 보여주는 투시도

이 도면이 혼란스럽게 보여도 걱정하지 말기 마란다. 직접 조립하는 과정에서 모두 이해될 것이다.

상자의 다섯 면에서 나사가 들어가는 구멍의 위치는 그림 10-18, 10-19, 10-20에 나와 있다(상자의 여섯 번째 면은 뚜껑으로 떼어낼 수 있어야 하기 때문에 나사가 들어가지 않는다).

도면을 종이에 인쇄하거나 그린 후 송곳으로 찔러서 합판에 옮길 수 있다. 혹은 목재 위에 직접 측정을 할 수도 있지만 이 경우에도 드릴 작업을 할 위치를 송곳으로 찔러 표시해야 한다.

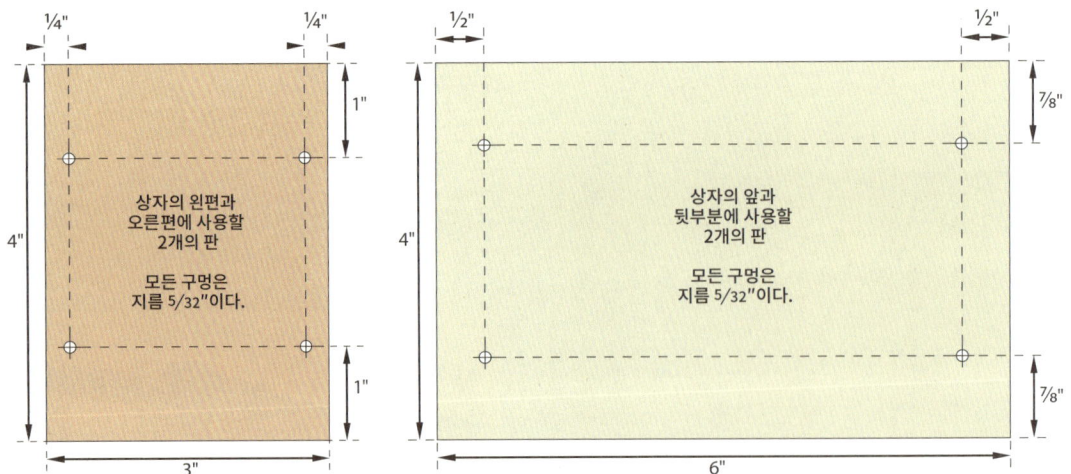

그림 10-18 상자의 양 끝부분 연결에 사용되는 나사 구멍 위치

그림 10-19 상자의 앞과 뒷부분 연결에 사용되는 나사 구멍 위치

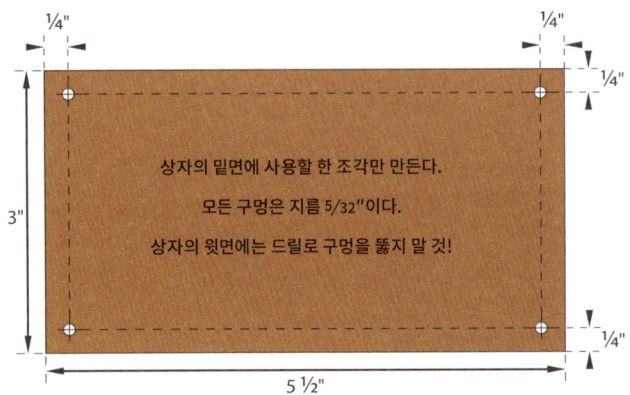

그림 10-20 상자 밑면을 연결하는 나사 구멍 위치

5/32" 드릴 비트를 사용해 합판에 구멍을 뚫으면 각 나사의 자루가 들어갈 만큼 충분한 공간이 생긴다. 이 구멍들은 합판을 관통할 것이라서 합판 밑에 희생목을 대어 드릴이 합판을 통과할 때 쪼개지지 않도록 한다.

각 구멍을 뚫기 시작할 때 드릴을 매우 천천히 시작하여 드릴 비트를 아주 부드럽게 눌러보자. 작은 드릴 비트는 합판을 망가뜨리지는 않지만 만약 여러분이 작업하는 합판이 내가 가진 소나무 단판처럼 부드럽다면 그런 일이 발생할 수도 있다.

여러분이 최선의 작업을 하고 싶다면 8장의 113쪽에서 설명했던 것처럼 각 구멍을 카운터싱크를 활용하여 준비할 수도 있다. 드릴 작업을 한 뒤 카

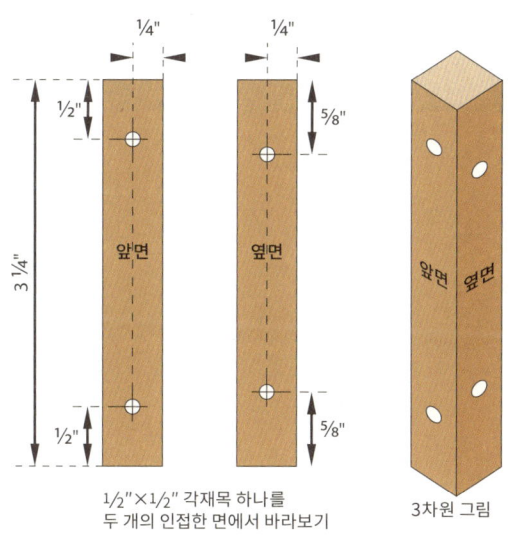

그림 10-21 각재목의 파일럿 구멍 위치

그림 10-22 드릴로 파일럿 구멍 뚫기. 마스킹 테이프를 5/64″ 드릴 비트 주변에 붙여 깊이를 표시한다.

운터싱크를 사용한다면, 그 카운터싱크로 파인 비스듬한 면이 나사 머리의 각도와 맞아야 함을 유념해야 한다. 나사 머리의 지름보다 약간 큰 정도로 비스듬히 깎일 때까지 카운터싱크를 사용하면 된다.

각재목에 드릴로 구멍 뚫기

각재목 조각에 3/32″ 드릴 비트로 파일럿 구멍을 뚫는다. 그림 10-21에서 보는 것처럼 각 각재목의 두 면에만 드릴로 구멍을 뚫는다. 도면이 명확히 이해되지 않을 경우를 위해 3D 도면을 포함시켰다.

구멍은 각재를 통과하지 않으며 깊이가 3/8″ 정도 돼야 한다. 그림 10-22에서 보는 것처럼 3/8″ 정도 되는 부분에 마스킹 테이프를 작게 잘라 붙인다. 이렇게 하면 정해진 깊이에 도달했을 때가 언제인지를 쉽게 알 수 있다.

여기서 설명하는 내용이 파일럿 구멍을 측정하고 깊이를 맞추는 유일한 방식은 아니지만 이 프로젝트에서는 이 방식으로 하길 바란다. 그 이유는 곧 명확해질 것이다.

각재목의 끝부분엔 파일럿 구멍을 만들려고 애쓰지 않아도 된다.

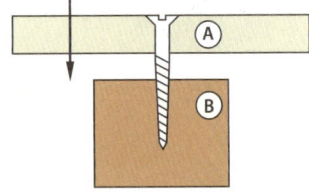

나사가 돌아갈 때, 나사산은 아래 방향으로 끌어당긴다. 나사 머리는 A 부분을 B 부분으로 잡아당긴다.

그림 10-23 나사가 작동하는 방식

왜 나사 구멍이 파일럿 구멍보다 큰지 궁금하다면 그림 10-23을 보면 된다. 나사산(screw thread)[2]은 합판에 물리지 않게 되어 있다(그림에서 A로 표시된 부분). 나사산은 각재목에 물리고 나사 머리는 합판을 각재목 쪽으로 끌어당기는데, 이는 나사 윗부분에 매끈한 줄기 부분이 자유롭게 돌 수 있기 때문이다. 나무 나사 윗부분에 매끈한 부위가 있는 이유이다(혹은 적어도 과거에 그랬다. 최근에 제조되는 나무 나사에는 매끈한 부위가 없는 경우도 보았기 때문이다).

그림 10-24는 조립 중인 상자를 보여준다. 각재목을 붙일 때 면을 제대로 맞춰야 한다. 그래야 남아 있는 구멍들이 보이고, 다음 합판과 연결할 수 있기 때문이다. 각재목은 대칭으로 구멍이 뚫려 있어서 필요하다면 위아래를 돌려도 괜찮다. 상자의 옆면이 서로 잘 맞지 않으면, 높은 면을 나중에 사포질하여 높이를 맞출 수 있다.

그림 10-24 조립 중인 모습

앞면, 뒷면, 옆면을 만들고 나면 밑면의 모서리를 사포질하여 크기를 맞출 수도 있다. 다 맞추고 나서 각 모서리에 나사를 돌려 넣는다. 나사가 나뭇결의 횡단면으로 들어가기 때문에 파일럿 구멍은 필요하지 않을 것이다.

뚜껑은 여러분이 사포질을 할 때까지 꽉 조일 수 있다. 뚜껑을 잘 맞추고 나면 각재목을 둥그렇게 하여 손잡이로 만들어보는 것도 좋다. 물론 사각형 각재목도 손잡이로 괜찮다. 뚜껑 밑면의 모서리에서 중심 부위에 X 자 표시를 하여 중심을 잡는다. 그런 다음 나사로 제자리에 손잡이를 고정하거나 혹은 원한다면 본드로 붙인다. 나는 스와니 휘슬 프로젝트에 쓰고 남은 3/4″ 둥그런 목재로 재미 삼아 윗부분을 둥그렇게 만들어보았다. 그림 10-25를 참고하기 바란다.

그림 10-25 완성된 상자

결함

아마도 여러분이 만든 상자가 완벽하지는 않을

것이다. 이 프로젝트로부터 얻는 가장 중요한 교훈은 이런 것이다. 아무리 주의해도 나사나 드릴 비트는 제자리로에서 벗어날 수 있고, 작은 실수들이 쌓이면 그 이후에 깨닫게 되는 것은 한쪽 면이 다른 쪽보다 더 높거나 가이드 구멍이 나사 구멍과 잘 맞지 않거나 하게 되는 것이다.

이후 프로젝트에서 이러한 실수들을 최소화하는 방법이나 진행하면서 수정 조치를 취하는 방법에 대해서 설명할 것이다. 이렇게 말하면 대부분의 측정이 필요는 한 것일까, 하는 의문이 들 수도 있다. 나사를 그냥 대충 들어갈 자리에 박으면 안 되는 것일까?

그렇게 할 수도 있다. 하지만 각재목 안에서 두 개의 나사가 서로 부딪치면 어떻게 할 것인가? 도면을 미리 그리는 게 길게 보면 시간을 줄여준다. 그리고 측정을 제대로 하면 결과물은 보기가 더 좋다.

도면을 그리는 데에는 벡터 그래픽 소프트웨어가 이상적이다. 앞서 6장에서 오픈오피스드로(OpenOffice Draw)를 설치하도록 권유한 이유이기도 하다. 이런 소프트웨어는 제대로 계획을 세우지 않고 만들기 시작했을 때 프로젝트를 망칠 수 있는 실수가 무엇인지를 보여준다.

모서리 디자인을 개선하기

상자 만들기는 하나의 연습이지 결과물이 멋지지는 않다. 정확하게 만드는 문제는 잠시 놔두고, 어떻게 하면 디자인을 더 잘할 수 있을지 생각해보자. 16장에서는 플라스틱으로 어떻게 더 멋진 상자를 만들 수 있을지 알려줄 것이다. 하지만 목재를 사용해서 세 가지 개선할 부분을 찾아보자.

- 귀퉁이의 목재 조각들은 예쁘지도 않고 공간을 차지한다.
- 싸구려 합판도 멋지게 보이지는 않는다.
- 나사 머리가 밖으로 보이는데, 이것도 예쁘지는 않다.

나사 머리 감추기

나사 머리를 감추는 한 가지 방법은 나사가 합판과 같은 높이거나 혹은 살짝 움푹 들어간 경우 상자의 겉을 무늬목(veneer)[3]으로 덮는 것이다. 무늬목은 멋진 나뭇결 모양이 있는 목재의 얇은 켜다. 접촉접착제(contact adhesive)[4]로 붙일 수 있다. 같은 방식이 부엌의 조리대 상판 제작에 사용되는데, 파티클보드를 포마이카와 같은 것으로 덮는다.

그림 10-26 장식 크롬으로 도금된 둥근머리 나사

하지만 무늬목은 비싸고 이용하기가 쉽지 않다.

물론 나사를 움푹하게 들어가도록 한 뒤에 코크(caulk), 플라스틱 우드, 혹은 다른 충전재(filler) 등으로 감출 수 있다. 합판 모서리까지 문지른 후, 상자에 페인트를 칠한다. 이렇게 하려면 시간도 걸리고 어려움도 있으며, 페인트 밑으로 각 면 사이의 결합 부분이 보일 것이다.

가장 우아한 해결책은 상자의 옆면에 틀을 짜서 끼워 넣는 것이다. 틀은 $3/8'' \times 3/8''$ 정도 길이의 각재목으로 틀을 짜고 모서리에 홈을 파서 만들 수 있다. 매우 얇은 합판을 그 홈에 끼우게 된다. 이렇게 하면 모양이 예쁘지만, 작업이 빠르거나 쉽지 않다.

쉽게 할 수 있는 대체 방법은 장식 나사를 사용하는 것이다. 그림 10-26은 크롬으로 도금된 둥근머리 나사이다. 이 나사를 사용할 때에는 목재에 카운터싱크로 홈을 파내지 않는다.

다른 종류의 나사는 머리 부분에 소형 구멍이 있다. 이 구멍에 돔 모양 혹은 단추 모양의 액세서리를 꽂으면 홈(나사 머리)이 돔 혹은 단추로 가려지기에 하나의 특색 있는 모습으로 변한다. 이런 종류의 나사는 종종 욕실의 거울을 벽에 달 때 사용한다.

하지만, 나사를 눈에 보이지 않게 없애는 가장 좋은 방법은 나사를 아예 사용하지 않는 것이다. 여기에는 어떤 선택이 있을까?

소재

귀퉁이의 합판 끝을 감추기 위해서는 귀퉁이를 연귀이음으로 붙일 수 있다. 나사를 사용하지 않으려면 합판의 안쪽 부분을 접착제로 붙이면 된다. 하지만 정확히 45도로 잘라서 합판을 붙이는 작업은 쉽지 않고, 어떤 경우든 합판의 윗부분은 여전히 보인다.

천연 목재의 모서리는 보기에도 좋다. 나뭇결과 평행하게 휘었을 때 얇은 목재가 쉽게 부러지는 것을 보았겠지만, 상자의 옆면에는 큰 문제가 없다. 천연 목재를 이용하여 모서리를 잇는 방법에는 여러 가지 선택지가 있다(다음 쪽 내용 참조).

다른 방법으로는 목재 대신 ABS 플라스틱을 사용하여 모서리 부분을 굽혀서 만들 수 있다. 15장에서 이 작업을 어떻게 할 수 있는지 보여줄 것이다.

귀퉁이 맞추기

천연 경재로 바꿔서 상자 옆면을 두껍게 만들고 싶다면 귀퉁이를 만드는 여러 가지 방법이 있다. 여기에서는 많이 사용하는 방법들을 소개한다.

각진 마구리 맞댄 짜임(Square-Ended Butt Joint)

가장 기본적인 배열은 한 부분을 다른 부분과 맞추어 본드로 붙이는 것이다. 이 방식은 결합력이 강하지는 않지만 빠르게 할 수 있다. 그림 10-27 참조(1장에서 했던 대드 퍼즐러의 프레임을 만드는 데에는 이 방식이 괜찮다).

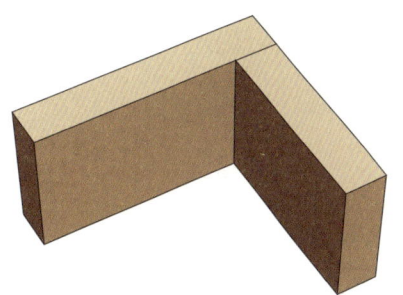

그림 10-27 가장 기본적인 귀퉁이 결합 방식

맞춤못(Dowel Joint)

나무못이라 부를 수 있는 작고 둥근 목재는 맞댄 짜임을 강력하게 만들 수 있다. 그림 10-28에서 나무못은 한쪽 판에 들어가 있고, 다른 쪽 판의 구멍에 맞춰 본드로 붙여지게 된다. 다음 프로젝트인 책장을 만들 때 이 방식을 다시 보게 된다.

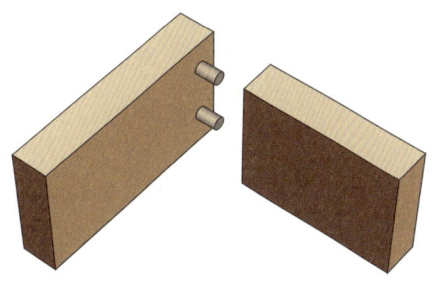

그림 10-28 각진 마구리 맞댄 짜임을 강화하기 위해 목재를 삽입했다.

연귀 맞댄 짜임(Mitered Butt Joint)

'연귀로 맞댄'이라고 표현했던 결합 방식은 연귀 맞댄 짜임인데, 그림 10-29처럼 평평한 면을 함께 붙이는 것이다.

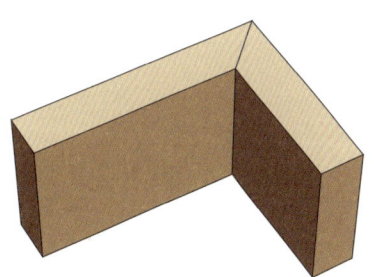

그림 10-29 연귀 맞댄 짜임

강화 연귀 맞댄 짜임(Mitered Reinforced Butt Joint)

연귀 면에 홈을 파내고 얇은 사각형 목재를 삽입해 접착할 수 있다. 홈을 팔 수 있는 적당한 종류의 도구가 있다면 말이다. 그림 10-30 참조. 이런 종류의 강화 방식은 다른 종류의 연결 부위에도 적용할 수 있다.

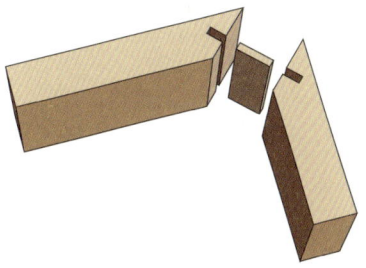

그림 10-30 강화 연귀 맞댄 짜임

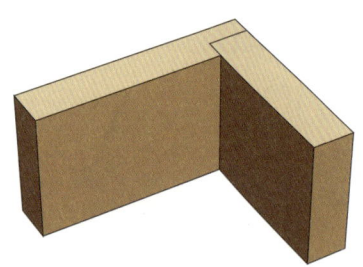

그림 10-31 래빗 조인트

그림 10-32 귀퉁이 밴딩

래빗 조인트(Rabbet Joint)

접착제는 90도 각도에서 두 면에 적용될 때 더 강력하기 때문에 래빗 조인트는 단순한 맞댄 짜임보다 더 강하다. 그림 10-31 참조.

귀퉁이 밴딩(Corner Lipping)

목재판의 귀퉁이를 감추기 위해 한 부품을 귀퉁이에 추가할 수 있다. 이 부위를 그림 10-32에서 보는 것처럼 둥글게 만들 수 있고, 정사각 단면이나 장식 모양으로 다듬을 수도 있다.

또 다른 많은 결합 방식이 있다. 수백 년 동안 사람들은 90도 각도로 목재 조각을 결합하는 기본적 문제에 대해 여러 방식으로 생각해왔기 때문이다. 구글 이미지(Google image)에서 보드 조인트(board joints)를 검색하면 수많은 방식을 볼 수 있을 것이다. 여기에서는 이 모든 종류를 다루지 않는데, 대부분 목재에 필요한 모양을 잘라내기 위해 전동 도구나 특별한 수공구가 필요하기 때문이다.

자세히 알아보기: 나사와 스크루드라이버

나사의 종류

괜찮은 공구상에 가면 갈피를 못 잡을 정도로 다양한 길이, 두께, 머리 모양에 따라 분류된 나사들을 볼 수 있다.

나사 몸통의 머리 근처에 매끈한 부분이 있으면, 이는 나무 나사이다. 그렇지 않다면 이들은 보통 판금 나사라고 표현한다. 매끈한 부위를 섕크(shank)라고 하며, 이는 윗부분에 얇은 목재(혹은 금속 액세서리)를 꽉 고정시키지 않으면서 구멍과 잘 접촉할 수 있도록 만든 것이다. 판금 나사는 얇은 금속에 사용할 목적으로 만들어지며, 따라서 매끄러운 섕크 부분은 없다. 판금 나사의 나사산은 좀 더 날카로울 수 있다. 또한 이들은 플라스틱 종류들에도 쓰기 적당하다.

머리의 종류

나사를 옆에서 바라볼 때 나사 머리의 종류는 다른 변형들도 있지만 보통 네 가지 중 하나다.

납작머리 나사(flat head). 목재나 플라스틱에 사용하는데, 머리 밑의 비스듬한 부분을 처리하기 위해 카운터싱크 드릴을 사용한다. 이렇게 해야 나사 머리가 재료 표면과 동일한 위치에 들어간다.

냄비머리 나사(pan head). 카운터싱크로 작업할 필요가 없다. 표면 위로 머리 부분이 튀어나온다.

둥근머리 나사(round head). 보트 위에 나무 판을 고정시킬 때 사용했다. 놋쇠로 만들기도 한다. 일반적으로 둥근머리 나사는 대부분 냄비머리 나사로 교체되어 사용되고 있다.

육각머리 나사(hex head). 나사 머리가 육각형이어서 소켓 렌치나 너트 드라이버(nut driver)를 사용한다.

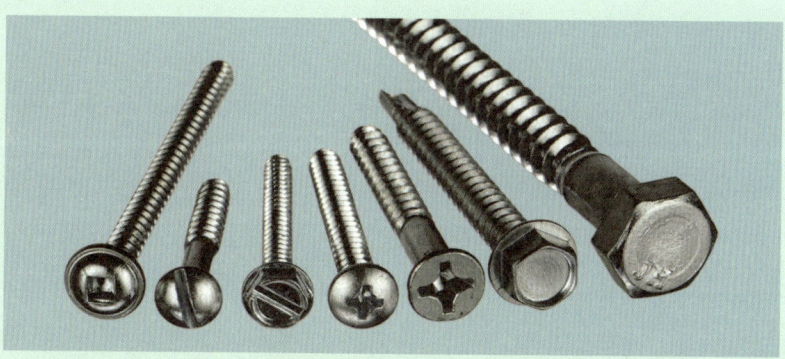

그림 10-33 나사 견본. 상세한 사항은 본문 참조

몇 가지 나사 견본이 그림 10-33에 나와 있다. (왼쪽부터) 사각 드라이브 금속 나사(square-drive sheet-metal screw), 둥근머리 나무 나사, 스크루드라이버 구멍이 추가된 육각머리 금속 나사, 일반적인 십자형 냄비머리 금속 나사, 일반적인 십자형 납작머리 나무 나사, 셀프 태핑 팁(끝부분에서 구멍을 만들며 들어가는) 육각머리 금속 나사, 대형 캐리지 나사(carriage screw).

길이

납작머리 나사의 길이는 나사 머리의 위 표면에서 나사산의 끝까지를 말한다. 다른 종류의 나사 길이는 나사 머리의 밑부분에서 나사산 끝까지를 말한다.

미국에서 일반적으로 길이는 짧은 나사의 경우 1/8″씩 증가하고, 나사가 길 경우에는 1/4″씩 증가한다.

굵기

나사의 몸통은 게이지 숫자로 지정된다. 큰 숫자는 두툼한 나사를 말한다. 똑같은 숫자의 나사들은 길이와는 상관없이 두께가 같다. #12보다 큰 나사는 통상 인치로 표시한다. 따라서 #14는 1/4″ 나사에 해당하고, #20은 통상 5/16″, #24는 3/8″에 해당한다.

스크루 게이지 (screw gauge)	인치당 나사산 수 (threads per inch)	섕크 지름	파일럿 구멍 (연재, 인치)	파일럿 구멍 (경재, 인치)
#2	26	3/32	1/16	1/16
#3	24	7/64	1/16	5/64
#4	22	7/64	1/16	5/64
#6	18	9/64	3/32	7/64
#8	15	5/32	7/64	1/8
#10	13	3/16	1/8	9/64
#12	11	7/32	9/64	5/32
#14	10	1/4	5/32	11/64

그림 10-34 일반적으로 사용하는 나사 크기의 기본 데이터. Jet machine tools 제공 정보

나사산의 간격

미국에서 나사산의 간격은 인치당 나사산으로 측정하며 때로는 tpi(threads per inch, 톱의 teeth per inch와 혼동하지 말 것)로 줄여서 말하기도 한다. 지름이 큰 나사는 통상 나사산의 간격이 넓게 되어있다.

그림 10-34의 표는 게이지 숫자, 인치당 나사산 수, 섕크 지름, 경재와 연재에 파일럿 구멍을 뚫을 때 추천하는 드릴 비트의 크기를 보여준다.

머리 구멍

날이 일자로 된 스크루드라이버를 사용하는, 직선의 긴 홈이 있는 것이 가장 오래되고 전통적인 디자인이다. 열십자 모양 머리는 보통 십자 모양(cruciform)이라고 알려져 있지만 이 용어를 쓰는 사람은 (미국의 경우) 많지 않다. 십자 모양은 대량생산의 요구를 충족시키기 위해 생겨났다. 자동으로 스크루드라이버의 중심을 잡아주고, 빠뜨리거나 미끄러지는 것을 방지하기 때문이다.

여러 변형이 있기는 하지만 미국에서는 모든 십자 모양의 나사를 '필립스(Phillips) 머리'를 갖고 있다고 말한다. 진정한 의미의 필립스 머리는 나사의 십자 홈 중심에 작은 구멍(square cavity)이 있으며, 여기에 맞는 스크루드라이버는 그림 10-35에서 보는 것처럼 끝이 뭉툭하다. 끝이 뾰족한 십자 드라이버는 프리슨 나사(Frearson screw)에 사용하는 것으로, 이 나사는 십자 홈 중심에 작은 구멍이 없다. 프리슨 스크루드라이버를 필립스 나사에 쓰면 필립스 나사가 망가지고, 그 반대역시 마찬가지이다.

그림 10-35 세 가지 필립스(십자형) 스크루드라이버 비트. 왼쪽에서 오른쪽으로 1, 2, 3 크기

하이브리드 나사 머리는 필립스 스크루드라이버에 맞는다. 하지만 홈 중의 하나가 가장자리까지 확장되어 있어서 일자 스크루드라이버로도 돌아간다.

그림 10-36 세 가지 톡스 스크루드라이버 비트

포지드라이브(PoziDriv)는 또 다른 십자 나사 머리의 종류로 필립스 나사가 흔치 않은 미국 외에서는 PLC라는 이름으로 알려져 있다. 포지드라이브 머리는 이름이 말해주듯 포지 드라이브 스크루드라이버를 사용하는 한 매우 안정감 있게 들어간다.

그림 10-37 세 가지 사각 드라이브 스크루드라이버 비트

톡스(Torx) 나사는 머리가 별 모양인데 매우 안정감 있게 고정되어서 미국 내에서는 인기가 있다. 그림 10-36 참조. 톡스는 상표 이름이지만 요즘은 일반 용어처럼 쓰인다.

사각 드라이브 나사 머리에는 사각형 홈이 있다. 호환이 되는 스크루드라이버 드릴 비트가 그림 10-37에 나와 있다.

어떤 종류의 쉽게 변경할 수 없는(tamper-proof) 나사 머리는 일자 홈이 나사 머리 중심에서 서로 반대 방향으로 비스듬하게 파여 있어, 일자 드라이버로는 나사를 풀 수 없고, 오직 조일 수만 있게 되어 있다. 또 다른 쉽게 변경할 수 없는 나사 머리는 작은 핀이 말뚝처럼 중심에 있어서 일반적으로 쓰이는 스크루 드라이버로는 조작하기 힘들게 되어 있다.

10장 기본 상자

특별한 나사

나무 나사와 판금 나사 외에 특별한 용도를 위해 몇 종류가 개발되었다.

드라이월 나사는 건축을 할 때 건식벽을 고정시키기 위해 만들어졌다. 나사 머리 밑부분은 건식벽의 특성을 만족시키기 위해 곡선으로 되어 있다. 이 나사는 거의 항상 검은색이다. 나사산 간격이 넓어서 목재 프레임이나 끝부분, 쇠로 된 샛기둥 벽 프레임에 빨리 삽입될 수 있도록 되어 있다.

데크용 나사(Deck screws)는 보통 최소 2″ 길이의 얇은 나무 나사로 파일럿 구멍이 필요 없이 연재로 된 기둥에 빠르고 쉽게 넣을 수 있다. 부식 방지 처리가 되어 있고, 보통은 금색이다. 통상 하나의 두께로만 파는데, 대략 #8 나사와 유사하다.

래그 나사(lag screws) 혹은 코치 나사(coach screws)라고 알려져 있는 캐리지 나사(carriage screws)는 커다란 나무 나사로, 보통 육각머리(때로는 사각머리)를 갖고 있다. 캐리지 나사의 뚱뚱한 몸체는 상당한 힘을 견디기 위한 것인데, 대부분의 배터리로 동작하는 공구보다 더 큰 회전력이 있어야 돌릴 수 있다. 보통 소켓 렌치로 캐리지 나사를 조인다. 캐리지 나사는 볼트가 아닌데도, 캐리지 나사가 캐리지 볼트, 래그 볼트, 코치 볼트를 지칭할 때가 있다.

작은 나사

용어가 일관되게 사용되지는 않지만, 볼트는 작은 나사로 알려져 있다. 너트와 볼트에 대해서는 14장에서 다룬다.

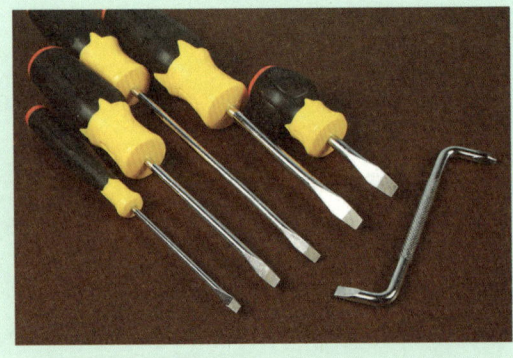

그림 10-38 일자 스크루드라이버 세트

수동 스크루드라이버

기본적으로 힘을 써서 돌리는 스크루드라이버는 그림 10-38에 나와 있는 것처럼 날 넓이가 $1/8″$, $3/16″$, $1/4″$인 것이 들어 있는 세트로 보통 판다 ($3/16″$와 $1/4″$ 날은 각각 2개씩 들어 있다). 매우 짧은 스크루드라이버는 닿기 어려운 위치에 있는 나사를 조작하기 위해 들어가 있다. 양쪽으로 굽은 굴대처럼 생긴 스크루드라이버도 동일한 용도로 사용하며, 휴대하기 좋다.

그림 10-39는 십자 스크루드라이버 세트인데, 0번, 1번, 2번 크기가 들어 있다. 2번 크기는 3개의 스크루드라이버가 들어 있는데, 가장 많이 사용하는 것이기 때문에 그렇다.

0번 크기 십자 스크루드라이버는 전자제품에 흔히 쓰이는 소형 나사에는 너무 클 수 있다. 미니 스크루드라이버를 이런 목적으로 구매할 수 있다.

일부 수동 스크루드라이버는 손잡이 끝부분 안쪽으로 구멍이 있어서 보통 전기 스크루드라이버에서 사용하는 교체 가능한 드릴 비트를 넣을 수 있다.

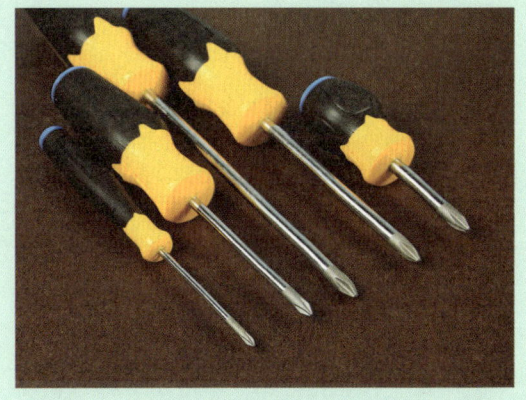

그림 10-39 십자 스크루드라이버 세트

전기 스크루드라이버

이 책에 나오는 작은 프로젝트에는 수동 스크루드라이버만 있으면 된다. 수동 스크루드라이버는 플라스틱처럼 부드러운 재료에 작은 나사를 너무 세게 조이는 위험을 피하는 데에는 오히려 장점을 갖고 있다. 그렇기 때문에 전기 스크루드라이버에 대한 상세한 내용이나 구매에 대해서는 다루지 않으려고 한다.

앞서 드릴을 전기 스크루드라이버로 사용할 수 있다고 말했다. 스크루드라이버 비트 세트만 있으면 교체해 쓸 수 있고, 어쩌면 드릴 몸체가 닿기 힘든 곳에 쓰기 위한 비트 연장 도구가 필요할 수도 있다. 비트를 교체하기 위해 드릴 척을 조이고 푸는 시간이 필요하겠지만, 이 정도는 괜찮을 것이다.

전기 스크루드라이버에는 척이 없다. 대신에 스크루드라이버에 맞추어 디자인된, 비트를 빨리 풀 수 있는 장치가 있어서 빨리빨리 교체해 사용할 수 있다. 그림 10-40에 무선 전기 스크루드라이버가 나와 있다.

만약 무선 전기 스크루드라이버를 사기로 했다면 전동 드릴과 호환이 되는 것을 선택하면 똑같은 배터리를 두 가지 모두에서 사용할 수 있다.

그림 10-40 리튬이온 배터리로 작동하는 무선 전기 스크루드라이버

주

1 필립스 헤드는 '십자 드라이버'를 말한다. 참고로 '드라이버'는 일본의 영향을 받아 쓰게 된 표현으로, 정확히 말하면 스크루드라이버이다. 필립스 헤드는 헨리 필립스(Henry F. Phillips; 1889-1958)의 이름을 따른 것인데, 여기에는 역사적으로 흥미로운 사실이 있다. 그 이전에는 일자 나사가 쓰였으나, 십자 모양의 나사못을 만들면 중심을 쉽게 잡을 수 있다는 개념을 발명한 것은 존 톰슨(John P. Thompson)이다. 그는 1932년에 십자 나사못의 특허를, 1933년에 십자 스크루드라이버의 특허를 받았지만, 산업계의 관심을 끄는 데는 실패하여 1935년 자신의 특허받은 개념을 필립스에게 팔았다. 필립스는 이 개념을 발전시키고 필립스 스크루 컴퍼니라는 회사를 설립하여 산업계에서 사용하도록 설득한다. 이때 처음으로 이를 받아들인 고객 중 하나가 GM(제너럴 모터스)이고, 1936년 캐딜락을 생산할 때 필립스 스크루를 사용하였고 지금까지도 전 세계에서 이를 활용해오고 있다.

2 나사산(螺絲山)은 나사의 골과 골 사이의 산처럼 높은 부분을 말한다.

3 흔히 우리나라에서 베니어판이란 얇게 켠 나무 널빤지를 나뭇결이 서로 엇갈리게 세 겹 이상으로 붙여 만든 널빤지, 즉 공사 현장 등에서 가장 많이 사용되는 합판을 얘기할 때 쓰인다. 하지만 미국에서 veneer는 합판 위에 붙이는 얇은 두께의 박판을 뜻하며, 이는 고급 목가구에 무늬를 넣거나 하는 데 쓰인다.

4 접촉접착제란 도포 후 접촉하면 건조되고 즉시 접착하는 접착제를 말한다.

11장
가장 기본적인 책꽂이

일본 나라현의 동대사(東大寺)는 8세기에 지어진 사찰로 두 번에 걸쳐 재건되었으며, 1998년까지 세계 최대의 목조 건물로 남아 있었다. 그림 11-1의 사진에서 볼 수 있다. 놀랍게도 모든 목조 부위가 나무못으로 서로 맞물려 있다.

이 장의 새로운 주제
- 책꽂이 디자인의 요소
- 축 처지지 않는 선반
- 나무못을 사용한 맞댄 짜임

필요한 재료는 다음 쪽 참조

그림 11-1 동대사

여러분도 목재 조각을 접합할 때 나무못을 사용할 수 있다. 예를 들면, 작은 책장을 만들 때이다.

기성품 책장의 문제점

나는 기성품 책장이나 조립 책장에 절대로 완벽하게 만족할 수 없는데, 거기에는 세 가지 이유가 있다.

- 책장 선반의 높이는 조절이 가능하지만, 보통 최소 10″는 떨어져 있다. 대다수 사용자에게 이 간격은 너무 떨어져 있다. 내가 책장을 만들 때에는 선반에 넣을 물건을 생각해서 거기에 맞추어 디자인할 수 있다.
- 기성품 책장은 보통 선반이나 부품들이 파티클보드로 되어 있는데, 이는

필요한 것

- 투바이포 소나무: 어떤 상태여도 좋음, 길이 18"(457mm)
- 원바이식스 소나무: 옹이가 약간 있지만 틀어지지 않은 것, 길이 96"(2,438mm)
- 원바이투 참나무: 단풍나무 혹은 포플러, 길이 40"(1,016mm)
- 나무 나사: #8×1 1/2"(292mm), 납작머리, 십자형, 6개
- 목재 플러그: 1/4"× 1 1/4"(6mm×32mm), 12개

앞에서도 사용한 도구들:

장부톱, 연귀통, 트리거 클램프, 자, 스피드 스퀘어, 고무 샌딩 블록, 작업 장갑, 송곳, 마스킹 테이프, 전기드릴과 드릴 비트, 카운터싱크, 스크루드라이버나 전기 스크루드라이버, 방진 마스크(선택), 보호안경(선택), 다용도톱(선택), 합판 작업대, 사포, 폴리우레탄, 일회용 장갑, 페인트 붓(선택), 나일론 줄 혹은 두꺼운 줄

단단하지 않고 선반 두께도 충분치 않다. 왜냐하면 두꺼운 선반은 비용이 더 많이 들기 때문이다. 따라서 선반이 휘는 경향이 있다.

- 나는 책장 지지대 선로에 버팀대를 끼우고 거기에 선반을 놓는 방식을 좋아하지 않는다. 나는 진짜 책장을 좋아하는데, 책장은 대부분 바닥에 세우게 만들어진다. 내 집에 있는 많은 벽 공간은 6피트(183cm) 지점 윗부분은 거의 아무 용도도 없다. 이곳에도 선반을 달면 딱 좋을 공간일 텐데, 내가 직접 만들 때만 그렇다.

이 프로젝트는 이러한 문제점들을 다룬다. 디자인은 작은 규모지만 원할 경우 상당한 규모로 확장할 수 있다.

디자인 문제들

내가 정의하는 선반은 양 끝에 마구리판이 있을 수도 있고 그렇지 않을 수도 있다. 하지만 책장은 선반의 끝부분을 지지하는 마구리판 두 개가 있다. 여기에 피할 수 없는 한 가지 질문이 생긴다. 선반과 마구리판은 어떻게 결합시켜야 할까?

이 문제는 앞서 상자를 만들 때 옆면이 90도 각도로 서로 붙어야 한다고 했던 기본 문제와 똑같다. 그때는 합판으로 인한 제한이 있었다. 이번 프로젝트에서는 3/4" 보드를 단순한 맞댄 짜임으로 붙이고 나무못으로 강화할 수 있다. 나무못은 영어로 플러그(plugs) 혹은 도웰(dowels)이라고 하는 경우가 있지만, 여기서는 나무못으로 부른다.

목재 각 부분을 결합하기 위해 특별히 만든 나무못을 사용할 수 있다. 동네 공구상에 없을 수도 있지만, 온라인에서 대량으로 구매 가능하다. 나무못에는 접착하기에 좋도록 홈이 있거나 거칠게 기계로 표면을 만들어놓았다. 온라인에서 '홈이 있는 도웰(grooved dowels)', '세로로 홈이 새겨진 도웰(fluted dowels)' 혹은 '도웰핀(dowel pins)'을 검색하면 필요한 나무못을 찾을 수 있을 것이다.[1] 이번 프로젝트를 할 때에는 통상 많이 사용하는 지름 1/4"에 길이 1 1/4" 못이 있으면 된다.

기본 계획은 다음과 같다. 첫째, 수직으로 세워진 면에 드릴로 구멍을 판다. 구멍은 관통하지 않는다. 그리고 나무못을 구멍에 넣는데, 이때 나무못의 절반은 밖에 노출된 상태로 둔다. 선반의 끝 면에 구멍을 뚫어서 선반을 나무못에 맞추어 접착제로 붙인다. (어떤 사람들은 모든 접착제 작업을 두

번에 걸쳐 하는 것보다 한 번에 하는 것을 선호하지만 나는 그렇게 하는 것이 다소 어려웠다.)

측정하고 계획하기

목재를 자르기 전에 몇 가지 결정을 해야 한다. 선반이 몇 개 있어야 할까? 책장이라는 콘셉트를 실험하기 위한 목적으로 세 개 정도면 적당할 것 같다. 두 개는 책을 꽂는 용도로, 맨 위의 선반은 장식물을 놓기 위한 것으로 만들 수 있다. 그림 11-2 참조.

선반 길이가 어느 정도면 좋을까? 실험 삼아 진행하는 프로젝트이므로 18″ 정도면 될 것 같은데, 수평으로 넓히는 것은 가능하므로 원한다면 두 배 길이로 할 수도 있다.

수직으로 서는 끝부분은 얼마나 높아야 할까? 옛날 스타일의 $4\,1/4″ \times 7″$ 규격의 페이퍼백 책을 꽂는 작은 책장으로 사용할 것이라 가정해보자. 이제 길이를 정하기 위해 도면을 그린다. 모눈종이나 벡터 그래픽 소프트웨어, 혹은 손으로 스케치를 해도 좋다.

내 계획은 그림 11-3에 나와 있다. 원바이식스 보드를 이용하여 각 선반은 $3/4″$ 두께에 $5\,1/2″$ 너비가 될 것이다. 책장에 꽂을 책 위로 $1/2″$ 정도의 여유를 두었다. 또한 마구리판의 위와 아래에 $1/2″$씩 여유를 두어서 맨 위의 선반 위쪽과 맨 아래 선반 아래쪽이 튀어나오도록 했는데, 이게 보기에 더 좋기 때문이다.

내 도면(그림 11-3)을 보면서 작은 어두운 갈색 사각형이 무엇인지 궁금해할 수 있는데, 이에 대해서는 잠시 후에 설명하겠다.

도면을 만들었으므로 맨 위에서 아래까지 길이

그림 **11-2** 세 개의 선반과 두 개의 마구리판으로 만든 가장 기본적인 책장의 삼차원 그림

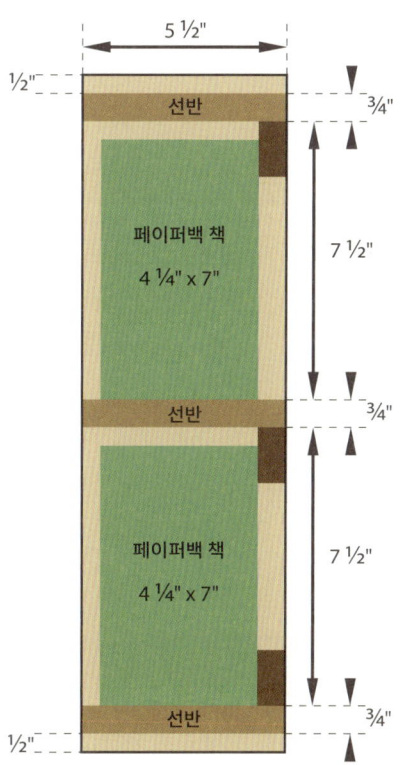

그림 **11-3** 가장 기본적인 책장의 마구리판의 길이

를 더할 수 있다.

$1/2'' + 3/4'' + 7\,1/2'' + 3/4'' + 7\,1/2'' + 3/4'' + 1/2'' = ?$

어떤 사람들은 분수를 더하는 것을 어려워한다. 만약 여러분도 그런 편이라면, 분수의 단위를 똑같은 것으로 변환시켜 보면 된다. 예를 들어 $1/2$은 $2/4$와 동일하다. 따라서 위의 분수들은 다음과 같이 다시 쓸 수 있다.

$2/4 + 3/4 + 7 + 2/4 + 3/4 + 7 + 2/4 + 3/4 + 2/4$

분수를 모두 더하고, 숫자를 모두 더하면 다음과 같은 결과를 얻는다.

$17/4 + 14$

$17/4$은 $4\,1/4$이다. 따라서 $4\,1/4 + 14 = 18\,1/4''$.

혹은 대신에 소수를 사용하여 계산기로 더할 수 있다.

$0.5 + 0.75 + 7.5 + 0.75 + 7.5 + 0.75 + 0.5 = 18.25$

이제 목재가 어느 정도 필요한지 충분한 정보가 쌓였다. 선반 세 개, 각각 18″로 전체는 54″. 두 개의 마구리판, 각각 $18\,1/4''$로 전체는 $36\,1/2''$, 총계는 $90\,1/2''$. 톱날의 폭, 끝부분 다듬기, 여기저기 있는 나무판의 홈 등을 고려하면 전체 96″ 길이의 원바이식스 보드 한 장으로 모든 것을 해결할 수 있을 것이다.

그림 11-4는 내가 생각한 그림을 보여준다. 어둡게 표시한 부분은 선반과 마구리판을 잘라낼 수 있는 곳이다. 실제 위치는 보드의 홈을 여러분이 어느 정도 피해서 사용할지에 달려 있다.

여기에서 내가 가장 걱정하는 것은 96″ 길이의 보드가 집으로 운반하기에 너무 길 때, 제재소에서 그냥 중간을 자르지 않도록 하는 것이다. 그림에서

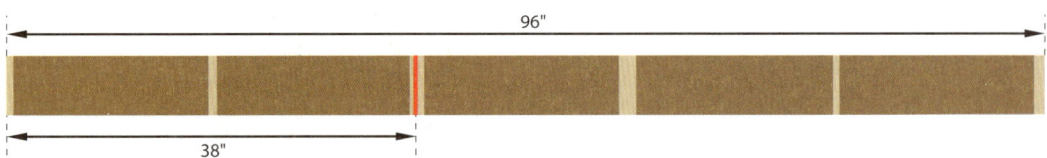

그림 11-4 96″ 길이의 보드를 집으로 운반하기 위해서 크기를 줄여야 한다면, 붉은색 선이 자르기 적당한 곳이다. 이후 보드에서 잘라낼 각 부분의 정확한 위치는 여러분이 보드의 홈을 어느 정도 피해서 사용할지에 달려 있다.

붉은색 선이 보여주듯 한쪽 끝에서 38″ 되는 지점을 잘라달라고 하라. 이렇게 하면 안전할 것이다.

선반 만들기

일반적인 방식으로 시작해보자. 제재목의 끝부분이 깔끔하고 직각인지 확인하면서 먼저 다듬는다. 목재가 쪼개지지 않도록 투바이포로 희생목을 대고, 정확하게 직각으로 잘라야 하므로 가이드목이 필요할 것이다. 만약 자른 면이 각도가 벌어지면 수직 지지대와 맞지 않아 보기에 좋지 않을 것이다.

이제 기준으로 삼을 면이 있으므로 그곳에서부터 첫 번째 선반을 측정하면 된다. 선반의 옆면은 있는 그대로 사용해도 괜찮은데, 보통 원바이식스 보드는 (휘지 않았다면) 통상 모서리가 직각으로 잘 잘려진 상태로 팔기 때문이다. 어쨌든 이 프로젝트에서는 선반의 정확한 너비는 그리 중요하지 않다.

그림 11-5에서 보듯이 18″ 자를 좀 전에 자른 면에 대고 자의 반대편 끝에 스피드 스퀘어를 수직으로 댄다. 스피드 스퀘어를 제자리에 고정시킨 뒤, 자는 빼고 연필로 보드를 가로질러 선을 긋는다.

그림 11-6에서 보듯이 톱날의 넓이를 충분히 고려하여 방금 연필로 그은 선으로부터 떨어져서 톱질을 해야 한다.

이제 선반 하나를 만들었으므로 이를 가이드로 삼아서 두 개를 더 만들어보자. 그림 11-7에서 보는 것처럼 선반의 한쪽 끝을 보드의 길이 방향으로 남아 있는 한쪽 끝과 일치시킨다. 스피드 스퀘어의 옆면처럼 평평한 물체를 가로질러 대보자.

그림 11-5 18″ 선반 측정하기

그림 11-6 첫 번째 선반을 자를 때 톱날의 폭을 고려하여 선으로부터 띄워 공간을 남겨 놓는다.

그림 11-7 목재 끝부분끼리 정확히 맞도록 주의하자.

두 개의 보드를 클램프로 조이고 나무를 돌리면 그림 11-8에 나오는 것처럼 첫 번째 선반이 또 다른 18″를 자를 수 있는 가이드가 된다. 머릿속에 그림이 잘 그려지지 않는다면 그림 11-9가 도움이 될 것이다.

제대로만 한다면 이런 방식으로 여러 장을 잘라낼 수 있다. 예를 들어 A 부분으로 시작했다고 치자. A를 사용하여 B를 측정한다. 그리고 나서 다시 A를 이용하여 C를 측정한다. 다시 A를 이용하여 D를 측정한다….

그림 11-8 첫 번째 선반을 기준으로 두 번째 선반 톱질하기

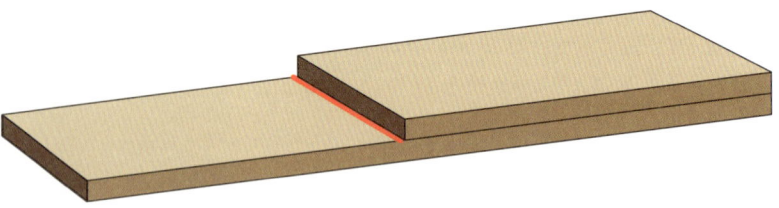

그림 11-9 붉은 선이 톱질할 부분이다.

A를 이용하여 B를 측정하고, B를 이용하여 C를 측정하고, C를 이용하여 D를 측정하고… 이렇게는 하지 말도록. 왜냐하면 이렇게 해 나가는 과정에서 작은 오차들이 생기고(아마도 여러분이 톱질하는 게 완벽하게 수직은 아닐 것이기 때문에), 오차들이 쌓여간다. 이는 마치 복사한 것을 다시 복사하면 복사본의 질이 떨어지는 것과 같다.

선반을 자른 후 긴 면의 모서리를 사포로 모가 사라지게 다듬는 것이 좋다. 책을 책장에 넣었다 뺐다 할 때 책이 선반의 앞면과 계속 부딪치는데, 모가 있으면 페인트나 폴리우레탄이 제대로 남아나지 않는다.

선반을 강화하기

앞서 내가 기성품 책장에 만족하지 못하는 이유를 들었었는데 두 번째가 기성품은 책을 놓는 중간 부분이 휘곤 한다는 것이었다. 이 프로젝트에서 만드는 18″ 선반은 매우 짧고, 작은 페이퍼백 책들은 상대적으로 가벼워서 휘는 일이 없을 것이다. 하지만 향후 참조하기 위해, 선반은 어느 정도 길이가 되

면 눈에 띄게 휘기 시작할지 알아보자.

이 질문에 답하기 위해서는 어떤 종류의 나무를 사용할 것인지, 어느 정도의 무게를 감당하게 될지, 그리고 목재판이 어느 정도의 두께인지를 알아야 한다. 하지만 선반의 길이가 늘어나면, 어느 정도 더 휘게 될지 상대적으로 말할 수는 있다. 약간의 수학이 해답을 줄 수 있다(수학을 싫어한다면 이 부분을 건너뛰면 된다).

선반의 길이를 두 배로 늘리는데, 직선 길이로 1인치당 무게는 동일하다고 생각해보자. 두 배로 긴 선반은 8배 더 휘어진다. 세 배로 길어지면 27배 더 휘게 된다.

왜냐하면 휘어지는 정도는 선반 길이의 세제곱에 비례하여 늘어나기 때문이다. 달리 말하면, 길이를 L이라고 하면 휘어짐은 $L \times L \times L$에 비례한다.

하지만 좋은 소식도 있다. 만약 선반의 두께를 두 배로 하면, 휘어지는 것을 8배 분산한다. 두께를 세 배로 하면 27배 휘어짐을 분산하게 되는데, 왜냐하면 휘어짐은 두께의 세제곱과 반비례하기 때문이다. 따라서 두께를 T라고 하면 휘어짐은 $1/T \times 1/T \times 1/T$에 반비례한다.

수학은 여기까지만.

지지대

현실적 조건에서, 선반을 강화하기 위해 가늘고 긴 나무 조각을 대어 선반이 눈에 띄게 휘는 것을 방지할 수 있는데, 이 작은 책장에서 한번 시도해보자. 이렇게 하면 두 가지 좋은 점이 있다.

그림 11-10에서 보는 것처럼 앞으로 훨씬 더 긴 선반을 만들 때 똑같은 디자인을 사용할 수 있다.

지지대는 원바이투 경재 조각을 사용하여 각 선반의 뒷면 아래쪽 모서리에 덧댄다.

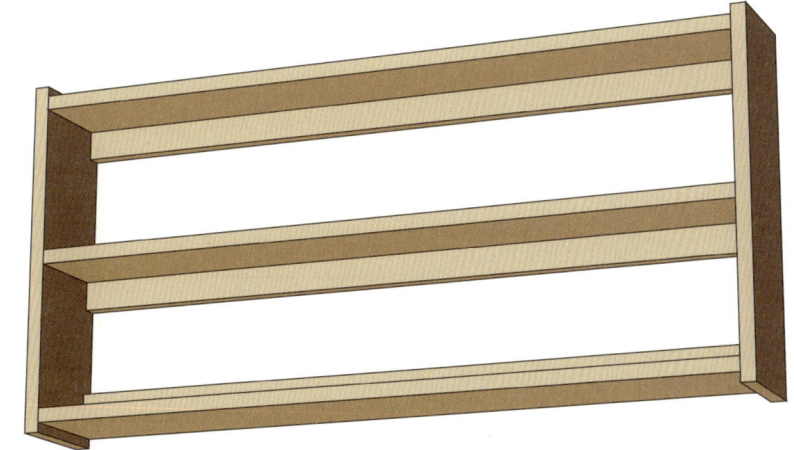

그림 11-10 각 선반 밑(혹은 위)에 지지대를 덧대면 눈에 띄게 휘어짐이 없이 훨씬 긴 선반을 쓸 수 있다.

경재는 참나무, 단풍나무 혹은 포플러 등이며, 주변 목공소에서 구할 수 있을 것이다. 경재는 연재에 비해 더 단단하고, 나사를 더 단단하게 물게 된다. 어쨌든 원바이투 목재는 여러분도 기억하듯이 실제로는 ¾"×1½"이다.

두 번째 장점은 벽에 책장을 달 때 이 지지대가 있으면 편하다는 것이다. 만약 벽에 목재 샛기둥이 있다면 어디쯤인지를 찾아내고, 책장 지지대에 적절한 간격으로 드릴로 구멍을 뚫고 2¼" 나사를 사용해 고정한다.

샛기둥이 무엇인지, 그리고 책꽂이를 벽에 거는 방법에 대해서는 다음 프로젝트에서 설명하겠다.

18" 선반을 사용한 이 작은 프로젝트에서 맨 아래 선반에는 지지대가 반드시 필요하지는 않다. 위의 두 선반에 지지대를 설치하면 책꽂이를 벽에 거는데 충분하며 그리고 선반이 워낙 짧아서 휘어짐은 문제가 되지 않는다.

원바이투 경재로 만드는 두 개의 지지대는 맨 위와 중간 선반의 길이에 맞추어 18"가 된다. 지지대를 선반에 붙이는 가장 쉬운 방식은 나사를 사용하는 것인데, 선반 뒷부분에서 봐도 지저분하지 않을 것이다. 나사 대신 나무못을 사용할 수도 있지만 시간은 더 걸릴 것이다.

그림 11-11은 두 개의 선반에 나사 구멍을 뚫기 위한 도면이다. 모든 측정 수치는 왼편 상단에서부터 시작하는데 왜냐하면 여러 개의 구멍을 뚫을 때 기준을 하나에 두지 않고 각 구멍으로부터 측정하면 측정 오류가 쌓이기 때문이다.

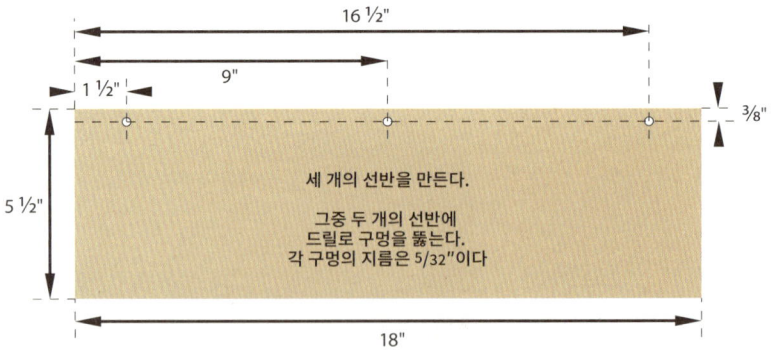

그림 11-11 선반에 나사 구멍을 뚫는 자리. 각 구멍에 카운터싱크 드릴을 사용하자.

선반에 지름 5/32" 크기의 구멍을 뚫은 후에는 납작머리 나무 나사가 들어갈 수 있도록 카운터싱크 드릴 비트로 구멍 입구를 원뿔형으로 넓힌다. 다음 단계는 선반 중 하나를 지지대와 클램프로 조여 위치를 맞춘다. 1/8" 비트를 써서 지지대에 파일럿 구멍을 뚫어 #8 나사가 들어갈 수 있도록 한다(그림 10-34를 다시 살펴보면 경재에 #8 나사를 넣으려면 1/8" 파일럿 구멍이 필요하다는 것을 알 수 있다).

그림 11-12에서 보는 것처럼 각 나사 구멍에서 1/8" 드릴 비트로 밑에 있는 지지대까지 구멍을 뚫는다. 이렇게 하면 파일럿 구멍들이 자동적으로 맞춰진다. 파일럿 구멍들을 뚫는 동안 선반이 지지대와 잘 맞물리도록, 지지대 높이와 같은 높이의 투바이포 목재 조각을 선반 뒷부분에 댔음을 유념해 보기 바란다.

나사를 넣고 조여서 목재가 꽉 물릴 때까지 클램프를 풀지 않는다. 두 번째 선반에도 같은 작업을 반복한다.

마구리판 만들기

그림 11-13은 마구리판에 나무못이 들어갈 드릴 구멍이 어디에 위치해 있는지를 보여준다. 그림에서 어둡게 칠한 부분은 선반이 어디에 위치하는지를 알려주기 위해 포함시켰다. 모든 측정은 목재 한쪽 끝에서부터 한다. 왜냐하면 우리가 작은 측정을 하나씩 해 나가면 측정 오류가 쌓이게 되기 때문이다.

이 구멍들이 나무못을 위한 것이라는 점을 기억하자. 따라서 구멍이 목재를 관통해서는 안 된다. 마스킹 테이프를 드릴 비트 끝에서 5/8" 되는 지점에 붙여서 언제 드릴을 멈춰야 할지 알 수 있도록 한다.

1/4" 드릴 비트가 나무못에 적당하겠지만, 1/8"

그림 11-12 원바이식스 보드의 나사 구멍을 통해 원바이투 경재 조각에 파일럿 구멍을 뚫는다.

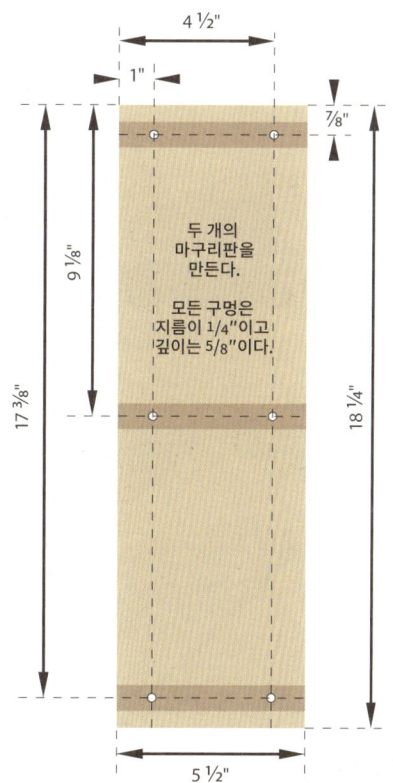

그림 11-13 책꽂이 마구리판의 구멍 위치

11장 가장 기본적인 책꽂이   157

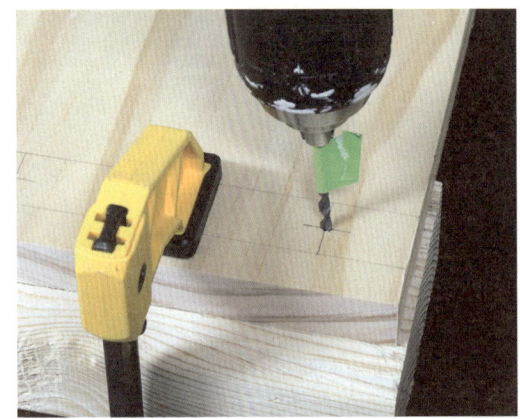

그림 11-14 1/8" 드릴 비트로 시작하고 5/8"보다 더 깊이 뚫지 않는다.

그림 11-15 구멍에서 먼지를 제거하자마자 나무못을 제 위치에 접착할 수 있다.

그림 11-16 모든 나무못을 마구리판에 접착제로 붙인 모습

드릴 비트가 조절하기 쉬우므로 이것으로 시작하는 게 좋다. 그림 11-14에 나와 있는 것처럼 구멍을 직각으로 뚫는다. 그래야 구멍을 확장하여 나무못을 넣을 때 못이 기울지 않는다.

구멍 위치를 제대로 잡고 나면 1/4"로 구멍을 확장할 수 있다. 만약에 구멍 가장자리에 나무가 약간 쪼개져 있더라도 걱정하지 않아도 된다. 왜냐하면 책꽂이 선반의 끝부분이 이를 감춰줄 것이기 때문이다. 그림 11-15는 실제 크기의 구멍을 보여준다.

다음 단계로 나가기 전에 구멍 안에 나무 부스러기가 없는지 확인하자. 빨대를 이용하여 바람을 불어넣으면 되는데 이때 얼굴 앞에서 날리는 먼지로부터 보호하려면 눈을 감아야 한다.

이제 목공용 접착제를 각 구멍에 흘려 넣고, 각 나무못 주변에도 바른다. 그리고 구멍에 나무못을 꽉 집어넣는다. 필요하다면 망치로 살짝 치거나 혹은 나무못이 끝까지 들어갔는지 확인하기 위해 집어넣으면서 나무못을 돌려본다. 나무못 주변으로 접착제가 삐져나오면 즉시 젖은 헝겊이나 종이 타월로 닦아낸다. 이렇게 하고 나면 그림 11-16과 같이 된다.

접착 작업을 마치면 선반 끝부분의 나무못 위치와 정확히 일치하는 자리에 구멍을 뚫어야 한다. 물론 나무못은 선반 양면 모서리에서부터 같은 거리에 있어야 하지만 작은 오차가 있을 수 있다. 따라서 작업할 때 나무못이 어디에 있어야 하는지보다는 실제로 어느 위치에 있는지를 따져야 한다.

선반에서 뒷면이 될 부분이 어디인지를 연필로 표시해 나중에 헛갈리지 않도록 한다. 그런 다음

그림 11-17 선반 위에 나무못이 들어갈 위치를 표시하기

그림 11-18 스피드 스퀘어를 이용하여 선반 끝부분에 표시를 연장하여 그리기

그림 11-17에서 보는 것처럼 각 선반을 세워서 나무못이 들어가야 하는 위치를 맞춘 뒤 나무못 주변에 표시를 한다. 연필을 직각으로 세워서 나무못을 따라 그릴 때 선이 제대로 선반에 그려지도록 한다.

각 나무못을 선반에 연필로 그린 뒤 그림 11-18에서 보는 것처럼 선반을 돌려서 연필로 표시한 부분을 가장자리까지 연장하여 그린다. 선반의 윗면과 아랫면에서 동일한 지점에 중심을 잡아 선을 표시하여 어디에 나무못이 들어갈지를 표시한다.

이제 선반 끝부분에 드릴로 구멍을 뚫어야 한다. 이때 선반을 직각으로 세우면 작업하기 제일 쉽다. 선반을 직각으로 놓는 방법은 밑에 투바이포 목재 조각을 놓고 여기에 클램프로 선반을 조이고, 투바이포 목재 조각은 작업대에 클램프로 조이는 것이다. 그림 11-19에 나와 있는데, 이 그림에는 1/8″ 드릴 비트로 예비 구멍을 뚫는 모습

그림 11-19 선반을 수직으로 클램프로 조이고 드릴로 끝부분에 구멍을 뚫고 있다.

도 나온다. 어떤 사람들은 선반을 작업대에 수평으로 물린 뒤에 드릴로 작업하는 것을 선호하는데, 나는 수직으로 작업하는 것이 더 쉬웠다.

드릴 작업을 마치면, 마지막 조립할 준비가 끝난 것이다. 작업대 주변을 깨끗이 하고, 각 부위에 있는 먼지나 조각들을 깔끔하게 치운다. 특히 선반

끝부분을 깔끔하게 한다. 구멍에 있는 조각들을 치워서 선반이 제대로 물리는 데 방해가 되지 않도록 한다.

접착제가 마르는 동안 클램프로 책꽂이 전체를 물려야 하는데, 여러분이 갖고 있는 클램프 길이가 짧을 수 있다. 이런 문제는 어떻게 해결해야 할까? 그림 11-20에 내가 제시하는 해결책이 나와 있는데, 힘을 분산시키기 위해 나일론 로프를 고리 모양으로 만들어 사용할 수 있다.

먼저 연습이 필요하다. 접착제를 사용하지 않고 모든 부위가 서로 잘 맞는지 확인해보자. 만약 어떤 구멍이 제 위치에 있지 않다면 접착제를 바른 뒤가 아니라 지금 발견해야 한다. 드릴로 구멍을 넓힐 수 있고, 혹은 측정 오차가 생겨 구멍이 제 위치에 있지 않다면 추가로 구멍을 뚫을 수도 있다. 구멍이 넓어지면 연결 부위가 헐거워질 수 있다. 하지만 나무못이 단단하게 붙는다면 큰 문제가 아닐 수 있다.

모든 것이 괜찮아 보이면 책꽂이를 분해하고, 접착제를 각 구멍에 짜 넣고, 나무못 주변에 접착제를 문지른 뒤, 모든 부위를 함께 맞추고, 클램프를 로프 고리에 단단히 조인다.

스피드 스퀘어를 이용해서 책꽂이의 각 부위가 90도를 이루는지 확인한다. 필요하다면 직각을 맞추기 위해 옆에서 힘을 가해야 할 수도 있다. 이 경우 또 다른 로프나 줄로 작업대나 책장의 다리 주변을 묶기도 한다.

그림 11-21은 내가 마무리한 책꽂이의 폴리우레탄을 바른 뒤의 모습이다. 다음 프로젝트에서는 이 책장(혹은 다른 물건)을 어떻게 벽에 안전하게 달 수 있는지를 다룰 것이다.

그림 11-20 클램프 길이가 책꽂이 길이에 닿지 않을 경우 즉흥적으로 만들어낸 또 다른 클램프 사용법

그림 11-21 폴리우레탄으로 마감한 책꽂이의 최종 모습

다른 아이디어

나무못은 보드의 끝과 끝을 연결하는 데 사용할 수 있다. 합판과 같은 복합재료가 널리 쓰이기 전에는 가구를 이렇게 만들었다.

이상적으로는 목재의 각 부분을 연결하기 전에 끝 모서리를 완벽하게 수평으로 만들기 위해 대패를 사용해야 한다.

대패는 비용이 꽤 들어간다. 하지만 웬만큼 결함이 없는 보드를 선택했다면 끝부분의 연결 부위는 거의 보이지 않는다.

이렇게 끝과 끝을 맞물리는 방식을 이용하면 합판의 지저분한 모서리가 아닌 전통적 스타일의 가구들을 만들 수 있다. 그림 11-22는 원바이식스 단풍나무 보드(뒷면에 3/16" 합판을 사용한 것은 빼고)를 끝과 끝을 맞물리는 방식으로 만든 작은 침실용 탁자이다. 윗면, 옆면, 문, 안쪽 선반의 나뭇결 무늬는 결합 부위를 감추기 위해 선택했다. 이 사진은 도장 작업을 하기 전에 찍은 것이다. 제작하는 데 25시간 정도 걸렸다. 전동 도구를 많이 사용했다.

그림 11-22 (뒷면의 합판을 제외하고는) 나무못으로 끝과 끝을 맞물려 만든 제작 프로젝트

주

1 여기에서는 외국 쇼핑몰에서 구매할 경우를 고려해서 원어와 함께 번역을 해놓았다. 국내 검색엔진에서 나무못을 검색할 때에는 '나무못', '목심', '도웰핀' 등을 입력하면 된다.

12장
벽에 걸기

이 책이 주택 개조 작업을 다루는 것은 아니지만, 집에서 공구를 가지고 하는 작업 중 매우 빈번하면서도 필요하고, 하지만 자주 오해되는 부분은 내용에 포함되어야 한다고 생각한다. 이 장에서는 작은 물체를 일반적인 집 내벽에 어떻게 걸 수 있는지를 설명한다. 그러고 나서 일반적이지는 않지만 큰 물체를 벽에 거는 방법을 살펴볼 것이다. 마지막에는 앵커, 브래킷, 강선과 같은 금속이나 플라스틱 부대 용품에 대해 일반적으로 다루도록 하겠다.

벽에 책꽂이 걸기

미국의 경우 대부분의 집은 투바이포 혹은 투바이식스 제재목으로 만든 뼈대로 이루어져 있다. 그림 12-1에서 보는 것이 한 예이다. 여러 층으로 이루어진 건물도 비슷한 뼈대로 이루어져 있지만 벽돌이나 콘크리트로 지은 커다란 아파트나 빌딩은 강철로 뼈대를 만든 내부 칸막이가 있을 가능성이 많

이 장의 새로운 주제
- 물건을 벽에 떨어지지 않게 매다는 방법
- 철과 플라스틱으로 된 액세서리

필요한 것
- 줄자(선택)
- 스터드 파인더(선택, 본문 설명 참조)
- 수준기(선택)
- 바느질 바늘(카펫 바늘이 좋다)
- 데크용 나사: $2^{1/4}''$ (57mm), 3개

앞에서도 사용한 도구들:
자, 작업 장갑, 플라이어, 전기드릴과 드릴 비트, 카운터싱크, 송곳, 마스킹 테이프, 스크루드라이버 혹은 전기 스크루드라이버, 보호안경(선택)

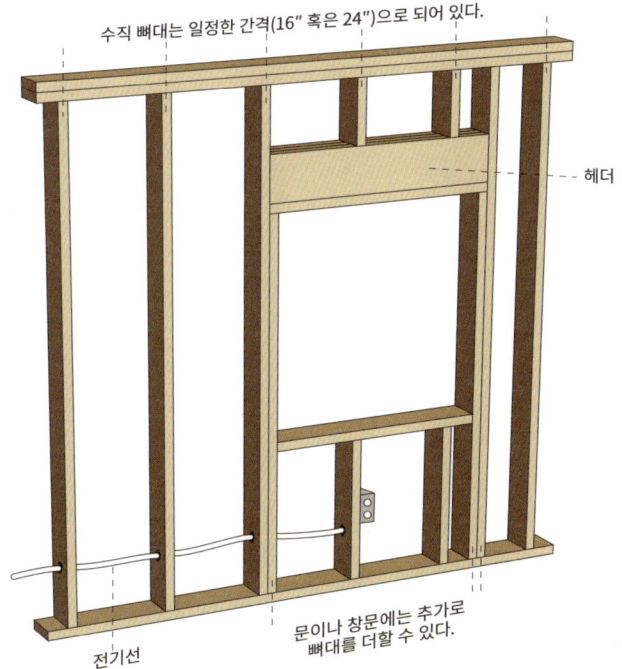

그림 12-1 일반적인 미국 집 벽에 제재목으로 틀이 어떻게 짜여 있는지를 보여준다.

다. 이에 대해서는 잠시 후에 이야기하겠다. 우선 여러분의 집이 목재 뼈대로 이루어져 있다고 가정해보자.

제재목 조각을 수직으로 세워 만든 이 부분이 벽에 설치되면 이를 샛기둥(stud)이라고 부른다. 샛기둥은 16″ 혹은 24″ 간격으로 떨어져 있으며, 이보다 더 넓은 간격으로 설치하면 약간의 비용을 절약하겠지만, 그리 흔하지는 않다.

만약 16이나 24라는 숫자가 어떻게 나왔는지 궁금하다면, 이는 3×16 = 48 그리고 2×24 = 48과 관련이 있다. 표준 건식벽은 48″ 너비로 되어 있어서 그 끝을 뼈대에 못으로 박거나 나사로 조이게 되어 있다.

건식벽은 플라스터보드(plasterboard), 벽판(wallboard), 시트록(Sheetrock), 석고보드(gypsum board) 등으로도 알려져 있다(시트록은 상표 이름이다). 이는 보통 두 장의 종이 사이에 석고를 압축하여 만드는데, $1/2$″ 혹은 $5/8$″ 두께로 판매한다. 건식벽의 장점은 빠르게 설치할 수 있고, 불에 잘 타지 않으며, 상대적으로 도장하기 쉬운데, 특히 스프레이 등으로 질감을 표현할 수 있다.

집주인의 입장에서 볼 때 큰 문제점은 구조적 강도가 매우 약하다는 것이다. 건식벽에 구멍을 뚫으면 가루가 날린다. 건식벽에 못을 박으면 못을 튼튼하게 지지하지 못한다. 나사못을 돌려 넣으면 나사가 헐거워진다. 이러한 문제점을 다루는 방법이 있지만 가장 좋은 방법은 건식벽을 피하는 것이다. 대신 나사못을 건식벽을 지나 벽 속에 있는 목재 샛기둥에 박아야 한다.

이를 위해 플라이어(pliers), 바늘, 그리고 선택적이긴 하지만 스터드 파인더(stud finder)라는 도구가 필요하다. 스터드 파인더가 없는 경우 필요한 절차를 먼저 설명해보겠다.

샛기둥 찾기

시행착오를 거치면서 손가락 관절 부위로 벽을 두드리며 속이 빈 것 같지 않은 곳을 찾다보면 샛기둥이 어디쯤에 있는지 대략 알 수 있다. 샛기둥은 보통 이런 곳에 위치한다. 또한 건식벽이 서로 맞붙은 부위에 흠결을 찾아내어 샛기둥의 위치를 알 수 있다. 또 다른 방법은 콘센트가 보통 벽안의 샛기둥 옆에 위치한다는 것을 이용하는 것이다.

샛기둥의 대략적 위치를 알아내면 바늘을 플라이어에 물린 다음 $1 1/2$″ 간격으로 가로로 조금씩 이동하며 벽을 찔러본다. 건식벽에 바늘을 세게 찔러 넣어야 하지만, 들어가고 난 뒤 거기에 샛기둥이 없으면 갑자기 바늘 끝이 쑥 들어간다. 반면에 샛기둥을 찾으면 바늘이 부딪혀 더 이상 들어가지 않는다.

카펫 바늘(carpet needle)이 이 목적에는 제일 좋다. 일반 바느질 바늘보다 더 길고 휠 가능성이 적기 때문이다. 그림 12-1에서 보는 것처럼 플라이어로 집을 수 있다.

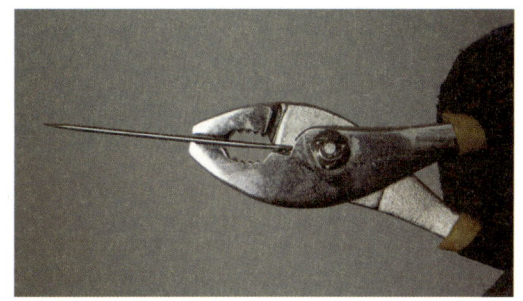

그림 12-2 일반 플라이어로 카펫 바늘을 집은 모습

눈에 잘 안 띄는 부분에 구멍을 낸다면(아마도 바닥 가까이에) 구멍이 작아서 아무도 눈치채지 못할 것이다. 혹은 작업을 마치고 나서 극소량의 코킹(caulking)으로 메꿀 수 있다. 보통 코킹건에 들어맞게 커다란 튜브에 담겨 파는데, 플라스틱 튜브에 담겨 짜낼 수 있는 작은 형태도 있다.

바늘이 샛기둥에 닿으면, 작은 간격으로 좀 더 구멍을 뚫어서 샛기둥의 양 옆 끝부분을 찾아야 한다. 이를 찾고 나면 그 사이에 중간 정도, 즉 샛기둥의 중심 지점에 연필로 표시를 한다.

만약 철로 된 자와 같은 무거운 물체를 줄의 끝에 매달면, 줄이 수직으로 달리게 된다. 줄의 윗부분을 나사로 벽에 고정하기 원하는 높이에서 붙잡는다. 이렇게 하고 나서 줄의 밑부분이 샛기둥의 중심을 표시해 둔 부분과 일치할 때까지 줄을 움직인다. 이렇게 맞추고 나면 줄이 샛기둥의 윗부분부터 밑부분까지 일치한다. 만약 책꽂이나 혹은 다른 물건을 한 곳이 아닌 여러 곳을 고정하고 싶다면, 첫 번째 찾아낸 샛기둥으로부터 수평으로 16″ 되는 지점을 찾아서 거기에 또 다른 샛기둥이 있는지 확인해보면 된다. 만약 샛기둥이 거기에 없다면 8″를 더 움직여서 샛기둥이 24″ 간격으로 되어 있는지를 살펴본다.

잘못될 수 있는 점

만약 두 번째 샛기둥을 찾지 못한다면, 처음에 찾아낸 샛기둥이 '추가된' 샛기둥일 수 있다. 그림 12-1을 다시 보면 창문 주변에 추가로 샛기둥이 있는 것을 볼 수 있다. 이런 추가 샛기둥은 문 주변에 있을 수도 있고, 혹은 벽이 다른 벽과 교차되는 지점에 있을 수도 있다.

만약 여러분이 첫 번째로 찾은 샛기둥이 그림에서 창문 오른편에 있는 것이라고 가정해보자. 거기서부터 16"를 가 봐도 아무것도 없을 것이다.

또 다른 가능성은 두 개의 샛기둥이 붙어 있을 때 바늘이 그 사이로 들어가는 경우이다. 샛기둥을 두 개 붙이는 방식은 창문이나 문 주위에 자주 사용한다. 그러니, 벽의 빈 부분에서 시작하면 이런 현상이 벌어질 가능성은 많이 줄어든다.

만약 바늘이 아주 조금, 예를 들어 1/16" 정도만 들어간다면? 이런 경우 대부분 페인트칠이 된 표면 밑에 숨어 있는 나사 혹은 못대가리에 닿았을 가능성이 높다. 1/2" 정도 위 혹은 아래로 바늘을 움직여 찔러보면 해결될 것이다.

일반적으로 건물 건축 표준에 따르면 배선은 샛기둥의 중심에 있는 구멍을 통해서 이어져야 한다. 여러분이 사용하는 바늘은 거기에 도달할 정도로 길면 안 된다. 벽 표면 가까이에 배선이나 가스선이 위치할 경우에는 샛기둥 앞쪽으로 샛기둥과 벽이 만나는 부위를 금속판으로 보호하여, 우연히라도 나사를 넣거나 할 수 없게 되어 있다. 거의 그렇지는 않겠지만 바늘이 금속판에 닿을 수 있다. 이런 경우에는 아까와 마찬가지로 벽에서 조금 위 혹은 아랫부분으로 움직여야 한다.

수평 맞추기

여러분이 첫 번째 샛기둥을 찾아서 나사를 집어넣을 지점을 표시했고, 이제 두 번째 나사를 넣을 두 번째 샛기둥을 찾았다고 가정해보겠다. 두 개의 나사가 벽의 똑같은 높이에 있도록 만들어야 한다.

이를 위해서는 두 지점 사이에 수준기를 놓고, 끝부분을 위 혹은 아래로 움직여 수평이 되도록 만들 수 있다. 수준기는 알루미늄, 목재, 혹은 플라스틱으로 된 막대기로 거품 방울이 있는 액체가 담긴 작은 튜브관이 최소 한 개는 들어 있다. 재고자 하는 두 지점이 수평이 될 때, 거품은 튜브관의 중심에 놓이게 된다. 그림 12-3은 기본적인 수준기를 보여주며 그림 12-4는 레이저 포인터가 들어 있는 수준기이다.

수준기를 사고 싶지

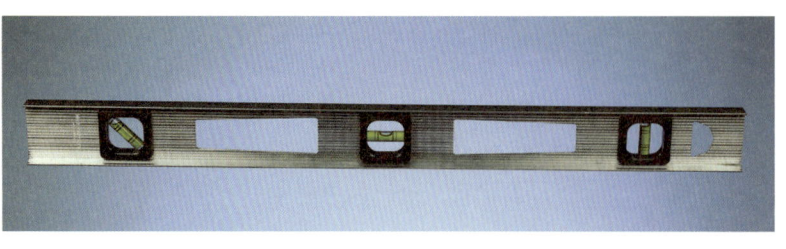

그림 12-3 여기에서 보는 기본적인 수준기는 수평, 수직, 45도 각도를 측정하기 위해 사용할 수 있다.

않다면, 다른 쉬운 방식이 있다. 벽의 고정점 두 개가 천장으로부터 같은 거리에 있는지를 측정하는 것이다. 이 방식은 바닥에

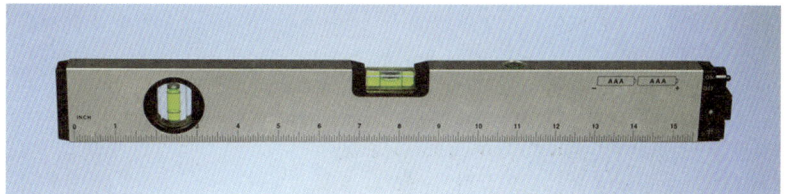

그림 12-4 이 수준기는 레이저 포인터 기능을 갖추고 있다.

서부터 재는 것보다 더 신뢰할 만한데, 바닥재는 다소 높낮이에 차이가 있기 때문이다. 줄자를 사용하거나 혹은 앞서와 같은 방식으로 줄을 사용해도 된다.

줄을 사용하는 것은 상당히 신뢰할 만한 방법이지만 더 확실하게 하기 위해서 두 개의 지점을 마스킹 테이프로 길게 붙인 다음에 뒤로 물러서서 테이프가 수평인지 살펴보기 바란다.

두 개의 고정점을 확인한 뒤에는 송곳으로 각 지점을 찍고, 돌려서 나사가 들어갈 정도의 구멍을 확보한다. 건식벽은 나사를 물지 않기 때문에, 샛기둥에 직접 박아 넣어야 할 것이다.

샛기둥이 16″ 떨어져 있다면, 책꽂이로 가서 선반 지지대에 3/16″ 구멍 두 개를 지지대 중심을 기준으로 16″ 띄워 드릴로 구멍을 팔 수 있다. 선반을 18″ 길이로 만들었기 때문에(이제 왜 그랬는지 알 수 있을 것이다) 이 작업은 아무 문제가 없다. 따라서 각 나사 구멍은 양 끝에서 1″ 지점이 되어야 한다. 나사 구멍을 책꽂이 수평 지지대의 밑에서 1/2″ 되는 지점에 잡는다. 벽에 선반을 달 때 스크루드라이버가 닿기에 좋기 때문이다.

그림 12-5 11장에서 작업한 책장 선반의 중심 밑부분 지지대에 구멍을 뚫었다. 2 1/4″ 나사가 구멍을 통과했다.

각 구멍을 뚫고 나면, 접지나사 머리가 들어갈 수 있게 카운터싱크 드릴로 뚫는다. 그림 12-5는 2 1/4″ 길이의 나사가 선반의 수평 지지대 안쪽으로 뚫고 들어간 것으로 벽에 들어갈 준비가 된 상태이다. 그림 12-6은 나사가 들어가는 모습이다. 긴 스크루드라이버가 짧은 것보다는 더 편한데 선반에서 좀 떨어져서 작업할 수 있기 때문이다.

샛기둥에 드릴로 파일럿 구멍을 파는 것은 보통 불필요한데 그것은 (a) 샛기둥은 연한 소나무

그림 12-6 나사를 벽 속의 샛기둥 안으로 돌려 넣기

그림 12-7 책과 장식품이 들어간 책꽂이가 벽에 걸려 있는 모습

이고, (b) 책장의 지지대와 건식벽을 지나고 나면 3/4″ 나사로도 샛기둥에 도달하게 되고, (c) 건식벽의 두께가 작은 드릴 비트가 샛기둥에 깊이 들어가는 것을 막기 때문이다.

만약 샛기둥이 18″가 아니고 24″라면 어떻게 할 것인가? 이런 경우 수직으로 한 개의 샛기둥에 두 개의 구멍을 위아래로 뚫어 고정할 수 있다. 각 나사가 두 개의 선반에 연결된 두 개의 지지대에 별도로 통과하게 된다. 이는 수평으로 한 개의 선반 양끝에 고정하는 것보다는 안정적이지 않지만, 이 정도 작은 책꽂이의 경우에는 문제가 되지 않는다.

그림 12-7은 책이 가득 들어가고 장식품을 올려둔 책꽂이를 벽에 걸어 고정한 모습이다.

샛기둥을 찾는 더 좋은 방법

앞에서 말했던 스터드 파인더를 사용하면 어떨까? 스터드 파인더에는 여러 가지 종류가 있다. 가장 간단한 것은 작은 포켓용으로 배터리로 작동한다. 이 장치는 속이 비어 있는 부분과 샛기둥의 위치 사이에 정전용량 변화를 감지한다. LED 혹은 다른 방법으로 샛기둥의 끝을 찾았을 때 알려준다.

최근 나온 기기들은 더 정교하며, 사용하기 쉽고, 벽 안의 전선이나 파이프 등과 같은 물체를 찾아낼 수 있다. 다만 가격은 더 비싸다.

기본 스터드 파인더는, 파인더를 샛기둥이 없는 벽 위치에 놓고 단추를 눌러 초기화한 후 사용한다. 그런 다음 샛기둥의 끝부분을 찾았다고 알릴 때까지 센서를 수평으로 천천히 움직인다. 내가 사용하고 있는 스터드 파인더가 작동하는 연속 장면을 그림 12-8, 12-9, 12-10, 12-11에 담았다.

샛기둥의 한쪽 끝을 찾고 나면 반대쪽 방향에서 같은 절차를 반복하여 또 다른 한쪽 끝을 찾아낼 수 있다. 스터드 파인더는 완벽하게 정확하지는 않다. 따라서 여전히 플라이어와 바늘을 사용해 확인해야 한다.

내가 아는 샛기둥을 찾는 또 다른 방법이 있다. 벽 속의 빈 공간에 송곳으로 구멍을 뚫는다. 철제 옷걸이를 L 자 모양으로 만들어서 구멍 안으로 넣는

그림 12-8 벽 안의 샛기둥으로부터 4″ 정도 떨어져 있을 때, 스터드 파인더가 초기 판독을 한다.

그림 12-9 스터드 파인더가 샛기둥 가까이로 움직인다.

그림 12-10 스터드 파인더가 이제 ¾″ 정도 떨어져 있다.

그림 12-11 ½″ 정도 오차의 정확도로 스터드 파인더가 샛기둥의 끝부분을 찾아낸다.

다. 그러고는 돌려가면서 옷걸이 끝부분이 샛기둥에 닿는지를 찾는다. 옷걸이의 각진 부분을 바꾸지 않으면서 구멍에서 빼낸다. 그러면 샛기둥이 어디쯤인지 알 수 있다.

이 방법의 유일한 문제점은 벽에 구멍을 뚫어야 한다는 것이고, 벽에 단열 처리가 되어 있을 경우 방해가 될 수 있다는 점이다.

다른 방법

어쩌면 샛기둥이 잘못된 위치에 있거나 혹은 목재 샛기둥이 벽 안에 있지 않아서 여러분이 사는 집에서는 벽에 물건을 걸지 못할지도 모른다. 언제나 이런 문제를 다룰지 궁금했을 수 있는데, 이제 기쁜 마음으로 설명하려고 한다.

여러분이 접할 수 있는 몇 가지 가능성을 살펴보자.

- 보통 오래된 건물에 있는 벽돌 위 석고
- 매우 오래된 빌딩에 목재로 된 가느다란 라스(laths) 위에 두껍게 있는 석고(라스는 얇은 수평으로 된 목재 조각으로 목재 샛기둥에 못으로 박는다. 라스는 젖은 상태에서 손으로 바를 수 있는 석고를 지탱하는 데 적합하다.)
- 콘크리트(cinder) 블록이나 콘크리트 위의 석고
- 목재 샛기둥이 있는 건식벽이지만 샛기둥이 없는 위치에 무엇인가를 걸고 싶을 때
- 쇠로 된 샛기둥이 달린 건식벽
- 콘크리트 블록에 띠장1이 있는 건식벽
- 최근에 지은 건물에 있는 대체 혹은 실험적인 재료들

그림 12-12 콘크리트 블록

그런데 콘크리트(cinder) 블록은 주재료로 모래, 작은 자갈, 산업폐기물 등을 섞어 만든다. 정식으로 얘기하면 CMU(concrete masonry units)라고 한다. 다양한 종류가 있어서 속이 빈(hollow) 블록, 콘크리트 블록, 시멘트 블록 혹은 브리즈 블록 등이 이 종류에 해당하는 블록이다. 콘크리트 블록은 그림 12-12에 나와 있다.

앞서 다루었던 목재 기둥의 벽 종류로부터 시작하겠다. 만약 샛기둥이 없는 위치에 꼭 무엇인가를 달고 싶다면 어떻게 해야 할까?

건식벽의 비어 있는 부분

가벼운 물건은 적절한 건식벽 앵커를 사용하면 된다. 가장 간단하고 싸며 일반적인 유형의 앵커는 가장 덜 효과적이기도 하다. 속이 비어 있는 플라스틱 플러그, 혹은 세로로 홈이 새겨진 플라스틱 플러그라고도 하며, 때로는 반탐 플러그(반탐(Bantam)은 등록상표이다)라고도 한다.

연기탐지기 혹은 벽걸이용 작은 거울 같은 물건을 구매하면 이런 종류의 건식벽 앵커 몇 개가 함께 들어 있을 수 있다. 건식벽에 작은 구멍을 뚫고 플러그를 넣은 뒤 나사를 돌리면 플러그가 확장된다. 플러그 크기가 작고 건식

벽이 구조적으로 힘이 약하기 때문에 이런 종류의 고정 장치는 안정적이지 않다.

더 효과적이긴 하지만 더 비싼 플라스틱 앵커는 그림 12-13에 두 가지 크기로 나와 있다. 이러한 앵커는 힘이 90도로 작용하고 벽에서 바깥 방향으로 당기지 않는 한 20파운드(9킬로그램) 정도까지는 버틸 것이다.

우선 송곳으로 건식벽에 지름이 약 1/4″인 구멍을 찌른다. 그런 다음 앵커 끝의 십자형 구멍에 십자 나사 큰 것을 삽입하고 구멍 안으로 돌려 넣는다. 앵커의 나사산이 꽤 넓어서 푸석푸석한 건식벽에 잘 붙는다.

이제 걸이대의 쏙 들어간 중심 구멍에 일반 십자형 나사를 넣는다. 나사는 걸이대와 세트인 것이어야 하지만 만약 보다 긴 나사가 필요할 때는 제공된 것과 지름이 똑같아야 한다.

나사는 플라스틱과 꽤 안정적으로 연결되지만, 걸이대가 확장되고 결국에는 그림 12-14에서 보는 것처럼 깨져서 열리게 된다. 이렇게 되면 건식벽에서 걸이대가 빠져나오기 힘들게 되어 보다 안정적으로 고정되도록 만든다.

물론 나사의 길이를 적절한 것으로 골라야 한다. 책꽂이의 사례처럼 3/4″ 두께의 목재 조각에 나사를 넣을 때, 나사는 1 1/2″ 정도여야 목재와 걸이대까지 깊숙이 들어갈 수 있다.

걸이대와 나사의 위치를 맞추기 위해서는 조심해서 측정해야 한다. 혹은 여러분이 걸고자 하는 물체의 구멍을 통과하여 벽에 표시를 한 뒤 걸이대를 그곳에 걸 수 있다.

비어 있는 건식벽에 사용할 수 있는 또 다른 방법은 토글 볼트(toggle bolt)로, 두 가지 크기가 그림 12-15에 나와 있다. 볼트의 토글 부분은 용수철이 들어 있어서 이 그림에서 보듯 확 펼쳐진다.

그림 12-13 건식벽에 들어가는 두 가지 크기의 플라스틱 걸이대

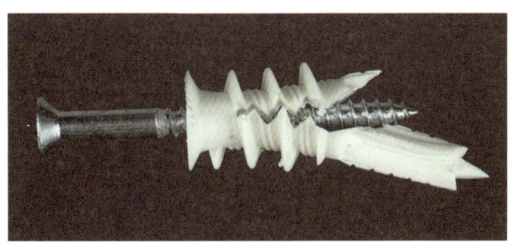

그림 12-14 플라스틱 걸이대에 나사를 넣을 때 벌어지는 현상

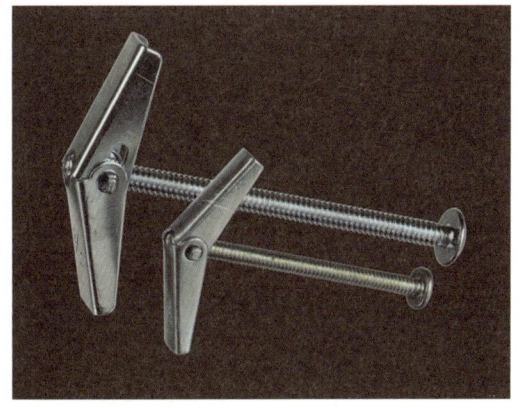

그림 12-15 두 가지 크기의 토글 볼트

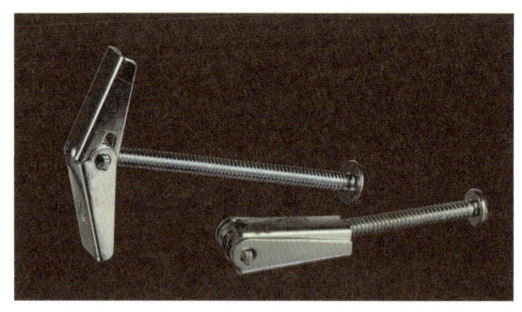

그림 12-16 토글이 하나는 열리고 하나는 닫혀 있는 토글 볼트

토글을 잡고 손가락으로 접은 뒤, 건식벽의 구멍에 넣는다. 볼트가 구멍에 들어가면 토글 부분이 벽 안쪽에서 펼쳐지고, 여기에 대고 볼트를 조이면 된다. 그림 12-16은 토글 볼트의 열린 상태와 닫힌 상태를 보여준다.

토글은 벽에 상대적으로 커다란 구멍을 내야 한다. 송곳으로 구멍을 뚫은 후 넣었다 뺐다를 반복하면서 구멍의 옆면을 문질러 넓히면 된다. 마찰이 건식벽에 구멍을 넓히면서 송곳 자루가 조금씩 박히게 된다. 밑에 쓰레기통을 받쳐서 먼지를 받는다.

토글 볼트의 단점은 함께 들어 있는 볼트의 길이가 충분치 않을 수 있다는 것이다. 그림 12-16에 나오는 토글은 약 $3/4''$ 길이이며, 이것이 열릴 수 있도록 건식벽을 완전히 관통해 들어가야 한다. 만약 건식벽이 $1/2''$ 두께이고 여러분이 걸고자 하는 책꽂이의 목재 두께가 $3/4''$라면 볼트 길이는 $2''$면 충분하리라고 생각하겠지만 실제로는 좀 더 길어야 한다. 볼트 나사의 끝부분이 토글 사이에 장착되어 있는 나삿니가 있는 이음고리에 들어가야 하기 때문이다. 나는 보통 $2 1/2''$ 혹은 $3''$ 길이의 볼트로 바꿔서 끼운다. 이러한 볼트는 따로 구매해야 한다.

철제 샛기둥이 있는 건식벽에 설치하기

벽돌이나 콘크리트로 되어 있는 다층 건물은 벽 안쪽의 공간을 몇 개로 나누는 철제 샛기둥을 사용할 가능성이 높다. 쇠로 된 샛기둥은 횡단면으로 보면 납작해진 U 자처럼 보이고 투바이포 목재의 세 면을 얇은 철로 감싼 것처럼 되어 있다.

스터드 파인더는 목재 샛기둥처럼 쉽게 찾아낼 것이다. 이 철제 샛기둥에는 어떻게 작업할 수 있을까?

건식벽에 사용하는 가는눈 나사는 철제에 들어갈 수 있도록 끝이 뾰족하다. 하지만 상당히 큰 물건을 벽에 달기에는 충분히 길지 않을 수 있다. 따라서 파일럿 구멍을 뚫고 일반적인 판금 나사를 써야 할 수도 있다.

첫 번째, 건식벽에 송곳으로 샛기둥에 닿을 때까지 구멍을 뚫는다. 가능한 한 석고 먼지를 최대한 닦아낸다. 적은 양의 석고 가루라도 보통 사용하는 드릴 비트 정도는 무디게 만들 수 있기 때문이다. 구멍을 뚫고 나서, 전등을 그 안으로 비춰보면 철제 샛기둥이 빛나는 것을 볼 수 있다.

지름 약 3/32″의 드릴 비트를 사용하여 느린 속도로 세게 누르면 얇은 철제에 쉽게 구멍을 뚫을 수 있다. 구멍을 뚫고 나면 드릴이 더 깊이 들어가지 않도록 하자. 이제는 #8 도금나사를 구멍에 사용한다. 부드럽게 드릴을 사용해야 한다. 왜냐하면 나사를 너무 힘을 주어 돌리면 샛기둥이 튀어나올 수 있기 때문이다.

무슨 뜻인가 하면, 철제 샛기둥은 수직으로 가해지는 무거운 무게를 견딜 수 있지만 앞으로 당기는 힘에 저항하는 힘은 매우 약하다. 부엌 찬장처럼 무거운 접시를 많이 담는 장치를 벽에 달 경우 문제가 생길 수 있다. 찬장은 안 길이가 길기 때문에 앞으로 기울어지는 힘이 강하게 작용할 수 있기 때문이다. 철로 된 샛기둥에 이런 작업을 하는 것은 매우 주의해야 한다.

석조 다루기

만약 벽이 벽돌 혹은 콘크리트 블록으로 석고가 노출되어 있거나 덮여 있다고 가정해보자. 이러한 벽을 일반적으로 축벽(masonry wall)이라고 한다. 이런 벽은 여러분이 원하는 만큼 지지할 수 있다. 더 좋은 점은 어느 부분이든 사용할 수 있다는 점이다. 유일한 문제점은 일반적인 나사를 집어넣을 수 없다는 것이다.

특별히 카바이드 팁(carbide-tipped)이 달린 석조 드릴 비트를 사용하여 구멍을 뚫어야 한다. 벽돌이나 콘크리트 블록에 구멍을 뚫어야지 그 사이에 발린 모르타르(회반죽) 층에 뚫으면 안 된다. 모르타르는 그리 강력하지 않다.

어떤 종류의 석조를 다루는가에 따라 다르겠지만 이런 종류의 1/4″(6mm) 드릴 비트로 작업하는 데에는 배터리로 작동하는 드릴로도 충분할 것이다. 잠시 동안은 드릴에 힘을 주기 위해 몸을 기대야 하겠지만. 같은 벽이라도 일부 벽돌이 다른 것보다 훨씬 더 단단하다는 사실에 놀랄 수도 있다.

구멍을 뚫고 나면 석재 앵커를 삽입할 수 있는데 이는 플라스틱, 납, 혹은 목재로 된 원통형 플러그로 이루어져 있다. 앵커는 중간에 구멍이 있어서 나사를 돌려 넣을 수 있다.

나사는 앵커를 확대하고, 구멍에 더 딱 들어맞게 한다. 석조와 앵커 사이에 생긴 마찰 저항이 앵커가 튀어나오지 않도록 한다.

만약 벽에 목재 조각을 붙인다고 했을 때, 목재 구멍에 나사를 넣어야 하고 이는 앵커와 정확하게 위치가 맞아야 한다. 각 나사가 앵커의 중심에 들어가는지 확인하기 위해서 필요하다면 전등을 비춰 목재의 가장자리를 살펴보도록 한다. 앵커의 중심으로 나사가 들어가야지, 앵커와 구멍 주변 사이로 나사가 들어가면 안 된다.

앵커가 충분히 확장될 수 있는 크기의 나사를 써야 한다. 보통 1/4" 앵커에는 #10 나사가 맞다. 하지만 앵커가 확장되는 것을 막는 딱딱한 벽돌에는 #8 나사를 써야 한다. 나사를 넣기 위해 너무 세게 힘을 가하지 말라. 구멍 안에서 앵커가 파괴될 수 있다. 가장 좋은 방법은 나사산에 기름을 치는 것이다.

슬리브 볼트(sleeve bolt)는 석재 앵커의 대체품으로 철제 보호관 안에 볼트가 장착되어 벽의 구멍에 넣도록 되어 있다. 볼트가 조여지면 보호관이 늘어나게 된다.

슬리브 네일(sleeve nail) 혹은 네일 드라이브 앵커는 철제 보호관 안에 못이 있는 구조로 되어 있고, 못이 들어갈 때 보호관이 확장된다. 이런 종류의 석재 앵커는 제거하기가 더 힘들다.

블루콘크리트 나사는 석조에 쓸 수 있는 또 다른 대체재이다. 때로는 브랜드 이름인 탭콘(Tapcon)으로도 알려져 있다. 강화된 나사산이 콘크리트, 벽돌, 콘크리트 블록 등에 들어갈 수 있기 때문에 앵커나 슬리브가 필요 없다. 단순히 파일럿 구멍을 나사 크기에 맞추어 드릴로 뚫으면 된다.

석조에 드릴로 구멍을 뚫는 일은 그다지 재미있지는 않다. 하지만 선반을 원하는 곳 어디에든 달 수 있는 기술은 갖고 있으면 좋은 능력이다.

석조 위에 건식벽

건물의 인테리어를 수리할 때 석조 부분에 건식벽을 더할 수 있다. 보통 집주인들이 지하의 콘크리트벽을 덮고 싶을 때 이렇게 한다. 일반적인 방법은 띳장을 석조에 붙인 뒤 그 위에 건식벽을 나사로 박는 것이다. 그림 12-17에 한 예가 나와 있다.

이렇게 했을 때 벽에 무엇인가를 걸려고 하면

그림 12-17 띳장이 콘크리트 블록에 추가된 모습. 여기에 건식벽을 붙인다.

어려운 상황이 생긴다. 띳장(lath)은 보통 1″×4″로 되어 있다. 다른 말로 하면, 건식벽 뒤에 있는 목재 띳장은 두께가 1″밖에 되지 않는다는 것이다. 만약 나사를 돌려 넣으려면 나사는 정확히 똑같은 길이여야 한다. 건식벽 안 띳장 사이에 토글 볼트를 사용하고 싶다면 토글이 열리기에는 공간이 넉넉하지 않을 수 있다. 플라스틱 건식벽 앵커가 유일한 선택일 것이다. 또한 띳장 사이의 매우 좁은 공간에 배관이나 배선을 하는 경우 매우 조심해야 한다.

무거운 것을 달기 위해서는 만능칼로 건식벽에 네모난 구멍을 잘라내어 콘크리트 블록이나 벽돌에 접근할 수 있다. 사각형으로 잘라낸 곳에 목재로 된 블록을 넣고 석조 앵커로 블록을 고정한다. 그런 다음 그 블록에 무거운 물건을 달 수 있다.

옛날 방식의 석고

띳장 위에 석고벽이 있는 오래된 집에서는 띳장 뒤에서 샛기둥을 찾아볼 수 있다. 하지만 찾기가 쉽지는 않을 것이다. 또 다른 방법은 석고를 석조처럼 생각하여 석조 앵커를 사용하는 것이다. 예전에는 석고를 매우 두껍고 무거운 층으로 만들어 발랐고, 구조적 강도도 꽤 강하다. 시행착오를 거치면서 어떤 재료를 다루고 있는지를 알아내야 한다. 앵커에 지나치게 힘을 가하면 튼튼한 석고도 갈라질 수 있다.

어려운 물건들

어떤 형태의 벽이든 물건을 달기 힘들게 되어 있는 구조물도 있다. 11장에서는 의도적으로 책꽂이를 원바이투 경재로 된 수평 지지대로 쉽게 달 수 있도록 디자인했다. 하지만 기성품 책장을 구매했는데, 직접 만든 책장처럼 벽에 달 수 있는 지점이 없다면 어떻게 해야 할까?

한 가지 방법은 기본 책꽂이 만들기에서 했던 것처럼 선반 밑부분에 목재 수평 지지대를 설치하는 것이다. 이 방법의 단점은 선반이 여러 개 있으면 지지대 또한 여러 개가 필요하다는 것이다.

다른 방법은 맨 위 선반 밑에 가로로 지지대를 하나 달아서 책장을 고정시키는 것이다. 하지만 이렇게 되면 밑의 선반들에 있는 무게가 책장 옆면의 마구리판으로 옮겨지고, 그러고 나서는 나무못을 통해 맨 위의 선반으로 무게가 옮겨지게 된다. 기성품 책장은 이렇게 디자인되지 않았다. 마구리판이 얇은 파티클보드로 되어 있어 예상치 않게 떨어질 수 있다. 마구리판에 고정되어 있는 나무못은 쉽게 빠져나올 수도 있다.

이런 종류의 책장으로 작업할 때 가장 쉬운 방법은 1″×4″ 혹은 1″×3″ 목재로 별도의 수평 지지대를 책장의 넓이와 똑같이 벽에 설치하는 것이다. 벽에 붙은 이 지지대가 그 위에 고정된 책장의 무게를 감당하게 될 것이다.

목재 지지대를 목재 샛기둥(이런 종류의 벽이라면) 혹은 (석조벽일 경우) 석조 앵커를 이용해 나사로 조인다. 플라스틱 시트록 앵커는 중간 혹은 대형 크기의 책장을 지지할 만큼 강하지 않다. 블록에 고정하게 될 나사는, 특히 나사를 충전재로 감추고 페인트로 코팅할 것이라면, 벽 안 샛기둥이 있는 곳에 결국 위치하게 된다. 나사는 책장에 맞춰 대칭으로 설치하지 않아도 된다. 그림 12-18은 이 말이 무슨 뜻인지 보여준다.

두 번째 목재 조각은 책장의 윗부분을 고정하기 위해 사용하며 책장이 앞으로 엎어지는 것을 방지한다. 나사는 맨 밑 선반에서 아래 부분 목재를 뚫고 들어가고, 또 다른 나사로 맨 위 선반을 윗부분 목재 조각에 고정한다.

이 방식에 대해 내가 말할 수 있는 것은 안정적이며 벽의 샛기둥과 맞추지 않아도 된다는 점이다. 하지만 품격이 있지는 않다.

그림 12-18 책장을 지지하기 위해 긴 수평 지지대를 쓸 때, 나사는 책장의 정확한 위치와 상관없이 벽 안의 샛기둥과 맞추면 된다.

덜 눈에 띄는 다른 방식은 목재 조각 대신에 작은 철제 브래킷을 사용하는 것이다. 그림 12-19는 이러한 방식의 단면도이다. 먼저 브래킷을 벽에 박는데 각 선반에 최소 두 개가 필요하며 선반의 간격과 동일하게 수직으로 설치한다. 그리고 나서 선반을 브래킷에 고정한다. 선반이 파티클보드로 만들어졌다면, 특히 선반의 두께가 얇다면, 나무 나사보다는 너트와 볼트를 사용하여 조이는 것이 좋다. 14장에서 너트와 볼트에 대해 폭넓게 다루겠다.

무엇이든 간에 벽에 매달 때 통하는 보편적인 규칙은, 기대하는 것보다 두 배는 더 부하를 견디게 해야 한다는 것이다. 누구나 애초에 생각한 것보다 더 많은 것들을 선반에 쌓아 올린다는 점을 생각하자.

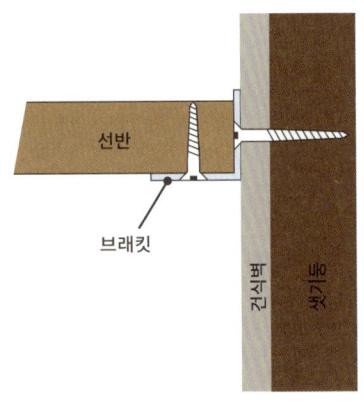

그림 12-19 벽에 책장 선반을 고정하기 위한 철제 브래킷

작은 브래킷의 다른 용도

철제 브래킷에 대해 다루었으므로, 이제 적용 방식을 살펴보자. 그림 12-20은 아무런 공구상에서나 싸게 살 수 있는 브래킷 몇 가지를 보여준다. 브래킷이 놓인, 바닥에 깔린 고무 매트는 1″ 정사각형 칸으로 나뉘어 있다. 전면에 있는 것들은 멘딩 플레이트(mending plate)이다.

그림 12-21은 더 큰 브래킷의 종류를 보여준다.

무거운 짐을 나를 커다란 상자를 만들고 있고, 상자의 두 면 사이의 90도 각도로 연결된 부위를 정말로 튼튼하게 하고 싶다고 하자. 이런 경우 내부에 철제 브래킷을 설치하여 강화할 수 있다. 이렇게 하는 것이 우아한 해결책은 당연히 아니다. 하지만 때로는 튼튼하게 만들기 위해 매력적이지 않은 공구를 사용해야 할 때도 있다. 브래킷을 제자리에 고정하기 위해서는 볼트를 사용할 수 있다. 목재 상자 옆구리에서 나사는 풀려 빠질 수 있다.

그림 12-20 저렴한 가격에 구할 수 있는 철제 브래킷

그림 12-21 커다란 브래킷과 멘딩 플레이트

록 음악 콘서트에서 이동 가능하게 디자인된 스피커 상자를 본 적이 있다면, 각 귀퉁이에 플라스틱으로 만든 커다란 보호대가 붙어 있는 것을 보았을 것이다. 이 보호대는 충격으로부터 보호하는 기능 외에 스피커 박스가 서로 맞물려 지탱하는 역할도 한다. 이들은 삼차원 브래킷과도 같다.

프리스탠딩 옷장 같은 가구가 바닥에 세워져 있을 때 안에 숨겨진 브래킷이 벽에 가구를 고정시켜 앞으로 넘어지는 것을 방지할 수 있다. 가구가 높고 바닥이 경사져 있거나 지진이 일어나는 지역에서 살 경우 브래킷이 필요할 수 있다.

브래킷은 부서진 가구를 수리할 때에도 사용할 수 있다. 접착제로 붙인 부분이 말라서 떨어졌을 때 브래킷을 사용하여 붙일 수 있다. 2″ 길이의 철제 조각에 두 개 혹은 그 이상의 구멍이 뚫려 있는 멘딩 플레이트를 사용할 수도 있다.

선반 지지 브래킷

선반을 지지하기 위해 특별히 만들어진 정말 큰 산업용 브래킷은 어떨까? 그림 12-22는 내가 좋아하는 종류의 브래킷이다. 이런 종류의 브래킷은 얇은 철제로 찍어내 흰색, 회색, 검은색을 칠하고, 보기보다 훨씬 더 튼튼하다.

이런 종류의 브래킷에 부하가 가해질 때 생기는 힘에 대해 알아두어야 한다. 브래킷에 올려놓는 무게가 더해질 때, 윗부분의 나사를 벽에서 빼내는 힘이 작동한다. 그림 12-22에서 보는 것처럼 무거운 짐을 올려둘 때에는 브래킷 윗부분은 강력한 나사로 고정해야 한다.

그림 12-22 이런 종류의 선반을 사용할 때 가장 위에 있는 나사는 가능한 한 길고 커야 하며 벽 안의 목재 샛기둥에 안정되게 고정돼야 한다.

다른 철제 부품

목공에 심각한 사람들은 목재에 어떠한 철재 제품도 섞는 것을 싫어하는 순수주의자인 경향이 있다. 나 역시 아름다운 것을 만들려고 할 때에는 그런 관점을 고수할 수 있지만, 오로지 실용적 목적을 가질 때에는 가장 단순하고 효과적으로 이루기를 원한다.

따라서 내 작업장에는 많은 철제 부품들이 있다. 그곳에는 그림 12-23에 보듯이 다양한 두께의 아연 도금선이 있다. 또 다양한 호스클립이 있는데 호스를 고정하는 것 외에 많은 일들을 하는 데 유용하다(그림 12-24 참조). 다양한 크기의 고리 모양 나사와 아이볼트(eye bolt)는 그림 12-25에 나와 있다. 이러한 부품들을 보면 어떻게 사용할지 상상할 수 있는가?

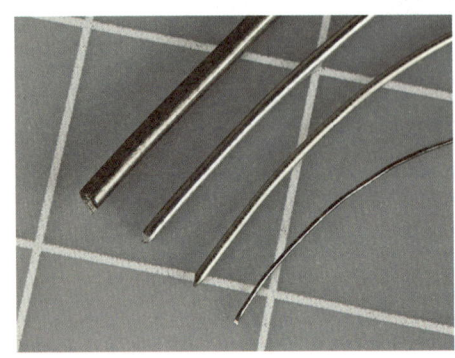

그림 12-23 아연 도금선은 다양한 크기가 있으며, 액자를 다는 것 말고도 다양한 작업에 유용하다.

그림 12-24 호스클립은 부품들을 모아 조이는 데 빠르고 쉬운 방법이다.

당장 이러한 부품들이 필요하지는 않다. 하지만 언젠가 서까래에 자전거를 달고 싶거나 무거운 램프를 천장

그림 12-25 아이볼트(왼쪽)와 고리 모양 나사(오른쪽)는 머리 위 기둥에 무거운 것을 달 때 유용하다.

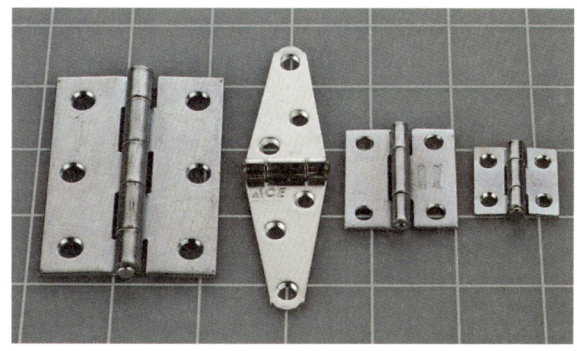

그림 12-26 동네 공구상에 가서 철재 액세서리 파트를 돌아다녀 보면 다양한 경첩을 찾을 수 있다.

에 달 때, 혹은 벽에서 떼어낸 부엌 찬장을 다시 달려고 할 때 크고 다양한 철물 비품들이 유용할 것이다.

또한 철제 부품들은 어떤 작업에는 필수적이다. 예를 들면 경첩이 그렇다(그림 12-26 참조). 다양한 크기와 모양으로 나온다. 그리고 그림 12-27에 보는 것처럼 찬장 문을 고정하기 위한 작은 장치들이 있다.

목재는 매우 다목적으로 사용할 수 있으며 보기에도 좋다. 하지만 철제 부품의 숨겨진 도움을 받으면 작업을 쉽게 할 수 있다.

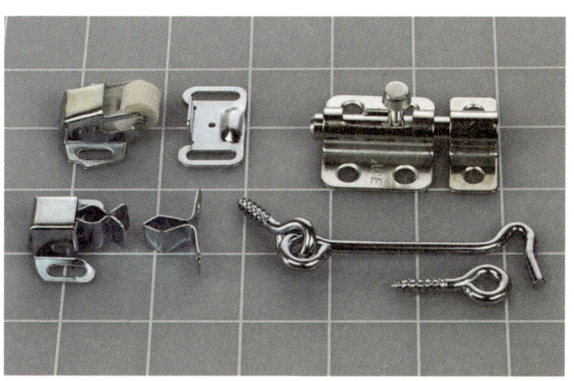

그림 12-27 왼편의 짝으로 이루어진 부품들은 찬장 문을 고정시키는 데 사용한다. 볼트와 고리쇠 세트는 똑같은 작업을 하는 매우 전통적 방법으로 좀 더 안정성이 있다.

주

1 띳장은 벽 마무리 바탕재로 기둥, 샛기둥에 부착하는 바탕의 고정재이다.

13장
몬스터 트럭

장부톱은 일직선으로만 자른다. 하지만 곡선을 자를 수 있는 다양한 도구가 있다. 그중 일부는 그리 비싸지 않다(193쪽의 '구멍과 곡선 자세히 알아보기'에서 보다 상세한 사항을 확인하길 바란다). 이번 프로젝트에서는 가장 기본적인 곡선을 자르는 도구를 써보자. 바로 그림 13-1에서 보는 실톱이다.

이번 프로젝트의 목표는 바퀴가 달리고 뾰족한 귀퉁이가 없으며 떨어뜨려도 부서지지 않는 무엇인가를 좋아할 어린 아이, 혹은 친구 아들이나 손녀를 위한 간단한 장난감을 만들어보는 것이다.

장난감 트럭을 만들 생각이다. 하지만 그냥 장난감 트럭이 아니다. 몬스터 트럭이다. 더 흥미롭기 때문이다.

이 장의 새로운 주제
- 곡선을 자르는 톱
- 구멍을 확대하고 모양을 만드는 방법

필요한 재료는 다음 쪽 참조

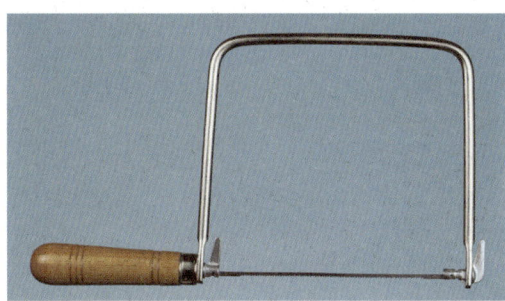

그림 13-1 실톱

실톱에 익숙해지기

실톱을 보면서 작고 얇은 날의 톱니가 잘못된 방향으로 배치되어 있는 것 같은 첫인상을 받을 수 있다. 그림 13-2는 확대한 사진이다. 실톱은 밀 때가 아니라 당길 때 잘리

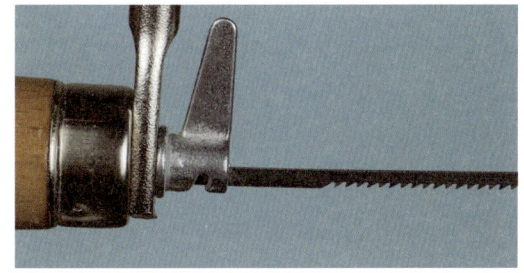

그림 13-2 실톱의 톱니는 밀 때가 아니라 당길 때 잘리도록 되어 있다.

도록 디자인되어 있다. 날이 얇고 강도가 약하기 때문이다. 톱은 탄력 있는 철제 프레임으로 팽팽한 장력 상태를 유지한다. 톱을 밀 때에는 톱날의 장력을 줄이고, 톱을 당길 때에는 날의 장력을 높인다.

필요한 것

- 투바이포 소나무: 상태는 어떤 것이어도 좋음, 길이 9″(229mm)
- 원바이식스 소나무: 옹이가 약간 있어도 괜찮지만 틀어지지 않은 것, 길이 18″(457mm)
- 정사각형 각재목: 경재가 더 좋음, 3/4″×3/4″(19mm×19mm), 길이 6″(152mm)
- 둥근 목재: 경재, 3/8″(10mm), 길이 12″(305mm)
- 둥근 목재: 경재, 3/4″(19mm), 길이 6″(152mm)
- 실톱과 날 여분
- 쇠줄(평평한 것, 둥근 것, 반원)
- 판지: 두께는 상관없음, 3″×5″(76mm×127mm)
- 끝막음못: 1 1/4″(32mm)
- 나무 나사: #8×1 1/2″(38mm), 납작머리, 십자형, 5개

앞에서도 사용한 도구들:
장부톱, 연귀통, 트리거 클램프, 자, 스피드 스퀘어, 고무 샌딩 블록, 작업 장갑, 송곳, 마스킹 테이프, 망치, 플라이어, 만능칼, 전기드릴과 드릴 비트, 카운터싱크, 스크루드라이버 혹은 전기 스크루드라이버, 방진 마스크(선택), 보호안경(선택), 다용도톱, 합판 작업대, 사포, 판지 12″×12″(305mm×305mm), 에폭시 접착제, 경화제

톱날을 돌려서 실톱을 밀 때 잘리도록 하려는 사람들이 있다. 하지만 이렇게 하면 너무 세게 밀면 톱날이 튕겨져 나올 위험이 있다.

톱날은 쉽게 톱에서 빼낼 수 있는데, 이는 톱날을 뒤집거나 교체하기 위함이라기보다는 목재 조각에 드릴로 구멍을 뚫은 곳을 통해 톱날을 넣을 수 있도록 하기 위한 것이다. 톱날을 구멍 안에 넣은 상태에서 톱의 몸체에 다시 장착할 수 있다. 이렇게 하면 구멍 안에서 이리저리 모양을 바꿔가면서 톱질을 할 수 있다.

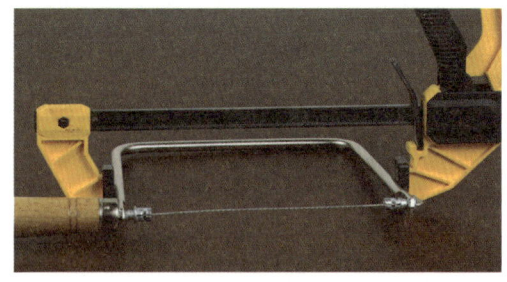

그림 13-3 톱 손잡이의 나사를 1/2″ 정도 풀고 클램프를 물리면 톱날이 프레임에서 빠져나온다.

그림 13-4 톱날이 빠져나온 모습

톱날을 빼내는 방법을 알아야 하므로 지금 다뤄보자. 톱니가 날카롭기 때문에 작업용 장갑을 끼는 게 좋겠다.

톱의 목재 손잡이는 나사산에 끼워져 있다. 시계 반대 방향으로 돌리면 톱날이 받는 장력이 서서히 줄어든다. 나사를 확실히 풀면 톱날이 완전히 빠져나온다. 하지만 지금은 손잡이나 톱날이 느슨한 상태이다. 손잡이를 나사에서 1/2″ 정도만 풀고 나서 톱의 프레임을 클램프로 그림 13-3에 나오는 것처럼 물린다. 클램프를 살짝 조이면 그림 13-4에서 보는 것처럼 톱날이 빠져나온다. 제대로 하기 위해서 몇 번 연습할 필요가 있다.

톱날을 교체하고 나서 손잡이를 다시 조인다. 이렇게 하면 프레임에 걸린 톱을 잡아당기게 된다. 목재를 자르기 전에 손잡이를 완전히 조여주고, 톱날 양쪽 끝의 철제 탭이 같은 방향을 가리키고 있는지 확인한다. 톱이 자르는

방향을 바꾸기 위해 톱날의 장력을 줄이고 탭들을 돌리면 톱날이 돌아간다.

트럭 디자인

몬스터 트럭의 제조 과정은 최대한 쉽게 만들려고 한다. 따라서 몸체와 바퀴에 소나무를 쓰기로 했다. 경재로 만든다면 톱질을 매우 오랫동안 해야 할 것이다.

그림 13-5에 기본 도면이 나와 있다. 물론 여러분이 새롭게 그릴 수도 있다. 멋진 3D 도면이 그림 13-6에 나와 있고 그림 13-7은 분해 조립도로서 각 부품이 서로 어떻게 연결되는지를 보여준다.

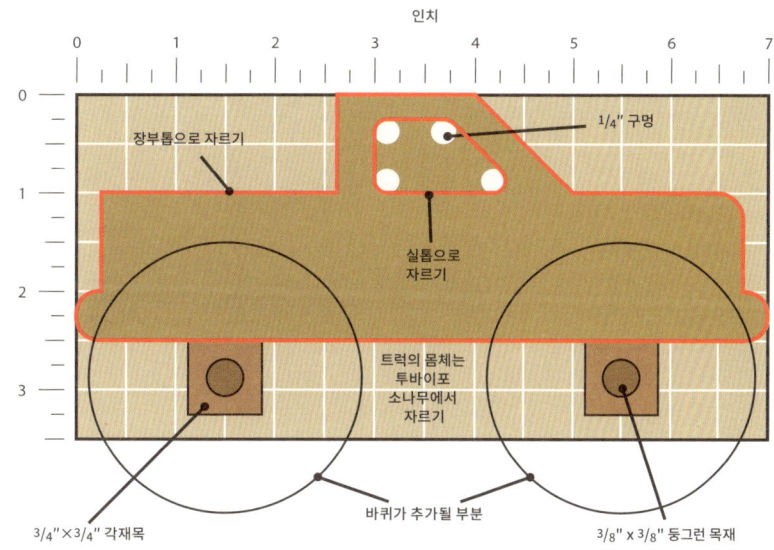

그림 13-5 몬스터 트럭 도면

몬스터 트럭이 일반 픽업트럭과 가장 눈에 띄게 구분되는 특징은 당연히 커다란 바퀴이다. 따라서 첫 번째 질문은 이 바퀴들을 어떻게 만들 것인가다. 어쩌면 크고 둥근 목재를 구해서 조각으로 잘라서 쓸 수도 있지 않을까?

그림 13-6 여러분이 만들 트럭은 이런 모양일 것이다.

하지만 내가 찾아본 가장 큰 지름의 목재는 2″여서 충분히 크지 않았다. 여러분이 직접 바퀴를 만드는 것이 좋겠다.

바퀴의 중심 잡기

바퀴와 관련하여 두 가지 작업을 완수해야 한다. 원바이식스 보드에 원을 그리는 것, 그리고 원의 중심을 표시하는 것. 어디가 바퀴의 중심인지 알

그림 13-7 트럭의 부분 해체도

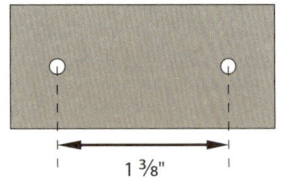

그림 13-8 판지에 두 개의 작은 구멍을 찌른다. 판지는 어떤 종류든 괜찮다.

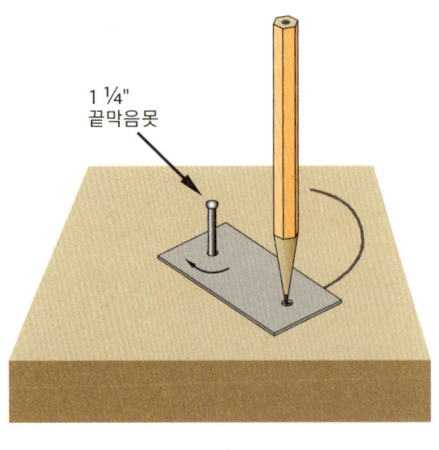

그림 13-9 세상에서 가장 단순한 원 그리기 방법

아야 드릴로 구멍을 뚫어 차축에 맞출 수 있다.

둥근 물체를 대고 주변을 따라 연필로 그리면 원을 그릴 수는 있겠지만 어디가 중심인지는 알 수 없다. 이를 해결하기 위한 여러 가지 방법이 있지만 가장 좋은 방법은 물체를 따라 그리는 방식은 잊어버리는 것이다. 그림 13-8에서 보는 것처럼 판지 한 조각에 두 개의 구멍을 뚫는다.

판지를 원바이식스 보드에 대고, 한쪽 구멍에 못으로 고정시킨다. 1/2″ 이상 못이 들어가지 않도록 해야 나중에 빼기가 쉽다. 연필 끝을 또 다른 구멍에 넣고 못을 중심으로 그림 13-9처럼 그린다.

판지에 구멍의 간격을 1 3/8″로 하는 것을 제안한다. 이렇게 하면 바퀴의 지름은 2 3/4″가 된다. 더 큰 바퀴를 원한다면 그것은 여러분에게 달려 있다. 하지만 바퀴 크기가 커지면 자르고 사포질하는 데 더 힘을 써야 한다.

원을 그리고 나면 못을 뺀다. 작게 난 못 구멍을 드릴로 3/8″ 구멍을 뚫는 시작점으로 사용한다. 바퀴는 결국 차축이 될 3/8″ 둥그런 목재에 끼워질 것이고, 목재에서 바퀴를 잘라내기 전에 구멍을 뚫는 것이 쉽기 때문이다.

이 크기로 구멍을 뚫는 방법을 여러분은 이미 알고 있다. 목재를 희생목에 클램프로 조이고, 카운터싱크 드릴 비트로 홈을 내고, 작은 드릴 비트(1/8″ 정도)를 사용한 다음 1/4″ 드릴 비트, 마지막으로 3/8″ 드릴 비트를 사용한다. 드릴은 매우 느리고 조심스럽게 눌러서 구멍이 걷잡을 수 없이 넓어지지 않도록 한다. 결과물은 그림 13-10에 나와 있다.

그림 13-10 원을 그린 뒤 중심에 드릴로 3/8″ 구멍을 뚫는다.

바퀴 잘라내기

이제 실톱을 이용하여 바퀴를 잘라낼 순서이다. 실톱은 매우 오래된 공구로서 눈과 손이 잘 맞아야 하고, 어느 정도 참을성도 있어야 한다. 주변에 있는 목재 조각을 놓고 한번 시험 삼아 톱질을 하면서 감을 잡는 것도 좋다. 내 경험으로 보면 한 손은 손잡이를 잡고 또 다른 손은 톱의 프레임을 안정적으로 잡는 것이 가장 통제하기가 쉬웠다.

작업대에서 12″ 정도 삐져나오게 보드를 클램프로 조여서 톱이 클램프와 부딪치지 않고 톱질을 원으로 할 수 있도록 한다. 그림 13-11에서 보듯이 원을 따라가면서 톱날을 움직인다. 톱날이 움직일 때만 톱날의 방향을 틀어서 원 모양으로 자를 수 있도록 해야 한다.

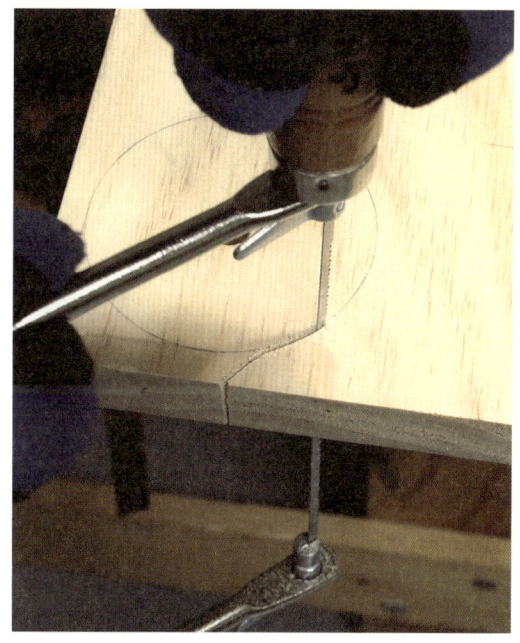

그림 13-11 실톱으로 원 모양으로 자르기

자르는 동안 자주 톱질을 멈춰보라. 최종 결과물을 보고 싶은 마음에 중간에 멈추는 것이 힘들기도 하겠지만, 실톱은 여러분이 알아채지도 못하는 사이에 각도를 비스듬히 해서 목재를 자르기 쉽다. 1, 2분에 한 번씩 확인해야 한다. 입으로 바람을 불어 톱밥을 자주 날려서 톱날의 위치를 볼 수 있어야 한다. 항상 선의 약간 바깥 부분을 자른다. 나중에 정확한 사이즈에 맞추어 사포질을 할 수 있기 때문이다.

원의 절반 정도를 잘랐을 때 톱을 뒤로 빼서 처음에 시작했던 곳으로 돌아온다.

이제 톱을 돌려서 톱니가 반대 방향을 향하게 하고, 톱날의 뒷부분이 톱집할 방향을 잡아주면서 이끌도록 한다. 원의 선에 닿으면 그림 13-12에 보듯이 두 번째 톱질을 한다. 원이 완성될 때까지 톱질을 계속한다.

그림 13-12 원의 나머지 절반 자르기

바퀴 다듬기

톱질을 마치고 바퀴를 목재에서 빼내고 나면 여러분이 얼마나 조심해서 톱질을 했든지 간에 완벽한 원이 아니라는 것을 알게 될 것이다. 어떻게 해야 할까? 전기드릴로 바퀴를 물어서 굵은 사포에 대고 갈아낼 수도 있다.

이렇게 하려면 3/8″ 둥근 목재 조각에 잘라낸 바퀴를 끼워야 한다.

투바이포 목재 조각에 3/8″ 구멍을 관통하여 뚫는다. 이것이 아주 간단한 지그가 될 것이다. 이 목재 조각을 작업대에 클램프로 고정하고 3/8″짜리 둥근 목재를 2″로 자른다.

이 둥근 목재를 목재 조각 구멍에 밀어 넣고 플라이어로 잡는다. 그림 13-13에서 보는 것처럼 한쪽 끝에 5/64″ 드릴 비트로 구멍을 뚫는다. 구멍의 깊이는 1/2″ 정도여야 한다.

이 둥근 목재에 바퀴를 아주 꽉 끼워야 한다. 이렇게 하는 방법은 나사를 둥근 목재 끝에 대고 돌려서 둥근 목재가 확장되게 하는 것이다. 이는 앞선 프로젝트에서 설명했던 건식벽이나 석재 앵커에 했던 것과 같은 원리다.

그림 13-14에서 보는 것처럼 둥근 목재의 끝을 길이 방향으로 자르지 않으면 목재가 확장되지 않는다.

칼을 목재에 대고 살짝 누르면서 씰룩씰룩 움직여야 한다. 다른 쪽 손은 칼날에서 멀리 떨어뜨린다. 얇고 길게 자르는 부분은 1/2″ 정도 깊이여야 한다.

둥근 목재를 목재 조각에서 빼내어 바퀴의 중심에 넣고 누른다. 둥근 목재의 다른 쪽 끝을 드릴 척에 끼워 넣는다. 이때 유선드릴이라면 드릴을 콘센트에서 뽑거나 잠궈놓고, 무선드릴이라면 배터리를 빼놓는 것을 잊지 말기 바란다.

그림 13-13 3/8″ 둥근 목재 중심에 드릴로 구멍 뚫기

그림 13-14 목재 끝부분을 가늘고 길게 자르기

그림 13-15 목재가 확대되어 바퀴에 꽉 맞게 한다. **그림 13-16** 사포질을 하면서 드릴을 중간 속도로 돌린다.

그림 13-15와 같이 목재에 드릴로 뚫은 구멍에 #8 나무 나사를 넣고 돌릴 수 있다. 이렇게 하면 목재가 확장되어 바퀴에 딱 맞게 된다.

낡은 헝겊을 작업대에 놓고 몇 번 접어둔다. 다음 단계에서는 충격을 흡수해야 하기 때문이다. 헝겊 끝부분이 나풀대지 않는지 확인하자. 느슨한 헝겊 끝 부위가 드릴 척이 돌아갈 때 엉킬 수 있기 때문이다.

80방짜리 사포를 헝겊 위에 놓고 클램프로 조인다. 이렇게 하면 그림 13-16에서 보는 것처럼 바퀴에 사포질을 할 수 있다. 손으로 작업하는 것보다 이렇게 하는 것이 훨씬 빠르고 더 정확하게 바퀴를 다듬는 방법이다.

바퀴는 반드시 차축의 완벽한 중심에 놓이지 않아도 된다. 웬만큼 둥글게만 보이면 되고, 드릴을 약간 눕혀서 바퀴의 모서리를 없애도 좋다.

모양이 만족할 만큼 잡히고 나면 드릴 척을 느슨하게 하고 바퀴를 뺀다.

3/8″ 둥근 목재를 바퀴 중심에서 빼내려면 #8 나사를 풀어서 둥근 목재에서 압력을 줄여준다. 두 손으로 바퀴를 잡고 둥근 목재가 삐져나온 부분이 아래를 향하게 한다. 작업대에 대고 바퀴를 누르면 둥근 목재가 올라오면서 빠질 것이다.

다 했으면 이제 지금까지 작업한 단계를 반복하여 바퀴 세 개를 더 만들면 된다.

트럭 몸체 자르기

트럭 몸체를 만드는 데 7″ 길이의 큰 흠이 없는 투바이포 목재 조각이 필요하다.

트럭 몸체의 바깥 부분을 잘라내기 이전에 창문을 원하는지를 먼저 정해야 한다. 옆 창문을 만드는 것은 상대적으로 쉽다. 1/4″ 드릴 비트로 그림 13-17에 나오는 것처럼 구멍을 뚫는다. 그리고 실톱을 이용하여 그림 13-18처럼 창문 모양으로 자른다.

그림 13-17 1/4″ 구멍은 트럭 도면을 통해 뚫어서 생긴 것이다.

그림 13-18 실톱을 이용하여 구멍을 연결하기

그림 13-19는 완성된 창문이다. 모서리를 부드럽게 다듬기 위해서는 연필처럼 가는 물체를 사포로 싸서 구멍 주변을 갈아낸다.

개인적으로 이런 작업을 할 때에는 쇠줄을 사용하곤 한다. 반원 혹은 원 모양 줄이 사용하기 좋다. 연재의 직선 모서리를 다듬을 때에는 평평한 줄을 사용한다. 이런 작업에 적합한 도구는 줄이지만 줄은 상대적으로 비싸고 연재의 세심한 마무리 작업을 하기에는 너무 거친 경향이 있다.

이제 장부톱을 사용하여 투바이포 목재를 직선으로 자른다. 먼저 트럭 몸체의 밑부분을 자른다. 그다음 목재를 돌려서 아래 방향으로 톱질을 할 수 있도록 한다. 그래야 자르는 부위가 수직

그림 13-19 대략 자른 창문의 모습

인지를 확인하기가 쉽다. 그림 13-20은 첫 번째 톱질을 하는 모습이다.

나머지 톱질도 목재를 수직으로 아래 방향으로 하는 것이 가장 쉽다. 그림 13-21은 투바이포 목재를 고정하고 톱질을 막 시작한 모습이다. 목재 조각을 작업대에 클램프로 조이고, 투바이포 목재를 클램프로 목재 조각에 조인다. 클램프로 최대한 조이면 목재는 미끄러지지 않는다.

그림 13-20 투바이포 목재를 클램프로 조이고 아래 방향으로 톱질을 하고 있다.

트럭의 앞 창문 부분은 45도로 되어 있다. 그림 13-22에서 보듯이 목재를 돌려서 수직으로 자르게 고정하면 가장 쉽다.

트럭의 몸체를 모두 자르고 나면 재미난 질문을 던질 수 있다. 앞 창문과 뒤 창문에 구멍을 뚫으면 더 멋져 보일까? 쉽지 않을 것이다. 연한 소나무로 작업을 하고 있는데, 쉽게 쪼개질 수 있기 때문이다.

그림 13-21 두 번째 톱질. 수평으로 된 클램프에 최대한 가까이서 톱질을 하면 목재가 덜 흔들린다. 진행하면서 클램프를 풀고 몇 번 움직여야 할 것이다.

그림 13-22 앞 창문을 비스듬하게 자를 준비가 된 상태

나무는 잘라낼수록 더 약해진다. 나는 창문은 건너뛰기로 했다. 여러분이 원하면 시도해볼 수는 있지만 투바이포 목재를 추가로 준비해두길 바란다. 예상치 않게 쪼개질 수 있기 때문이다.

트럭 조립하기

트럭에 코일스프링으로 서스펜션 장치를 더하면 좋겠지만 여기에서는 선택 사항이 아니다. 이 프로젝트에서 서스펜션은 3/4″ 사각형 각재목에 3/8″ 둥근 목재를 축으로 하여 접착제로 붙여서 만든다.

그림 13-23 두 개의 3/8″ 차축을 3/4″×3/4″ 정사각형 각재목 양 끝 구멍에 접착제로 붙인다.

그림 13-23부터 13-26까지는 바퀴 짝을 조립하는 단계를 보여준다. 그림 13-23에서는 사각형 각재에 드릴로 양 끝에 3/8″ 구멍을 뚫는다. 3/8″ 목재를 접착제로 구멍에 붙인다.

그림 13-24는 차축이 접착된 상태에서 바퀴를 차축에 끼울 준비가 된 모습이다. 바퀴는 자유롭게 돌아가게 된다.

그림 13-25에서는 바퀴를 차축에 끼운 뒤 다시 빠져나오지 않도록 해야 한다. 그렇게 하기 위해 각 차축 끝에서 고정 링을 접착제로 붙인다.

마지막으로 바퀴와 차축이 조립된 상태에서 그림 13-26에 나오는 것처럼 트럭의 뒷부분 밑에 장착될 준비가 되었다. 같은 방식으로 트럭 앞부분 밑에도 장착한다.

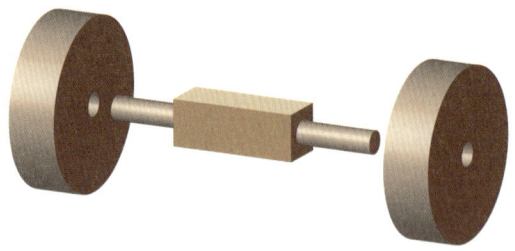

그림 13-24 바퀴가 차축에 들어갈 준비가 끝난 상태

도면이 있기 때문에 이를 만드는 데 문제가 없을 것이다. 3/4″×3/4″ 각재 2″ 길이의 두 조각을 자른 뒤, 그중 하나를 수직으로 클램프로 조인 후 그림 13-27처럼 중심을 표시한다.

이제 3/8″ 지름의 구멍을 3/4″ 깊이로 뚫어야 한다. 3/8″ 드릴 비트를 사용하기 전에 작은 구멍을 드릴로 뚫을 필요가 있다. 그리고 나서 마스킹 테이프로 드릴 비트에 깊이를 표시해야 한다.

그림 13-25 고정 링을 제자리에 접착제로 붙일 준비가 된 상태

앞선 프로젝트들을 해온 것으로 가정했을 때 여러분은 어떻게 하는지 알고 있을 것이다. 그림 13-28 참조.

각재목의 반대쪽 끝에 또 다른 구멍을 뚫는다. 두 번째 2″ 길이의 각재에도 구멍들을 뚫는다.

그림 13-26 트럭 뒷부분에 장착될 준비가 끝난 뒷바퀴

그림 13-27 클램프로 조각 목재에 조인 정사각형 각재목

그림 13-28 드릴로 정사각형 각재목 끝부분에 지름 3/8" 구멍을 1/2" 깊이로 파낸다

차축은 지름 3/8", 길이 2"의 둥그런 목재 네 조각이 필요하다. 각재의 양쪽 끝에 뚫은 구멍에 접착제로 붙이면 된다.

접착제가 마르고 나면 바퀴를 붙이기 전에 트럭 밑부분에 각재 축을 붙이는 것은 쉽다. 1 1/2"(38mm) #8 나무 나사를 쓸 수 있다.

각재의 옆면에 중심을 잡고, 5/32" 드릴 비트를 써서 두 개의 구멍을 3/4" 띄워서 뚫는다. 각 구멍을 카운터싱크 드릴 비트로 다듬고 각재목을 트럭 바닥에 클램프로 고정한다. 7/64" 드릴 비트로 구멍을 통과하여 트럭 몸체에 파일럿 구멍을 낸다.

3/4" 각재목을 나무 나사로 고정하고, 바퀴를 차축에 끼워 넣는다. 이제 바퀴를 고정시킬 링을 만들어야 하는데 지름 3/4", 길이 2"의 둥그런 목재 조각의 중심을 관통하여 3/8" 지름의 구멍을 뚫는다. 이는 9장에서 스와니 휘슬을 만들었을 때와 똑같다. 1/2" 간격으로 둥그런 3/4" 목재 네 조각을 자른다. 각 조각(링)은 차축 끝에 접착제로 고정시킨다. 물론 바퀴를 끼우고 나서. 링은 딱 맞지 않을 것이고 클램프로 조일 수도 없어서 에폭시 접착제를 사용하는 것이 좋다. 차바퀴가 제대로 돌아갈 수 있도록 차축과 바퀴 사이에 접착제가 묻지 않게 조심하자.

내가 만든 트럭은 그림 13-29에 나와 있다. 마감이 썩 훌륭하지는 않은데, 기본적인 손도구로 연한 소나무를 다루기가 쉽지 않기 때문이다.

유일한 걱정은 트럭 밑에 3/4"×3/4" 각재목을 1 1/2" 나사로 고정한 것이다. 어린아이가 트럭을 세게 던져 분리될 경우 나사가 위험하지는 않을까,

그림 13-29 완성된 트럭

하는 생각이 들어서다.

만약 이런 걱정이 있다면 쉽게 디자인을 바꿀 수 있다. 1½″ 나사를 쓰는 대신 11장에서 책꽂이를 만들 때 선반 끝부분을 처리했던 것처럼 ¼″ 나무못을 쓰는 것이다. 이렇게 하면 시간은 좀 더 걸릴 것이기에 이 프로젝트에서의 기본적인 진행 방식으로 자세하게 설명하지 않았다.

다른 아이디어

곡선을 자를 수 있는 기술이 있으면 다른 많은 프로젝트를 생각해볼 수 있다.

와인 보관대

와인병을 눕혀 보관하는 보관대는 어떨까? 필요한 것은 경재 보드와 와인병이 들어갈 정도의 구멍이다. 만약 벽에 걸고 싶다면 양 끝을 지지할 수 있는 브래킷 몇 개가 있으면 된다. 12장에서 선반을 벽에 거는 방법을 자세하게 설명했다.

포 어크로스

자신만의 포 어크로스(Four Across) 게임을 만드는 것은 쉽지 않은 작업인데, 매끄럽게 일정한 크기의 구멍을 뚫기 위해서는 포스트너(Fostner) 드릴 비트가 필요할 수 있다. 포스트너 비트에 대해서는 193쪽의 '자세히 알아보

기: 구멍과 곡선'을 확인하기 바란다.

포 어크로스 게임은 참여자들이 돌아가면서 흰색과 검은색의 원반을 수직 통로로 떨어뜨려서 수평으로 같은 색 4개를 먼저 얻는 사람이 이기는 게임이다. 인터넷을 검색해보면 이 게임과 관련한 사진들을 쉽게 찾을 수 있다.

원반이 들어가는 통로를 구분하기 위해서 내부에 수직으로 조각을 넣어야한다. 하지만 이 부분은 목공소에서 구할 수 있는 3/8″ 각재목으로 할 수 있다. 원반은 1¼″ 둥근 목재를 잘라서 쓰거나 이베이와 같은 온라인 쇼핑몰에서 플라스틱 원반을 구할 수 있다. 포 어크로스 게임을 만들기 전에 원반을 구해서 크기가 맞는지를 확인해야 한다.

이 프로젝트는 결코 간단한 것은 아니지만 결과물은 정말 멋지다.

자세히 알아보기: 구멍과 곡선

목재 조각에 구멍을 뚫을 때 두 가지 종류가 있다. 둥근 구멍과 둥글지 않은 구멍. 둥근 구멍부터 먼저 다뤄보자.

크고 매끈한 둥근 구멍

대부분의 구멍 뚫는 도구들은 일반 드릴과 함께 사용이 가능하지만, 드릴 프레스는 이런 작업을 위한 완벽한 도구이다. 20장 291쪽 참조.

원통톱

원통톱(hole saw)은 원을 연속해서 만들 수 있는 곡선의 날이 있는 톱과 같다. 그림 13-30은 일반적인 원통톱 키트이다. 각 톱은 육각 축이 달린 심에 고정하고, 이 심을 드릴 척에 끼워 사용한다.

3/4″보다 더 큰 원통톱을 일반 드릴에 끼워 사용하는 것은 쉽지 않다. 왜냐하면 톱이 파고들어 갈 때 전해지는 반발력 때문이다. 목재가 완벽하게 클램프로 고정되어 있는지 확인하고 드릴을 두 손으로 꽉 잡아야 한다. 1½″보다 더 큰 원통톱은 무선 드릴이 제공할 수 있는 힘보다 더 큰

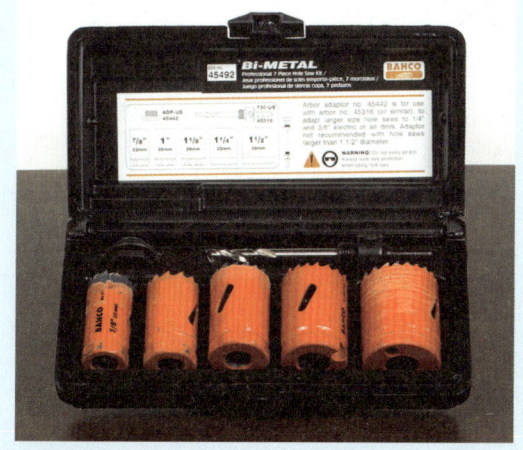

그림 13-30 원통톱 세트

13장 몬스터 트럭

힘이 필요할 것이다. 옆에 손잡이가 있는 것이 더 좋다. 조심스럽게 사용해야 하고 드릴을 너무 빨리 회전시키지 않도록 한다.

구멍을 뚫고 나면 원통톱 안에는 잘라낸 목재가 원반처럼 끼게 된다. 원통톱 옆에는 틈새 구멍이 있고, 여기에 작은 스크루드라이버 끝을 밀어 넣어 원반을 빼낼 수 있다. 하지만 이 일은 좀 짜증나기도 한다. 이 작업을 하는 또 다른 방법은 원통톱을 뒤집어서 톱니가 위를 향하게 한 뒤, 작업대에 클램프로 조이고, 3″ 나사를 원통톱 안의 목재 원판 밑으로 돌려 넣는다. 나사가 바닥면에 닿아 계속 돌면 나사산이 원판을 위로 올려 빼낸다.

원통톱은 컵의 깊이가 다양하다.

포스트너 드릴 비트

지름 2″까지의 크기에서는 포스트너(Fostner) 드릴 비트가 타의 추종을 불허한다. 각각의 드릴 비트는 방사형으로 뻗은 날이 두 개 장착된 짧은 원통톱 같이 생겼다. 원통톱에서는 보통 목재가 막혀버리지만 여기에서는 방사형으로 뻗은 날이 목재를 깎아 없앤다. 그림 13-31에서 포스트너 드릴 비트 세트를 볼 수 있다.

포스트너 드릴 비트는 1/4″비트부터는 1/8″ 크기의 간격으로 커지며, 아주 깔끔하게 구멍을 뚫는다. 커다란 크기를 뚫을 때는 통제하기가 힘들고, 무선 드릴로는 감당이 안 될 수도 있다.

포스트너 드릴 비트는 목재를 파고들어 가면서 찌꺼기를 없애기 때문에 중간에 언제든 중지할 수 있는데, 이때 밑바닥은 평평하고 중앙에 음폭 들어간 구멍이 남게 된다. 스페이드 비트(spade bit)로도 이 작업을 할 수 있지만 구멍이 그만큼 깔끔하지는 않을 것이다.

포스트너 드릴 비트의 단점은 둥근 구멍을 뚫는 다른 방법에 비해 더 비싸다는 점이다.

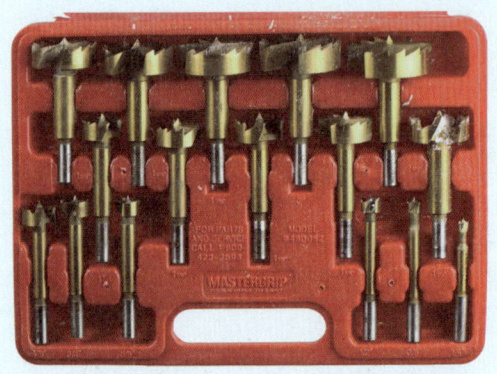

그림 13-31 많이 사용되는 포스트너 드릴 비트

스페이드 비트

흔히 전기기사들이 벽에 케이블 작업을 하며 투바이포 목재에 구멍을 뚫을 때 사용한다. 작업한 모서리가 깔끔하지는 않지만 가격이 저렴하고 금방 사용할 수 있다. 비트를 자유자재로 사용하기 위해서는 약간의 힘과 연습이 필요하다. 그림 13-32는 스페이드 비트의 모습이다.

- **안전 노트: 원통톱, 포스트너 드릴 비트, 스페이드 드릴 비트는 모두 칼날이 보호 장치가 없이 노출되어 있어 위험할 가능성이 높다. 특히 소형 일반 드릴에 끼워 사용할 때 위험하다. 드릴을 사용할 때 비트가 목재에 끼어 움직이지 않으면, 드릴이 작업자의 손을 확 비틀어 놓칠 수 있으며 예상치 못한 결과를 가져올 수 있다.**

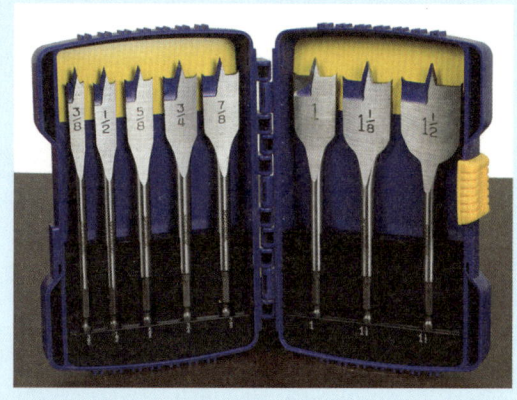

그림 13-32 스페이드 드릴 비트

어드저스터블 홀 커터(Adjustable hole cutter)

$2\frac{1}{2}''$보다 더 큰 구멍을 뚫는 도구로는 그림 13-33에 보는 것이 최선의 선택일 것이다. 중앙에 $\frac{1}{4}''$ 드릴 비트가 있어서 중심을 잡아주고 커터를 안정시키는 역할을 한다. 수평 막대에는 두 개의 날이 있어서 안쪽 혹은 바깥쪽으로 움직일 수 있다. 날의 위치는 손으로 조정해야 하지만, 여러분이 뚫고자 하는 크기에 꼭 맞춰 조정할 수 있는 것이 장점이다.

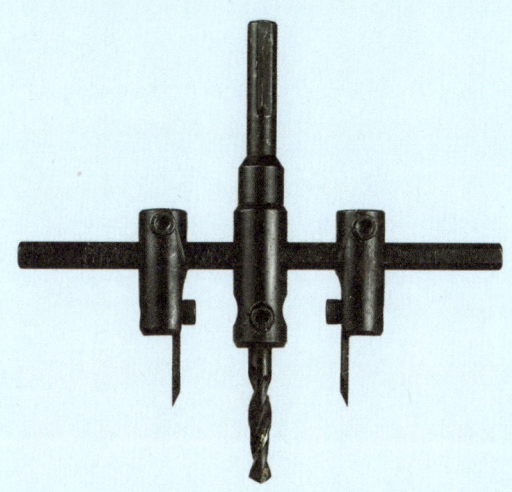

그림 13-33 어드저스터블 홀 커터

밀워키[1]에서 생산하는 변종 모델은 날의 위치들을 미리 정해놓아 육각 렌치로 날을 조이거나 풀 필요가 없다는 장점이 있다. 이 제품은 전등을 천장에 심을 때 구멍을 뚫기 위한 목적으로 만들어졌다.

이 도구를 일반 드릴에 장착하여 쓸 생각은 아예 하지 않는 것이 좋다. 각 칼날의 속도는 중심 비트에서 칼날이 멀리 떨어져 있을수록 급속히 빨라진다. 어드저스터블 홀 커터는 재료를 적어도 두 개의 클램프로 고정하고 드릴 프레스에 장착해 가장 느린 속도로 사용해야 한다. 이렇게 해도 목재가 쪼개지거나 그 조각들이 예상치 못한 방향으로 튈 수 있다.

13장 몬스터 트럭

원형이 아닌 구멍

불규칙한 모양의 구멍을 뚫는 오래된 방법은 일반 드릴 비트로 몇 개의 구멍을 뚫은 다음에 그중 한 구멍에 들어갈 정도로 얇은 날이 있는 톱으로 가장자리를 잘라내는 것이다. 이런 종류의 톱에는 실톱, 스크롤소, 꼬리톱, 지그소가 있다.

실톱

몬스터 트럭을 만들 때 추천한 톱이다. 181쪽부터 사용법을 볼 수 있다.

스크롤소

손으로 사용하는 스크롤소(scroll saw)는 실톱처럼 생겼지만, 프레임의 깊이가 더 깊어서 자르려는 목재 조각 끝부분부터 더 멀리 떨어져서 절단 작업을 할 수 있다.

전동 스크롤소는 평평한 테이블 위에 날이 상하로 오르락내리락한다. 목재의 끝부분부터 자를 수도 있고, 혹은 손으로 사용하는 실톱이나 스크롤소처럼 날을 빼내거나 구멍을 통해 끼울 수도 있다. 전동 스크롤소의 최대 장점은 양손을 자유롭게 사용하면서 재료를 밀거나 돌릴 수 있다는 것이다. 하지만 날이 노출되어 있어 안전에 취약하다. 만약 서두르거나 손을 제대로 통제하지 못하면 다칠 수도 있다.

꼬리톱

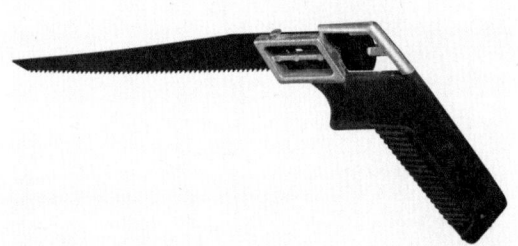

그림 13-34 날 교환이 가능한 꼬리톱

꼬리톱(keyhole saw)은 3/8" 구멍에 맞을 정도로 충분히 좁고 작지만 뾰족한 날을 갖고 있다. 톱날의 한쪽 끝에 날이 서 있어서, 목재 가장자리에서 어느 정도 떨어진 지점에서도 사용할 수 있다. 반면에 정확하게 자르는 것은 어렵다. 그림 13-34는 아주 저렴한 꼬리톱의 모습이다.

지그소

그림 13-35에 보듯이 전동으로 작동하는 지그소(jigsaw)는 밑부분에 날이 튀어나와 있는 도구이다. 날을 구멍에 끼우고 사용자가 원하는 방향으로 어디

든 톱질을 한다. 날은 여러 가지 길이와 톱니 간격으로 있고, 교환해가며 사용할 수 있다. 3/4"나 그보다 두꺼운 재료를 자를 때에 긴 날은 힘을 견뎌내기 위해서 더 넓어야 할 것이다.

톱날이 윗부분만 고정해 힘을 받으므로, 반대쪽 끝은 좌우로 구부러질 수 있다. 특히 나뭇결을 가로질러 곡선으로 자를 때 더 그러하다. 그 결과 구멍을 내도 수직으로 뚫리지 않을 수 있다. 지그소를 정확하게 사용하기 위해서는 주의와 기술이 필요하다.

그림 13-35 배터리로 작동하는 지그소

유선 모델보다 배터리로 움직이는 지그소는 힘이 떨어질 수 있다.

날이 노출되어 있기 때문에 지그소는 또 다른 안전상의 위험 요인을 안고 있다. 절대로 날 가까이 손가락을 두지 말고 특히 배터리 작동 모델의 경우 톱의 스위치 잠금장치를 풀고 놓아두지 않도록 한다.

모든 절단 기계들은 각기 특유의 위험을 안고 있다. 사용 설명서를 제대로 읽고 여러분이 어리거나 경험이 없다면 기술자에게 직접 안내를 받도록 하자.

주

1　1924년에 설립된 미국의 공구 회사.

14장
팬터그래프

전기를 전혀 사용하지 않으면서 간단한 그림을 복제하고, 동시에 확대도 할 수 있는 도구가 있다면 어떨까? 그저 목재 조각 몇 개, 나사와 볼트, 포인터와 펜만으로 이루어진 도구라면?

이 도구의 이름이 팬터그래프이다. 이를 통해 연결장치(linkages), 그리고 이들을 연결하는 너트와 볼트 같은 몇 가지 중요한 개념을 알게 될 것이다.

이 프로젝트를 위한 너트와 볼트

기본 정보가 필요하다면 213쪽의 '너트와 볼트 자세히 알아보기'를 확인하기 바란다.

이 프로젝트를 위해서는 1인치당 20개의 나사산이 있고 길이는 1″인 1/4″ 크기의 볼트를 사용할 수 있다. 카탈로그에 1/4-20이라고 쓰여 있는 것을 볼 수도 있다. 너트 또한 볼트와 맞추기 위해서 1/4-20이어야 한다. 너트와 볼트 각각 두 개씩만 있으면 되는데, 동네 공구상에 가면 벽걸이대에서 작은 비닐 봉지에 소량이 담긴 것을 볼 수 있다.

와셔도 필요하다. 일반 와셔는 원판 금속 가운데 구멍이 뚫린 모양으로 생겼다. 와셔의 용도는 너트나 볼트의 머리에서 나오는 힘을 분산시키고 너트나 볼트가 목재 조각처럼 부드러운 표면에서 돌아갈 때 마모를 줄이기 위한 것이다.

그림 14-1에 나오는 것과 같은 펜더 와셔를 구매하는 게 좋다. 일반 와셔에 비해 좀 더 넓다. 내가 추천하는 것은 지름 1″에 구멍 크기가 1/4″(볼트에 맞추기 위한 크기)짜리다. 지름 3/4″짜리밖에 없다면 그것도 괜찮다.

만약 좀 더 고생할 각오가 되어 있다면 약간의 개선 작업이 가능하다.

그림 14-1 1/4″ 볼트에 맞는 지름 1″짜리 펜더 와셔

이 장의 새로운 주제
- 너트, 볼트, 와셔에 대한 모든 것
- 볼트와 나무 나사 중에 무엇을 쓸지 결정하기
- 연결장치, 중심축, 마찰

필요한 것
- 투바이포 소나무: 옹이가 없고, 뒤틀리지 않은 것, 길이 12″(305mm)
- 정사각형 각재목: 경재가 더 좋다. 3/4″×3/4″(19mm×19mm), 길이 12″(305mm)
- 하비 보드: 단풍나무, 두께 1/4″(6mm), 길이 3 1/2″(89mm), 넓이 36″(914mm)
- 나무 나사: #6×5/8″(16mm), 납작머리, 십자형, 4개
- 나무 나사: #10×1 1/4″(32mm), 둥근머리, 일자형, 6개
- 볼트: 1/4″×1″(6mm×25mm), 육각 혹은 십자형 냄비머리, 2개
- 볼트: 1/4″×1 1/2″(6mm×38mm), 20tpi, 나사산이 일부 나 있는 것, 육각머리, 2개(선택)
- 잠금너트: 나일론 들어가 있는 것, 1/4″(6mm), 20tpi, 2개
- 펜더 와셔: 중간 구멍 지름 1/4″(6mm), 전체 지름 1″(25mm), 18개

다음 쪽에 계속

- 끝막음못: 1 1/4"(32mm)
- 조정 렌치: 길이 4"(102mm) 혹은 6"(152mm)
- 스크루드라이버: 중간 크기, 일자형

앞에서도 사용한 도구들:
장부톱,
연귀통, 트리거 클램프, 자,
스피드 스퀘어, 고무
샌딩 블록, 작업 장갑, 송곳,
마스킹 테이프, 플라이어,
전기드릴과 드릴 비트,
카운터싱크, 스크루드라이버
혹은 전기 스크루드라이버,
방진 마스크(선택), 보호안경
(선택), 다용도톱, 합판
작업대, 사포, 에폭시 접착제,
경화제

일반 너트보다는 나일론 패킹이 들어간(nylon insert) 잠금너트(locknuts)를 살 수 있다. 나일론 패킹은 볼트의 나사산을 잡아주고, 너트가 느슨해지는 것을 방지해준다.

일반적인 1" 볼트보다는 1 1/2" 길이의 부분적으로 나사산이 있는 볼트를 구매할 수 있다.

이 볼트는 나무 나사와 유사한데, 머리 밑에 매끈한 섕크 부분이 있고, 절반 정도 내려올 때까지 나사산이 없기 때문이다. 그림 14-2에 견본이 나와 있다. 여러분이 구매하는 것은 너트에 맞추기 위해 반드시 인치당 20개의 나사산이 있어야 한다.

그림 14-2 부분적으로만 나사산이 있는 볼트(길이 1 1/2", 굵기 1/4")

이 프로젝트에서 나는 이런 종류의 볼트를 선호하는데 각 볼트가 두 조각의 목재에 끼워져 돌아가기 때문이다. 만약 볼트의 나사산이 머리까지 차 있으면 나사산은 목재를 조금씩 갉아먹으며, 결합 부위가 헐거워진다. 볼트 윗부분의 매끈한 자루 부분은 마모가 덜하다. 나무 나사의 매끈한 섕크처럼 말이다. 그림 14-3은 이 원리를 보여준다.

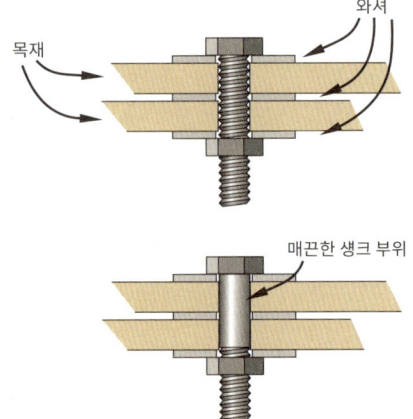

그림 14-3 목재처럼 약한 재료가 볼트 주변에서 회전할 때, 매끈한 섕크 부분이 마모를 줄여준다.

부분적으로 나사산이 있는 볼트의 머리 부분이 육각형일 때, 부분적으로 나사산이 있는 육각 볼트라고도 한다. 이 프로젝트를 위해서는 지름이 1/4"에 길이가 1"여야 하며 몸체의 절반에 나사산이 있고 나머지 절반은 매끈해야 한다. 아쉽게도 이런 제품을 찾지 못해서 나는 그림 14-2에 나오는 것과 같은 1 1/2" 길이에 몸체 3/4" 정도에 나사산이 있는 것을 사용했다. 필요한 것보다는 길이가 길지만 괜찮다.

이런 종류의 볼트를 찾느라고 고생하기 싫다면, 그리고 최소 분량을 사느라 돈을 쓰는 것이 싫다면 나사산이 있는 일반적인 1" 볼트를 사용하면 된다.

나사 머리의 종류

큰 볼트들은 보통 머리가 6각형이다. 작은 볼트들은 머리 모양이 다른데, 나무 나사나 판금 나사와 비슷한 종류의 스타일을 갖고 있다.

143쪽의 그림 10-33에 나사 종류들이 나와 있다. 그림 14-4는 볼트의 몇 가지 종류이다. 1″ 길이에 나사산 지름 1/2″부터 맨 오른쪽의 것처럼 #3 크기의 볼트로 1/4″ 길이까지 있다.

그림 14-4 다양한 볼트

왼쪽부터 처음 두 개는 육각머리이고, 그다음에는 납작머리에 일자, 둥근머리에 일자, 냄비머리에 십자, 납작머리에 십자, 냄비 머리에 십자 볼트이다.

도금한 철제 볼트는 살짝 파란색을 띤다. 두 개의 냄비머리 볼트는 약간 갈색을 띠는데, 이는 스테인리스강의 특성이다.

이 프로젝트에 쓰는 두 개의 볼트와 #10 크기의 1 1/4″ 길이의 볼트는 납작머리여서는 안 된다. 왜냐하면 목재에 움푹 들어가는 것을 원하지 않기 때문이다. 카운터싱크 드릴 비트가 목재를 약간 잡아먹게 되고, 연결 부위의 섕크 쪽과 목재가 가능한 한 많이 접촉되는 것이 좋기 때문이다.

나무 나사의 경우 냄비머리나 둥근머리가 좋다. 나무 나사는 냄비머리보다는 둥근머리가 더 일반적인 것 같고, 십자머리보다는 일자 스크루드라이버가 들어가게 되어 있는 경우가 많다. 어떤 종류든 머리 밑부분이 비스듬하지 않으면 괜찮다.

너트와 볼트를 위한 도구

너트와 볼트를 다루기 위한 렌치가 없다고 가정하고, 기초를 알려주도록 하겠다.

너트는 볼트의 나사산과 맞물리게 안쪽으로 나사산이 있다. 따라서 볼트를 고정시킨 상태에서 너트를 돌리면 너트는 볼트의 머리를 향해 나사산을 타고 올라가며, 그 사이에 있는 무엇이든 간에 꽉 잡는 힘을 발휘하게 된다.

이렇게 하기 위해서는 손가락으로 잡는 것보다 더 강하게 잡을 수 있는 도구가 필요하다. 렌치(wrench)는 확실한 선택이며 작은 조정 렌치(멍키 렌치)는 가장 가격이 저렴한 선택이다. 단점도 있다. 너트의 육면 중 두 면만 붙들

그림 14-5 저렴한 가격의 조정 렌치

게 되므로 너트를 꽉 잡지 못하고 스르르 풀리곤 한다. 하지만 이 책에 나온 프로젝트에는 충분하며, 감자튀김을 포함하지 않은 햄버거 가격보다 싸게 온라인에서 구매할 수 있다. 그림 14-5는 쉽게 구할 수 있는 조정 렌치다. 육각형의 너트와 볼트 머리를 잡고 돌리는 또 다른 방법은 213쪽의 '너트와 볼트 자세히 알아보기'에 나와 있다.

너트를 돌리면서 볼트는 돌아가지 않게 하려면(혹은 그 반대로 하려면), 두 가지를 모두 붙잡는 방법이 필요하다. 만약 볼트가 십자 모양이라면 아무 문제가 되지 않는다. 십자 스크루드라이버로 고정시킨 다음 너트에 렌치를 사용하면 된다. 하지만 볼트가 육각머리로 되어 있다면 두 개의 육각형 모양을 잡아야 하는데, 렌치는 하나밖에 없다면 어떻게 할까?

쉬운 해결책은 플라이어를 사용하여 돌아가지 않도록 하는 것이다. 플라이어는 미끄러지기도 하고, 볼트 머리를 마모시키기도 해서 좋은 방법은 아니다. 하지만 앞으로 너트와 볼트로 많은 작업을 할 게 아니라면 플라이어는 이 책에 나오는 프로젝트에 적당하다.

목재 고르기

팬터그래프는 목재 조각 4개로 제작하게 되며, 각 조각은 길이 $16\frac{1}{2}''$, 두께 $\frac{1}{4}''$, 너비 약 $1\frac{1}{2}''$이다. 합판을 사용할 수도 있지만, 이 프로젝트에는 이보다는 가장자리가 좀 더 단단한 것이 낫다.

동네 공구상에서 초보자들을 위한 $\frac{1}{4}''$ 두께의 포플러 나무의 '하비 보드(hobby board)'[1]를 발견했다. 제일 단단한 나무는 아니지만, 작업하기에는 충분하다. 이 목재 조각은 $3\frac{1}{2}''$ 넓이인데, 넓이가 좀 더 좁은 조각을 만들기 위해 중간을 자르는 작업은 큰 힘이 들지 않는다. 목재가 매우 얇기 때문이다. 또한 나뭇결과 평행하게 톱질을 하면 쪼개짐 현상이 많지 않고, 따라서 희생목도 필요 없다. 그림 14-6 참조.

그림 14-6 나뭇결과 평행으로 목재를 자를 때에는 희생목이 필요 없다.

아예 톱질할 필요가 없는 더 좁은 목재 조각을 온라인에서 찾아볼 수 있겠지만, 내 경우에는 하비 보드가 가장 빠르고 단순한 해결책이었다. 다음과 같은 절차로 필요한 조각을 만들 수 있다.

- 최소 36″ 길이에 1/4″×3 1/2″짜리를 구매한다.
- 길이 16 1/2″에 넓이 3 1/2″인 두 개의 긴 목재를 잘라낸다.
- 각 부분을 다시 두 조각으로 자르는데, 각 조각은 16 1/2″ 길이에 1 1/2″ 너비보다 조금 커야 한다(나뭇결을 따라 이렇게 긴 조각을 잘라내는 것을 세로켜기 한다고 말한다).
- 결국 4개의 조각이 생긴다. 연필로 각 조각마다 1, 2, 3, 4라고 적는다.

각 조각의 길이는 중요하지만 정확한 너비는 그렇지 않다.

부분들 구분하기

그림 14-7은 팬터그래프가 어떻게 생겼는지 보여준다. 이 그림에서는 누군가가 간단한 선을 그리면서 그 선보다 1.5배 큰 복사본을 만들고 있다. 팬터그래프의 팔에 구멍이 나 있는 것을 잘 보자(구멍은 관통되어 있다). 이 구멍이 있기 때문에 커다란 팔이 나사와 볼트를 중심점으로 해서 이리저리 움직일 수 있다. 추가 구멍들은 원래 그림을 1.5배, 2배, 3배 혹은 5배로 확대할 수 있게 배치되어 있다.

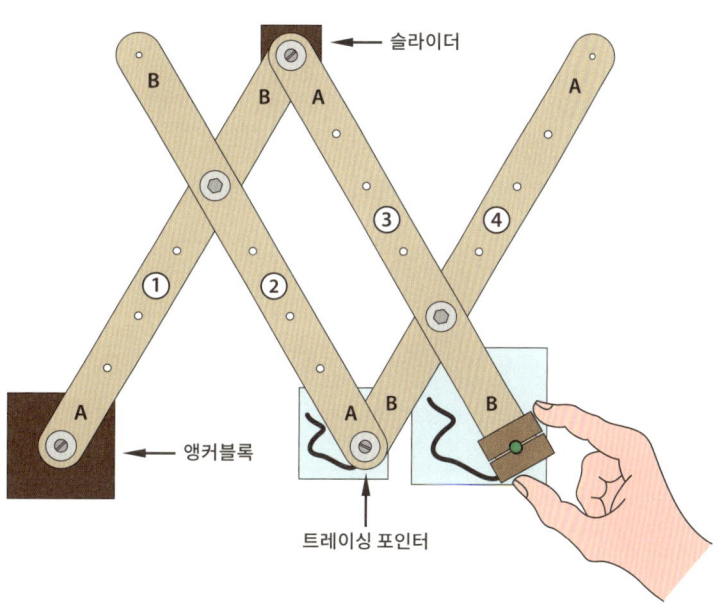

그림 14-7 원래 그림을 1.5배로 확대하기 위해 팬터그래프를 사용하는 모습

구멍 뚫기

그림 14-8은 드릴로 뚫어야 하는 구멍들의 크기와 위치를 보여준다. 위치는 4개의 목재 조각에서 모두 동일하다. 경재를 사용하지만 앞선 프로젝트에서 설명했던 것처럼 희생목을 사용하는 수고를 해야 한다. 모서리가 깔끔하지

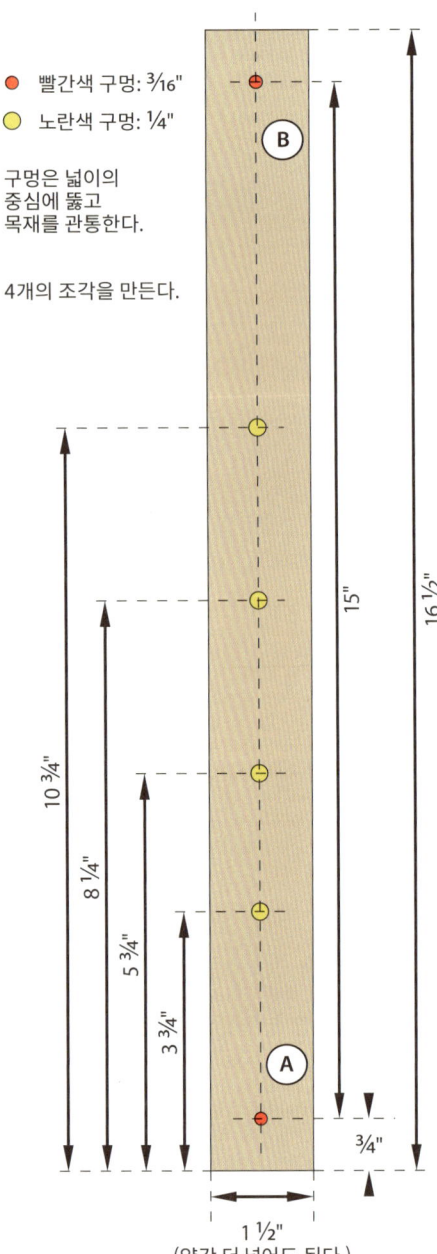

그림 14-8 4개의 조각에 드릴로 구멍을 뚫을 위치. 각 조각의 끝에 A와 B라고 표시하는 것을 잊지 말자.

않고 구멍이 쪼개어지거나 하면 조립하는 데 어려움을 겪게 된다.

각 지점을 송곳으로 표시를 한 뒤, 모든 위치를 1/8″ 드릴로 뚫고, 그리고 나서는 3/16″ 비트로 뚫는다. 마지막으로 중간에 있는 4개의 구멍을 1/4″로 확대한다. 끝부분에 있는 구멍은 3/16″로 그대로 둔다.

카운터싱크 드릴 비트를 사용하는 것은 좋지 않다. 각 구멍 부근의 목재 두께가 일정해야 하기 때문이다.

어쩌면 각 구멍들이 같은 위치에 있기 때문에 목재 조각을 쌓아서 클램프로 조이고 한 번에 구멍을 뚫어도 되지 않을까 하고 생각할 수 있다. 물론 그렇게 할 수 있지만 드릴이 정확하게 수직이 아니면 쌓인 목재에서 밑부분에 있는 목재의 구멍들의 위치에 오류가 생길 수 있다. 한 번에 하나씩 드릴로 작업하는 것이 좋다.

- 각 목재 조각에서 드릴로 구멍을 뚫으면 그림에 있는 것처럼 A와 B라고 표시한다.

A라고 표시된 끝부분은 가장 가까운 구멍이 3″ 떨어져 있다. B 부분은 가장 가까운 구멍이 5″ 떨어져 있다.

그림 14-7에 나와 있듯 앞으로 목재 조각을 1번 팔, 2번 팔, 3번 팔, 4번 팔이라고 부를 것이다. 이 프로젝트를 할 때 그 그림을 계속 참고하기 바란다. 왜냐하면 각 팔을 구분하고 그 위치와 순서를 제대로 하는 것이 필수적이기 때문이다. 이들을 제대로 겹치는 것 또한 중요하다.

그림 14-7에서 각 팔의 끝부분은 둥그렇게 되어 있다. 이 프로젝트의 사진들을 보면 내가 만든 팬터그래프의 팔은 모두 둥그렇게 되어 있을 것이다. 이렇게 만드는 것은 여러분의 취향에 달려 있다. 둥그런 것은 기능상으로 아무런 역할을 하지 않는다.

연필 집게 조립하기

팬터그래프로 그리는 결과물은 3번 팔 끝의 어떤 도구로 집는 펜이나 연필로 만들어진다. 이 부분을 먼저 다뤄보자.

208쪽의 그림 14-23을 먼저 보자. 연필 집게가 완성되었을 때 어떤 모습인지를 볼 수 있다. 그리고 절차를 밟아나가면 덜 어색할 것이다.

3번 팔을 골라보자. B쪽 끝에서 작업할 것이기 때문에 이 부분이 맞는지 확인하자. 그림 14-9는 이 팔에 드릴로 구멍을 뚫는 도면이다. 회색 선은 연필선이다.

그림 14-10은 실제 작업 중인 장면이다. 스피드 스퀘어를 이용하여 팔을 가로질러 선을 그린다. 송곳을 이용하여 두 개의 구멍을 찌른다. 중앙에서 각각 3/8″ 떨어져 있다.

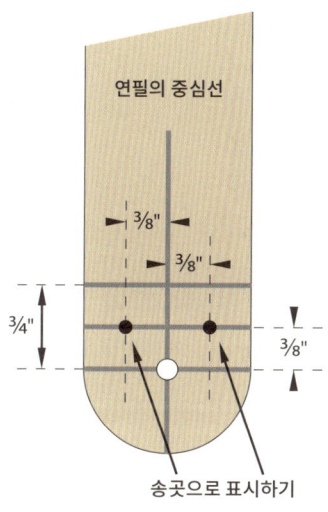

그림 14-9 3번 팔의 B쪽 끝의 도면

다음 단계는 송곳으로 찌른 곳에 1/8″ 나사 구멍을 드릴로 뚫어 관통시키는 것이다. 그리고 카운터싱크 드릴 비트로 구멍을 비스듬하게 만든다. 볼트나 나사 주변으로 회전하는 것이 아니기 때문이다. 그림 14-11 참조.

그림 14-10 3번 팔의 중심선에서 양쪽으로 3/8″ 떨어져서 송곳으로 표시한 모습

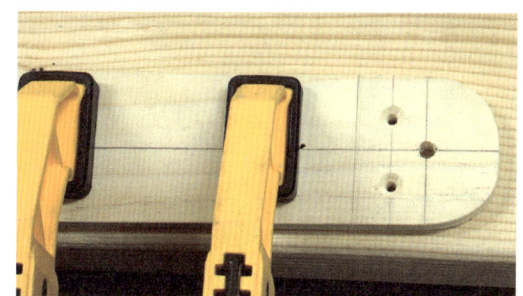

그림 14-11 3번 팔에 1/8″ 구멍을 비스듬하게 뚫은 모습

3번 팔의 끝 구멍을 지름 3/16″에서 3/8″로 확대한다. 만약 3/8″보다 지름이 더 두꺼운 펜을 사용할 예정이라면 이 구멍을 더 크게 확대해야 한다. 3/8″가 여러분이 갖고 있는 드릴 비트 중에 가장 큰 것이기 때문에 1/2″ 카운터싱크가 필요하다면 사용할 수 있다(목재를 관통하여 죽 밀어 넣는다). 그림 14-12 참조.

그림 14-12 3번 팔 끝에 3/8″로 확대된 구멍

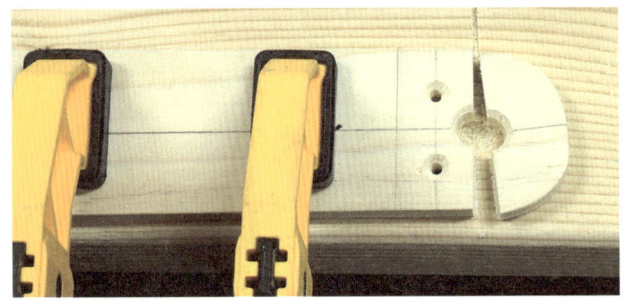

그림 14-13 3번 팔의 끝부분을 잘라낸 모습

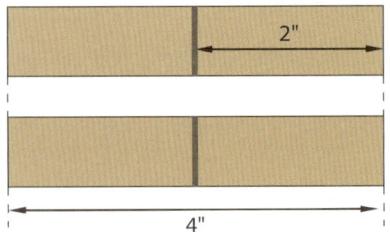

¾" x ¾" 목재 조각에 연필로 선을 그린다.

그림 14-14 두 개의 목재 조각 중심에 표시를 한다.

이 단계에서 마지막은 구멍을 가로지르는 선을 따라 톱질을 하는 것이다. 그림 14-13 참조.

3번 팔을 치워놓고 ¾"×¾" 각재목 두 조각을 4" 길이로 자르자. 그림 14-14에 나오는 것처럼 스피드 스퀘어를 이용하여 각 목재의 중심을 선으로 표시한다.

그림 14-15 두 개의 목재 조각이 만나는 곳에 구멍을 뚫는다.

그림 14-15처럼 두 개의 목재 조각을 클램프로 조이고, 5/32" 구멍을 두 목재 조각이 만나는 위치에 뚫는다. 클램프로 꽉 조이면 드릴로 구멍을 뚫을 때 서로 벌어지지 않는다. 이 구멍을 7/32"로 확대하고 최종적으로는 1/4"로 확대한다. 이 부분이 연필 집게가 될 것이다.

클램프를 풀면 그림 14-16처럼 되어야 한다.

그림 14-17처럼 3번 팔의 끝부분 밑에 조금 전 작업한 목재 중 하나를 클램프로 조여서 구멍의

그림 14-16 팬터그래프에서 연필 집게가 될 부분이다.

그림 14-17 3번 팔 아래에 목재 조각 중 하나를 클램프로 조인다. 3/32" 파일럿 구멍을 1/2" 깊이로 나사 구멍을 통해 뚫는다.

가장자리, 중심, 그리고 반원의 표시가 서로 맞게 한다. 나사 구멍이 노출된 곳에 3/32″ 파일럿 구멍을 목재에 약 1/2″ 깊이로 뚫는다.

#6 크기에 5/8″ 나사를 그림 14-18처럼 넣는다.

이제 클램프를 돌려서 다른 구멍이 보이도록 해보자. 거기에 파일럿 구멍을 뚫고 다른 #6 크기의 5/8″ 나사를 삽입한다.

이 작업을 하고 나면 나머지 목재 하나를 가져온다. 그림 14-19처럼 드릴로 구멍을 뚫은 부분이 아래를 향하게 한다. 송곳으로 중심선에서 5/8″ 띄워서 두 지점을 표시한다. 이곳에 나사 구멍을 뚫는데, 3/16″ 드릴 비트로 관통하도록 한다.

이제 연필 집게를 조립할 차례다. 그림 14-20에 나오는 것처럼 첫 번째 목재를 3번 팔이 아래로 내려오게 수평으로 놓고, 그 위에 두 번째 목재를 놓는다. 클램프로 조이고 나서 나사 구멍에 1/8″ 드릴 비트로 커다란 파일럿 구멍을 밑의 목재에 5/8″ 깊이로 뚫는다.

그림 14-21처럼 1 1/4″ 길이의 #10 나사를 두 개 삽입한다. 어쩌면 이제 어떻게 작동하는지 알 수도 있을 것이다. 나사를 느슨하게 풀면 두 목재 사이에 연필을 넣을 수 있고, 나사를 조이면 연필을 꽉 쥐게 된다. 당분간은 연필을 넣지 말고 나사를 조

그림 14-18 파일럿 구멍으로 나사를 넣은 모습

그림 14-19 두 번째 각재목에는 중심선에서 5/8″ 띄워서 송곳으로 표시한다. 목재에 구멍을 뚫어 표시된 부분은 아래를 향하게 한다. 3/16″ 드릴 비트로 구멍을 뚫는다.

그림 14-20 1/8″ 드릴 비트를 나사 구멍에 넣어서 아래에 있는 각재목에 파일럿 구멍을 뚫는다.

그림 14-21 1 1/4″ 길이의 #10 나사를 삽입한다.

그림 14-22 각재목에서 1"를 잘라내어 다듬기

그림 14-23 완성된 연필 집게

여놓도록 하자.

    목재의 끝부분을 1" 잘라내는데, 이는 목재가 2"면 되기 때문이다. 앞서 4" 길이로 하도록 한 이유는 작업 단계에서 클램프로 조이기 위해 추가 공간이 필요했기 때문이다. 그림 14-22는 각재목을 잘라서 다듬는 장면이다.

    마지막으로 그림 14-23은 3번 팔 끝에 연필 집게가 완성된 모습이다. 3번 팔 작업은 마쳤으므로 잠시 옆에 치워놓자.

포인터 블록

팬터그래프는 원형 그림을 따라가기 위해 포인터를 사용한다. 3/4"×3/4" 정사각형 각재목 조각에 1 1/4" 끝막음못을 붙인 것으로, 이 각재목은 4번 팔 끝의 밑부분에 장착된다. 4번 팔의 B쪽 끝부분을 작업하게 된다. 실수로 다른 쪽 끝에 작업하지 않도록 조심한다.

    그림 14-24에 나오는 것처럼 4번 팔의 밑부분에 있는 구멍으로부터 중심선에서 2 1/4" 지점에 1/8" 나사 구멍을 드릴로 뚫는다. 3번 팔에 드릴로 구멍을 뚫었던 것처럼 구멍을 비스듬하게 만든다.

    그림 14-25에 나오는 것처럼 4번 팔을 돌려서 3/4"×3/4" 각재목을 클램프로 고정한다. 이 각재목은 3 1/2" 길이로 팔의 끝에 거의 닿도록 하며 팔 너비의 양 끝에서 중

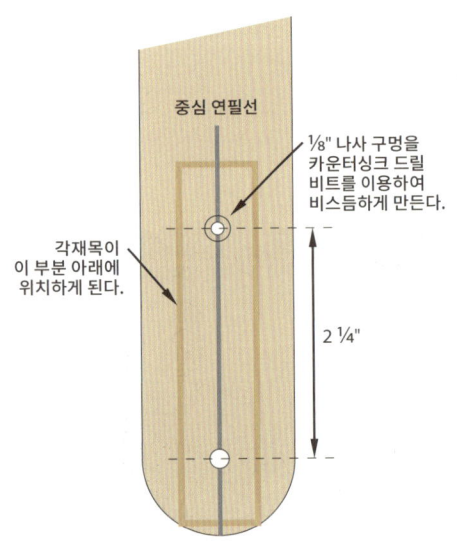

그림 14-24 4번 팔 B쪽 끝에 비스듬하게 뚫은 1/8" 나사 구멍의 위치

그림 14-25 4번 팔 밑에 3 1/2" 각재목을 클램프로 조인 모습

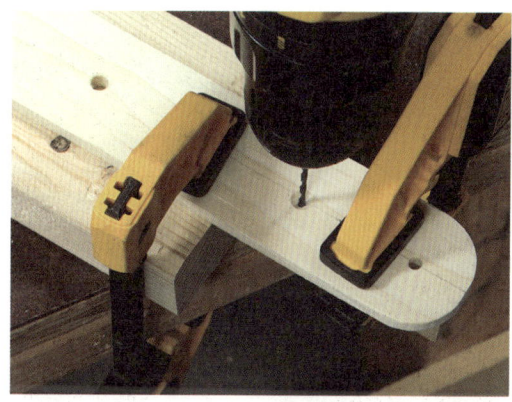

그림 14-26 3/32" 파일럿 구멍을 드릴로 뚫고 있다.

그림 14-27 5/8" #6 나사를 그 밑의 각재목을 고정하기 위해 조이고 있다.

그림 14-28 4번 팔 끝에 1/8" 파일럿 구멍을 뚫는 모습

앙에 위치하게 한다.

 클램프로 고정한 상태에서 팔을 다시 돌려서 앞서 드릴로 뚫었던 나사 구멍을 통해 드릴 비트를 삽입하여 3/32" 파일럿 구멍을 뚫는다. 그림 14-26 참조.

 그림 14-27과 같이 목재 밑 나사 구멍을 통해 #6 크기의 5/8" 나사를 돌려 넣는다.

 4번 팔 끝으로 움직여서 목재 아래 1/2" 되는 지점에 1/8" 드릴 비트를 사용하여 3/16" 구멍을 통해 드릴을 돌린다. 이 1/8" 구멍이 1 1/4" 길이의 #10 나사가 들어갈 파일럿 구멍이며, 바로 다음 단계에서 삽입하게 된다. 그림 14-28 참조.

그림 14-29 2번 팔과 4번 팔을 나사로 결합하는 모습

그림 14-30 1번 팔을 정사각형 각재목 조각에 고정시킬 것이다.

그림 14-31 1번과 3번 팔을 조립하기

2번 팔에서 A쪽 끝을 살펴보자. 그림 14-29와 같이 둥근머리 나사가 와셔를 통과하고, 다시 2번 팔, 다시 또 다른 와셔, 4번 팔을 통해 조금 전 여러분이 각재목에 뚫은 파일럿 구멍으로 들어간다. 2번 팔이 이 나사 주변으로 회전하게 된다. 그림 14-7을 다시 확인해보기 바란다. 나사를 조이고, 이번엔 다시 ¼바퀴만 느슨하게 풀어서 팔이 쉽게 회전하게 만든다.

팬터그래프에는 각재목에 포인터를 추가해야 하지만 아직은 아니다.

2번 팔과 4번 팔은 잠시 제쳐두자. 이제 1번 팔을 다뤄야 할 시간이다. 3½″×3½″로 투바이포 목재를 지금 잘라서 1번 팔의 A쪽 끝에 붙여야 한다. 가장자리를 서로 이어서 X 자를 그리면 중심을 찾을 수 있다. 그림 14-30에 나오는 것처럼 ⅛″ 크기의 가이드 구멍을 중심에 ¾″ 깊이로 뚫으면 여기에 1번 팔을 붙일 준비가 된 것이다. 1¼″ 길이의 둥근머리 나사가 와셔에, 다음에 1번 팔의 A쪽 끝, 다시 또 다른 와셔, 그리고 투바이포 목재의 가이드 구멍을 통과하게 된다. 다시 나사를 조인 다음 ¼바퀴만 풀어 느슨하게 한다.

또 다른 투바이포 조각을 이번에는 2″×2″ 정사각형으로 자른다. 중심을 표시하고, ½″ 깊이의 ⅛″ 가이드 구멍을 뚫고 그림 14-31처럼 1번 팔의 B쪽 끝, 그리고 3번 팔의 A쪽 끝을 붙인 다음 1번 팔을 3번 팔에 겹친다. 이번에는 두 개의 팔을 연결하기 위해서 세 개의 와셔가 필요하다. 하나는 나사 머리 아래, 또 하나는 두 개의 팔 사이에, 그리고 또 하나는 3번 팔과 블록 사이에 들어간다.

조립하는 모습이 그림 14-32에 나와 있다. 나사를 조인 후 1/4바퀴를 풀어 느슨하게 한다.

거의 끝나간다. 이제 팔을 연결한 두 개의 짝이 있다. 이들을 너트와 볼트를 사용하여 연결하면 된다. 그림 14-7을 다시

그림 14-32 1번과 3번 팔이 연결된 모습

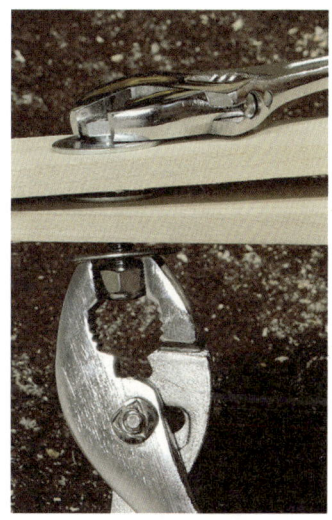

그림 14-33 2번과 1번 팔을 볼트로 연결하여 조이는 모습

보면서 기억을 되살려보기 바란다. 그 그림에 나오는 볼트는 육각머리다.

1번 팔 위에 2번 팔을 놓고 1/4" 볼트를 구멍을 통해 집어넣는데, 볼트 머리 밑, 두 개의 팔 사이, 1번 팔 밑에 각각 와셔가 들어간다. 이 볼트는 1/4" 구멍에는 꽉 낄 수 있지만, 이게 더 좋다. 느슨하게 풀어지는 것은 바람직하지 않기 때문이다. 만약 손가락으로 밀어 넣기 힘들면 망치로 두들기거나 혹은 렌치로 돌려 넣는다.

그림 14-33에 나오는 것처럼 밑에 너트를 대고 플라이어로 고정시킨 다음 렌치로 볼트를 조인다.

3번과 4번 팔은 동일한 방식으로 연결된다. 다시 그림 14-7을 보면서 제대로 연결되도록 확인하자.

이제 신경 써야 할 일이 한 가지 더 남았는데, 4번 팔 밑의 목재에서 포인터로 작동할 끝막음못을 위한 구멍을 뚫는 것이다. 1/8" 구멍이면 된다. 하지만 조심해야 할 것은 반대쪽에서 목재에 들어간 나사 쪽으로 구멍을 뚫지 않아야 한다는 것이다. 그렇게 되면 드릴 비트가 망가질 수 있다. 그림 14-34는 옆에서 본 단면도이다. 목재 끝에서 1/4" 정도에 못 구멍의 위치를 잡는다. 부드럽게 드릴로 구멍을 뚫어야 쪼개지는 것을 방지할

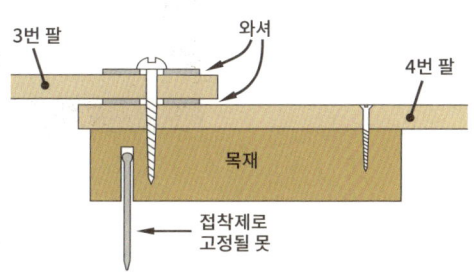

그림 14-34 팬터그래프에서 포인터 역할을 할 못을 장착하기

그림 14-35 연필, 못, 앵커 블록을 일치시키기

수 있다.

에폭시 접착제를 섞어서 팬터그래프를 뒤집은 다음 못 구멍에 접착제를 떨어뜨린다. 못대가리를 접착제가 들어간 구멍에 넣고 팬터그래프를 그림 14-35처럼 옆으로 돌린다. 커다란 목재 블록의 밑면, 연필의 끝, 못의 끝이 모두 일직선이 되어야 팬터그래프가 테이블 위에 놓였을 때 모두 평평하게 테이블과 닿는다. 나는 그림에서 보는 것처럼 스피드 스퀘어를 써서 조절했다. 그러고 나서는 접착제가 마를 때까지 기다렸다.

팬터그래프 사용하기

그림 14-36은 팬터그래프를 사용하는 모습으로 원래 크기의 1.5배로 그림을 복제하는 중이다. 앵커 블록이 원 그림과 복제할 종이 등과 함께 테이프로 고정되어 있는 것을 볼 수 있다.

팬터그래프를 사용하는 것은 직관적으로는 반대처럼 보인다. 포인터를 잡지 않는다. 연필을 잡고 움직이면서 포인터를 바라본다. 마술처럼 연필이 원래 그림을 복제한다. 왜 이렇게 작동할까?

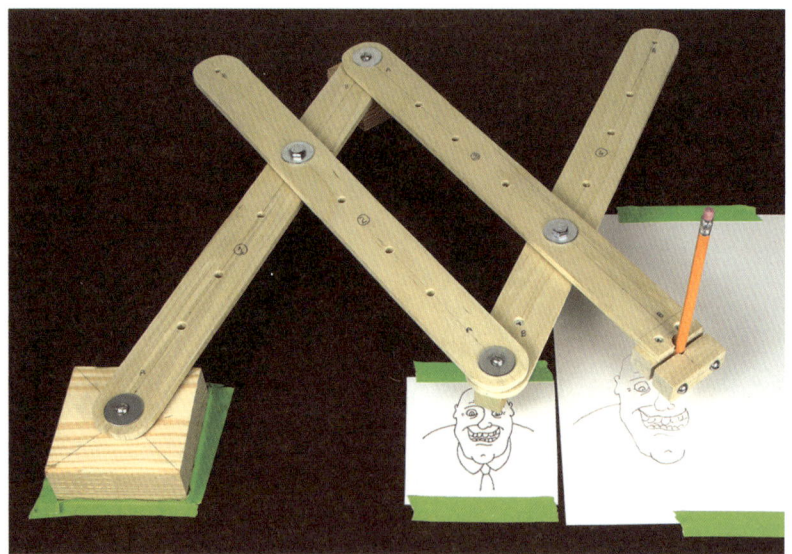

그림 14-36 팬터그래프가 잘생긴 남자의 그림을 복사하면서 확대하고 있다.

작동 원리

그림 14-37에 나오는 단순화된 그림을 보자. 1번과 4번 팔, 그리고 2번과 3번

팔은 각각 평행이 되어야 한다. 두 개의 볼트를 어느 구멍에 맞출지를 주의해서 보아야 한다.

기하학적으로 X1과 Y1의 비율은 항상 X2와 Y2의 비율과 동일하다는 것은 증명하기 쉽다. 따라서 1번 팔에서 어느 구멍을 선택하는지에 따라 확대 비율을 결정하게 된다. 그림에서 나는 앵커 블록의 중심점에서 10″ 되는 지점에 위치한 구멍에 볼트를 조였다. 따라서 Y1 = 10이다. X1은 15″로 고정되어 있다는 것은 이미 알고 있다. 따라서 확대 비율은 15를 10으로 나눈 값, 즉 1.5가 된다.

볼트를 풀어서 그림 14-38처럼 왼편으로 옮기면 7 1/2″ 구멍을 사용하게 되며 따라서 확대는 2:1 비율이 된다. 이를 또다시 왼편으로 움직이면 3:1, 그리고 마지막에는 5:1의 비율이 된다.

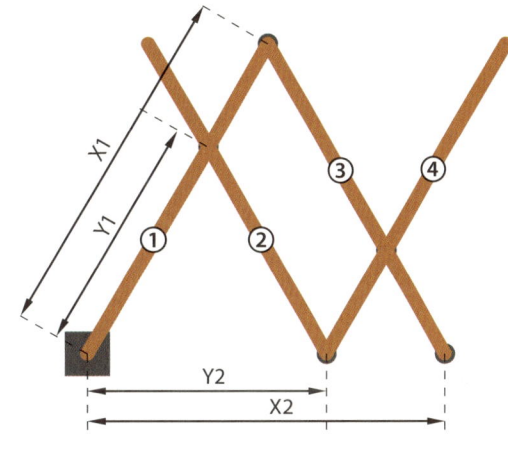

그림 14-37 팬터그래프는 어떻게 그림을 확대하는가.

규칙을 벗어나 보기

앞서 나는 1번 팔과 4번 팔, 2번 팔과 3번 팔이 항상 평행을 이뤄야 한다고 말했다. 하지만 이런 규칙을 벗어난다면? 너트와 볼트를 풀어 볼트를 무작위로 고른 구멍에 끼우면 어떤 일이 벌어질까?

이렇게 거리를 서로 다르게 하면 흥미롭고도 이상하게 변형된 복사본을 얻게 될 것이다. 왜곡된 상을 더하는 것은 팬터그래프의 독특한 특성이다(복사기는 이렇게 할 수 없다).

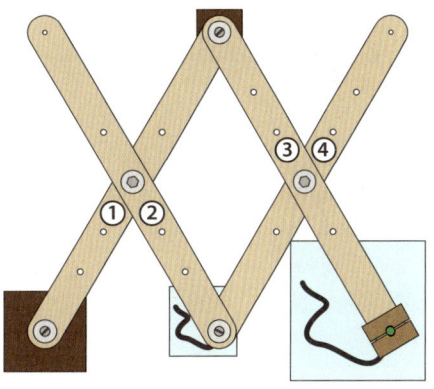

그림 14-38 2:1 확대 비율로 팬터그래프 조정하기

자세히 알아보기: 너트와 볼트

기초

대다수의 너트와 볼트는 철로 만들며, 녹이 슬지 않게 도금 처리를 한다. 스테인리스강으로 만든 것도 약간 더 비싼 가격에 살 수 있다. 엄청난 온도와 압력이 발생해, 일반적인 철로 만든 죔쇠가 훼손될 수 있는 항공우주 분야

같은 곳에서는 다양한 특별 합금을 사용한다.

너트의 크기는 인치로 측정하는데(미국의 경우) 이는 한쪽 평평한 면에서부터 반대쪽 평평한 면까지의 길이이다. 가장 일반적인 길이는 다음과 같다.

- 3/16″
- 1/4″
- 5/16″
- 3/8″
- 7/16″
- 1/2″

볼트의 몸체 두께는 게이지 숫자로 잰다(나사의 게이지 숫자와 비슷하다. 144쪽 참조). 더 두꺼운 볼트는 인치의 분수로 지름을 표시한다.

더 큰 볼트는 인치당 나사산이 더 적은 편이다(약어로 tpi라고 한다. 톱에서 인치당 톱날 수와 혼동하지 말기를). 볼트의 특정 측정기 숫자에 tpi 선택이 있을 수 있다. 예를 들어 #10 볼트에는 인치당 24 혹은 32 나사산의 선택이 있을 수 있다. 이를 10-24 혹은 10-32라고 표시한다. 너트는 반드시 동일한 것을 써야 한다. 따라서 구매 시 주의할 것!

미국에서는 일반적으로 나사를 측정하는 데 미터법을 사용하지 않지만 미터법을 사용한 너트와 볼트는 일반적이다. 많은 수입 자동차와 도구에서 미터법을 사용하기 때문이다.

볼트 vs. 나무 나사

볼트는 목재보다는 기계에 더 자주 사용한다. 하지만 늘 그런 것은 아니다! 나무 나사를 쓸지 볼트를 쓸지 어떻게 결정해야 할까?

- 만약 무언가를 두께 1/2″ 혹은 그보다 더 두꺼운 목재 조각에 부착하려면 나무 나사로도 충분할 것이다. 특히 두 조각이 서로 꽉 물려서 있을 것이라면 더욱 그렇다.
- 만약 무언가를 두께 1/2″보다 얇은 목재에 부착하려면 나무 나사로는 고정시키기에 충분치 않을 것이다. 이런 경우에는 볼트 두 개를 관통하여 넣고 너트로 조이는 것이 더 낫다.

팬터그래프에는 1/4″ 목재로 이루어진 두 개의 회전 연결 부위가 있는데, 여기에는 볼트를 사용했다. 하지만 목재 블록에 회전 부위를 부착할 때에는 나사를 쓰는 것이 쉽다.

너트 유지하기

볼트에 조인 너트는 휘거나 온도 변화, 혹은 떨림에 의해 쉽게 느슨해질 수 있다. 이를 방지하기 위한 몇 가지 방법이 있다.

오래된 방식은 두 번째 너트를 추가하여 첫 번째 너트에 대고 조여주는 것이다. 이를 흔히 잼너트(jam nut)라고 한다. 이렇게 하기 위해서는 두 번째 너트를 돌리는 동안 첫 번째 너트를 잡고 있어야 한다. 이것이 쉽지는 않은데, 아래 너트를 쥐고 있는 도구는 너트 두께만큼 혹은 그보다 더 얇아야 하기 때문이다. 어쨌든 이렇게 해도 두 개의 너트 모두 결국 느슨해지기도 한다.

나일론 패킹이 들어간 잠금너트(nylon-insert locknut)는 훨씬 더 좋은 방법이다. 더 비싸기는 하지만 너트가 느슨해져서 스스로 풀리는 일은 걱정하지 않아도 된다.

특별한 용도를 위한 다양한 다른 종류의 잠금너트가 있다. 일반적인 경우, 나일론이 들어간 잠금너트면 충분하다.

일반적인 육각너트가 느슨해지는 것을 막기 위해서는 록타이트(Loctite)와 같은 나사풀림방지제(thread locker)를 너트를 볼트에 조이기 전에 한 방울 떨어뜨릴 수 있다. 록타이트는 크레이지 글루(Krazy Glue)[2]와 유사하다. 금방 마르고, 너트를 제자리에 고정시킨다. 록타이트의 몇 가지 변형 제품들은 다른 잠금 방식에 비해 덜 영구적이어서 충분한 힘을 가하면 너트를 풀 수 있다.

너트를 돌리기

이 프로젝트에서 제안한 조정 렌치를 사용하는데 사실 아주 만족스럽지는 않다. 왜냐하면 헐거워지고 소로로 풀리기 때문이다. 이 과정에서 너트의 모서리를 닳게 하여 둥글게 만들 수 있다. 지나치게 둥글어지면 이후 너트를 빼내기 힘들다.

소켓 렌치는 너트의 여섯 면 모두를 물게 되며 보통 세트로 판다. 통상 여러 개의 소켓과 선택한 소켓을 꽂아 쓸 수 있는 래칫이 들어 있다. 자동차 정

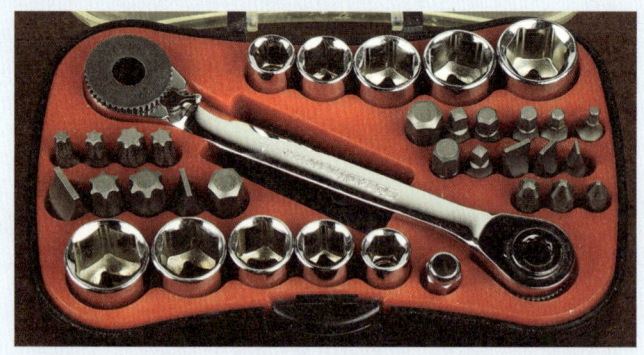

그림 14-39 가장 일반적인 크기로 이루어진 미니 소켓 렌치 세트. 다양한 머리 크기의 비트가 함께 있다. 팔 부분은 탈착이 가능한 플러그에 소켓을 연결할 수 있는 래칫이 들어 있다.

그림 14-40 전기드릴에 사용하는 소켓 비트

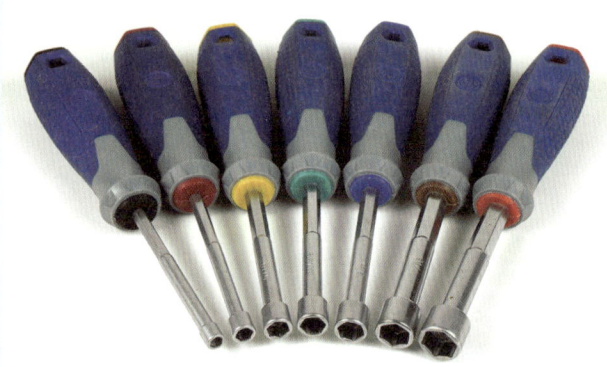

그림 14-41 너트 드라이버 7개들이 세트

비 기술자들은 흔히 커다란 소켓들을 갖고 있다. 만약 당분간 너트와 볼트만을 다루게 된다면 그림 14-39에 보는 것과 같이 미니 소켓 세트를 매우 저렴한 가격에 구매할 수 있다.

그림 14-40에 나오는 것과 같은 소켓도 구할 수 있다. 각 소켓의 자루를 고정시킬 수 있는 수동 드라이버에 사용할 수 있다. 또한 전기드릴에도 사용할 수 있지만 많은 세트들은 전동 도구용으로 지정되어 있지는 않다.

너트 드라이버는 스크루드라이버처럼 되어 있는데 끝부분에 작은 소켓이 달려 있다. 그림 14-41에 너트 드라이버 세트가 나와 있다. 매우 편리하지만 돌릴 수 있는 힘은 소켓 렌치보다 작다.

소켓의 문제점은 너트의 나사산을 끝까지 조여 올리기 힘들다는 것이다. 왜냐하면 볼트의 끝이 소켓 안에서 소켓 윗부분과 충돌하기 때문이다. 물론 속이 깊은 소켓을 구할 수 있지만, 결국 돈이 더 들어간다.

주

1 목공 초보자들을 위해 일정 크기로 잘라서 파는 목재판.   2 강력접착제의 이름.

15장
굽히기

이쯤에서 플라스틱의 세계에 초대하고자 한다. 여러분이 사용하는 플라스틱의 종류에 따라 목재보다 작업하기도 쉽고, 비용이 더 드는 것도 아니다. 플라스틱은 작업 후 페인트나 폴리우레탄을 칠하지 않아도 되고 다른 종류의 재료로는 하기 힘든 보다 창의적인 디자인이 가능하다.

ABS부터 시작해보자. 다용도이면서 가격도 알맞기 때문이다. ABS란 이름을 들어보지 못했을 수 있지만, 모든 사람들은 언젠가 이 재료와 접촉하기 마련이다. 레고 블록과 어린이 장난감은 ABS로 만든다. 많은 3D 프린터가 ABS로 작업한다. 내 집 밖에 있는 끌고 다닐 수 있는 휴지통도 ABS로 만들었을 것이다. 내가 아는 한 내 책상 위에 있는 작은 컴퓨터 스피커의 외장재도 ABS로 되어 있다.

플라스틱을 굽히기만 해도 여러 가지를 만들 수 있다. 여기에서는 단순히 자르고 굽히기만 해도 만들 수 있는 작은 프로젝트 네 개를 포함시켰다. 다음 두 장에서 부품을 접착하고 나사로 조이는 방법을 다루고 투명과 착색은 그다음 두 장에서 다룰 것이다.

ABS에 익숙해지기

ABS는 아크릴로니트릴 부타디엔 스티렌(acrylonitrile-butadiene-styrene)의 약자이다. 이름에서 아크릴로(acrylo) 부분은 화학적으로 말해서 ABS가 루사이트(Lucite), 플렉시글라스(Plexiglas), 퍼스펙스(Perspex)와 같은 브랜드명으로 불리는 아크릴산 플라스틱과 일종의 친족 관계라는 것을 보여준다.

하지만 보거나 느끼기에는 매우 다르다. 아크릴로 만든 제품은 투명하고 잘 부러지며 상대적으로 딱딱하다. ABS는 불투명한 흑백 제품이 가장 많이 팔린다. 상대적으로 낮거나 안전한 온도에서 굽히거나 곡선으로 만들 수 있으며 심하게 함부로 다루지 않는 한 쪼개지거나 깨지지 않는다. 그리고 모양을 쉽게 만들 수 있을 만큼 부드러우면서도 상당한 무게를 감당할 수 있을 만큼 강하다.

이 장의 새로운 주제
- ABS 플라스틱을 자르고 구부리기

필요한 재료는 다음 쪽 참조

필요한 것

- 투바이포 소나무: 어떤 상태여도 좋음, 길이 12″ (305mm)
- 원바이식스 소나무: 옹이가 적고, 뒤틀리지 않은 것, 길이 12″(305mm)
- 원바이식스 소나무: 옹이 없는 것, 뒤틀리지 않은 것, 길이 12″(305mm)
- 플라스틱판: 흰색 ABS, 두께 1/8″(3.2mm), 폭 12″ (305mm), 길이 24″(610mm)
- 세라믹 타일: 최소 4″× 12″(102mm×305mm), 3장
- 볼트: 1/4″×1″(6.4mm×25mm), 20tpi, 육각 혹은 십자모양 냄비머리, 2개
- 잠금너트: 나일론 패킹이 들어가 있는 것, 1/4″ (6.4mm), 20 tpi, 2개
- 펜더와셔: 중심 구멍 크기 1/4″(6.4mm), 지름 1″
- 열선총: 작은 크기, 대략 350와트(W)
- 내열 면장갑(선택)
- 디버링 툴(선택)

앞에서도 사용한 도구들:

장부톱, 연귀통, 트리거 클램프, 자, 스피드 스퀘어, 고무 샌딩 블록, 작업 장갑, 송곳, 플라이어, 다용도칼, 조정 렌치와 드릴 비트, 카운터싱크, 방진 마스크(선택), 보호안경(선택), 합판 작업대, 사포

12″×12″ 혹은 그보다 큰 플라스틱판을 온라인에서 구매할 수 있다(이베이에 확인해 보길). 도시에 산다면 48″×96″ 플라스틱판을 가게에서 구매할 수 있다. 두께는 1/16″, 1/8″, 3/16″, 1/4″ 등이 있다.

준비 작업

ABS 새것을 다룰 때 첫 번째로 할 일은 닦는 것이다. 조각으로 자르고 난 뒤에 하는 것보다 훨씬 쉬울 것이다. 축축하고 마모를 일으키지 않는 헝겊이나 스펀지에 필요하다면 식기세척제를 조금 떨어뜨려 양면을 닦는다.

ABS를 다룰 때에는 페인트칠이나 혹은 다른 마감 작업을 하지 않는다는 점을 항상 염두에 두기 바란다. 쉽게 긁힐 수 있으므로 부드럽게 다뤄야 한다. 그 위에 공구를 올리지 않도록 하고, 작업 공간에 평평하게 놓을 때 못이나 나사처럼 날카로운 물체가 밑에 있는지 확인한다.

대부분의 ABS는 한쪽에는 질감이 있고, 또 다른 쪽은 매끄럽게 되어 있다. 질감이 있는 면은 더 강해서 쉽게 긁힌 자국이 드러나지는 않는다. 이쪽 면이 보기에는 더 좋은 것 같다. 이 프로젝트에서 질감 있는 면을 외부에 드러나는 면으로 생각해보자.

ABS의 부드러운 면 위에 패턴을 그리는 데 연필을 사용할 수 있지만, 연필로 그리는 선은 매우 희미하게 나올 것이다. 나는 얇은 수성펜을 사용한다. 이렇게 하면 선이 잘 보여서 절단 작업을 하기가 더 쉽다. 물론 검은색 ABS가 아닌 경우에 말이다. 검은색 ABS에는 어떻게 표시하는 게 좋을까? 마스킹 테이프를 사용하는 것이 한 방법이다.

수성펜은 쉽게 닦아서 지울 수 있다. 유성 마커는 사용하지 않도록 한다. 유성 마커를 지울 수 있는 가장 효과적인 용액은 ABS도 녹인다.

ABS 자르기

대부분의 목재 도구들은 ABS에도 사용할 수 있다. 강화 톱니가 아닌 톱은 목재를 자를 때보다는 더 빨리 무뎌지기는 하지만 말이다.

전동톱은 문제이다. 곡선톱과 닿으면서 마찰에 의해 생기는 열이 ABS를 녹이고 플라스틱 얼룩이 톱날 옆면에 남게 된다. 날에 붙어 있는 플라스틱 찌꺼기들은 또 다른 새로운 것을 자를 때 다시 녹게 되고 이것이 물체에 묻어 작업하는 사람에게 세게 날아올 수도 있다.

플라스틱용 날이 있는데, 좀 더 두꺼운 강철로 되어 있어서 열을 더 많이 흡수한다. 톱날에 쓰는 윤활유가 도움이 될 수 있지만 ABS는 매우 부드러워서 나는 96″ 크기를 자를 때에도 일반 수동톱을 사용한다.

합판과는 달리 ABS는 쪼개지지 않는다. 강화 톱니가 있는 장부톱은 상당히 깔끔하게 자를 수 있다. 디버링 툴(deburring tool)[1]은 한 번만 지나가도, 좁게 비스듬한 면을 더하면서 고르지 않은 모서리를 부드럽게 만들 수 있다. 이렇게 하면 사포를 사용하는 것보다 훨씬 더 효율적이면서 만족스러운 결과를 얻을 수 있다.

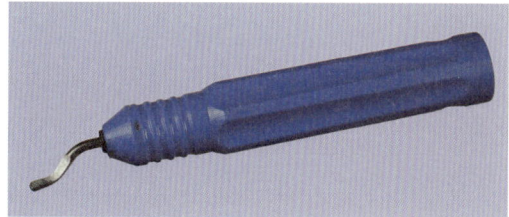

그림 15-1 디버링 툴

이 도구가 그림 15-1에 나와 있다. 모서리가 날카롭지만(사진에서 빛에 반사되는 것을 볼 수 있다), 둥그렇게 처리된 끝부분 안에 있기 때문에 사용하는 데는 안전하다. 하지만 혹시 모르기 때문에 작업 장갑을 끼는 것이 좋다.

그림 15-2 끝부분을 부드럽게 하고 비스듬하게 만들기 위해 디버링 툴을 사용하고 있다.

디버링 툴로 ABS의 모서리에서 얇은 띠 모양으로 플라스틱 조각을 떼내는 모습이 그림 15-2에 나와 있다.

ABS를 가열하기

ABS를 굽히거나 곡선을 만들기 위해서는 섭씨 105도 혹은 화씨 220도 정도로 온도를 올려야 한다. 물이 끓는 것보다 조금 더 높은 온도이다. 여기에는 두 가지 방법이 있다.

가장 쉬운 방법은 돈이 많이 들긴 하지만 플라스틱 벤더(bender)를 사용하는 것이다. 이 벤더는 길고 가느다란 홈이 파인 세라믹 소재에, 열을 발생시키는 전기 장치를 달아 만든다. 그림 15-3과 같이 생겼다. 전기 코드를 콘센트에 꽂고 10분 정도 기다려 뜨겁게 만든 다음 그 위에 플라스틱

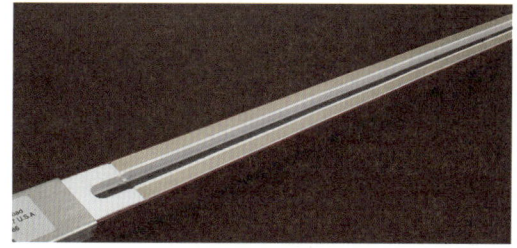

그림 15-3 플라스틱 벤더는 세라믹 소재에 가느다란 홈을 파고, 열을 발생시키는 전기 장치를 달아 만든다.

의 굽히고 싶은 부위를 맞춰 올려놓는다. (플라스틱의 두께에 따라) 30초에서 60초쯤 있다가 1/16″ 정도의 웬만한 정확도를 갖고 굽힐 수 있다.

하지만 이런 종류의 플라스틱 벤더는 가격이 싸지 않다. 온라인에 여러분이 직접 만들 수 있는 도면과 동영상이 있기는 하다. 예컨대 고데기 같은 집안에서 저류를 사용하여 열을 발생시키는 도구를 이용하는 것인데 뭔가 좀 신통치 않아 보인다.

열선총(heat gun)을 사용하는 것이 좋겠다. 가격도 덜 비싸면서 여러 번 혹은 여러 방향으로 굽히는 작업도 가능하다(플라스틱 벤더에서는 이미 굽은 플라스틱이 방해가 되기에 이 작업이 쉽지 않다).

열선총은 헤어드라이어와 유사하지만 더 강력하다(헤어드라이어는 ABS를 부드럽게 만들기에는 충분히 뜨겁지 않다). 플라스틱을 굽히는 것 말고도 다른 용도가 있다. 만약 여러분이 취미로 전자제품을 다루기 좋아한다면 열선총을 사용하면 열수축 튜브가 줄어들게 되어 있다. 라벨이 제품에 붙어 있을 때 뜨거운 바람을 불어넣으면 쉽게 떨어진다. 만약 작업장이 추울 때 열을 조금 가하면 에폭시 접착제가 좀 더 쉽게 흐르고 빨리 굳는다. 꽤 자주 나는 '어쩌면 열선총이 이 작은 문제를 해결하는 데 도움이 될 수 있지 않을까' 하고 생각한다.

1,000와트짜리 대형 열선총 혹은 350와트 정도를 소비하는 소형 열선총을 구매할 수 있다. 여기에서 프로젝트를 하는 데에는 덜 비싼 소형 열선총으로도 충분하다. 소형 열선총은 그림 15-4와 같이 생겼다. 대형에 비해 가격도 싸고 주의만 기울이면 더 안전하게 사용할 수 있다.

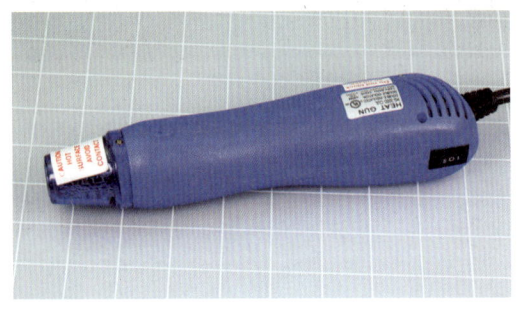

그림 15-4 작은 열선총

주의: 화상 위험

뻔한 소리인 것을 알면서도 말하지만, 열선총은 뜨거워진다. 나 혹은 다른 사람을 향해 잡지 않도록 한다. 작동하는지를 확인하기 위해 손을 열선총 앞에 가까이 대지 않도록 하고 작동 중에는 내려놓거나 그냥 두고 멀리 가지 않는다. 또한 열선총은 쉽게 타는 재료에 사용해서는 안 되며, 공기 중에 인화성 증기가 섞여 있을 때 써서도 안 된다.

만약 폴리에스터, 나일론, 스판덱스처럼 100퍼센트 합성섬유 의류를 입고 있을 때에는 자기도 모르게 가까이 있는 열선총 때문에 옷이 녹아내릴 위험이 있다.

출력이 더 높은 열선총은 강관 자체에 열이 들어오도록 되어 있고, 전원을 끄고 나서도 한동안 손에 화상을 입힐 정도로 열이 남아 있다.

따라서 어린이가 쥐게 되거나 애완동물이 다치지 않도록 열선총을 주변에 놔두면 안 된다. 그리고 그림 15-5에 나오는 인물과는 달리 내열성의 장갑을 끼고 플라스틱을 굽혀야 한다. 순면 장갑이나 오븐용 장갑도 사용 가능하다.

그림 15-5 예상외의 상황이 생길 수도 있으므로 내열성 장갑을 끼는 것이 좋다.

열을 집중시키기

열선총에서 뜨거운 공기가 나오면서, 열은 방사된다(spread out). 플라스틱에 부드러운 곡선을 만들 때에는 괜찮다. 하지만 상자의 귀퉁이와 같이 면을 급하게 굽히고 싶을 때에는 좁고 긴 부분에 열을 제한적으로 가할 수 있는 방법이 있어야 한다.

이런 목적으로 작은 합판 조각을 열 차폐 용도로 사용할 수 있다. 하지만 열선총은 목재를 눋게 할 정도로 충분히 뜨겁고, 짧은 범위에 긴 시간 사용하면 목재를 심지어는 태울 수도 있다.

더 좋은 방법은 비인화성 재료를 사용하는 것인데, 도자기류로 되어 있는 마루 타일이 좋다. 대형 공구상가에서 살 수 있고, 세 개만 있으면 충분하다.

그림 15-6 굽힐 준비가 된 ABS 플라스틱

시험 삼아 휘기

ABS가 얼마나 쉽게 휘는지 보기 위해 약 4″×2″ 조각을 자른 뒤, 그림 15-6에서 보는 것처럼 작업대에 두 개의 타일 사이에 끝부분이 삐져나오게 놓는다.

그림 15-7에 나와 있는 것처럼 세 번째 타일을 잡고 열로부터 보호하고 싶은 부위를 덮은 뒤 노출된 얇은 부위에 열선총을 사용한다.

대부분의 열선총은 두 가지 설정이 있다. 소형 열선총을 사용하면 강한 바람이 나오는 설정을 사용하고, 커다란 열선총을 사

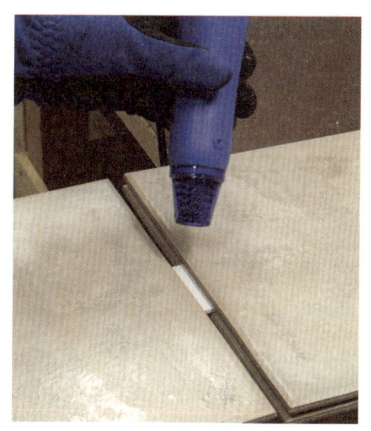

그림 15-7 1/2″ 혹은 그보다 얇은 부위에 열이 집중된다.

그림 15-8 간단한 굽히기 작업

용하면 약한 바람이 나오는 설정을 하도록 하자. 열선총을 노출된 ABS에서 2″ 정도 띄운 상태에서 뜨거운 바람을 위아래로 일정한 속도로 왔다 갔다 하며 쏘인다. 1분 정도 있다가 플라스틱을 눌러보면 이전처럼 탄성이 없을 것이다. 열선총의 전원을 끄고 그림 15-8처럼 플라스틱이 굽는지 확인하라. 만약 잘 굽어지지 않으면 조금 더 열을 가한다.

타일 사이에 플라스틱이 조여 있는 상태에서 굽혀야 할 필요는 없다. 타일에서 플라스틱을 빼낸 후에 장갑을 낀 손으로 굽힐 수도 있다. 이렇게 해도 제대로 모양을 잡는 데 큰 문제가 없다. 왜냐하면 열선총을 사용하는 동안 타일이 열을 막기도 하지만, 일부는 흡수하기 때문이다.

그림 15-9와 15-10은 이 개념을 보여준다. 플라스틱을 보호하지 않은 상태로 가열하면 열이 전체에 전도되고 따라서 뜨거운 부위가 상대적으로 넓어진다. 플라스틱을 타일 사이에 고정시키면, 타일이 열을 퍼지지 않게 만들고, 따라서 열선총 아랫부분만 굽힐 수 있을 정도로 뜨거워진다.

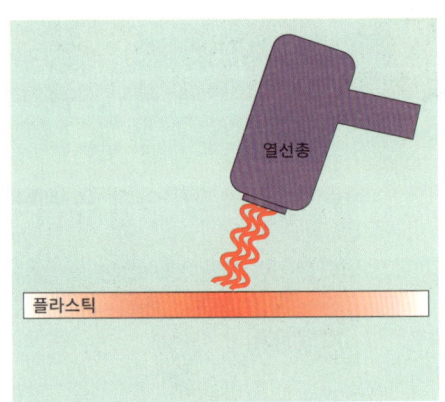

그림 15-9 아무런 보호장치가 없으면 플라스틱은 넓은 영역이 뜨거워진다.

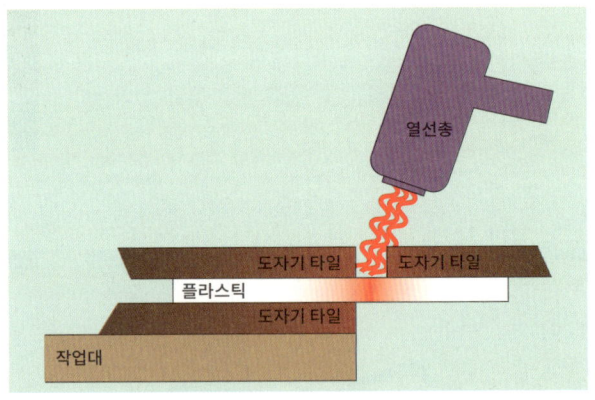

그림 15-10 도자기 타일은 열을 제한하고, 좁은 영역 외에는 열을 없애는 역할을 한다.

열을 가하는 작업은 시간이 얼마나 걸릴까? 이에 대한 답은 몇 가지 요소에 달려 있다.

- 얇은 플라스틱은 두꺼운 플라스틱보다 훨씬 빨리 뜨거워진다.

- 넓고 길게 노출되어 있는 플라스틱은 시간이 더 걸린다. 왜냐하면 한정된 열이 넓은 공간에 퍼지기 때문이다.
- 열선총이 플라스틱으로부터 떨어져 있는 거리가 차이를 만든다.
- 플라스틱을 여러 개 굽힐 경우 각각의 것은 이전 것보다 시간이 덜 걸릴 것이다. 왜냐하면 타일이 뜨거워지기 때문이다. 열선총도 사용하면서 뜨거워진다.

ABS에 열을 심하게 가하면, 그을린다. 처음에는 노란색으로 그리고 차츰 갈색으로 변하며 이 변화는 되돌릴 수 없다. 만약 소형 열선총을 사용하는데 플라스틱이 30초가 되기 전에 말랑말랑해진다면 너무 뜨겁게 달구었기 때문일 것이다.

굽힐 때에는 뜨겁게 된 부분과 먼 부분을 만곡부로 만든다는 점을 기억하라. 즉, 뜨거워진 면이 굽은 면의 바깥 부분으로 확장된다. 만약 반대로 구부리면 뜨거운 면이 부풀어 오르거나 곡선의 안쪽이 엉망으로 접힐 것이다.

굽히고 나서는 스피드 스퀘어로 각도를 잰다. 원하는 모양이 되었을 때 스프레이로 물을 뿌리거나 젖은 스펀지로 닦아낸다. 그러면 거의 즉시 딱딱하게 굳을 것이다

연필이나 볼펜으로 어느 부위를 굽힐지 표시하고 싶을 것이다. 이는 좋은 생각이 아닌데, 열 때문에 표시한 부분이 영구적으로 남을 수 있기 때문이다. 나는 보통 플라스틱 모서리에 아주 작은 점을 찍어서 표시한다. 그러면 나중에 다용도 칼로 살짝 벗겨낼 수 있다.

커다란 타일을 사용할 경우, 손으로 잡는 타일이 너무 크고 무거우면 작은 조각으로 잘라내도 된다. 타일을 잘라낼 때에는, 만약 갖고 있다면, 유리를 자르는 도구로 금을 그으면 된다. 어느 쪽이든 투바이포 길이로 타일을 부러뜨리면 된다. 손으로 하기가 망설여진다면, 그리고 잘 망가지지 않을 마루가 있다면 타일 한쪽 끝을 발로 고정하고, 다른 쪽을 발로 밟으면 된다. 부러진 면이 날카로울 수 있으니 조심한다.

책받침대

이 프로젝트부터 시작하는 이유는 가장 간단하기 때문이다. 세 번만 접으면 된다.

앉아서 손으로 잡지 않고 책을 읽고 싶다면, 책받침대가 문제를 해결해줄

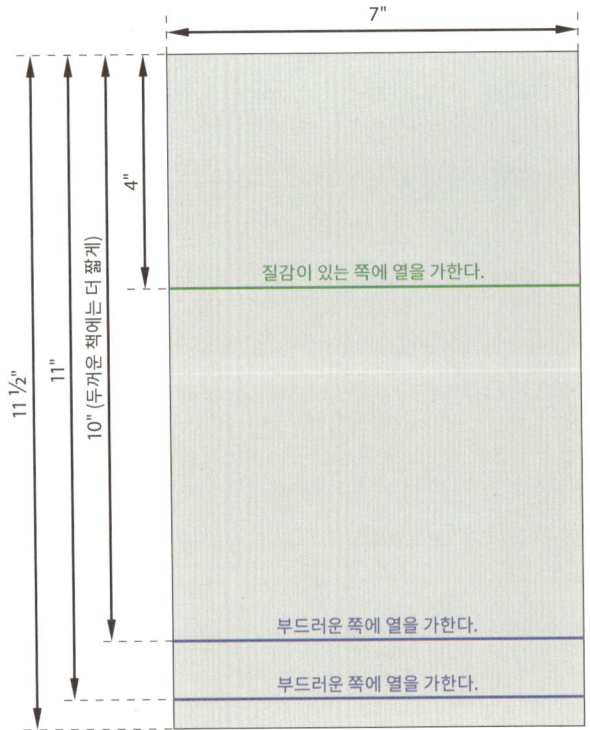

그림 15-11 페이퍼백 책받침대를 위한 도면

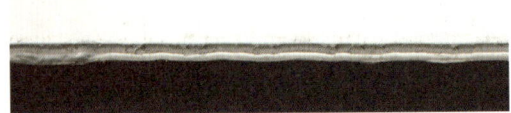

그림 15-12 ABS의 '자연스러운' 가장자리의 모습은 이렇게 생겼다.

그림 15-13 기준면을 자르기 위한 준비

것이다. 물론 살 수도 있지만 딱 자신의 필요에 맞는 알맞은 크기로 만들면 어떨까? 만약 주로 페이퍼백 책만 읽는다면 책받침대는 소형이어도 된다. 예술 책들을 읽으려면 책받침대도 커야 할 것이다. 여기에서는 소형 책받침대에 대해서 설명하고, 크기는 필요에 따라서 각자 변화시키도록 하자.

도면은 그림 15-11에 나와 있다. 여러분이 너비 12″짜리 ABS를 갖고 있다고 가정했는데, 왜냐하면 온라인에서 살 수 있는 최소한의 너비인 기본 크기이기 때문이다. 11 1/2″×7″ 크기의 플라스틱이 필요하므로 이를 염두에 두고 그린 도면이다.

ABS 플라스틱에는 톱질한 가장자리가 있을 텐데, 똑바르지만 좀 거칠 것이다. '자연스러운' 가장자리라면 그림 15-12에서 확대한 것과 같을 것이다. 어느 쪽이든 자신이 기준으로 삼을 가장자리를 일직선으로 부드럽게 잘라내야 한다. 이 과정은 10장에서 합판을 사용할 때 했던 것과 유사하다.

기준면을 만들기 위해서는 그림 15-13에 나오는 것처럼 가이드 목재 조각을 사용해 잘라내는 것을 권한다. 플라스틱 밑에 희생목은 필요 없다. 왜냐하면 ABS는 쪼개지지 않으며 강화 톱니가 있는 장부톱은 상당히 깔끔하게 잘라낼 것이기 때문이다.

플라스틱 밑에 대는 투바이포 목재는 작업대의 역할만이 아니라 지지대로서의 기능도 제공한다. 1/8″ 두께의 ABS는 아주 강하지 않아서 잘라낼 때

지지대가 필요하다. 작업대 가까이에서 가장자리에 톱질하는 것은 불가능하다. 클램프가 방해되기 때문이다.

톱의 옆면을 수직으로 조심스럽게 유지하면서 부드럽게 톱질을 한다. 톱질을 마치고 나서 디버링 툴이나 샌딩 블록을 이용하여 밑부분을 깔끔하게 정리한다.

그림 15-14처럼 기준면에서 90도 되는 지점에 스피드 스퀘어를 이용하여 선을 그린다. 이 선 위의 7″ 되는 지점에 표시를 한다. 이곳을 A 지점이라고 하자.

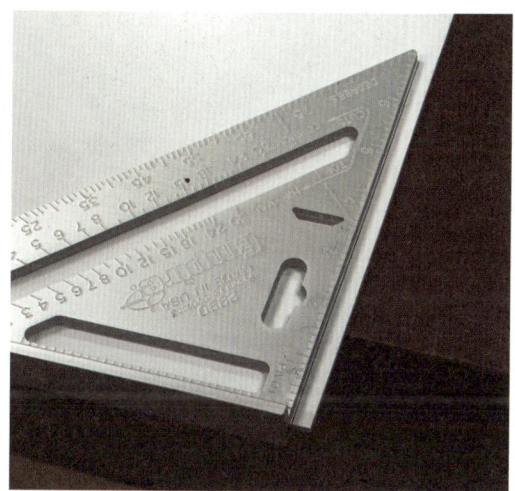

그림 15-14 기준면에서 90도로 선 긋기

기준면을 따라 그림 15-15처럼 11 1/2″를 측정하자. 페이퍼백 책을 올려놓는 부분이 11 1/2″ 길이라는 점을 생각하면서 말이다.

그림 15-15 기준면을 따라 11 1/2″를 측정하기

그림 15-16처럼 스피드 스퀘어를 이용하여 11 1/2″를 표시한 곳에 90도로 또 다른 선을 긋는다. 이 선을 연장하여 기준면으로부터 7″를 표시한다. 이곳을 B 지점이라고 하자. 이제 A 지점과 B 지점을 연결하는 선을 그린다. 이렇게 하면 기준면과 평행하면서 같은 길이가 될 것이다. 그림 15-17처럼 이 선을 따라서 자른다. 그리고 사각형의 나머지 두 면을 잘라서 최종 크기로 만든다. (사진을 찍을 때 톱이 이 각도로 찍혔다. 하지만 자를 때 톱의 각도는 좀 더 얕아야 한다.)

그림 15-16 두 번째 90도 선

그림 15-17 사각형을 잘라내기

그림 15-18 어느 부분을 굽힐지 표시하기

이제 그림 15-11의 도면에서 보는 것처럼 어디에서 굽혀야 할지 정해 가장자리에 표시를 해야 한다. 가장 쉬운 방법은 ABS를 투바이포 목재에 클램프로 조이고, 그림 15-18처럼 자를 놓을 수 있는 자리를 만드는 것이다. 한쪽 가장자리에 표시를 하고 나서는 그림 15-19에 나오는 것처럼 스피드 스퀘어를 이용하여 반대쪽 가장자리에 똑같이 표시한다.

이제 굽힐 준비가 되었다. 그림 15-11에 나와 있는 도면은 질감이 있는 ABS의 면이 책받침대에서 밖으로 노출되는 부분이라는 것을 가정하고 있다. 잊지 말기 바란다. 열을 가한 지점에서부터 굽힌다. 왜

그림 15-19 반대쪽 가장자리에 굽힐 표시를 똑같이 하기

냐하면 뜨거운 면이 늘어나면서 굽혀야 하기 때문이다. 굽힐 때 바깥 부분이 안쪽보다 길이가 더 길다.

윗부분에서 시작해서 아래로 작업한다. 첫 번째 굽히는 작업은 4″ 표시한 부분에서 질감이 있는 면에 열을 가한다. 따라서 질감이 있는 면을 위로 놓고 타일 사이에 플라스틱을 둔다. 1/8″ 되는 지점 가장자리에 표시한 것을 볼 수 있을 것이다. 그림 15-20처럼 스피드 스퀘어를 이용해서 타일의 가장자리가 플라스틱과 90도를 이루는지 확인한다.

그림 15-21처럼 열선총을 사용한다. 플라스틱이 부드러워지면 재빨리 빼내서 두 손으로 잡고 열을 가한 선 부분을 따라서 그림 15-22와 같이 예리한 각도가 될 때까지 굽힌다. 왜 이렇게 예리한 각도가 필요한지 알기 위해서는 그림 15-26에 나온 최종 책받침대의 모습을 먼저 보기 바란다.

그림 15-20 굽히기 전에 확인!

그림 15-21 첫 번째 구부릴 부분에 열을 가하기

그림 15-22 첫 번째 구부리는 부위는 각도가 급하다.

그림 15-23 두 번째 구부리기 작업 준비가 된 상태

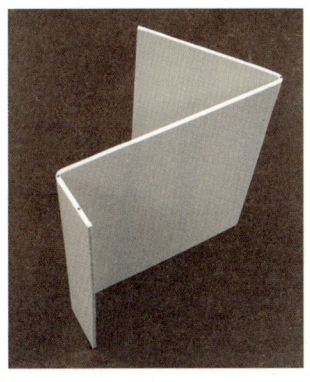
그림 15-24 두 번째 구부리기 작업이 완료된 상태

그림 15-25 세 번째 구부리기 작업이 준비된 상태

그다음 굽히는 작업은 그림 15-23처럼 매끄러운 부분을 위로 하고 타일 사이에 플라스틱을 놓는다. 열선총을 쓰기 전에 또 다른 타일 조각을 대어 접히는 부분이 아닌 노출된 부분을 보호한다.

플라스틱이 충분히 부드러워지면 두 번째 굽히기 작업은 그림 15-24처럼 90도로 한다.

세 번째 구부리는 작업은 그림 15-25처럼 매끄러운 면을 위로 보게 하고 타일 사이로 플라스틱을 놓는다. 타일 밑에는 플라스틱의 ½″만 있게 되므로 클램프로 꽉 조여야 한다.

길게 뺀 플라스틱을 구부리는 것보다 짧게 남은 부위를 구부리는 것이 항상 더 어렵다. 세 번째 구부리고 나면 이제 끝이다!

사포로 네 귀퉁이를 다듬으면 작업 완료다. 그림 15-26에 최종 페이퍼백 책받침대가 나와 있다.

이제 합판으로는 어떻게 만들 수 있을지 한번 생각해보길 바란다. 아마도 두 개의 삼각형으로 만든 조각을 옆에 끼워서 책이 기울어지는 부분을 지지하도록 했을 것이다.

하지만 바닥의 가장자리를 어떻게 만들어야 할까? 빨리, 쉽게 만들 수는 없을 것 같다. 무게는 더 나갈 것이고, 보기에도 플라스틱만큼 좋지는 않을 것이다.

ABS로 또 무엇을 만들 수 있을까?

그림 15-26 작업 완료

조절 가능한 종이 타월 걸이

돌아가는 힘을 조절할 수 있는 종이 타월 걸이를 만들어보자. 이 아이디어가 유용하다고 보는 것은 타월 걸이는 잘 돌아갈 정도로 느슨해야 하지만 종이 타월을 구멍을 따라 찢을 때 견딜 만큼 뻑뻑해야 하기 때문이다.

그림 15-27 돌아가는 힘을 조절할 수 있는 타월 걸이

그림 15-27에 나오는 디자인은 벽에 장착되는 간단한 받침대와 종이 타월의 중심에 있는 판지로 된 통에 들어갈 두 개의 부속물로 이루어져 있다.

두 개의 부속물을 종이 타월 중심에 있는 통에 밀어 넣을 때 돌출 부위를 쥐어야 한다. 일단 통에 들어가면 돌출 부위의 탄력으로 붙들게 된다. 양쪽 끝의 두루마리 고정장치에 있는 1/4″ 볼트를 조이거나 풀어서 돌아가는 힘을 조절할 수 있다.

그림 15-28에 벽걸이의 도면이 있다. 두 개로 나누어 만드는 것이 아니라면 여러분이 갖고 있는 12″ ABS보다는 길다. 이 부분은 여러분에게 맡기겠다. 매우 단순한 디자인으로 두 번만 구부리면 된다. 내 생각에는 이 시점에는 사진 없이도 만들 수 있을 것이다. 마주 보는 양쪽 옆의 구멍은 수직으로 중심 높이가 똑같아야 한다.

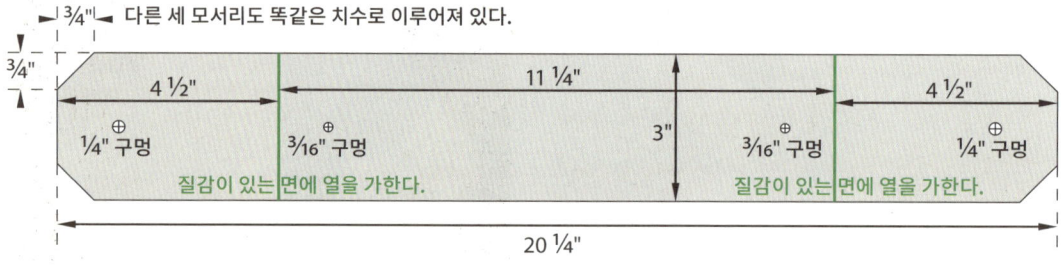

그림 15-28 종이 타월 걸이의 받침대를 위한 도면

양쪽 끝부분에 있는 부품을 위한 도면이 그림 15-29에 나와 있다. 붉은 선이 톱으로 절단해야 하는 부분이다. 원은 플라스틱에 드릴로 구멍을 뚫어야 하는 부분이다. 원 안에 십자를 그려 넣었는데, 이 도면을 확대 인쇄하면 플라스틱에 도면을 대고 송곳으로 쉽게 중심을 찔러 표시할 수 있다.

¼″ 구멍을 중심에 뚫는 것은 문제가 되지 않을 것이다. 하지만 3/8″ 드릴 비트는 플라스틱을 먹어 들어가면서 엉망으로 만들 수 있다. 그림 15-30에 나와 있는 것처럼 직선들로 이루어진 구멍의 경계선까지 카운터 싱크 드릴 비트로 구멍을 뚫어서 이런 문제를 최소화할 수 있다. 그리고 나서 5/16″ 드릴 비트를 사용하고 마지막에 3/8″ 드릴 비트를 사용한다. 플라스틱이 클램프로 꽉 조여 있는지 확인하고 드릴은 최대한 천천히 돌리도록 한다.

왜 3/8″ 구멍이 필요한지 궁금할 수 있다. 그 이유는 두 개의 톱질 선이

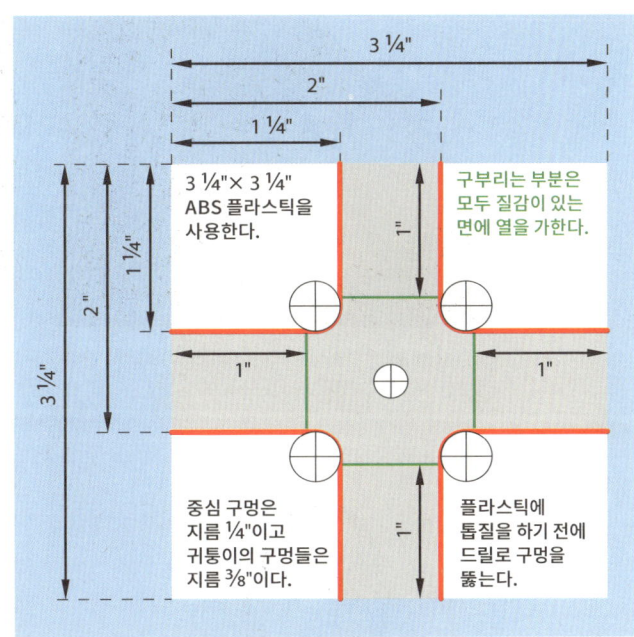

그림 15-29 종이 타월 걸이의 끝부분. 두 개를 만든다.

한 조각의 내부에서 만날 때는 언제든 둥근 구멍을 먼저 드릴로 뚫고 그다음에 그림 15-31에서 보는 것처럼 구멍 쪽으로 톱질을 한다.

만약 두 개의 톱질 선이 뾰족한 지점에서 만나고, 구부려야 하는 선이 근처에 있다면 플라스틱이 만나는 지점에서 쪼개질 수 있다. 구멍 안쪽에 있는 곡선이 플라스틱을 쪼개지 않고 늘어날 수 있게 만든다.

구멍에 접근하면서 톱을 거의 직각으로 들어야 한다. 마지막 몇 밀리미터

그림 15-30 끝부분 부품에 3/8″ 드릴 구멍을 뚫을 준비를 하고 있다.

그림 15-31 5/8″ 구멍 중 하나에 톱질을 하고 있다.

그림 15-32 다용도 칼로 플라스틱의 남은 부분을 깔끔하게 잘라내는 모습

그림 15-33 끝부분의 돌출부를 굽히고 있다.

그림 15-34 끝부분을 시험하는 모습

그림 15-35 받침대에 끝부분을 장착한 모습

는 조심해서 진행해야 한다. 구멍 바로 전에서 톱질을 그치면 ABS는 그리 단단하지 않기 때문에 움직이거나 돌리면 조각이 떨어져 나간다. 지저분하게 남은 부분은 사포질을 하거나 다용도 칼로 깎아내면 된다. 이때 그림 15-32에 나온 것처럼 목재 조각 위에 놓고 자르도록 한다. 칼이 여러분을 향하지 않도록 주의하자.

끝부분에서 돌출된 부분을 구부리는 것은 단순하다. 매끄러운 면을 위로 하여 구부릴 수 있다. 그림 15-33은 하나를 제외하고 세 개의 돌출부를 구부린 장면이다.

그림 15-34처럼 두 개 중 하나가 타월 중심부에 잘 맞는지 확인해보자. 언제든 열을 가해서 돌출부를 안쪽 혹은 바깥쪽으로 더 구부릴 수 있다.

그림 15-35처럼 타월을 붙들게 되는 받침대에 양쪽 끝부분을 장착하기 위해서는 길이 1″에 ¼″ 크기의 볼트, 두 개의 1″ 펜더 와셔, 잠금너트 1개가 필

그림 15-36 종이 타월이 최적으로 나올 준비가 되어 있다.

요하다. 너트와 볼트의 나사산 숫자는 반드시 맞아야 한다(보통 인치당 20개). 14장에서 팬터그래프를 만들었다면 이 도구들이 익숙할 것이다. 볼트를 조여서 더 빡빡하게 돌아가도록 만들 수 있다.

그림 15-36에 타월이 걸린 모습이 나와 있다. 1/4″ 납작머리 볼트가 있어서 좀 더 깔끔하게 보이도록 하기 위해 걸이대에 카운터싱크 드릴 비트로 구멍을 뚫었다. 냄비머리 볼트도 적당하다.

욕실 수납 바구니

어쩌면 이미 가지고 있을 것이다. 목욕탕의 샤워기에 걸어서 샴푸나 다른 용품을 담는 작은 받침대나 바구니 말이다. 이미 있다고 해도 원하는 용기를 담기에는 크기나 모양이 맞지 않을 수도 있다. 나만을 위한 것을 만드는 이유이기도 한데, 자신이 원하는 것과 딱 맞는 물건을 가질 수 있다는 것이 무언가를 만드는 즐거움이다.

작은 걸로, 샤워기 근처 타일에 부착된 흡판에 다는 비누 그릇을 만들 수도 있다. 그림 15-37에 나오는 디자인에는 치수가 나와 있지 않다. 각자 자신의 필요에 맞게 크기를 조절할 수 있기 때문이다.

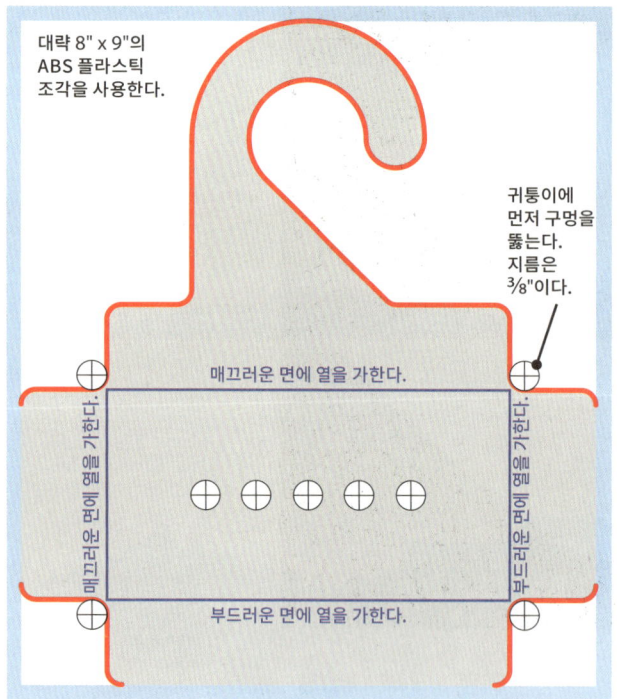

그림 15-37 원하는 크기에 따라 샤워 용품 바구니 혹은 비누 그릇이 된다.

ABS로 굽혀서 물건을 만들기 위해 디자인을 할 때 첫 번째 단계는 항상 종이에 도면을 그린 후, 잘라서 접어보고, 보기에 괜찮은지 확인하는 것이다. 원하는 도면을 그리고 나면 ABS의 매끄러운 면에 종이를 테이프로 붙이고 그 주변으로 그리면 된다. 그림은 완벽하지 않아도 된다. 그림 15-38에 나오는 내가 그린 그림도 완벽하지 않다.

톱질하는 부분이 만나는 지점에 드릴로 구멍을 뚫고 나서 장부톱으로 일직선 부분을 자르고, 곡선 부분은 실톱을 사용한다. 이 물건은 굽히기 간단한데 구부리는 모든 부분이 한 방향으로 되어 있고 네 개밖에 되지 않기 때문에 그렇다. 단계별로 사진이 없어도 될 것이다. 따라서 그림 15-39에 완성된 물건을 제시했다.

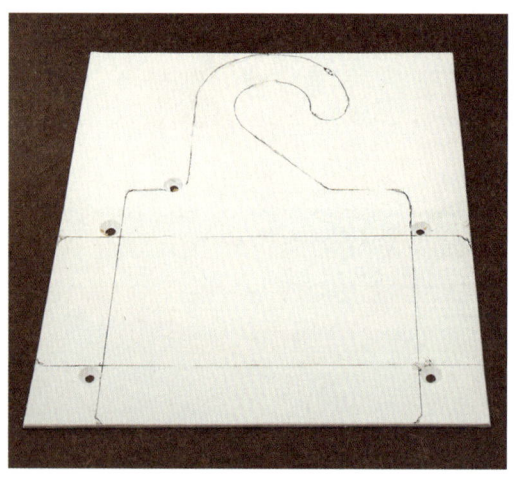

그림 15-38 샤워 용품 바구니의 대략의 윤곽을 ABS의 부드러운 면에 그리고, 드릴로 구멍을 뚫은 모습

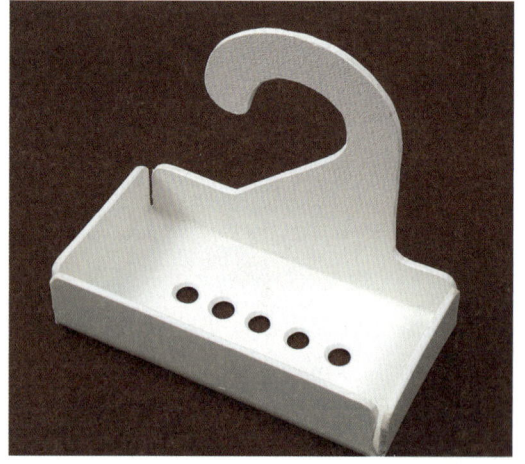

그림 15-39 이 사진은 비누 그릇 크기다. 하지만 더 크게 만드는 것도 쉽다.

종이학

이것은 조금 더 어려운 제작 프로젝트인데, 반대 방향으로 구부려야 하기 때문이다. 하나씩 구부리고 고정하다 보면 다음 것을 구부리는 데 방해가 되곤 한다.

순서에 맞춰 구부리도록 주의하자. 도면의 번호가 올바른 순서를 나타낸다. 그림 15-40 참조.

앞선 프로젝트와 마찬가지 방법으로 모양을 따라 자르고 드릴로 구멍을 뚫은 다음 꼬리부터 순서대로 구부린다. 두 번째 날개에 왔을 때

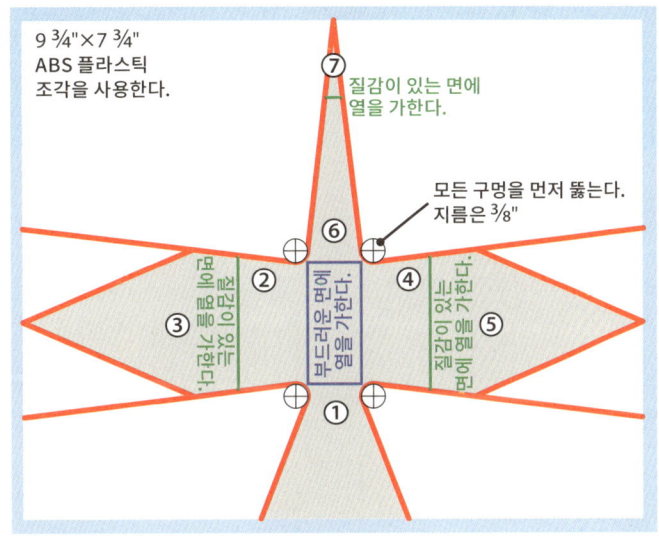

그림 **15-40** 번호는 구부리는 순서를 말한다.

(5번), 그림 15-41에서 보는 것처럼 타일 조각을 수직으로 사용하여 앞서 구부린 부분에 다시 열이 가해지지 않도록 창의적으로 작업해야 한다.

완성된 학이 그림 15-42에 있다. 마음에 든다면 몇 개를 더 만들어서 모빌로 사용하면 어떨까?

이 장에서 구부릴 수 있는 재료가 몇 가지 멋진 디자인의 가능성을 열어준다는 것을 알았을 것이다. 하지만 접착제와 나사 역시 나름의 용도가 있다. 다음 두 장에서 그것을 보여줄 것이다. 그 다음에는 접착제, 나사 그리고 플라스틱을 구부려서 적용하는 두 가지 다른 종류를 보여줄 것이다.

그림 **15-41** 앞서 구부린 부분에 열이 가해지는 것을 막기 위해서 타일 조각을 수직으로 사용하고 있다.

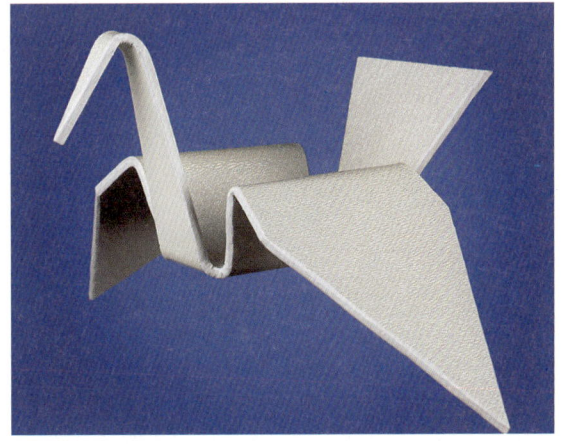

그림 **15-42** ABS를 접어서 만든 학. 일본의 전통적인 종이접기와 닮았다.

주

1 모서리를 다듬어서 이물질을 제거하는 도구.

16장
더 멋진 상자 만들기

10장에서 더 멋진 상자를 만들겠다고 약속했다. 이제 그 시간이 되었다. 여기서 두 개의 더 멋진 상자를 제안하려고 한다. 첫 번째 상자는 이 장에서 그리고 두 번째 상자는 다음 장에서 만들 것이다.

부분별 제작

그림 16-1에 여러분이 만들었으면 하는 상자를 3D 도면으로 그려놓았다. 모든 연결은 접착제로 할 텐데, 플라스틱 부품 판매처에서 살 수 있는 ABS 용제를 사용한다.

이 장의 새로운 주제
- ABS 플라스틱에 솔벤트 시멘트 사용하기

필요한 것
- 투바이포 소나무: 어떤 상태여도 괜찮음, 길이 12″ (305mm)
- 원바이식스 소나무: 약간의 옹이는 괜찮지만 틀어지지 않은 것, 길이 12″(305mm)
- 정사각형 각재목: 3/4″× 3/4″(19mm×19mm), 길이 3″(76mm)
- 플라스틱판: 흰색 ABS, 두께 1/8″(3mm), 넓이 12″(305mm), 길이12″(305mm)
- ABS, 아크릴, 폴리카보네이트에 쓸 수 있는 솔벤트 시멘트: 4온스(113 g)
- 솔벤트 시멘트 도포용 도구: 주입기가 달린 플라스틱 용기
- 일회용 화학물질에 강한 장갑(니트릴 장갑이 좋다)
- 화학물질에 강한 고글
- 깨끗한 헝겊: 대략 12″× 48″(305mm×1,219mm) 크기
- 판지: 두께 상관없이 대략 12″×12″(305mm×305mm) 크기

다음 쪽에 계속

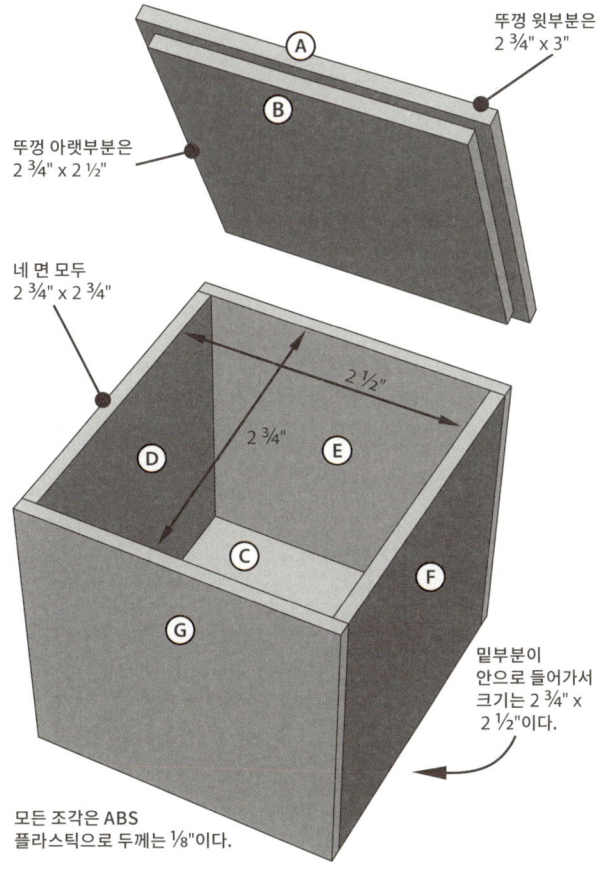

그림 16-1
상자의 각 부분들이 어떻게 서로 맞아 들어갈지를 보여주는 그림

모든 조각은 ABS 플라스틱으로 두께는 1/8″이다.

앞에서도 사용한 도구들:
장부톱, 연귀통, 트리거 클램프, 자, 스피드 스퀘어, 고무 샌딩 블록, 작업 장갑, 송곳, 마스킹 테이프, 만능칼, 디버링 툴(선택), 방진 마스크(선택), 합판 작업대, 사포

첫 번째 상자를 만드는 데 필요한 부분들은 그림 16-2에 나와 있다. 각각 12″×2¾″(305㎜×70㎜) 크기인 두 개의 플라스틱 조각으로 모두 만들 수 있도록 수치를 정했다. 상자의 네 면이 모두 정사각형이어서 어디가 윗부분인지 걱정할 필요가 없다(하지만 각각 두 면씩 모서리에서 겹치는 부분이 있어서 상자를 만들고 나면 완벽한 정사각형은 아니다).

앞 장에서 ABS 조각을 잘랐던 것과 같은 방법으로 조각을 잘라내면 된다. 필요하다면 기준면을 만들고, 그 면과 평행하게 잘라낸다. 조각을 만든 다음에는 연귀통을 사용하여 그림 16-2에 나오는 부분들을 만들 수 있다.

1장에서 각재목으로 했던 것처럼 한 부위를 측정하고 자르고 난 뒤, 다시 다음 부위를 측정하고 자른다. 크기는 정확해야 한다. 따라서 톱날의 두께를 고려해야 한다.

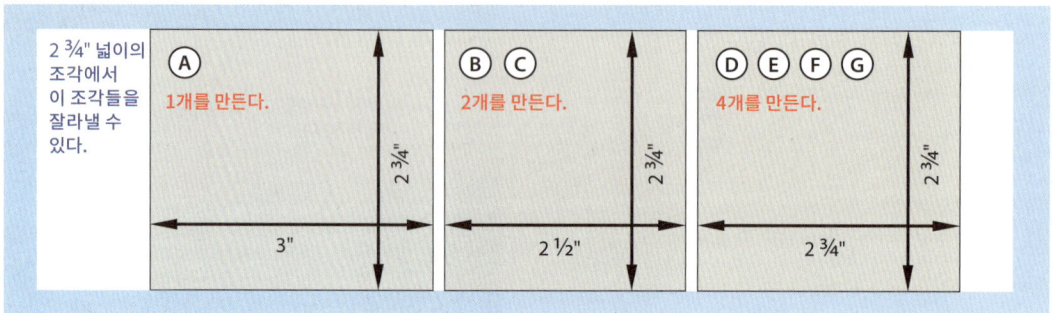

그림 16-2 잘라내야 하는 조각들

용제 기초

플라스틱에 가장 많이 사용하는 접착제 종류는 솔벤트 시멘트이다. 일반적인 접착제는 두 개의 물체 사이에 하나의 막을 형성하지만, 용제(솔벤트)는 플라스틱을 녹여서 물체들이 함께 붙도록 한다. 그런 다음 용제는 증발하면서 서서히 없어진다.

용제는 틈새를 막을 수 없다. 따라서 한 플라스틱 부위의 가장자리가 또 다른 플라스틱의 면에 닿는 맞댄 짜임(butt joint)을 할 때에는 톱으로 자른 가장자리가 일직선이면서 매끄러워야 한다. 이 부분이 앞서 다룬 어느 것보다 더 힘든데, 여기에서 디버링 툴은 적절하지 않다. 왜냐하면 모서리를 비스듬하게 만들어 다른 부위와 접촉할 수 있는 면이 줄어들기 때문이다.

그림 16-3은 일반적으로 두께 ⅛″의 ABS를 톱으로 잘라낸 단면이다. 톱니

에 의해 생긴 자국을 볼 수 있다. 80방짜리 사포를 딱딱하고 평평한 수평면에 클램프로 조인 다음에 톱으로 자른 ABS의 가장자리를 그 위에 대고 그림 16-4처럼 문지른다. ABS를 수직으로 잡을 때 자른 조각의 면 모서리가 둥글지 않고, 평평하게 되도록 조심해야 한다. 사포에 대고 조금만 밀면 톱질한 가장자리가 그림 16-5에서 보는 것처럼 될 것이다.

깡통에 '아크릴'이라고 적혀 있지만 여러분이 사용할 용제는 ABS에 사용할 수 있다. 주입기가 달린, 눌러 짜낼 수 있는 플라스틱 용기로 만든 도포용 도구와 함께 그림 16-6에 나와 있다. 이 바늘은 크고 뭉툭하다. 따라서 웬만큼만 조심하면 사용하는 데 위험하지 않다. 하지만 용제 자체는 다른 문제이다.

그림 16-3 플라스틱을 방금 톱으로 자르고 난 뒤 남은 톱니 자국

그림 16-4 정사각형의 가장자리를 사포에 대고 문지르기

용제 위험 경고

내가 추천하는 ABS 용제는 물처럼 생겼지만 휘발성이 매우 강하며 많이 들이마시면 안 되는 연기가 난다. 손에 묻지 않도록 하고 특히 눈에 닿으면 안 된다. 화학물질에 강한 장갑과 보호안경을 착용하고 환기를 잘해야 한다. 불꽃 주변에서는 사용하지 않는다. 당연히 금연 구역에서 작업해야 한다.

예상치 못하게 용기에서 용제 방울이 찍 나올 수 있다. 작업장에서 떨어트리기만 해도 용제가 조금씩 튀어나올 수 있다는 것이다. 이런 위험을 심각하게 생각해야 한다.

만약 폴리카보네이트 렌즈로 된 안경을 끼고 있다면 이 용제는 렌즈를 녹일 수 있다. 따라서 안경을 끼고 있을 때는 그 위에 보호안경을 착용해야 한다.

그림 16-5 톱니 자국을 갈아냈다. 사포질로 인해 생긴 먼지가 아직 눈에 보이는데, 솔벤트 시멘트를 바르기 전에 닦아내야 한다.

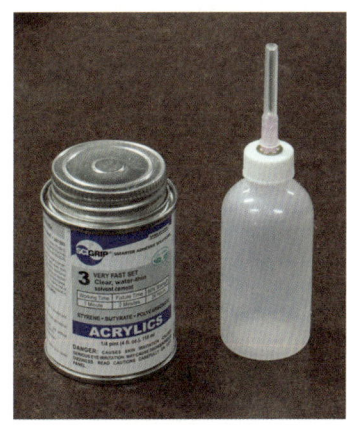

그림 16-6 용제는 깡통으로 판다. 사용할 때에는 반드시 주입기가 달린, 눌러 짜낼 수 있는 용기에 옮겨서 써야 한다.

16장 더 멋진 상자 만들기

깡통에 적혀 있는 안내문을 읽어보고 만약 내가 설명한 것과 다른 부분이 있을 경우에는 깡통의 안내문을 더 중요하게 생각해야 한다.

용제 바르기

시작하기 전에 작업대 위에 판지를 깔아서 보호 조치를 취할 필요가 있다. 깨끗한 헝겊을 네 겹 혹은 더 여러 번 접어서 용제가 떨어지거나 결합 부분 밑으로 삐져나오는 것을 닦아서 흡수시킨다.

용제 깡통은 열기 어려울 수 있다. 출하할 때 밀봉을 해놓았기 때문이다. 다시 설명하면, 뚜껑을 돌려서 열면 그 밑에 얇은 금속으로 제거하기 어렵게 만든 밀봉판이 있어 열기 어렵다는 뜻이다. 깡통 따개를 사용해 금속 밀봉판에 구멍을 뚫어도 되고, 송곳으로 구멍을 뚫을 수도 있다. 송곳을 망치로 살짝 쳐서 깡통이 넘어지지 않도록 조심한다.

금속 봉함에 구멍을 뚫고 나서는 증발하거나 연기를 쐬는 것을 방지하기 위해 깡통 뚜껑을 다시 잠궈 보관해야 한다.

주입기가 달린 눌러 짜낼 수 있는 용기는 온라인 쇼핑몰의 플라스틱 도구 카테고리에서 싸게 구입할 수 있다. 바늘 부분을 깡통에 넣고 용기의 몸체를 누르면 액체를 빨아들이면서 용제가 용기로 옮겨진다. 용기에는 1/4 정도만 채우면 된다.

용기를 사용하지 않을 때에는 주입기 위에 작은 플라스틱 덮개를 닫아서 주입기를 통해 용제가 증발하지 않도록 조치를 취한다.

사용법 설명 비디오를 보면 누군가 투명한 아크릴판 두 조각을 붙이는 장면을 보여준다. 결합 부위에 용제가 작용하는 동안 아크릴 조각들을 그대로 제자리에 놓고 있으면, 표면장력에 의해 결합 부위에 용제가 스며들어 가는 것을 볼 수 있다.

여러분의 상황은 좀 더 어려운데, 불투명한 ABS를 사용하는 동안 무슨 일이 벌어지는지를 볼 수 없기 때문이다. 다음은 내가 제안하는 절차이다.

그림 16-2에서 D, E, F, G라고 표시한 조각의 정사각형 옆면에서부터 시작한다. 질감이 있는 면을 아래로 향하게 하고 정사각형의 ABS 플라스틱 한 조각을 놓는다. 이 부분을 수평 부분이라고 부르자. 다른 정사각형 면은 그 위에 서게 된다. 이 부분을 수직 부분이라고 부르자. 용제는 수직 부분의 가장자리를 수평 부분의 표면에 맞댄 접합 방식으로 붙인다. 정사각형 각재목으

로 90도가 되도록 할 수 있다.

마른 헝겊이나 종이 타월로 문질러서 접합 부분 표면의 습기나 기름기를 제거한다. 그러고 나서 수직 부분에 스카치 테이프를 매끄러운 면의 밑부분 가장자리에 맞추어 붙인다. 또한 테이프를 ABS 플라스틱 수평 부분과 평행하게 붙이는데, 이때 $1/8''$를 떨어뜨린다. $1/8''$를 띄운 곳에 용제가 들어가게 된다. 그림 16-7에서 도면을 볼 수 있다.

테이프는 용제 방울이 옆으로 새는 경우 보호막이 된다. 정품 3M 스카치 테이프의 빨간 레이블에 '투명 테이프(transparent tape)'라고 붙어 있는 것을 사용하기 바란다. '매직 테이프'는 나중에 떼어내기가 힘들다.

정사각형 각재 한 조각을 90도로 연결되도록 할 수 있다. 수평 부분 위에 테이프의 끝과 맞추어놓고 클램프를 사용한다. 그림 16-8에 준비 상태가 나와 있다.

이제 어려운 부분이다. 눌러서 짜내는 플라스틱 용기에 용제가 들어 있고 주입기에서 보호덮개를 벗겨냈다는 전제로 얘기하겠다. 플라스틱 용기를 수직으로 들고 공기를 눌러서 빼낸다. 이제 용기를 눌렀던 힘을 빼면서 동시에 용기를 뒤집어 본다. 주입기를 통해서 이번에는 공기가 안으로 들어가고, 공기가 들어가면서 용제가 흘러 떨어지지 않는다.

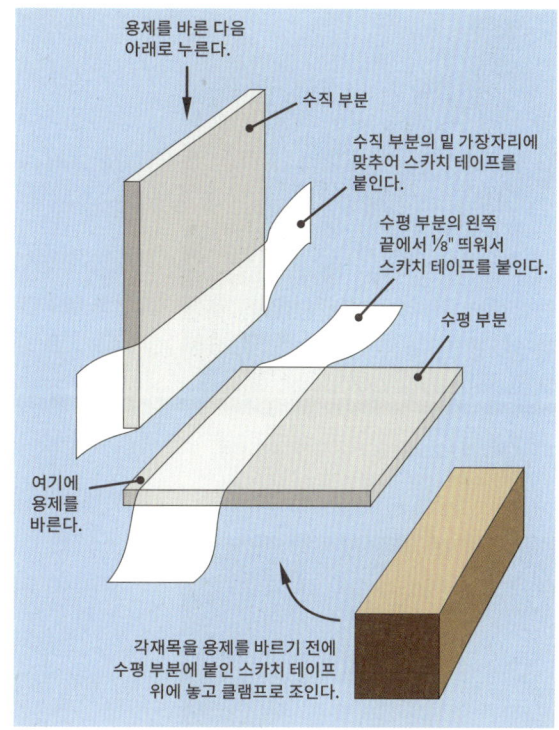

그림 16-7 두 조각에 솔벤트 시멘트를 바르는 절차

그림 16-8 접합할 준비를 하는 장면

이렇게 하지 않으면 바늘에서 예상치 못하게 빨리 용제가 떨어지면서 주변을 엉망으로 만든다. 용제가 떨어져도 괜찮은 곳에서 용기를 뒤집는 연습을 몇 번 해보기 바란다.

두 개의 조각을 붙일 준비가 되었으면 용기를 뒤집어서 용제가 약간 나올 정도로만 힘을 조절하면서 바늘 끝부분을 목재 조각과 플라스틱 가장자리

그림 16-9 바늘을 어디에 위치시켜야 하는지를 보여준다. 상세한 사항은 본문 참조

그림 16-10 완성된 결합 부위

사이의 여백 공간에 대고 바른다. 이 작업을 빨리 해야 한다. 바늘의 위치는 그림 16-9에 나와 있다.

병을 빨리 내려놓고 수직 부분 플라스틱의 가장자리를 용제를 바른 면 위에 두는데 이때 질감이 있는 면이 바깥을 향하게 한다. 아래로 세게 누르면서 각재목에 대어 위치가 잘 맞도록 한다.

용제는 거의 즉각적으로 접착력을 발휘한다. 접착력은 상대적으로 약하지만 클램프와 각재목을 치워도 될 정도는 된다. 위치가 흐트러지지 않도록 주의하면서 조각들을 잡는다. 헝겊에서 조각들을 띄워야 하는데 혹시라도 용제가 수평 부분 밑으로 흘러서 플라스틱이 녹아 헝겊과 붙을 수 있기 때문이다.

1분 정도 있으면 옆으로 샌 용제는 날아간다. 그 후 조각들을 내려놓으면 된다. 아직 90도로 되어 있는지 확인한다. 결합 부위가 완전히 고정되기 전에 각도를 조정할 수 있는 시간은 30초 정도이다. 그림 16-10에서 성공적으로 결합한 모습을 볼 수 있다. 아직은 수직 부분에 스카치 테이프가 붙어 있는 상태이다.

결합 부위로부터 용제가 완전히 증발하는 데에는 24시간 정도가 필요하다. 살살 다루기만 하면 계속 그 부분들을 놓고 작업할 수 있다.

추가 결합

ABS 플라스틱 두 조각이 남아 있을 텐데, 첫 번째와 동일하게 맞댄 접합을 한다. 그러면 두 개의 부위가 L자 형으로 접합된 것을 얻는다. 이를 결합하면 앞, 뒤, 그리고 상자의 옆부분이 만들어진다. 그림 16-11은 이 결합을 할 때 무엇이 바른 방법이고 무엇이 잘못된 방법인지를 보여준다.

L자 모양으로 된 두 개의 부분을 아직은 용제를 사용하지 말고 클램프로 조인다. 결합 부위에 압박을 주지 않기 위해 클램프에는 최소한의 힘만 주어서 결합 부분들이 빠듯하게 제자리를 유지할 수 있을 정도로만 한다. 이제 그림 16-12에 나오는 것처럼 아직 접착되지 않은 두 개의 조각 틈으로 바늘

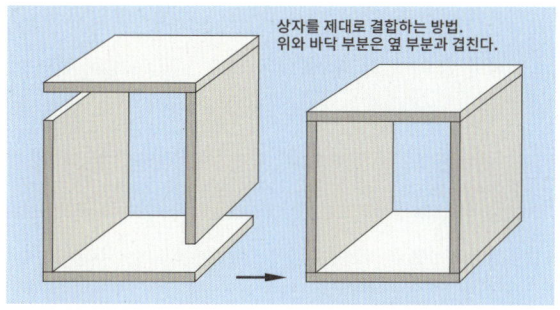

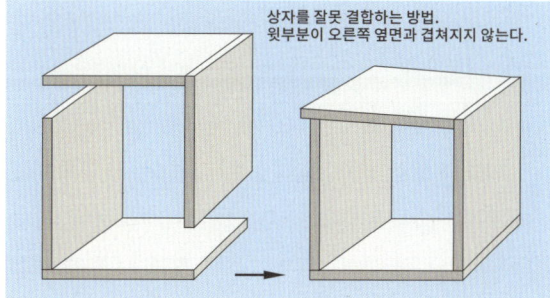

그림 16-11 두 개의 옆면 부분들을 결합하는 방법

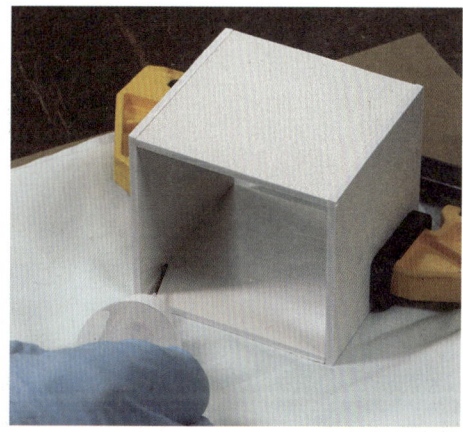

그림 16-12 클램프로 조인 상자의 옆면 사이 틈으로 용제가 흘러들어 가도록 한다.

그림 16-13 바닥은 딱 맞도록 사포질을 해야 한다. (이 사진에서 상자는 위아래가 뒤집어져 있다.)

그림 16-14 바닥 부분을 상자 아래에 맞추어 클램프로 제자리에 조인 모습

을 이용하여 용제를 떨어뜨린다. 틈새로 매우 빠르게 흐를 것이다. 이제 조각을 돌려서 나머지 결합 부위에도 똑같은 방식으로 붙인다. 1분 후에 클램프를 푼다.

결합 부위를 한 시간 정도 그대로 둔다. $2^{3/4}'' \times 2^{1/2}''$ 크기의 조각 하나를 사용하여 상자의 바닥으로 사용한다(그림 16-1에서 C 부분이다). 아마 그림 16-13에서 보는 것처럼 딱 맞지 않을 것이다. 맞아 들어갈 때까지 계속 사포질을 한다. 무리해서 끼워 넣지 않도록 한다. 앞서 결합한 부위가 떨어져 나갈 수 있다.

바닥이 적절한 크기가 되면 제자리에 밀어 넣어 그림 16-14와 같이 상자를 부드럽게 클램프로 조여 바닥이 제자리에 있도록 한다. 그림 16-15처럼 상자를 돌린다(바닥이 밑에 오도록). 이제 바늘을 이용하여 용제를 내부 가장자리에 바른다. 여기에서도 용제 일부가 틈새로 빠져나가 바닥 밑으로 흐를 수 있다. 상자를 들어서 새나간 용제가 증발되도록 한다.

그림 16-15 상자 바닥의 내부에서 접착할 준비가 된 상태

여전히 용제가 닿지 않아 상자와 바닥 사이에 작은 틈이 있을 수도 있다. 하지만 이대로 접착이 가능할 정도는 되었을 것이다.

이제 뚜껑 차례이다. 10장에서 상자 안의 목재 블록은 유용한 기능이 있었다. 뚜껑이 내부로 떨어지는 것을 방지하는 것이다. 이 상자에는 다른 방식이 필요하다.

그림 16-1의 도면이 내가 생각하는 상자를 보여준다. 뚜껑은 두 개의 층으로 이루어진다. 그림에서 A로 표시된 위층은 상자의 옆면과 겹치게 되므로 떨어지지는 않는다. B라고 표시된 뚜껑의 아래층은 상자 내부와 동일한 크기로, 뚜껑이 중심을 잡도록 작동한다.

두 번째 층을 사포질하여 잘 맞도록 한다. 뚜껑의 윗부분(A 부위)을 헝겊 위에 질감이 있는 면을 아래로 해놓는다. 수평인지 확인한 후 중심에 용제를 몇 방울 떨어뜨린다(뚜껑이 수평이 아니면 용제는 흘러넘치게 된다).

즉시 뚜껑의 아랫부분(B 부분)을 질감이 있는 쪽을 위로 하여 A 부분 위에 놓는다. 이때 사면의 가장자리에도 똑같은 여분을 둔다. 꽉 누르면 즉시 붙는다.

그림 16-16에 완성된 상자가 있다. 여기에서 뚜껑은 빼서 위아래를 뒤집어 놓았다. 그림 16-17은 뚜껑을 제대로 닫은 모습이다.

그림 16-16 뚜껑을 열어놓은 상태의 완성된 상자

그림 16-17 뚜껑을 제자리에 놓은 완성된 상자 모습

결론

이 프로젝트를 하면서 용제를 다루는 데 어려움을 겪었을 것이다. 용제 도포용 도구는 예상치 않게 용액이 흘러나오는 경우가 있어 사용하는 데 어려움이 있다. 이 문제를 해결하는 유일한 방법은 도포용 도구로 연습하는 것이다.

플라스틱에 용제를 사용하는 데 필요한 몇 가지 교훈이 있다.

- 투명한 플라스틱으로 작업할 때에는 결합이 잘되었는지를 즉시 볼 수 있다. 불투명한 플라스틱은 상태가 어떤지 알 수 없다.
- 거칠게 톱질하거나 고르지 않은 가장자리는 용제가 잘 먹지 않는다. 틈새를 채울 수 없기 때문이다. 가장자리는 서로 잘 맞아야 하고, 매끄러워야 한다.
- 용제로 붙인 부분이 잘 접착되면 매우 강력하다. 플라스틱이 서로 녹아서 붙기 때문이다.
- 통상적으로 접착제로 붙인 연결 부위는 온도 변화로 인해 연결 부위 표면과 접착제가 불규칙하게 수축, 팽창하면서 문제를 일으킬 수 있다. 용제로 붙인 연결 부위는 이런 문제가 없는데, 연결 부위가 용제가 날아가고 나서 순전히 플라스틱으로 이루어지기 때문이다.

개인적으로 접착제로 붙인 플라스틱을 좋아하지만 제대로 된 결과를 얻기는 힘들다. 이런 연결 부위를 신뢰한 적이 없다. 다른 방식이 있을까? 17장에서 그 답을 보여주려고 한다.

17장
또 하나의 더 멋진 상자

16장에서 접착하는 과정이 어려울 수도 있었을 것이다. 이 장에서는 동일한 질감을 갖고 있는 1/8″ 두께의 ABS의 장점을 이용하여 나사를 사용하는 방법을 알려줄 것이다. 질 좋은 경재를 사용하더라도 나뭇결은 항상 드릴 비트나 나사를 이런저런 방향으로 밀어낸다. 플라스틱은 결이 없기 때문에 이런 문제가 없다. 따라서 수동 드릴로도 훨씬 더 나은 정확성을 확보할 수 있다.

여기에서 사용하려는 나사는 매우 작다. 왜냐하면 1/8″ 두께의 ABS 가장자리에 들어갈 것이기 때문이다. 맞다. 가능하다! 하지만 #2 나사는 흔치 않아서 온라인에서 주문해야 할 것이다. 스테인리스강으로 된 것을 추천한다. 내 경험상 나사산이 더 날카롭고 잘 만들어져 있기 때문이다. 비싸지 않다.

이 장의 새로운 주제
- 판금 나사와 ABS 플라스틱

필요한 것
- 투바이포 소나무: 어떤 상태여도 좋음, 길이 12″ (305mm)
- 원바이식스 소나무: 약간 옹이가 있어도 괜찮지만 틀어지지 않은 것, 길이 12″(305mm)
- 플라스틱판: 흰색 ABS, 두께 1/8″(3mm), 너비 12″ (305mm)
- 판금 나사: 스테인리스강, #2×1/2″(13mm), 납작머리, 십자형, 13개
- 스크루드라이버: 십자형 크기 1이 포함된 미니 세트

앞에서도 사용한 도구들:
장부톱,
연귀통, 트리거 클램프, 자,
스피드 스퀘어, 고무
샌딩 블록, 작업 장갑, 송곳,
만능칼, 디버링 툴(선택),
전기드릴과 드릴 비트,
카운터싱크, 보호안경(선택),
합판 작업대, 사포

그림 17-1 이 프로젝트에 필요한 1번 크기의 십자 스크루드라이버가 포함된 미니 스크루드라이버 세트

나사가 십자형이라고 가정하면, 1번 크기의 미니 십자 스크루드라이버가 필요하다. 공구상에 가면 따로 안 팔지는 모르지만 그림 17-1에서 보는 것과 같은 세트에는 들어 있을 것이다.

상상하는 것처럼 #2 나사는 얇아서 지름이 나사산까지 합쳐서 3/32″이다. 하지만 1/8″ 플라스틱이 그보다는 더 두껍다. 얼마나 더 두꺼울까? 한번 찾아보자. 1/8″는 4/32″와 똑같다. 따라서 3/32″ 나사를 1/8″ 두께의 플라스틱 조각 가장자리에 넣으면 나사는 양쪽에 1/64″씩 남기게 된다. 남은 여백이 얼마 안 되지만 괜찮다.

파일럿 구멍은 어떨까? 내 경험으로는 #2 나사는 ABS에 사용할 때 5/64″ 구멍에 잘 맞는다. 1/8″ 두께의 플라스틱 가장자리에 구멍을 뚫을 수 있을까? 그림 17-2는 그 가능성을 보여준다.

그림 17-2 1/8" 두께의 플라스틱 가장자리에 파일럿 구멍을 뚫는 방법

이론은 이쯤 하기로 하자. 만약 너무 부담스럽게 들린다면 전체 프로젝트의 크기를 확대할 수 있다는 점도 기억하자. 1/8″가 아닌 3/16″ 두께의 ABS를 사용할 수도 있다. 그리고 모든 수치를 1.5배 곱하면 된다. 연결 부위에 사용할 나사는 1.5배 길이를 사용해야 하지만, 두께가 1.5배일 필요는 없다. 혹은 1/4″ 두께의 ABS를 사용할 수도 있다.

한편으로 내가 매우 능숙한 기술자가 아니라는 점도 기억하기 바란다. 사실 나는 평생 동안 손에 미세한 떨림 증상이 있었다. 내가 만들 수 있다면 여러분도 만들 수 있다고 생각한다.

실현 가능한지 한번 살펴보자.

ABS 시험

앞의 상자 만들기 프로젝트에서 ABS 작은 조각들이 좀 남아 있을 것이다. 그중 하나를 그림 17-3과 같이 수직으로 클램프로 고정하자. ABS는 철제 드릴 비트에 비해 매우 부드러워서 송곳으로 ABS의 가장자리를 표시할 필요가 없다. 드릴 비트는 구멍을 쉽게 뚫을 것이고 눈대중으로 플라스틱 가장자리의 중심을 잡을 수 있다.

그림 17-3 실현 가능한지 시험해보기 위해 ABS 조각을 클램프로 조이고 있다.

5/64″ 드릴 비트를 드릴에 장착하고 최대한 천천히 돌려서 드릴 비트가 겨우 돌아갈 정도로 한다. 드릴 비트의 끝을 구멍을 뚫고자 하는 곳에 대고 중심을 잡을 때까지 조정한다. 그림 17-4처럼 비트가 움푹 파이게 만들 것이다.

만약 중심이 잡히지 않았다면 그 위치를 포기하고 가장자리의 밑부분으로 내려가서 다시 시도한다. 중심에 움푹 들어가게 만들고 나면, 이제 구멍을 뚫을 준비가 된 것이다. 드릴 비트가 ABS의 수직 옆면과 정확히 수평인지를 확인하고 살짝 더 세게 누른다. 이때 드릴은 매우 천천히 돌고 있어야 한다. 플라스틱 옆면을 뚫고 나올 수 있으므로 드릴 비트로부터 손을 멀리 둔다.

ABS는 결이 없기 때문에 드릴을 제자리에서 벗

그림 17-4 플라스틱 가장자리에 구멍을 뚫기 시작한 모습

어나도록 밀어내지 않는다. 구멍이 뚫릴 것이고, 그 깊이는 ½" 정도면 된다. 그림 17-5처럼 ABS에서 실처럼 찌꺼기가 나올 것이다. 사진에 나온 것은 5/64" 드릴 비트라는 점을 기억하기 바란다. 사진은 클로즈업 렌즈를 사용하여 크게 확대한 것이다.

가장자리가 깔끔하게 완성된 구멍이 그림 17-6에 나와 있다.

ABS 조각 또 하나를 가지고 매끄러운 면 위에 그림 17-7처럼 가장자리와 평행하면서, 가장자리에서 1/16" 떠워서 두 개의 선을 1/16" 거리를 두고 그린다. 볼펜은 이 작업을 정확하게 하기에는 너무 두꺼울 수 있어서 연필을 사용했다. 더 넓은 면 위에서 드릴 비트의 위치를 판단하기는 더 힘들기 때문에 송곳으로 표시를 했다.

가운데 선 위에 나사 구멍을 뚫어야 한다. 똑같이 5/64" 드릴 비트를 사용하는데, 그다음 규격의 큰 드릴 비트는 너무 크기 때문이다. 그림 17-8은 드릴로 구멍을 뚫는 모습이고, 그림 17-9는 구멍이 완성된 모습이다.

그림 17-5 드릴 작업 중인 모습

그림 17-6 완성된 구멍

그림 17-7 1/16" 떨어진 두 개의 평행한 연필선

그림 17-8 나사 구멍 뚫기

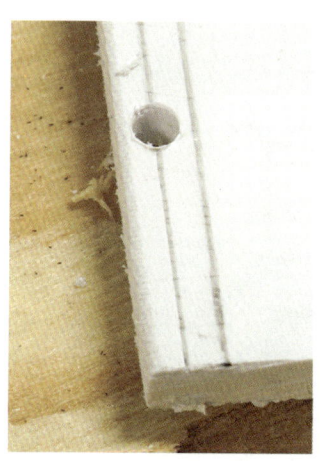

그림 17-9 나사 구멍이 완성된 모습

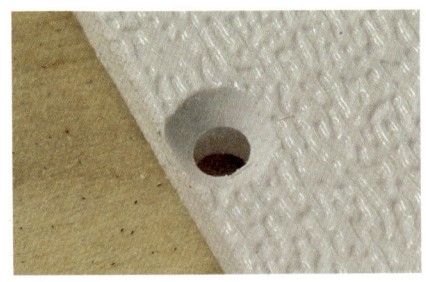

그림 17-10 카운터싱크 드릴로 뚫은 구멍

그림 17-11 #2 나사에 맞추기 위해서는 십자 #1 스크루드라이버가 필요하다.

그림 17-12 나사 머리가 가장자리 안쪽에 딱 맞지 않는다.

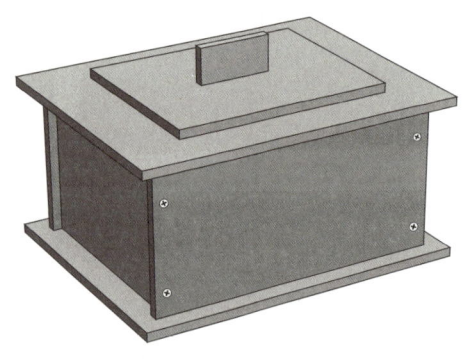

납작머리 나사를 사용할 것이기 때문에 카운터싱크 드릴 비트로 구멍을 뚫는다. 플라스틱을 뒤집는데, 통상 ABS로 무엇인가를 만들 때 바깥면이 질감이 있는 면이 되기 때문이다. 그림 17-10에 카운터싱크 드릴 비트로 뚫은 구멍이 나와 있다.

나사 끝이 플라스틱의 가장자리를 벗어난 것이 보일 것이다. 이 문제는 잠시 후에 다루도록 하겠다.

미니 스크루드라이버를 써서 #2 나사를 조금 전 뚫은 구멍에 대고 돌린다. 나무 나사가 아니기 때문에 나사산이 계속해서 들어갈 것이다. 나사머리가 ABS의 표면과 동일한 높이일 때까지, 스크루드라이버를 계속 돌린다. 나사 윗부분의 나사산이 구멍 안쪽을 통통하게 만들 것이다. 나사가 마치 부드러운 자루가 있는 것처럼 자유롭게 돌아갈 것이다.

드릴로 뚫은 첫 번째 구멍에 나사 끝을 넣는다. 플라스틱의 바깥면을 뚫고 나가거나 눈으로 보기에 부풀지 않게 하면서 나사산이 나사를 잡아당길 정도만 물리게 될 것이다. 하지만 나사를 너무 꽉 조이면 나삿니에 물린 플라스틱이 망가지게 된다. 조심스럽게 작업하는 것이 필요하다. 그림 17-11 참조.

그림 17-12는 플라스틱 조각을 나사로 결합한 모습이다. 하지만 여기에 문제가 한 가지 있다. 나사 머리가 약간 넓고 플라스틱의 가장자리와 겹친다. 문제가 될까? 때에 따라서 그럴 수 있다. 무엇인가 아주 조심스럽고 작은 것을 만들 때에는 모든 것이 딱 맞아 들어가길 바란다. 어쨌든 가장자리에 너무 가까이 있는 나사가 보기 좋은지 모르겠다. 그래서 그림 17-13에 보는 것처럼 옆면이 들어간 보석 상자를 디자인했다. 나사가 이렇게 설치된 것이 보기에 더 좋은 것 같다.

그림 17-13 보석 상자의 3차원 도면

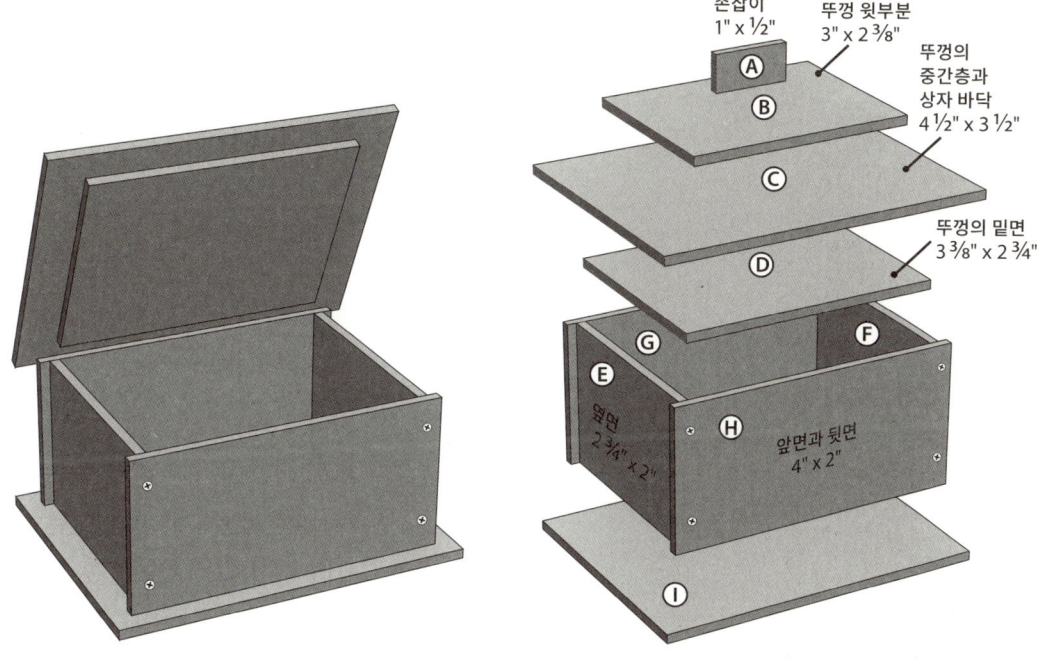

그림 17-14 뚜껑이 열린 상자의 모습   **그림 17-15** 부분을 분리하여 본 모습

상자 디자인

그림 17-14는 상자의 뚜껑을 열어놓은 모습이다. 그림 17-15는 부분을 분리해서 보여준다.

 이 책에서 다룬 다른 프로젝트들은 멋지게 만들려는 의도가 없었다. 기본을 배울 때에는 모든 것이 단순해야 하기 때문이다. 이 프로젝트에서는 조금 더 시각적으로 흥미롭게 만들려고 했다. 또한 바닥을 바깥으로 확장하고 상자의 옆면을 그 위에 세움으로써 네 개의 나사를 숨길 수 있었다. 이 나사들은 바닥 밑에서 옆면으로 올라가도록 설치되어 있다.

 무엇인가 시각적으로 더 흥미롭게 만들기 위해서는 어쩔 수 없이 일을 좀 더 해야 한다. 이 상자를 만드는 데는 플라스틱 조각 9개가 필요하며 서로 다른 너비의 두 개의 조각으로부터 잘라내야 한다. 반면에 솔벤트 시멘트 때문에 걱정할 필요가 없다.

 잘라내야 하는 부분이 그림 17-16에 나와 있다. 여기에서 알파벳은 그림 17-15에 있는 부분을 가리킨다.

 그림에서 상단에 나와 있는 부분들을 만들기 위해서는 16장에서 한 것과 마찬가지로 2¾" 너비의 조각에서 자른다. 그리고 나서 연귀통에서 각 조각

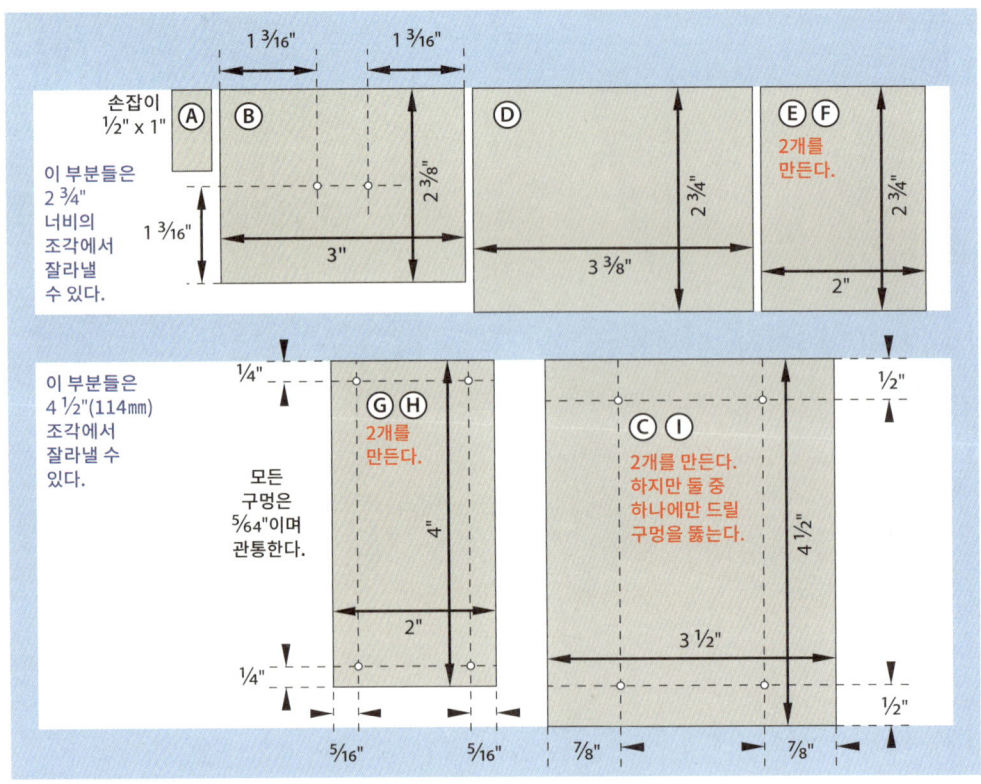

그림 17-16 자르고 드릴로 구멍을 뚫어야 할 플라스틱 조각들

을 너비에 따라 자른다(E와 F로 된 부분은 두 개를 만든다는 점을 기억하길). A와 B 조각은 알맞은 높이로 잘라서 다듬는다.

그림 하단에 있는 부분들은 4½″ 너비의 플라스틱 조각을 사용하여 잘라 낸다(각 부분들을 두 조각씩 만든다는 점을 기억하길). G와 H 부분은 높이 가 4″이다. 내 연귀통은 4½″ 조각을 자르기에 넉넉한 크기인데, 여러분이 갖고 있는 것도 그러길 바란다.

다음에는 B, G, H에 드릴로 구멍을 뚫는다. 매끄러운 면에 위치를 표시한 뒤, 드릴로 질감이 있는 면 쪽으로 뚫도록 한다. 매끄러운 면이 표시를 하고 나중에 지우기가 더 쉬울 것이다. 모든 부분들이 대칭이어서 조립 과정에서 필요하다면 나중에 뒤집을 수도 있다.

질감이 있는 면에 카운터싱크 드릴로 각 구멍을 뚫는다. C 부분은 아직 드 릴로 구멍을 뚫지 않는다. 어디에 구멍이 있어야 하는지 표시만 한다. 이 위 치는 약간 조정될 수도 있다.

그림 17-17 파일럿 구멍을 뚫을 위치 표시하기

그림 17-18 파일럿 구멍 뚫기

그림 17-19 첫 번째 두 조각을 결합하기

그림 17-20 상자를 계속해서 조립하기

상자의 앞면과 옆면인, H와 E부터 조립하기 시작한다. 그림 17-17에는 E 부분이 작업대에 클램프로 고정된 투바이포 목재 옆면에 수직으로 클램프로 고정되어 있다. H와 E 부분을 정렬한 뒤, 심이 뾰족한 연필로 파일럿 구멍의 위치를 잡기 위해 나사 구멍에 표시를 한다.

긴 조각을 잠시 제쳐두고 그림 17-18처럼 연필로 표시한 부분에 드릴로 $5/64''$ 파일럿 구멍을 뚫는다.

나사를 삽입한 후에, 그림 17-19에 두 부분이 결합된 모습이 나와 있다.

나머지 부분들도 똑같은 절차로 작업한다. 그림 17-20에서 보듯이 상자의 옆면이 투바이포 목재보다 살짝 넓게 걸칠 정도라는 것을 알게 될 것이다.

17장 또 하나의 더 멋진 상자

사면을 모두 결합하고 나면 바닥면 위에 세운다. 이 때 바닥면은 매끄러운 면을 위로 한다. 상자 옆면의 여백을 측정하여 중심을 제대로 잡았는지 확인한다. 바닥면에서 들어가게 될 나사의 위치가 옆면의 위치와 잘 맞는지 살펴본다.

만약 명확히 하는 데 도움이 된다면 상자 안쪽과 바깥쪽을 따라 연필로 그린다. 필요하다면 구멍의 위치를 살짝 다시 잡는다. 그리고 바닥면까지 구멍을 뚫는다.

상자를 뒤집어서 그 위에 바닥면을 놓는다. 드릴로 뚫은 구멍을 통해 연필로 표시한 다음 바닥면을 빼내고, 그림 17-21처럼 클램프로 상자를 조이고 파일럿 구멍을 뚫는다.

그림 17-21 바닥면의 나사 구멍에 맞추기 위한 파일럿 구멍

그림 17-22처럼 첫 번째 두 개 구멍에 임시로 나사를 설치한다. 이는 나머지 두 구멍에 표시를 하는 동안 조립을 안정적으로 유지하기 위해서이다.

일부 나사 구멍이 파일럿 구멍과 정확하게 맞지 않는 경우도 있을 수 있다. 합판에 비해 ABS에서는 이런 현상이 덜 일어나는데, ABS는 나뭇결이 없어서 드릴을 밀어내거나 하지 않기 때문이다. 다행스럽게도 ABS는 부드럽고 유연해서 나사가 제대로 맞지 않으면 나사 구멍이 살짝 넓어지면서 나사가 어쨌든 들어가 맞게 된다.

그림 17-22 바닥면을 임시로 고정하고, 나머지 두 개의 파일럿 구멍을 표시하기

기억하겠지만 10장에서 파일럿 구멍의 위치를 모두 측정하고 나서 조립하기 전에 드릴로 구멍을 뚫었다. 특히 합판으로 작업할 때 정확하게 작업하는 것이 어렵다는 것을 보여주는 학습 경험이었다. 이 프로젝트에서는 파일럿 구멍의 위치에 맞추어 나사 구멍을 표시하면 조립이 쉬워질 것이다.

마지막 두 개의 나사는 뚜껑 표면 위 손잡이에 연결한다. 그림 17-23에서 보는 것처럼 파일럿 구멍을 손잡이에 드릴로 뚫는 작업을 할 때는 세심하게 클램프로 조여야 한다.

그림 17-23 손잡이에 파일럿 구멍을 드릴로 뚫고 있다.

하지만 할 수 있다. 그림 17-24를 보자.

뚜껑의 밑면(D 부분)이 상자의 가장자리 안에 맞게 들어갈지 확인한다. 필요에 따라 16장에서 접착제로 작업했던 상자처럼 사포질을 한다. 잘 맞으면 뚜껑의 세 개 층을 조립해야 한다. 나사로는 조립이 불가능한데, 뚜껑의 면들이 나사를 집어넣을 정도로 두껍지 않기 때문이다. 넓고 평평한 면에 쉽게 바를 수 있는 솔벤트 시멘트를 사용해야 한다. 그림 17-25처럼 각 부분 어디에 접착제를 발라야 할지 표시하기 위해 마스킹 테이프를 붙였다.

평평한 면에 시멘트를 떨어뜨릴 때 표면이 수평이 되도록 주의하기 바란다. 그러지 않으면 시멘트가 흘러넘쳐 예상치 못한 결과가 생길 수도 있다. 접착 작업을 하는 동안에는 눈과 손을 보호하고, 환기가 잘되는 곳에서 해야 한다는 점을 기억하자.

그림 17-26에 완성된 보석 상자가 있다.

만드는 방법은 똑같아도 큰 것보다 작은 것이 더 매력적으로 보인다고 생각하는 편이다. 나사와 맞댄 접합은 보석 상자 정도의 크기에서는 괜찮아 보인다. 특히 ABS의 가장자리는 합판처럼 거칠거나 쪼개진 것 같은 외관이 아니기 때문에 그렇다.

하지만 더 큰 물건을 제작하는 것은 더 쉽다. 내가 ABS 1/8″ 두께를 특별히 지정한 이유는 똑같은 재료를 여러 가지 프로젝트에 사용하는 것을 선호하고, 15장에서 봤듯이 1/8″가 빠르고 쉽게 구부릴 수 있었기 때문이다.

지금까지 ABS만 사용했다. 하지만 물론 다른 종류의 플라스틱도 사용할 수 있다. 특히 투명한 재료를 원할 경우 더욱 그렇다. 다음 장에서 몇 가지 예를 보여줄 것이다.

그림 17-24 손잡이에 파일럿 구멍을 완성한 상태

그림 17-25 마스킹 테이프는 뚜껑의 윗면을 뚜껑 중간 부분 어디에 부착해야 할지를 보여준다.

그림 17-26 완성된 보석 상자. 눈에 보이는 나사 4개와 보이지 않는 나사 4개가 있다. 나사가 상자의 모양을 망친다고 생각하는가?

18장
투명 플라스틱

마지막 세 장은 주로 ABS를 다룬다. 다른 재료에 비해 가격이 저렴하고 작업하기 가장 쉬운 플라스틱이기 때문이다. 하지만 한 가지 단점이 있다. 투명한 ABS 플라스틱은 상대적으로 흔하지 않다.

이 장의 새로운 주제
- 폴리카보네이트와 아크릴

필요한 재료는 다음 쪽 참조

투명 플라스틱의 종류

투명한 플라스틱 중에서 많이 사용하는 두 가지 종류는 폴리카보네이트(주로 브랜드 이름인 렉산(Lexan)으로 알려져 있다)와 아크릴(주로 루사이트(Lucite), 퍼스펙스(Perspex), 플렉시글라스(Plexiglas)와 같은 브랜드 명으로 판매한다)이 있다.

아크릴 플라스틱의 장점은 다음과 같다.

- 폴리카보네이트보다 흠이 덜 생긴다
- 자외선에 더 강하다(폴리카보네이트는 점차 노란색이 된다).
- 투명성이 우수하고, 닦아서 복구할 수 있다.
- 폴리카보네이트보다 가격이 저렴하다.
- 모양과 색깔이 다양하다.

폴리카보네이트의 장점은 다음과 같다.

- 충격에 더 강해 아크릴보다 잘 부러지지 않는다.
- 작업 중에 잘 쪼개지지 않는다.
- 아크릴보다 구부리기 쉽다.

여러 가지 적용 사례 중에서 아크릴 플라스틱은 헬멧 얼굴 가리개, 헬리콥터 창문, 가게 디스플레이, 표지판, 물통 등에 쓰인다. 폴리카보네이트는 CD, DVD, 렌즈, 보호안경, 물병, 계기판 등에 쓰인다.

액자에 쓰이는 폴리카보네이트

공구상에 가면 무색 폴리카보네이트를 살 수 있는데, 창문 유리 대용으로 미

필요한 것

- **투바이포 소나무:** 상태는 어떤 것이어도 좋음, 길이 12″(305mm)
- **원바이식스 소나무:** 옹이가 약간 있어도 괜찮지만 틀어지지 않은 것, 길이 12″(305mm)
- **플라스틱판:** 흰색 ABS, 두께 1/8″(3mm), 넓이 12″(305mm), 길이 6″(152mm)
- **플라스틱판:** 투명 폴리카보네이트, 두께 1/16″(2mm) 혹은 3/32(2.3mm), 넓이 12″(305mm), 길이 24″(610mm)
- **플라스틱 막대:** 둥근 것, PVC, 3/16″(4.8mm), 길이 360″(9,144mm)(선택)
- 1/2″(13mm) 배관에 맞는 **플라스틱 마개:** PVC, 60개 (선택)
- **판금 나사:** 스테인리스강, #2×1/2″(13mm), 납작머리, 십자형, 4개

앞에서도 사용한 도구들:

장부톱, 연귀통, 트리거 클램프, 자, 뾰족한 유성 마커, 스피드 스퀘어, 고무 샌딩 블록, 작업 장갑, 만능칼, 디버링 툴(선택), 전기드릴과 드릴 비트, 카운터싱크, 미니 스크루드라이버, 열선총, 내열성 장갑(선택), 세라믹 타일, 솔벤트 시멘트와 도포용 도구, 화학물질에 강한 고글, 깨끗한 헝겊, 판지 12″×12″(305mm×305mm), 합판 작업대, 사포

리 규격에 맞춰 잘라 판다. 양면에 접착 보호 필름이 붙어 있을 텐데, 플라스틱에 톱질을 하거나 드릴로 뚫을 때에는 그대로 둔 상태에서 작업한다. 작업을 마치고 나서 필름을 떼어낸다. 플라스틱을 구부리기 위해 열을 가할 때에도 먼저 필름을 벗겨야 한다.

5장에서 다루었던 5각형 프레임을 기억할지 모르겠다. 그때 유리 대용으로 폴리카보네이트를 사용할 수도 있다고 말했다. 가격은 더 비싸지만 사용하기 쉽고, 작업하기에 더 안전하다. 톱으로 자르면 된다.

폴리카보네이트에 씌워져 있는 보호 필름은 보통 투명해서 측정할 때 들여다볼 수 있게 되어 있다. 나는 심이 얇은 유성 마커로 그림 18-1처럼 액자의 내부 경계선을 그렸다.

그림 18-1 얇은 유성 마커를 이용해 폴리카보네이트를 보호하는 플라스틱 필름 위에 선 그리기

윤곽선을 그리고 나서 ABS를 톱질했던 것과 동일한 방식으로 폴리카보네이트를 톱질할 수 있다. 그림 18-2 참조.

그림 18-3에서 보는 것처럼 보호 필름을 제거하는 것은 쉽다.

가장자리를 사포질한 뒤 액자 뒷면, 앞서 목재 테두리를 접착해

그림 18-2 폴리카보네이트에 톱질할 준비를 하는 모습

그림 18-3 보호 필름을 벗겨내는 모습

둔 부분 뒤에 투명 플라스틱을 올려놓았다. 보호 필름을 떼어내면 플라스틱에 정전기가 발생해 작업장의 먼지를 끌어들인다. 소량의 식기세척제로 폴리카보네이트를 닦으면 정전기를 없애고, 그림 18-4처럼 깔끔한 반사면을 만드는 데 도움이 된다.

앞서 내가 사용한 그림(그림 5-28)이 머리 모양이 뾰족한 사람들에게 무례하게 느껴졌다면 보다 적절한 그림을 찾았다. 그림 18-5를 보자.

골이 진 판지면 액자 뒷면에 끼우기에 충분하다. 가장자리 주변에 1/2″ 가는 못으로 고정했다. 이것으로 남은 프로젝트를 완성했다.

혼합 매체

16장에서 사용한 용제는 ABS뿐 아니라 폴리카보네이트도 녹인다. 두 가지 종류의 플라스틱을 함께 부착할 수 있다는 의미일까? 당연히 그렇다!

작은 전기회로를 만들어 최종 결과물을 프로젝트 상자에 설치할 수 있다. 보통 9볼트 배터리와 함께 전자장치를 담은 작은 상자로, 스위치, 단추, LED는 위에 설치한다. 맞다. 또 하나의 상자 프로젝트를 시도하려고 한다. 다른 종류의 플라스틱 매체를 혼합해 사용하면서 디자인을 단순화하기 위해 나사, 접착제, 구부리기 작업이 함께 될 수 있다는 것을 보여주는 좋은 방법이면서도 유용하다.

프로젝트 상자는 둔탁하게 생겼지만, 꼭 그래야 하는 것은 아니다. 일부를 투명하게 만들어서 내부의 부품이 보이도록 하면 어떨까? 그림 18-6이 내가 생각하고 있는 것이다. 수집품을 전시하는 것과 같은 다른 용도로도 충분히 사용할 수 있다.

한 시간 정도면 만들 수 있다. 12″×4″ 폴리카보네이트 한 조각과 12″×4″ 크기의 ABS 조각, 나사 4개,

그림 18-4 플라스틱판을 닦아서 설치한 모습

그림 18-5 구글 어스에서 찾은 적절한 그림

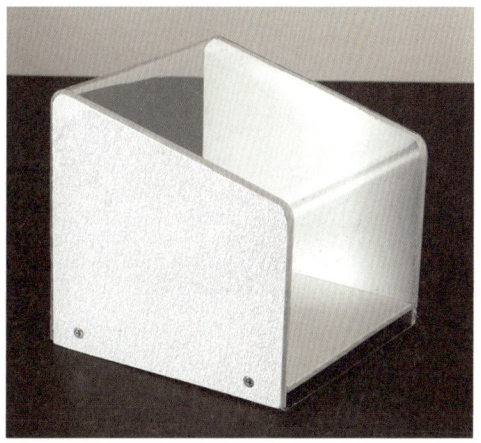

그림 18-6 앞, 뒤, 위가 투명한 상자

18장 투명 플라스틱

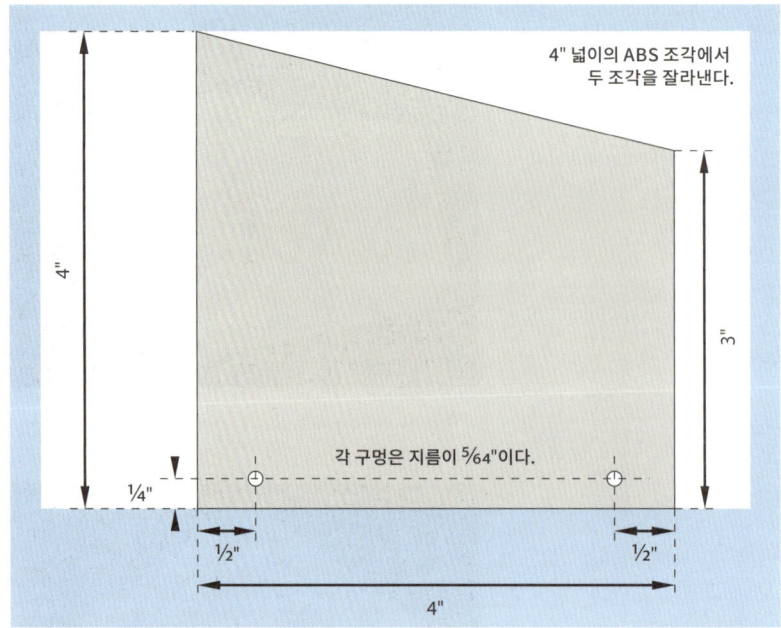

그림 18-7 상자의 ABS 옆면 두 개의 도면

그리고 16장에서 소개했던 도포용 도구와 함께 솔벤트 시멘트가 필요하다.

ABS부터 시작하자. 4" 너비로부터 시작하여 그림 18-7에서 보는 것과 같은 모양으로 두 조각을 자른다. 이 두 모양이 상자의 반대면에 위치하게 되므로 두 번째 조각을 자를 때에는 왼편에서 오른편으로 플라스틱을 돌려서, 질감이 있는 면이 바깥을 향하도록 한다.

#2 납작머리 나사가 들어갈 구멍을 준비하기 위해 (질감이 있는) 바깥 면에서부터 카운터싱크 드릴 비트로 구멍을 뚫는다.

4"가 살짝 넘는 부분만 튀어나오게 한 뒤 열로부터 보호할 타일 사이에 폴리카보네이트 조각을 끼워 넣는다. 급격한 곡선이 아니라 부드러운 곡선이기 때문에 열선총으로 1/2"보다 조금 넓은 줄을 따라 열을 쉰다. 폴리카보네이트는 ABS보다 더 높은 온도에서 녹지만, 여러분이 쓰는 것은 1/16" 혹은 3/32" 정도 두께이기 때문에 1분 정도 후에는 딱딱한 면이 부드러워질 것이다.

폴리카보네이트에서 열을 받은 부분이 축 늘어졌을 때 타일로부터 빼내서 그림 18-8처럼 준비했던 ABS 조각 주변에 감싼다. 폴리카보네이트의 밑부분 모서리가 ABS의 밑부분 모서리와 잘 맞도록 주의한다.[1] ABS 주변에 딱 맞추어 폴리카보네이트를 잡

그림 18-8 ABS 조각 주변으로 폴리카보네이트를 둘러싸서 첫 번째로 굽히는 작업 장면

아당긴 후 굳을 때까지 기다린다. 두 손을 써서 작업해야 하는데, 만약 옆에 누군가 함께 있다면 한 사람이 물을 약간 뿌려서 냉각 과정을 빠르게 할 수 있다.

카보네이트를 다시 타일 사이에 끼운 뒤 줄에서 $4^{1}/_{8}''$ 정도 되는 곳에 열을 가한다. 그런 다음 똑같은 ABS 조각에 다음 모서리를 대고 감싼다.

폴리카보네이트는 ABS의 밑부분 모서리보다 더 늘어나 있을 것이다. 따라서 구부러진 면이 딱딱하게 고정되고 나면 늘어난 부분을 표시하고 톱으로 잘라내야 한다. 완성된 폴리카보네이트는 그림 18-9처럼 생겨야 한다.

이미 만들어 놓은 ABS 조각을 둘러싼 폴리카보네이트를 클램프로 조이고 그림 18-10처럼 깨끗한 헝겊 위에 올려놓는다. 나사로 조립할 수도 있겠지만, 용제가 더 보기 좋고 빠른 선택일 것 같다.

16장에서 다룬 용제 사용 절차와 주의점을 확인하기 바란다. 작업 장갑과 보호안경 착용을 절대 잊지 말기를.

클램프로 조인 가장자리 주변에 용제를 떨어뜨리면, 표면장력에 의해 틈새로 들어갈 것이다. 용제가 흘러서 헝겊으로 스며들 수도 있으므로 조립 부분을 든다. 1~2분이면 연결 부위가 그림 18-11처럼 클램프를 풀어도 될 만큼 강력해질 것이다.

폴리카보네이트를 굽히는 작업을 대칭으로 마치고 나면 두 번째 옆면을 동일한 방법으로 붙인다.

폴리카보네이트가 제대로 맞지 않으면 다시 열을 가한다.

두 번째 옆면을 붙이고 나면 상자 밑면 조각을 잘라야 한다. 이 부분은 다른 조각들 안으로 들어가게 된다. 바닥면의 한쪽은 $4''$가 되는데, 이는 ABS 조각의 너비가 $4''$이기 때문이다. 굽히고 붙이는 과정에서 약간씩 변형이 일어나기 때문에 다른 면의 크기는 확신할 수 없다.

그림 18-9 폴리카보네이트를 굽히고 다듬은 상태

그림 18-10 폴리카보네이트에 붙이기 위해서 ABS 부분의 세 가장자리 주변에 용제를 바른다

그림 18-11 한쪽 면을 붙인 상태. 아직 닦지 않아서 여전히 플라스틱 먼지 얼룩이 보인다.

18장 투명 플라스틱

따라서 두 옆면 사이의 실제 거리를 측정한 다음에 거기에 맞게 밑면을 잘라야 한다. 필요한 크기보다 약간 크게 자른 다음에 억지로 힘을 가하지 않아도 들어갈 정도가 될 때까지 사포질을 한다.

바닥면은 상자가 제대로 쓰임새를 갖추기 위해 중요하므로 제자리에 고정시키기 위해 나사를 사용한다. 상자를 옆으로 돌려서 바닥 면을 맞추고, 여러분을 향하고 있는 구멍을 통해 가장자리가 보일 때까지 살살 밀어 넣는다.

17장(여러분이 그 프로젝트를 실행했다고 가정할 때)에서 상자 옆면을 넣었던 것과 동일한 방식으로 뾰족한 연필을 사용하여 구멍을 통해 바닥면의 가장자리에 표시를 한다.

한 가지 고백할 것이 있다. 내가 이 상자를 만들 때 옆면에 드릴로 구멍을 뚫는 것을 깜빡했다. 앞의 사진들에 보면 구멍이 뚫려 있지 않다. 프로젝트를 다시 해서 사진을 찍을 수도 있지만, 누구나 실수할 수 있다는 것을 보여주는 것도 괜찮겠다 싶었다. 여러분의 기억력은 나보다 더 낫기를 바란다. 조립하기 이전에 구멍을 뚫어놓는 것이 접착제로 다 붙이고 난 뒤에 하는 것보다 더 쉽기 때문이다.

그림 18-12 나사 두 개로 상자의 한쪽 면을 바닥면에 고정한 모습

17장에서 설명했던 것처럼 나사 구멍을 통해 바닥면의 가장자리에 표시를 하고, 치우고 난 뒤, 수직으로 클램프로 조이고, 가장자리에 파일럿 구멍을 뚫는다. 그런 다음 바닥면을 상자에 다시 끼우고 그림 18-12처럼 나사를 넣는다.

마지막 단계는 상자를 뒤집어서 다른 면의 구멍을 통해 바닥 가장자리에 표시를 하는 것이다. 처음 두 개 나사를 치우고, 상자에서 바닥을 뺀 다음 다시 연필로 표시한 곳에 드릴로 파일럿 구멍을 뚫는다.

바닥을 완전히 고정시키기 전에 작업대를 깨끗하게 치우고 먼지가 없도록 폴리카보네이트 양면을 닦아낸다. 결과물은 그림 18-6과 같아야 한다.

똑같은 기본 디자인을 이용하여 다른 크기의 상자를 만들고 싶다면 각 치수를 쉽게 변화시킬 수 있다. 만약 나사를 $1/8''$ 두께의 ABS 가장자리에 넣는 것이 힘들다면 지금까지 설명한 조립 과정을 바꾸지 않고 플라스틱만 3/16″ 혹은 1/4″ 두께로 바꿀 수 있다. 단지 바닥의 넓이만 영향을 받을 텐데, 어쨌든 거기에 맞춰 자를 것이기 때문에 큰 문제가 아니다.

다른 모양

이 모든 프로젝트를 위해 플라스틱판을 사용했다. 플라스틱은 실험 장치부터 가게 전시 등을 목적으로 막대, 막대기, 관 등 다양한 모양으로 판다.

또한 아크릴 플라스틱은 원반, 정사각형, 정육면체, 공 등의 주형으로 만들 수도 있다. 그림 18-13에 지름 5/8″ 혹은 7/8″의 원반이나 공을 볼 수 있다. 이베이나 일부 공구상과 같은 다양한 곳에서 찾아볼 수 있다. 어떤 사람들은 풍성하고 다양한 색깔의 작은 아크릴 본을 사용해 보석을 만든다. 온라인이나 동네 서점에서 보석 제작 관련 책들을 상당수 찾아볼 수 있다.

그림 18-13 아크릴 공과 원반을 모아 놓은 모습

플라스틱의 종류와 적용

다른 많은 종류의 플라스틱이 있다. 배수관과 전기도관에 쓰이는 PVC(Polyvinyl chloride)가 한 예다. 또한 지름 3/16″에 3D 프린터에 사용하는 PVC 막대도 구할 수 있다.

나는 그림 18-14에 나오는 구조를 만들기 위해 이런 막대를 사용했다. 이 막대들은 1/2″ 배관에 사용하는 PVC 뚜껑에 연결된다. 이 뚜껑들은 대량을 싼 가격에 살 수 있다. 각 뚜껑에 세 개의 구멍을 뚫고, 이 구멍에 막대를 집어넣고, PVC 배관 시멘트에 사용하는 시멘트를 사용하여 막대를 움직여 각 연결 부위에 시멘트가 들어가도록 했다. 이는 일종의 용제이지만 ABS에 사용했던 것보다 더 쉬운데, 이 용제는 더 두껍고 마르는 데 시간이 더 걸리기 때문이다. 대부

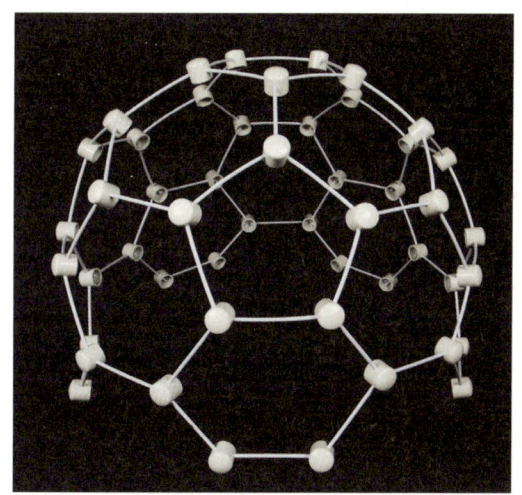

그림 18-14 모두 PVC로 된 지오데식 프레임워크

분의 PVC 시멘트는 밝은 색이며, 온라인에서 흰색도 찾았다.

이 모양이 익숙한가? 그림 18-15에서 보는 것처럼 축구공의 기하학적 구조와 동일하다. 이를 버크민스터(Buckminster) 공이라고 한다. 하지만 버크민스터 풀러[2]가 실제로 디자인한 것은 아니다. 이 공은 1970년 축구 월드컵 경기에서 소개되어 몇 세기에 걸쳐 사용되었다.

다음은 생각만으로 해보는 실험이다. 따라서 구매할 부품은 따로 안내하지 않는다.

그림 18-15 지오데식 축구공

이런 종류의 플라스틱 구조로 뭔가 응용해 만들어 볼 수 있을까? 새장을 만들기 위해 구멍이 육각형인 철조망(chicken wire)으로 감쌀 수도 있을 것이다. 앵무새의 경우 새가 출구를 먹어버리는 것을 방지하기 위해 쇠 프레임으로 변경해야 할 것이다.

크기를 키우려면, 길이 $1\frac{1}{2}''$ PVC 파이프와 $3''$ 뚜껑을 연결할 수 있다. 이렇게 하면 작은 온실을 만들 수 있다. 이때 오각형이나 육각형 대신 삼각형으로 되어 있다면 프레임은 더 강력하다.

삼각형은 풀러(Fuller)가 수세기 전에 만든 지오데식 돔(geodesic dome)[3]에 적용되는 기하학 구조의 기초였다. 돔 구조의 정확한 치수는 많은 웹사이트에서 찾아볼 수 있다. PVC는 얇은 판으로도 있으며 PVC에 사용하는 시멘트는 얇은 비닐에도 쓸 수 있다. 비닐은 포목상에서 살 수 있다. 여러분은 그림 18-16에서 보는 것처럼 투명한 PVC 판과 회색 비닐을 사용하여 지오데식 전등갓을 만들 수도 있을 것이다. 이 디자인에서는, 회색 다이아몬드 모양의 비닐을 별모양을 만들기 위해 하얀색 투명한 오각형 PVC의 모서리에 부착한다.

다른 방법으로, 그림 18-17에서처럼 12개의 오각형 모양의 목재판을 연귀이음하고, 각 판에 반투명 플라스틱으로 채울 수 있는 동그란 구멍을 뚫어 만드는 방식도 있다. 연귀이음은 보기보다 어렵지는 않다. 일반적인 기하학 교재에서 연귀각을 찾아볼 수 있기 때문이다. 각 모서리는 대략 $58\frac{1}{4}$도 정도이다. 어쩌면 톱질을 쉽게 하기 위해 지그를 만들 수도 있을 것이다.

그림 18-16과 18-17에 있는 기본 모양을 12면체라고 한다. 이는 그리스 철학자 플라톤의 이름을 딴 플라톤의 입체 다섯 가지 중 하나이다. 그림 18-18에 전체 세트가 나와 있다. 이 모양들로 다른 어떤 것들을 만들 수 있을까?

플라스틱은 목재와 따로 또 같이 많은 가능성을 열어준다. 몇 가지를 제시했지만, 이것 말고도 많다. 특히 내가 아직 다루지 않은 주제는 색깔이다. 다음 장에서 이에 대해 살펴보자.

그림 18-16 기술적으로 이 디자인은 12면체 위에 만든 것이다. 일부 게임에서 12면체 주사위를 본 적이 있을 수도 있다.

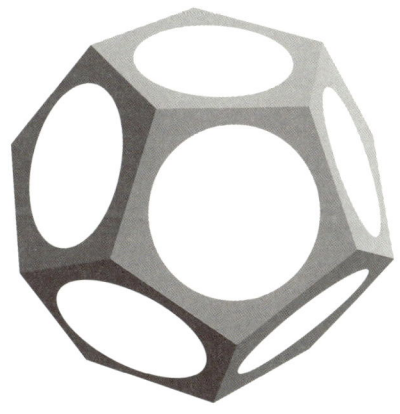

그림 18-17 12면체 전등갓

그림 18-18 플라톤의 다섯 가지 입체: 4면체, 6면체, 8면체, 20면체, 12면체.

18장 투명 플라스틱

주

1 그림 18-7에서는 모서리가 뾰족하게 되어 있으나 그림 18-8에서는 둥글게 되어 있다. 이는 아크릴의 굽은 면에 맞추어 갈아낸 것이나 설명이 빠져 있다.
2 리처드 버크민스터 풀러(Richard Buckminster Fuller, 1895-1983). 미국의 건축가, 디자이너.
3 지오데식 돔은 풀러가 디자인한 것으로 공처럼 둥근 건축물이다. 표면이 삼각형 격자로 이루어져 있는데, 이런 구조가 힘을 분산시켜서 커다란 크기의 하중을 견디도록 해준다.

19장
컬러

여러분이 갈색을 좋아한다면 천연 목재는 아름답다. 보다 생동감 있는 색깔을 원한다면 페인트를 고려할 수 있다. 하지만 플라스틱은 더 쉬울 수 있다. 불투명한 컬러 플라스틱은 풍부하면서도 균일한 광택을 자랑한다. 투명과 반투명 플라스틱은 배경에서 조명을 받을 때 그들만의 특성을 보여준다. 이 장에서 다룰 두 개의 프로젝트가 무슨 뜻인지 알려줄 것이다.

컬러 아크릴

확실히 다양한 종류의 색깔을 원한다면 아크릴이 아마도 최고의 선택일 것이다. 그림 19-1에 몇 가지 견본을 보여주는데 그 뒤의 표면은 밝은 흰색이다. 이 뒷면에 전등을 두면 전등의 모양을 매우 확실하게 볼 수 있다. 색깔이 입혀져 있지만 동시에 투명하기 때문이다.

이런 점에서 불투명, 반투명, 투명을 구분해야 할 필요가 있다. 플라스틱을 판매하는 웹사이트에서도 이러한 용어에 대한 혼동을 경험할 때가 있다. 한번은 15분 동안 통화를 하면서 동일한 제품이 웹사이트에는 '반투명'이라고 되어 있으면서 동영상에는 '불투명'이라고 되어 있는 점을 지적한 적이 있

이 장의 새로운 주제
- 투명, 반투명, 불투명 컬러 플라스틱
- 최고의 연귀 지그
- 장부톱으로 홈 잘라내기

필요한 것
- 투바이포 소나무: 상태는 어떤 것이어도 좋음, 길이 18″(457mm)
- 정사각형 각재목: 3/4″× 3/4″(19mm×19mm), 길이 3″(76mm)
- 플라스틱판: 흰색 ABS, 두께 1/8″(3mm), 너비 12″(305mm), 길이 18″(457mm)
- 플라스틱판: 투명 폴리카보네이트, 두께 1/16″(2mm) 혹은 3/32″(2.3mm), 너비 12″(305mm), 길이 4″(102mm)
- 플라스틱판: 아크릴, 두께 1/8″(3mm), 투명, 진홍색, 크기 4″×4″(102mm× 102mm)
- 플라스틱판: 아크릴, 두께 1/8″(3mm), 투명, 짙은 파란색, 크기 4″×4″ (102mm×102mm)
- 플라스틱판: 아크릴, 두께 1/8″(3mm), 투명, 마젠타(자홍색), 크기 4″×4″(102mm×102mm)
- 플라스틱판: 아크릴, 두께 1/8″(3mm), 아무 색깔, 크기 4″×4″(102mm×102mm)
- 실톱과 여분의 날

다음 쪽에 계속

그림 19-1 투명한 아크릴의 6가지 색깔. 서로 겹치는 부분은 다른 색깔을 형성하고 있다.

- 플라스틱에 줄을 긋고 부러뜨리기 위한 아크릴 칼
- 나무 나사: #8×1 1/2" (38mm), 납작머리, 십자형, 2개
- 데크용 나사: 2 1/4"(57mm), 5개

앞에서도 사용한 도구들:
장부톱,
연귀통, 트리거 클램프, 자,
스피드 스퀘어, 고무
샌딩 블록, 작업 장갑, 송곳,
만능칼, 쇠줄, 디버링 툴(선택),
전기드릴과 드릴 비트,
카운터싱크, 스크루드라이버
혹은 전기 스크루드라이버,
열선총, 내열성 장갑(선택),
세라믹 타일, 솔벤트 시멘트와
도포용 도구, 화학물질에
강한 고글, 화학물질에
강한 장갑, 깨끗한 헝겊, 판지
12"×12"(305mm×305mm),
합판 작업대, 사포

다. 무엇이 맞았을까?

"빛이 통과하지 않아서요." 영업직원이 내게 말했다.

"그렇다면 불투명이네요."

"아니에요. 반투명입니다."

하지만 반투명이라면 일부 빛은 통과되어야 한다. 반투명(translucent)이라는 영어 단어는 통과하다(trans)와 빛나는(lucent)이라는 뜻을 포함하고 있기 때문이다. 말장난할 의도는 없지만, 확실한 정의가 필요하다.

투명한 플라스틱은 맑거나 엷은 색이 들어가 있다. 엷은 색이 있어도 여전히 그 뒤에 있는 물체를 볼 수 있다. 선글라스가 바로 이런 방식으로 투명한 것이다. 투명하면서 엷은 색으로 되어 있는 플라스틱은 투광 조명등 앞에 두기에 적합하다. 빛줄기를 분산시키지 않으면서 빛의 색깔만 바꾸기 때문이다. 빛의 강도가 줄어드는데 이는 일부 파장이 차단되기 때문이다.

반투명 플라스틱은 많이는 아니지만 빛을 관통하게 하며, 빛이 분산된다. 반투명 아크릴은 형광 막이 뒤에 있고, 밤에 빛나는 사이니지(signage)에 사용할 수 있다. 이상적인 세상에서는 공급업자들이 빛의 몇 퍼센트가 통과되는지를 말해줄 것이다. 실제 몇몇 공급업자들은 색깔은 아니지만 그들의 백색 반투명판에 번호를 붙인다. 하지만 우리는 판이 더 두꺼우면 빛을 더 많이 차단한다는 것을 알고 있다. 따라서 가능한 한 많은 빛이 통과되길 원할 경우에는 1/8"보다 두껍지 않은 플라스틱판을 사용해야 한다.

불투명 플라스틱은 색깔과 상관없이 어떤 빛도 통과시키지 않는다. 플라스틱의 색깔은 앞에서 비치는 빛이 있을 때에만 눈에 보인다. 플라스틱 뒤에 있는 어떤 물체도 보이지 않을 것이다. 여러분이 작업해온 흰색 ABS는 불투명 플라스틱이다.

알파벳 야간 등

차이점을 극적으로 표현하기 위해 투명과 반투명을 혼합한 프로젝트를 소개하겠다. 이 프로젝트의 목적은 야간 등을 만드는 것이다.

에리카라는 이름을 가진 누군가의 생일이 다가오고 있다고 가정해보자. 당신은 에리카가 불을 켰을 때 자기 이름의 머리글자가 보이는, 손으로 만든 야간 등을 좋아할 것이라고 생각한다. 알파벳 E를 어떻게 마술처럼 나타나게 만들 수 있을까?

그림 19-2에서 흰색(불투명) ABS로 만든 껍데기를 볼 수 있다. 앞쪽 끝에는 회색빛이 도는 폴리카보네이트가 있다. 이 사진은 외부 광원으로만 찍었기 때문에 이것이 여러분이 볼 수 있는 전부이다.

그림 19-3에서 외부 조명이 어두워지고, 상자 속의 빛이 켜졌다. 알파벳 E가 나타났고, 세 가지의 뚜렷한 색깔을 볼 수 있다. 어떻게 만들 수 있을까?

앞에 있는 판은 실은 맑은 폴리카보네이트를 220방 사포로 양면을 사포질한 것이다. 사포질을 할 때에는 원을 그리며 해야 하는데, 그래야 다른 방향에서 빛이 들어올 때 똑같이 보인다. 사포의 돌기에 의해 파진 아주 작은 수천 개의 홈이 빛을 분산시켜서 플라스틱이 투명하기보다는 반투명한 상태가 된다. 그림 19-4에서 볼 수 있다.

그냥 흰색 반투명 아크릴 기성품을 사용하면 안 될까? 기성품은 너무 밀도가 빽빽하여 빛을 지나치게 분산시켜 모든 것을 흐릿하게 만든다. 때로는 정확히 우리가 원하는 효과를 만들어내기 위해 직접 작업을 해야 할 때가 있다.

그림 19-2 불투명 ABS로 만든 껍데기와 반투명 앞판. 아직은 그 뒤에 무엇이 있는지를 보기가 쉽지 않다.

그림 19-3 알파벳 E가 나타난다.

그림 19-4 반투명으로 만들기 위해 맑은 폴리카보네이트에 사포질을 했다.

겹치는 색깔

반투명판 뒤에 색깔을 내기 위해서는 그림 19-5에서 보는 것처럼 파란색 투명 아크릴과 자홍색 투명 아크릴을 모양을 따라 실톱으로 잘라 만들면 된다.

그림 19-5 두 가지 색깔의 투명 플라스틱에서 두 가지 모양을 잘라내야 한다.

우리가 사용하는 색깔 있는 플라스틱들은 투명해서 빛이 깔끔하게 통과하고 E의 가장자리 윤곽이 분명하다. 또한 이 플라스틱판을 겹치면 제삼의 색깔이 만들어진다. 이 개념은 그림 19-6에 제시했는데 두 가지 모양의 일부분이 겹쳐져 있다. 이 그림은 모의실험이지만 실제 어떤 일이 벌어지는지를 잘 보여준다. 각 개별 색깔은 눈에 보이는 스펙트럼에서 일부 파장을 빼고, 두 가지 색깔의 빛이 통과하는 곳은 거의 모든 파장이 막혀서 합친 부분이 매우 어두운 파란색이다.

두 가지를 나란히 겹칠 때 그 결과는 그림 19-7에 나와 있다.

그림 19-6 부분적으로 겹친 두 개의 모양

그림 19-7 나란히 겹쳐진 모습

그림 19-8에 자홍색 플라스틱과 파란색 플라스틱을 자르기 위한 도면이 나와 있다. 잠깐! 아직 여러분은 4″×4″(102㎜×102㎜) 정사각형으로 아크릴판 두 조각을 잘라내기 위한 준비가 안 되어 있을 수도 있다. 아직 얼마나 커다란 아크릴판이 작은 조각으로 잘라지는지 설명하지 않았다.

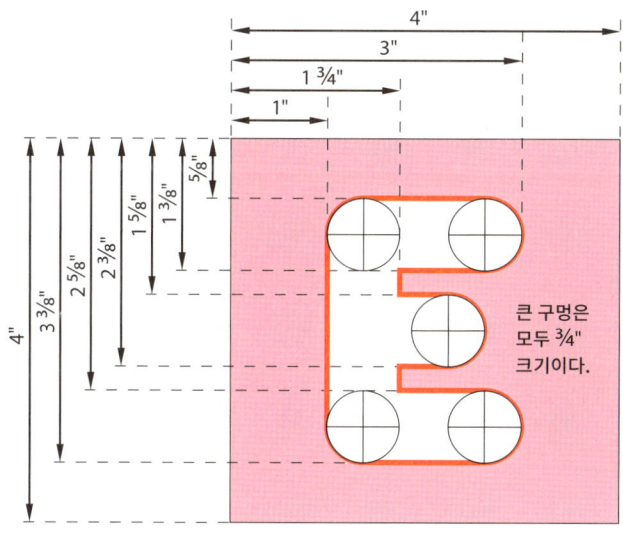

그림 19-8 자홍색 아크릴 정사각형 판을 위한 도면. 붉은색 선은 드릴로 구멍을 먼저 뚫은 후 톱으로 잘라야 하는 선을 가리킨다.

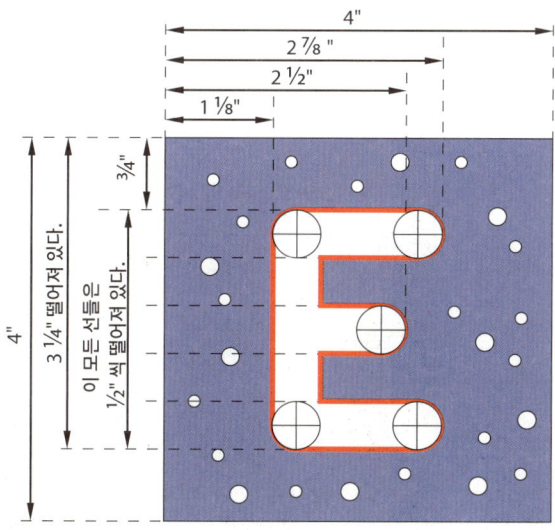

그림 19-9 파란색 아크릴 정사각형 판을 위한 도면

19장 컬러   269

아크릴판 부러뜨리기

아크릴판은 단단하면서 잘 부러진다. 사람들은 톱질하는 것보다는 선을 따라 부러뜨리는 편을 선호한다. 플라스틱 공구상에서 구할 수 있는 특별한 용도의 칼이 그림 19-10에 나와 있다.

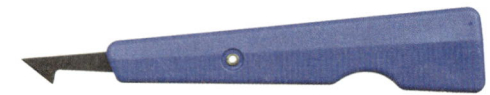
그림 19-10 아크릴 플라스틱판에 선을 긋기 위한 칼

작업자가 자신을 향해서 플라스틱을 따라 칼로 그으면 (강철 자를 따라서) 거꾸로 된 날이 파고 들어가 금을 긋게 된다. 매번 똑같은 선을 정확하게 따라 금을 반복하여 긋는다. 이때 선이 위아래 가장자리에 모두 닿도록 한다. 그림 19-11은 아크릴판 조각에 금을 낸 자국을 보여준다. 흰색 종이 위에 올려놓아 보다 쉽게 볼 수 있도록 했다.

그림 19-12는 플라스틱을 부러뜨릴 준비가 된 상태이다. 그림 19-13은 성공적으로 부러뜨린 플라스틱을 보여준다. 가장자리가 매우 날카로우므로 즉시 사포질을 하거나 디버링 툴로 다듬는 것이 좋다.

그림 19-11 플라스틱을 자르는 칼로 아크릴판에 선을 그은 모습

그림 19-12 아크릴판을 자르기 위해서는 튀어나온 부분을 아래로 밀면 된다.

그림 19-13 아크릴판을 부러뜨린 직후의 모습

실톱 사용하기

이제 야간 등 프로젝트를 위한 4″×4″ 정사각형 두 개가 준비되었을 것이다. 글자 E를 위한 디자인을 보면 일부러 가장자리와 글자 끝을 둥글게 만들었다. 이래야 만들기 쉽기 때문이다. 해야 할 작업은 드릴로 각 조각에 다섯 개의 구멍을 뚫고, 송곳으로 그 사이에 선을 긋고, 그 선을 따라 톱질을 하는 것이다. 그림 19-14 참조.

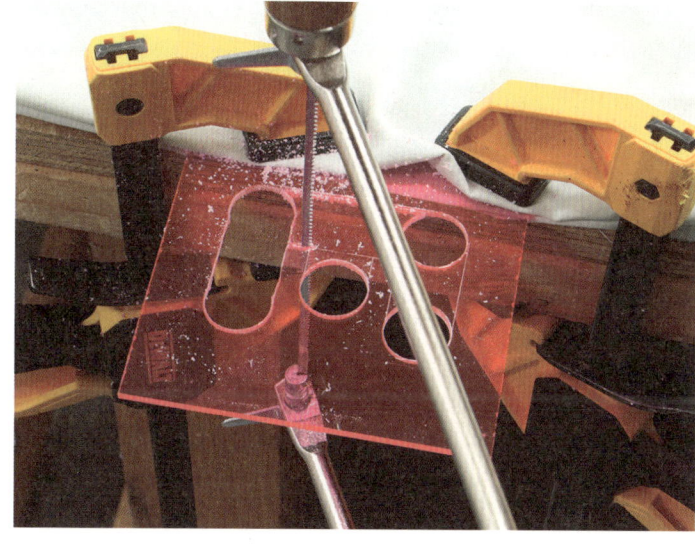

그림 19-14 알파벳 E를 만들기 위한 구멍 사이의 선을 따라 자르기

아크릴판에 씌워진 보호 필름을 없애야 할 수도 있는데, 그래야 자신이 작업하고 있는 부분을 명확하게 볼 수 있기 때문이다. 흠집이 나는 것을 피하기 위해서는 플라스틱을 조심스럽게 다루어야 하는데, 부드러운 헝겊 두 겹 안에 플라스틱판을 넣고 클램프로 조이는 방식으로 흠집을 피할 수 있다.

이상적으로 ½″와 ¾″ 구멍을 깔끔하게 뚫을 수 있는 드릴 비트가 필요하다. 최상의 선택은 포스트너 비트이다. 스페이드 비트가 더 저렴하지만 뚫은 면이 엉망이 되거나 플라스틱을 부러뜨리면서 위험한 결과를 초래할 수 있다. 항상 아크릴은 부러지거나 이가 빠지기 쉽다는 것을 기억하라.

구멍을 뚫는 대신 실톱을 사용하여 모든 곡선을 잘라낼 수 있다. 하지만 추가로 작업을 더 해야 하고, 곡선을 정확하게 자르기가 쉽지 않을 것이다. 실톱에서 손잡이를 느슨하게 했다가 다시 조이면서 프레임에 날을 돌려서 낄 수 있는 기능을 활용하라. 이렇게 하면 클램프를 풀고 플라스틱을 돌리지 않고도 한 방향보다 많은 방향으로 자를 수 있을 것이다.

모두 자르고 나서 가장자리를 매끄럽게 만드는 도구로는 아크릴의 딱딱한 성질을 잘 다룰 수 있는 반원형의 쇠줄(metal file)을 추천한다. ½″ 혹은 ¾″ 구멍을 드릴 비트가 아닌 실톱을 이용해 뚫는다면, 톱으로 자른 면을 매끄럽게 만들기 위해 둥근 봉 모양으로 된 줄이 필요하다. 디버링 툴은 아크릴에 이 빠진 자국을 내기 쉽고, 사포는 표면에 흠이 날 수 있어서 줄이 더 낫다.

겉면

그림 19-15 야간 등을 위한 세 겹의 판

그림 19-15는 세 겹으로 되어 있는데, 그림에서 보듯 이 세 겹이 사포질한 폴리카보네이트에 바짝 붙어 있을 때 그 모양을 눈으로 확인할 수 있다. 반투명 판은 두 조각이 서로 붙어 있으면 모양의 윤곽을 항상 볼 수 있는데 비해, 멀어지면 흐리고 모양을 구분하기 힘들다. 이 사진에서 어떤 모습이 나올지 보이는데 이는 흰색 종이가 빛을 반사해 비추기 때문이다.

이 세 겹으로 만든 판을 겉면에 어떻게 붙일 수 있을까? 긴 ABS 조각에 열을 가해 앞쪽 판에 맞춰 곡선을 만들어 구부리고 18장에서 위, 앞, 뒷면을 붙였던 것과 완전히 동일한 방식으로 클램프로 조이고, ABS를 판에 붙이면 된다.

색깔 판들이 제대로 자리 잡도록 접착제로 붙이고 싶은 생각도 들 것이다. 하지만 용제가 흐르고 튀는 것은 통제하기가 힘들다. 따라서 맨 앞에 서게 되는 폴리카보네이트 판 뒤에 모양을 만들어 놓은 아크릴 판들을 놓고, 이 판들이 서로 떨어져서 앞으로 넘어지지 않도록 폴리카보네이트 판 뒤의 ABS 판에 여기저기 몇 부분만 붙이도록 한다.

이 프로젝트에서 아직 내가 다루지 않은 한 가지 어려운 점이 있다. 알파벳 E는 상대적으로 만들기 쉬운데, 그 이유는 어느 획도 닫힌 부분이 없기 때문이다. A, B, D, O, P, Q, R 등은 글자의 획을 잘라낼 때 중간에 닫힌 부분이 앞으로 떨어질 것이다. 이 문제를 해결하기 위해서는 추가로 맑은 정사각형 플라스틱판에 글자의 중심 부분을 용제로 붙이면 된다. 혹은 이름의 첫 글자가 쉬운 누군가를 위해 야간 등을 만들어도 된다!

조명

이 프로젝트를 할 거라면 어떻게 빛을 밝힐지 결정해야 한다. 야간 등에 쓰기에는 15와트 전구는 너무 밝을 것이다. 5와트짜리 나뭇가지 모양의 촛대에 들어가는 작은 전구를 구매할 수 있을 것이다. 아마도 작은 E12 소켓일 것이고, 이 소켓을 E26-E12 컨버터에 돌려 넣으면 일반적인 크기로 전환할 수 있다. 그러고 나서 저렴한 가격에 구할 수 있는 전등-소켓-플러그 어댑터에 끼우고, 이를 전기 연결선에 끼우면 된다.

5와트짜리 전구는 열을 많이 발생시키지 않지만 여전히 야간 등의 뒷면을 개방해 환기가 되도록 해야 한다. ABS 플라스틱이 전구와 맞닿지 않도록 주의한다.

5와트 전구도 너무 밝거나 뜨거울 수 있다. 정말 더 좋은 선택은, 낮은 볼트에서 작동하면서 거의 신경 쓰지 않아도 될 만큼만 열을 발산하는 LED 조명이다. 20밀리암페어—1암페어의 $2/100$—보다 작은 전류를 쓰는 백색 5㎜ LED 조명을 낱개로 구매하여 배터리로 야간 등을 밝히는 데 사용할 수 있다. C형 배터리 2~3개를 직렬로 연결하면 LED를 매일 저녁 8시간씩 한 달 이상 켤 수 있다. 이렇게 하면 이 작은 프로젝트가 이동 가능하고 독립된 물건이 될 수 있다. 스위치만 추가하면 된다.

여기에서 몇 가지 상세한 사항은 넘어가도록 하겠다. 예를 들어 LED는 양극이 있어서 전류가 이를 통해서 제대로 된 방향으로 흘러야 한다. LED는 또한 엄격한 제한 범위 내에서 적정 전압과 저항기가 필요하다. 온라인에서 이러한 물건들을 구매할 수 있는데 이때 사양이 잘 맞지 않는다든지 제대로 작동하지 않을 가능성도 있으니 염두에 두기 바란다.

이러한 문제들을 다룰 수 있지만, 여기에서는 설명할 공간이 없다. 만약 여러분이 전기를 사용하는 어떤 프로젝트를 하고 싶다면 이런 주제의 초보 가이드를 구해보는 것이 좋다. 내가 쓴 책 《짜릿짜릿 전자회로 DIY》는 LED와 다른 여러 부품을 사용하는 많은 정보를 담고 있다.

더 멋진 시계

야간 등을 다루었으니 침실의 탁자 위에 올려놓을 또 다른 무엇을 생각해볼 수 있지 않을까? 많은 경우 디지털 시계를 생각하는데, 그림 19-16에 나온 것과 비슷한 모양새를 하고 있을 것이다.

이런 시계를 보면 두 가지 생각이 떠오른다. 첫째, 투명한 컬러 플라스틱을 사용하고 있다. 숫자는 아마도 아크릴이기 쉬운 작은 빨간색 판 뒤에 장착되어 있다. 두 번째, 디지털 시계는 1970년대

그림 19-16 일반적인 디지털 시계

에 나온 이후로 일반적인 외관은 크게 변하지 않았다. 플라스틱으로 만든 외관은 복고풍이다. 눈에 보기 좋은 더 나은 외관으로 만들어보면 어떨까?

그림 19-17 빨간색 플라스틱은 빨간 LED 빛을 통과시키면서 다른 색깔을 어둡게 만든다.

외부를 다루기 전에 투명한 빨간색 플라스틱에 대해 조금 더 상세하게 다루도록 하겠다. 그림 19-17은 내가 시계 앞에 빨간색 아크릴판을 세운 모습이다. 그림 19-1에서 밑면 왼편 구석에 있던 빨간색과 동일한 색깔이다. 색깔이 짙긴 하지만 숫자의 밝기는 전혀 줄어들지 않았고, 대신 나머지 다른 부분들은 훨씬 어둡다.

색깔이 있는 투명 플라스틱은 자신과 똑같은 색깔을 통과시키고, 다른 색깔을 차단하는 것이 보통이다. 여기에서 시계를 목재 통에 넣으면 시계 앞에 빨간색 아크릴판을 설치하여 시계 숫자판은 명확하게 보면서도 복고풍의 유선형 모양 케이스는 감출 수 있겠다는 생각을 하게 된다.

경재이면서 참나무나 메이플보다는 딱딱하지 않은 포플러를 사용하기로 했다. 소나무보다는 더 단단한 것을 원하면서 참나무를 일반 수동 톱으로 자르는 수고를 피하고 싶을 때 포플러는 좋은 절충안이다. 원바이포 정도면 충분할 것 같다. 모든 원바이포 목재가 그렇지만 실제 크기는 3/4"×3 1/2"이다.

그림 19-18은 콘셉트를 보여준다. 각 귀퉁이를 액자처럼 연귀각으로 만든 4개의 조각을 사용하는 매우 단순한 디자인이다. 이보다 더 쉬울 수 있겠는가?

현실에서 단순하다는 것이 곧 쉽다는 뜻은 아니다. 액자의 결합보다 여기에서 만들 귀퉁이의 결합은 더 어렵다. 왜냐하면 목재의 넓이를 모두 사용하여 결합해야 하기 때문이다. 45도 연귀각으로 자르다 보면 이 넓이에서는 작은 오차가 생길 것이다. 즉, 앞부분은 맞아 들어가는데 뒷부분은 맞지 않을 수 있고, 한쪽 귀퉁이는 맞아 들어가는데, 나머지 세 개 귀퉁이는 안 맞을 수 있다.

그림 19-18 시계 상자를 위한 단순한 디자인. 옆면은 단단한 원바이포 포플러로 3/4" 두께이다.

전동 도구를 사용하면 이런 문제는 훨씬 적다. 왜냐하면 작업대에 장착된 연귀톱은 각을 다이얼로 조정하면서 톱의 각도를 특정하게 맞출 수 있기 때문이다. 하지만 일반 수동 톱으로 어떻게 정확하게 자를 수 있을까?

일반적인 연귀통에 원바이포 목재판을 세울 수는 없다. 연귀통의 옆면이 그만큼 높지 않기 때문이다. 연귀통에 (수직 방향에서 볼 때 45도 이외에) 수평으로 옆에서 볼 때에도 45도 각도가 있다면 연귀통에 수평으로 목재를 놓고 사용할 수 있다. 하지만 이렇게 해도 45도로 정확하면서도 일관되게 톱질을 하는 것은 쉽지 않다.

아무 보조 도구 없이 그냥 자르는 것도 좋지 않다. 123쪽의 그림 9-5를 보면서 기억을 더듬어보자. 이렇게 잘랐을 때 얼마나 모양이 엉망인지 알 수 있을 것이다.

해답은 당연히 지그를 만드는 것이다. 나는 감히 이를 최고의 연귀각 지그라고 소개하고 싶은데 이 지그는 이번 프로젝트 말고도 다른 것에도 유용하다. 내가 10장에서부터 두 개의 목재 조각을 90도로 연결하는 오랜 세월에 걸친 작업에 대해 이야기하기 시작한 문제의 마지막 답이다.

최고의 연귀각 지그

그림 19-19는 완성된 지그를 보여주는데 무엇을 만들려고 하는지 그 아이디어를 보여주기 위함이다. 목재를 수평으로 놓고 톱의 각도를 기울이는 대신, 이 지그를 이용하면 목재를 각도에 맞게 기울이면서 톱은 수직으로 유지한다. 이렇게 하면 훨씬 더 사용하기 쉬울 것이다.

사진을 보면 기울어진 원바이포 표면에 톱으로 자른 표시가 있다. 지그가 두 개의 부분으로 이루어져 있으므로 원바

그림 19-19 이것이 최강의 연귀각 지그인가?

이식스 목재판을 연귀각으로 자를 수 있도록 더 떨어뜨려 놓을 수도 있다. 유일한 제한은 여러분이 사용하는 톱의 길이뿐이다.

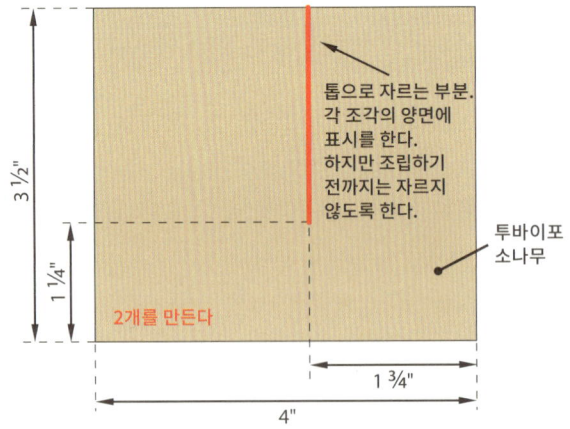

그림 19-20 지그의 각 옆면은 4" 길이의 투바이포 목재이다.

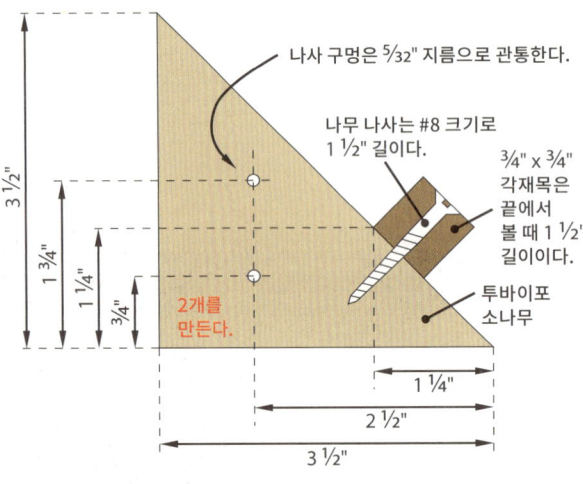

그림 19-21 삼각형 조각이 연귀 작업을 위해 작업할 목재 조각을 45도로 지지하게 된다.

이 지그는 몇 시간이면 만들 수 있다. 그림 19-20에서 보는 것처럼 4" 사각형 판 두 개와 그림 19-21에 나오는 두 개의 삼각형을 만들기 위한 투바이포 소나무가 충분히 필요하다. 또한 1½" 길이의 ¾"×¾" 정사각형 각재목 두 조각이 필요하다. 이 지그는 2½" 길이의 데크 나사(deck screw) 4개와 1½" 길이의 #8번 크기 납작머리 나무 나사 4개로 고정한다.

나사로 조이기 전 6개의 조각 모습이 그림 19-22에 나와 있다. 모든 조립이 끝날 때까지 사각형 조각에 있는 선에 톱질을 하지 않는다. 삼각형에 카운터싱크 드릴 비트로 구멍을 뚫을 때, 각 삼각형은 다른 쪽 삼각형의 거울에 비친 모습이라는 점을 기억하라.

그림 19-23에는 #8 나무 나사로 삼각형 중 하나에 사각형 각재목을 부착한 모습이 나와 있다. 소나무가 쪼개지는 현상을 피하기 위해 나사를 돌리기 전에 ³⁄₃₂" 가이드 구멍을 드릴로 뚫었다.

그림 19-22 자르고 드릴 작업을 마친 지그의 각 부분들. 조립할 준비가 다 되었다.

그림 19-23 데크용 나사를 써서 삼각형 부분을 그 뒤의 사각형 소나무에 부착할 준비가 되어 있다.

삼각형과 만나는 각재목의 가장자리는 그 뒤의 사각형에 표시되어 있는 수직 연필선과 맞닿아야 한다. 이 일치가 중요하다. 투바이포 목재를 작업대에 평평하게 놓고, 제 위치에 놓은 다음 클램프로 함께 조인다.

클램프로 조인 상태에서 조각들을 돌려서 데크용 나사를 수직으로 돌려 넣을 수 있도록 한다. 수평으로 나사 작업을 하는 것보다 이게 더 쉽다. 이때 아래 방향으로 힘을 써서 스크루드라이버가 나사 머리에서 비켜 나오지 않도록 한다. 그림 19-24는 나사를 넣고 있는 모습이다. 하지만 이 단계로 가기 전에 드릴 척에서 최대한 튀어나오게 3/32″ 드릴 비트를 물려서 파일럿 구멍을 나사 구멍에 대고 뚫는다. 그런 다음 두 개의 데크용 나사를 넣어서 모두 조인다. 전동 스크루드라이버가 있다면 훨씬 쉬울 것이다.

나사를 넣고 나면 이제 작업하던 것을 제 위치로 돌린다. 지그를 사용할 때 톱이 들어갈 부분을 수직으로 자른다. 톱날의 두께를 생각해야 한다. 자를 때 톱날의 오른쪽 면이 각재목의 끝, 즉 삼각형이 만나는 부분과 정렬되어야 한다.

각재목이 조립 과정에서 살짝 움직일 수 있기 때문에 톱질은 원래 계획했던 곳이 아니라 실제 각재목이 있는 위치를 기준으로 해야 한다. 그리고 톱으로 자르는 부분이 정확히 수직이 되는 것이 특히 중요하다. 왜냐하면 그 각도가 여러분이 지그를 갖고 만드는 연귀각 결합의 정확도를 결정하기 때문이다. 그림 19-25는 톱질을 하고 있는 장면이다.

각재목의 가장자리까지 톱질을 끝내면, 두 번째 절반의 지그를 결합한다. 두 번째 톱질도 완료하고 나면 두 개를 클램프로 조인 뒤에 그림 19-26처럼 다시 톱질을 한다. 이렇게 해야 두 개의 톱질이 서로 정렬이 되는지를 확인할 수 있다. 만약 일직선으로

그림 **19-24** 지그의 한쪽 면이 나사가 들어가면서 결합되고 있다.

그림 **19-25** 부분적으로 완성된 톱질

그림 **19-26** 톱질이 서로 일직선이 되어 있는지 확인하는 모습

그림 19-27 45도로 자른 견본

정렬되지 않았다면 그래도 괜찮다. 톱이 살짝 더 넓게 만들 것이다. 하지만 방향은 제대로 유지할 수 있을 것이다.

이렇게 하면 될까? 수동 도구를 사용했을 때 내가 상상할 수 있는 다른 어떤 방법보다 더 나을 것이다. 그림 19-27은 견본으로 잘라본 것이다.

주의할 것은 지그는 이미 크기에 맞춰 잘라진 작업 부위의 끝부분에 비스듬하게 각도만 주는 역할을 한다는 점이다. 이제 시계 상자 프로젝트로 다시 되돌아가자. 연귀통을 사용하여 끝이 사각형인 포플러 조각 4개를 자르고 지그를 이용하여 비스듬하게 자른다.

시계 상자 겉면 만들기

비스듬하게 자르기 이전과 이후의 포플러 목재 치수가 그림 19-28에 나와 있다. 4"×2" 크기의 빨간색 아크릴 창을 사용할 것을 염두에 둔 치수이다. 여러분이 안에 넣을 시계가 넓이 3¾"에 내부 높이 1¾", 그리고 사용 가능한 깊이가 3"인 상자에 들어갈 수 있는 크기로 가정한다. 만약 이보다 더 큰 시계라면 상자와 아크릴판의 크기를 확대해야 한다.

아크릴을 어떻게 설치해야 할까? 확실한 방법은 상자를 조립할 때 안쪽을 따라 홈을 파서 여기에 끼우는 것이다. ⅛" 아크릴판을 사용한다면 홈은 ⅛"보다 살짝 크게 파면 된다. 내가 제시한 포플러 조각의 치수는 홈의 깊이도 ⅛"이다. 그림 19-29를 보면 명확하게 나와 있다.

그림 19-28 시계 상자를 만들기 위한 원바이포 포플러 목재의 치수

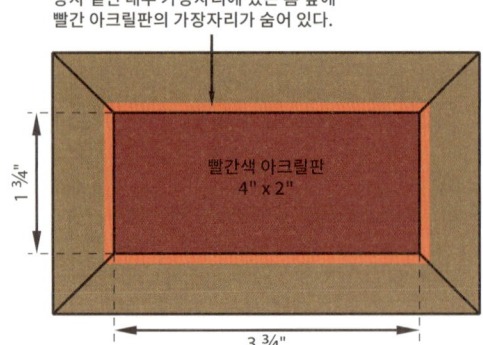

그림 19-29 4"×2" 빨간색 아크릴 창이 상자 겉면 내부에 난 홈에 잘 맞게 들어간 모습

그림 19-30 아크릴판을 고정할 홈의 가장자리

그림 19-31 연필선을 따라 톱질한 모습

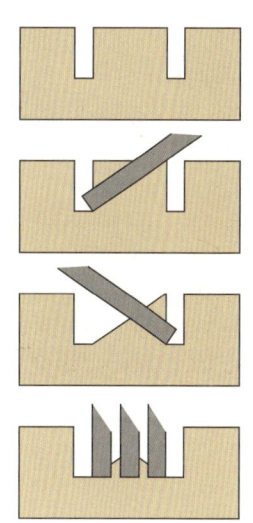

그림 19-32 홈을 만들기 위해 두 번의 톱질을 하고, 그 사이에 남은 부분을 없애는 방법

그림 19-30에는 홈의 가장자리를 포플러의 긴 가장자리로부터 $1/4''$ 띄워서 연필로 표시했다. 그림 19-31은 연필선을 따라 두 개의 톱질을 한 상태이다. 하지만 이 두 개의 톱 사이에 있는 나무를 어떻게 제거해야 할까? 라우터(router)로 작업하면 쉽다. 하지만 홈의 밑바닥이 다소 거칠어도 괜찮다면 장부톱으로도 가능하다.

그림 19-32는 여러분이 어떻게 할 수 있을지를 보여준다. 맨 위 그림은 목재를 끝부분에서 바라본 모습으로 두 번 톱질한 모습이 남아 있다. 두 번째 그림처럼 톱을 기울여서 한쪽에서 다른 쪽으로 톱질을 하고, 삼각형으로 잘린 목재 조각을 빼낸다. 회색으로 표시된 것이 톱을 끝에서 바라본 모습이다. 그리고 나서는 세 번째 그림처럼 반대 방향으로 똑같이 작업한다. 마지막으로 맨 밑의 그림에 나오는 것처럼 남은 부분을 최대한 없애기 위해서 다양한 각도에서 홈을 따라 수직으로 톱질을 한다.

실제 결과는 그림 19-33에 나와 있다. 홈은 $1/8''$보다 살짝 넓고, 깊이도 $1/8''$보다 약간 더 깊은데, 모든 부분을 다 접착할 때 발생할 수 있는 오차를 위한 여유를 조금 두는 것이다.

조립 작업은 이제 단순히 목공용 접착제를 연귀 결합 부위에 바르고, 아크릴을 끼우고(홈에 접착제를 바를 필요는 없다), 상자 겉면 네 조각을 맞춰서 접착제가 마를 때까지 고정시키면 된다. 이

그림 19-33 톱질이 끝난 홈의 모습

그림 19-34 접착제가 마르기를 기다리는 모습

때 5장에서 액자를 클램프로 조일 때 설명했던 것과 동일한 방식으로 작업한다. 그림 19-34 참조.

그림 19-35는 완성된 상자의 모습이다. 시계가 안에 들어가 있고, 디스플레이도 잘 보인다. 아주 작은 알람 시계라도 열이 조금씩 발생하기 때문에 시계 상자의 뒷면은 환기가 되도록 개방해 두는 게 좋다. 만약 뒷면을 막고 싶다면 드릴로 구멍을 몇 개 뚫어 환기가 되도록 해야 한다.

개선 작업

이 프로젝트에는 한 가지 단점이 있어 고생을 해야 한다. 알람을 설정하거나 끄려면 상자에서 시계를 빼내야 한다는 것이다. 미래에는 여러분이 전자 기술을 배워서 시계 상자를 열고 내부의 회로 보드에 작업하는 것을 생각할 수도 있다. 그 작업을 할 때, 나무 상자에 버튼을 추가할 위치에 선을 빼놓으면 시계를 영구적으로 작동하도록 설치할 수 있다.

어쩌면 이런 말이 너무 먼 이야기처럼 들릴지 모른다. 하지만 그렇게 어렵지 않다. 또 자기 자랑을 하는 위험이 있지만 《짜릿짜릿 전자회로 DIY》를 다시 한번 언급해야겠다. 이 책이 도구를 사용해본 적 없는 독자를 위해서 쓰여진 것처럼, 그 책은 전자 기술에 대해 사전 경험이 없는 사람들을 위해 이러한 변경 작업을 어떻게 하는지 설명해놓았다.

그림 19-35 상자에 넣은 시계

20장
또 다른 도구들

이 장의 새로운 주제
- 작업대 사양
- 공구와 재료 보관
- 필요할 수도 있는 공구들

그동안 이 책에서 프로젝트를 하는 데 필요한 공구, 부품, 재료들에 제한을 두려고 해왔다. 돈을 너무 많이 쓰기 전에 자신이 이 분야에 지속적인 관심이 있는지 생각해보길 바란다.

이 선을 넘어서 여러분의 선택을 고민해야 할 시점이 되었다. 작업대와 보관법 선택에 대해 몇 가지 제안을 하려고 한다. 그러고 나서 추가로 유용한 수동 공구의 리스트를 제공하고, 그 밖에 기초적인 전동공구를 설명하면서 마칠까 한다.

최소한의 작업대

온라인에서 찾아보면 작업대 도면이 수없이 많다. 따라서 여기에서 상세하게 설명하지는 않겠다. 사람들의 의견은 다를 수 있다는 점을 인정하면서 내 의견을 말해보고자 한다.

내 생각에는 3/4″ 두께의 합판을 작업대 표면으로 사용해야 한다. OSB는 하나의 선택일 수는 있는데, 합판만큼 매끄럽지 않다. 칩보드도 가능하지만 더 쉽게 부러진다. 정말이지 합판이 가장 좋은 특성을 갖고 있다. 최고의 질이 아니어도 된다. 한쪽 면만 괜찮으면 충분하다.

작업대를 바비큐 스탠드나 기름이 많은 자동차 부품 등을 놓는 데 쓸 것이 아니라면 표면에 보호막을 씌울 필요는 없다. 작업대에는 흠이 나고, 얼룩지고, 상처가 생기겠지만 이는 별 문제가 아니다.

작업대는 공간이 허락하는 한 여유가 있는 게 좋지만 폭은 그리 넓지 않아도 된다. 작업대 앞쪽에서 일하는 것을 고려할 때 앞면에서 뒷면까지 24″에서 30″면 적당하다. 이상적으로는 뒷면이 벽에 닿아서 드릴 비트 같은 물건이 떨어지지 않게 해야 한다. 확실한 안정성을 위해 작업대를 벽에 붙여서 사용할 수 있다면 좋다.

안정성은 매우 중요하다. 작업 중에 작업대가 움직이거나 떨리면 오차가 생긴다. 많은 사람들이 작업면 밑에 틀을 만들기 위해 투바이포 목재를 사용하고, 다리는 투바이포나 포바이포를 사용한다. 틀과 다리는 여러 개의 2½″ 데크용 나사를 꽉 조여서 연결할 수 있다. 다리를 24″ 간격으로 배치하면 작업대 윗면은 망치로 작업해도 충분할 만큼 강하다.

작업대의 높이는 취향의 문제이다. 사용자의 키에 맞춰 편안하게 느껴져야 한다. 대략 설명하면, 작업대 옆에 서서 팔을 굽혔을 때 팔꿈치 바로 밑부분에 와야 한다. 작업을 할 때 몸무게를 이용하여 무엇인가를 고정할 수 있어야 한다. 동시에 작업대 표면이 너무 낮아서 무엇인가를 세밀하게 제대로 보기 위해 몸을 구부려서는 안 된다.

만약 작업대를 벽에 고정할 수 없다면 더 강하게 만들기 위해 뒷면을 댈 수 있다. ¼″ 두께의 합판을 여러 곳에 고정하기만 하면 된다. 작업대 옆면에 판을 대어 안전성을 높일 수 있다. 작업대가 단단하다는 확신이 있어야 한다.

작업대는 아름다울 필요는 없다. 하지만 튼튼해야 한다.

작업 테이블 추가하기

작업대는 절반의 이야기일 뿐이다. 무엇인가를 만들 때, 특히 크고 평평한 목재판을 톱질할 때 모든 것을 펼쳐서 올려놓을 책상이 있었으면 하고 바랄 수 있다.

내 작업실을 만들 때, 나는 두 개의 독립된 테이블을 작업장 중심에 두도록 했는데, 무엇인가 크고 무거운 것을 만들 때 그 주변을 돌아다닐 수 있게 하기 위함이었다. 각 테이블은 48″×48″ 크기이고 그 중간을 3″ 띄워 놓았는데, 그 사이로 수동 혹은 전동 톱으로 합판을 자를 수 있게 하기 위해서였다. 이렇게 하면 길다란 무엇인가를 자를 때 양쪽을 지지해야 하는 문제를 해결할 수 있다. 그림 20-1 참조.

대부분의 사람들은 이렇

그림 20-1 작업 테이블이 두 개 있으면 합판이나 긴 플라스틱(혹은 작은 것)을 자르기가 쉽다.

게 만들기 위한 충분한 공간이 없다는 것을 안다. 하지만 작은 테이블의 경우에도 한 개보다는 두 개가 더 낫다고 생각한다.

공구 보관대

이 주제에 대해서는 두 가지 부류가 있다. 어떤 사람들은 벽이나 나무못 꽂는 판에 공구를 달아서 필요할 때마다 금방 쓸 수 있게 하는 것을 좋아한다. 또 다른 부류는 상자에 도구를 보관하여 모든 것을 먼지 없이 깔끔하게 넣어두기를 좋아한다.

나는 두 번째 부류이다. 나는 최소한 50개의 플라스틱 보관통을 갖고 있고 모두 라벨을 붙여 놓아서 어디에 무엇이 있는지 알고 있다. 어떤 프로젝트를 할 때면 내가 필요한 공구를 빼서 쓴다.

이론적으로는 어느 공구든 금방 벽에서 집을 수 있는 것을 선호한다. 하지만 공구의 숫자가 늘어나면 이런 방식은 덜 실용적이다. 어떤 작업실에서는 나무못을 꽂는 판을 몇 장에 달아서 벽에 경첩으로 고정해둔 것을 봤다. 마치 책장을 넘기듯이 공구가 달린 판을 넘기는 방식이다. 내게는 상자를 여는 것보다 빠르게 보이지 않았고, 공간을 덜 효율적으로 사용하는 방식으로 보였다.

여전히 이는 취향의 문제이다. 하나 강조하고 싶은 것은, 어떤 방식을 사용하든 그냥 시도하는 것보다 어떤 방식이 자신에게 맞을지 미리 생각해보고 계획하는 것이 더 좋다는 점이다.

재료 보관함

여러분은 하고자 하는 각 작업마다 필요한 목재량을 딱 맞춰 구매하여 남는 것이 없이 할 생각인가? 믿기 어려운 이야기다. 항상 실수에 대비하여 여유분을 두고 사야 한다. 늘 버리기에는 아까운 유용한 조각들이 남는다는 것을 생각해야 한다.

그림 20-2는 48″×48″ 정사각형의 목재판까지 담을 수 있는 보관대다. 작은 조각들은 맨 위의 통에 담아놓는다. 전체 보관대는 커다란 다리 바퀴가 달려 있어서 양

그림 20-2 목재와 플라스틱판 보관대

20장 또 다른 도구들

쪽에서 쉽게 접근할 수 있다(뒷면을 청소하기도 쉽다).

또한 조각, 관, 각재, 그리고 96″까지 길고 얇은 조각들을 보관해야 한다. 긴 제재목을 보관하는 데에는 통상 선반을 권하지만 벽 공간을 너무 많이 차지하며 목재를 분류하기 힘들다. 나는 조금 구부러지기는 하지만 벽 구석에 긴 것들을 세워 놓는 것을 선호한다.

좁은 공간에 긴 조각들을 많이 보관하는 한 가지 방법이 그림 20-3에 나와 있다. 이 상자에는 맨 위에 격자무늬로 철사 울타리를 만들어놓았고, 그 밑에는 격자 칸이 있다.

물론 다른 디자인도 가능하다. 여러분도 자기만의 보관함을 만들 수 있을 것이다.

그림 20-3 조각, 관, 각재, 그리고 다른 길고 얇은 조각 보관대

부품 서랍

조만간 공구상에서 가져온 작은 봉지나 상자보다 좀쇠¹들을 보관하는 더 나은 방법이 필요할 것이다. 체계적으로 라벨을 붙여 원하는 것을 찾을 수 있는 시스템이 도움이 될 것이다. 나 같은 경우 복잡한 컬러 코드 시스템을 채택했고 이게 너무 복잡한지는 모르겠지만, 달리 보면 나는 더 이상 무엇을 찾기 위해 헤매지 않아도 된다. 그림 20-4 참조.

그림 20-4 부품 서랍에 라벨 작업을 한 모습

톱질 모탕

건설 현장에서 많이 사용하는데 일부 작업을 외부에서 할 때 이상적이다. 3/4″ 두께의 합판을 톱질 모탕 사이에 얹으면 즉석 작업대가 된다.

조명

자주 사람들이 신경을 쓰지 않지만, 밝은 조명은 정확한 작업을 하는 데 필수이다. 안전을 고려할 때에도 중요하다.

추가적인 수동 공구들

이 책에 나오는 프로젝트는 수동 톱 하나와 클램프 두 개, 그리고 몇 가지 다른 도구들로 모두 충분히 할 수 있었다. 공구에 대한 어떤 다른 책들도 이렇게 절약하지는 않았다! 정말 유용하지만 내가 빼먹은 것은 무엇이었을까?

긴 자

여기에서 다룬 프로젝트들은 모두 작은 물건으로 18″ 자로 충분했다. 조만간 더 큰 물건을 만들게 될 것이다. 36″ 자는 합판에서 긴 모양을 잘라낼 때 유용하며, 48″ 자가 있으면 기본적인 합판을 가로질러 선을 그릴 수 있다.

줄자

대부분의 사람들은 줄자를 필수 아이템으로 생각한다. 하지만 나는 이를 포함시키지 않았는데, 이유는 줄자는 주택 공사에 보다 적합하고, 작은 조립 프로젝트에서는 사용하기가 쉽지 않은 데다 정확하지도 않기 때문이다. 하지만 여러분의 공구 사용 기술이 늘다 보면 집에 무엇인가를 고치거나 개선하고 싶어 할 것이다. 혹은 누군가가 당신이 해주길 바랄 것이다.

캘리퍼[2]

여러분의 측정 능력이 완숙해질 때쯤, 못이나 각재목의 지름을 측정하고 싶은 상황을 생각해보자. 자로 측정해볼 수 있겠지만 여러분이 최선을 다해 얻은 수치는 대략의 숫자 정도일 것이다. 이런 작업에 맞는 도구는 캘리퍼이다(어떤 사람들은 복수로 캘리퍼스(calipers)라고 하는데, 원래 이 도구가 가위처럼 두 개의 팔이 연결되어 있었기 때문이다).

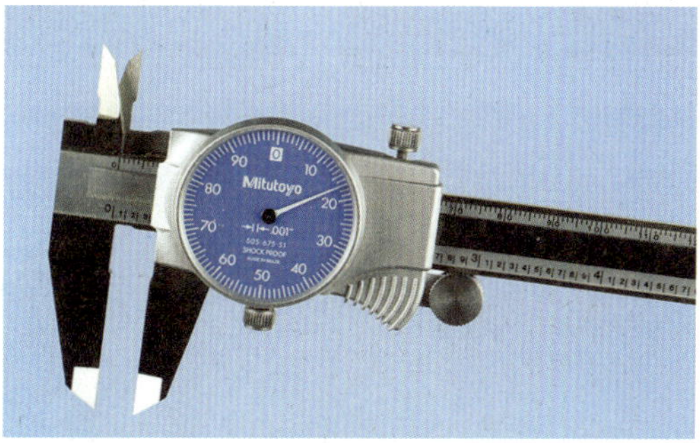

그림 20-5 캘리퍼. 다이얼에 있는 가장 작은 단위 차이는 1/1,000인치이다.

전기판독기가 있는 캘리퍼는 원하는 단위를 선택할 수 있지만 배터리가 필요하다. 바늘과 다이얼이 달린 캘리퍼는 읽기는 조금 어려울지 몰라도 배터리가 필요 없다. 어느 쪽이든 정말 도움이 되는 측정 도구이고 저가 모델도 있다. 그림 20-5는 전기를 쓰지 않는 모델로 다이얼 캘리퍼라고도 한다.

추가 클램프

이 책의 프로젝트에서 클램프의 숫자를 최소화했지만 대, 중, 소 트리거 클램프가 각각 두 개씩 필요할 것이고, 거기에 더 꽉 죌 수 있는 스크루 클램프가 적어도 한 개는 필요할 것이다. 큰 물건을 만들 때에는 클램프가 더 필요하다.

추가 톱

철을 다루지 않더라도 쇠톱(hacksaw)은 만일의 경우에 필요할 수 있다. 적어도 너무 긴 볼트의 끝을 잘라내고 싶을 때 쓸 수 있다.

일본식 당기는 톱을 사용하는 것도 좋다. 일부 사람들에게는 이런 방식이 더 쉽게 느껴지고, 대부분 그리 비싸지 않기 때문이다. 1장 '자세히 알아보기: 손톱'에서 소개한 다용도톱도 있으면 좋다. 장부톱처럼 날의 윗부분에 대가 있는 것과 달리 다용도톱은 톱질을 하면서 목재를 가로질러 쓸 수 있기 때문이다.

플라이어

중간 크기의 슬립조인트 플라이어와 전기용 롱노즈 플라이어를 소개했지만 다른 것들도 많다. 그림 20-6에 나오는 것은 관절이 두 개여서 작은 물체에 커다란 힘을 가할 수 있다. 그림 20-7은 전기 공용 플라이어(lineman's pliers)라고 하는 것으로 길이가 9″ 정도다. 그림 20-8의 로킹플라이어는 나사 조정 기능이 있어, 플라이어를 잡고자 하는 물건 크기에 대략 맞추는 데 사용할 수 있다. 이렇게 대략 맞추고 나서 손잡이의 그립 부분 레버를 눌러 그립을 풀 때까지 고정시킨다.

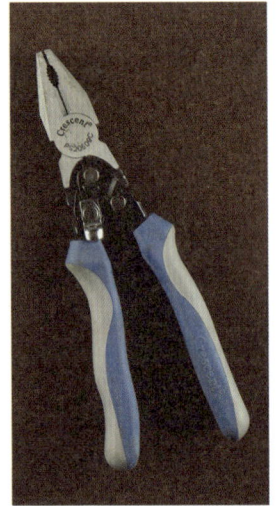

그림 20-6 고급 더블조인트 플라이어는 훨씬 강한 힘을 발휘한다.

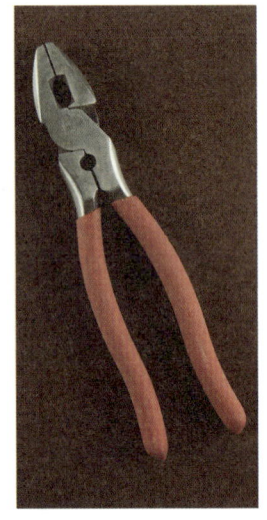

그림 20-7 9″(229mm) 길이의 전기 공용 플라이어

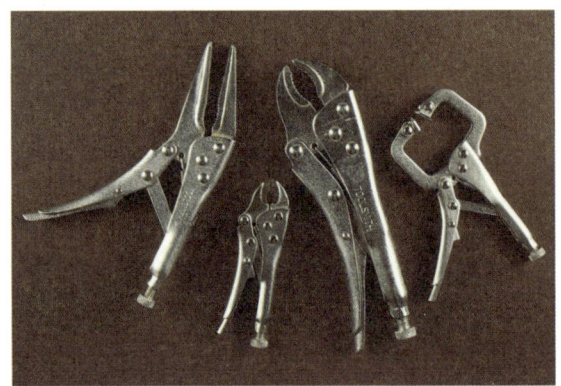

그림 20-8 로킹플라이어. 브랜드 이름이지만, 바이스 플라이어라고도 한다.

흔히 바이스 플라이어(Vise-Grip pliers)로 알려져 있는데, 이는 초기의 브랜드명이었기 때문이다.

쇠줄(Metal Files)

금속의 모양을 만드는 데 유용할 뿐 아니라 겸재에도 사용할 수 있고, 플라스틱을 톱으로 자른 가장자리를 다듬는 데에도 사용할 수 있다. 세트로 구매하면 보통 몇 개의 평평한 줄, 둥근 줄, 그리고 삼각줄이 담겨 있다.

줄(Rasp)

쇠줄과 비슷하지만 나무에 사용할 수 있도록 커다란 이가 있다. 줄(rasp)은 거친 도구로, 작업 후에는 거친 표면이 남게 된다. 줄은 원하는 모양을 대략 만드는 데 유용하다. 줄 작업 후에는 사포 도구로 작업해야 한다.

렌치

213쪽의 '자세히 알아보기: 너트와 볼트'에서 렌치에 대해 몇 가지 살펴보았다. 당연히 조정 렌치보다 더 나은 무엇인가가 필요하다. 공구를 사기 시작할 때 작은 소켓 렌치 세트가 아마도 적절할 것이다.

헥스키(hex key)로도 알려진 6각 렌치 세트도 고려해볼 수 있다. L자 모양의 육각 막대로 머리 안이 육각으로 들어가 있는 좀쇠를 풀거나 조일 때 쓴다. 6각 렌치 세트는 인치뿐 아니라 미터법 단위도 포함하고 있다.

쇠 절단기

쇠 절단기(metal shears)는 대형 가위처럼 얇은 쇠판을 자르는 데도 충분한 힘을 갖고 있다. 나는 이 가위를 카펫이나 플라스틱 막대를 자르는 용도로도 사용했다.

볼트 커터

영화 〈매드 맥스: 분노의 도로〉를 봤다면 볼트 커터가 얼마나 유용할 수 있는지 알 것이다. 나는 몇 달에 한 번은 볼트 커터를 계속 사용하는데, 특히 두꺼운 철사를 자를 때 유용하다.

유리 커터

어쩌면 판유리를 자를 일은 절대로 없을 거라고 생각할지 모른다. 하지만 언젠가 예상하지 않은 시점에 이 작은 도구가 있었으면 하고 느낄 때가 있을지 모른다. 작은 다이아몬드 바퀴가 유리에 선을 그리며 자국을 낸다. 유리 밑에 단단한 물체를 대고, 그 모서리에 유리 선을 맞춘 후 뚝 부러뜨린다.

실제로 자르기 전에 몇 번 연습이 꼭 필요하며 반드시 장갑을 낀다. 유리 가장자리는 메스처럼 날카로울 수 있다.

탁상 바이스

작업대를 구하고 나면 볼트로 조이는 바이스가 있어야 한다. 작은 부품 혹은 짧고 얇은 목재, 플라스틱, 쇠로 작업할 때, 빨리 세게 안정되게 고정하고 싶을 때 클램프 대신 쉽게 사용할 수 있다.

쇠를 고정시킬 수 있는 바이스는 부드러운 무엇인가를 턱에 대고 사용하면 목재도 고정할 수 있다. 나는 L자 모양의 플라스틱을 사용한다.

워크숍 진공청소기

작업장에서 청소는 매우 중요한 일이다. 먼지를 빨아들이는 진공청소기가 필요하다. 또한 동력톱과 같은 도구에 부착하여 먼지를 직접 빨아들이는 호스가 진공청소기에 붙어 있어야 한다. 작업장에서 사용하는 진공청소기를 샵백(shop-vac)이라고도 하는데, 이는 브랜드 명이다.

샌딩 도구

사포질하는 데 들어가는 노력을 줄이기 위해 사용 가능한 네 가지를 말해보겠다. 전동 드릴에 사용하는 샌딩 디스크, 작업대에 장착된 디스크 샌더, 손에 들고 쓰는 회전 샌더, 손에 들고 쓰는 벨트 샌더다.

샌딩 디스크

가장 저렴한 선택 안이다. 가장 전통적인 방식으로는 유연한 고무나 비닐 디스크, 그리고 중심에 들어가는 쇠막대로 구성된다. 막대기의 한쪽 끝은 전기 드릴 척에 들어가고, 또 다른 쪽은 볼트가 들어가게 나사산으로 되어 있고, 원뿔 모양의 쇳조각이 유연한 디스크에 사포를 고정시킨다. 다양한 방(grit)

그림 20-9 드릴에 장착한 샌딩 디스크

그림 20-10 사진에 보이는 노란색 디스크는 부드러운 비닐로 만든 것이다.

수를 가진 대체 디스크가 저렴한 가격에 나와 있다. 그림 20-9는 조립한 상태이고, 그림 20-10은 분해한 상태이다. 다른 샌딩 디스크들은 (우리가 흔히 '찍찍이'라고 부르는) 벨크로(Velcro) 형태를 쓰거나 혹은 가압접착제를 사용해 붙였다 뗐다 할 수 있다.

이 도구에는 두 가지 단점이 있다. 첫째, 구멍을 뚫기 위한 드릴과 샌딩 디스크를 위한 드릴을 교체해야 한다. 둘째, 평평한 면을 사포질하는 데에는 이상적이지 않다. 이는 드릴을 움직여 디스크를 통제하는데, 완벽하게 똑바로 앞뒤로 드릴을 움직여서 사포질을 하는 것은 어렵기 때문이다. 선을 그리기도 어렵다. 사포질하는 목재에 반월형의 표시가 남는다. 부드럽게 사포질을 해야 하며, 연습이 필요하다.

샌딩 디스크는 가장자리를 둥그렇게 만드는 데 적절하다. 그리고 (얇은 방을 사용하면) 평평한 면의 작은 흠을 없애는 데에도 유용하다. 하지만 평평하지 않은 면을 평평하게 만드는 데에는 별로 소용이 없다.

작업대에 장착된 디스크 샌더

이 기계는 샌딩 디스크와는 달리 독립적인 공구로 작업대에 장착해서 쓰도록 만들어졌다. 그림 20-11 참조.

디스크 샌더는 디스크를 목재로 가져가는 것이 아니라 목재를 디스크로 가져와서 사용한다. 이

그림 20-11 벤치 마운트 샌더는 디스크 혹은 벨트를 선택할 수 있다.

20장 또 다른 도구들

렇게 하면 통제하기가 훨씬 쉽다. 작업 테이블에 맞춰 디스크에 90도 각도로 되어 있거나 또 많은 경우에는 눈금이 있어서 각도를 기울여 조정할 수 있다.

이 디스크는 보통 8″이거나 더 크다. 또한 이런 종류의 샌더는 대부분 디스크뿐 아니라 샌딩 벨트가 있다. 샌딩 벨트는 목재의 나뭇결을 따라 사포질을 하는 데 유용하고, 완전히 평평하지 않은 영역을 평평하게 만들 수 있다.

디스크 샌더는 비싼 것이 필요 없다. 고급 브랜드 제품이 필요하지 않을 것이다. 패밀리 레스토랑에서 가족이(몇 명이냐에 따라 다르겠지만) 저녁 식사를 하는 가격으로 하버 프라이트 공구 카탈로그에서 찾을 수 있다.

일부 샌더는 뒤에 봉투가 있어서 먼지를 모아준다. 하지만 내 경험에 따르면 많은 먼지들은 봉투에 모아지지 않는다.

이런 것들을 둘 공간이 있는가? 이상적으로는 톱밥이 문제가 되지 않는 작업대가 필요하다. 하지만 모두가 그런 이상적 상황은 아니다. 어쩌면 옷장에 샌더를 보관하다가 사용할 필요가 있을 때 뒷마당으로 끌어다 쓸 수 있다(뒷마당이 있다면 말이다).

먼지를 흡입하는 것은 좋지 않다. 방진 마스크를 반드시 써야 하고, 도와주는 사람이 있다면 샌딩 작업하는 물체 근처에 강력한 진공청소기 호스를 잡고 있을 수 있다.

그림 20-12 손에 들고 쓰는 벨트 샌더

손에 들고 쓰는 벨트 샌더

들기에 너무 크거나 작업대에 장착된 샌더로 작업하기 힘든 목재를 사포질해야 할 때 목재를 클램프로 작업대에 고정시키고 손에 들고 쓰는 벨트 샌더를 사용할 수 있다. 이 작업 한 가지만은 매우 잘하는 힘 좋은 공구이지만, 그리 다재다능하지는 않다. 그림 20-12에 한 예가 나와 있다.

회전 샌더

회전 샌더는 사포를 원형으로 고속으로 돌린다. 목재의 평평한 부분을 부드럽고 균일하게 만드는 데 훌륭하다. 하지만 가장자리를 둥글게 만들기에는 통제하기 힘들어서 그리 유용하지 못하다. 작업대에 고정시킨 디스크 샌더가 그런 목적에는 더 좋다.

그림 20-13의 회전 샌더는 샌딩 패드에 붙는 벨크로 타입을 사용하는 샌딩 디스크가 필요하다. 이 디스크는 구멍이 뚫려 있는데 회전 샌더가 진공청소기처럼 작동하면서 발생하는 톱밥을 빨아들이기 때문이다. 부착되어 있는 봉투에 대부분의 먼지가 빨려 들어간다.

그림 20-13 회전 샌더

어떤 샌더를 사야 할까?

유용성을 기준으로 보면 디스크 샌더가 첫 번째, 그다음으로 회전 샌더, 샌딩 디스크 그리고 손에 들고 쓰는 벨트 샌더 순이다. 하지만 샌딩 디스크가 나머지 것들보다는 훨씬 저렴할 것이다.

샌더 안전

움직이는 사포는 별로 위험해 보이지 않는다. 하지만 피부는 여러분이 작업하는 목재보다 훨씬 연하다는 점을 기억해야 한다. 전동 샌더를 만지면 즉시 표피(피부의 표면층)가 벗겨지고, 어쩌면 그보다 더 심할 수 있다.

작업대와 디스크 사이의 틈새에 손이 끼일 수 있다. 혹은 디스크의 돌아가는 날을 건드리면 손가락 끝에 순식간에 고랑이 파인다(내가 이를 어떻게 알게 되었는지 짐작할 것이다).

모든 전동공구와 마찬가지로 샌더 역시 주의해서 사용해야 한다.

전동공구

모터로 움직이는 모든 공구는 위험할 수 있지만 어떤 것들은 특히 더 위험하다. 내게 가장 안전한 것처럼 보이는 것부터 시작하겠다.

드릴 프레스

드릴 프레스는 전기드릴이 철 기둥 위에 장착된 것으로 드릴 척은 평평하고 단단한 테이블 쪽으로 아래를 향해 있다. 드릴 작업을 하고자 하는 물건을 작업대 위에 놓고, 보통 손으로 돌려 물건을 드릴 쪽으로 들어 올린다. 드릴이 닿을 수 있는 위치에 오면 모터의 스위치를 켜고 드릴 작업을 하려는 물

그림 20-14 작업대에 장착하는 드릴 프레스

체에 레버를 당겨 드릴 비트의 위치를 낮춘다. 그림 20-14 참조.

이 공구의 큰 장점은 정확도이다. 드릴 비트가 수직이고, 작업을 특정 각도에서 할 수 있다. 그리고 눈금이 드릴 비트가 어느 정도 깊이로 들어갔는지를 보여준다. 드릴 비트의 속도는 통상 2단 바퀴 벨트를 움직여서 조절할 수 있다.

일반 크기의 드릴 프레스는 마루에 세워두고, 5피트(152cm) 높이까지 되어서 가구처럼 커다란 물건에 작업이 가능하다. 하지만 이 공구에 돈을 쓸 필요는 없을 것 같다. 그 절반도 안 되는 가격에 대부분의 작업들을 다룰 수 있는 작업대에 장착하는 드릴 프레스를 살 수 있다.

드릴 작업을 하는 동안 작업 대상물을 클램프로 조일 필요가 있다. 드릴 프레스 바이스는 이런 목적으로 만든 것이다. 드릴 비트가 수직으로 내려오는 동안 작업물을 제자리에 고정시키는 역할을 한다. 9장에서 다룬 스와니 휘슬을 드릴 프레스로 만드는 것은 아무 일도 아닐 것이다(하지만 재미는 덜했을 것이다). 때로는 드릴 프레스에 바이스가 함께 들어 있는 경우도 있지만 따로 구매해야 할 수도 있다.

비스킷 조인터

나무못과 접착제를 사용해 연결을 하는 도구들이 있지만 비스킷 조인터(Biscuit Jointer)를 이용하는 것만큼 쉽지는 않다. 비스킷 조인터를 사용하면 정확하게 위치를 잡는 작업이 불필요하다. 이 공구는 목재 가장자리에 곡면의 홈을 내는 원형 톱날이 수평으로 들어 있다. 두 번째 목재에도 짝이 되는 홈을 만든 뒤, 홈에 접착제를 바르고, 목재를 압축하여 만든 타원형의 '비스킷'으로 그 사이를 연결한다.

그림 20-15는 비스킷 조인터를 옆에서 본 모습이다. 톱날은 아래 오른쪽에 ½" 정도 튀어나온 검은색 실루엣이다. 공구의 밑면은 작업

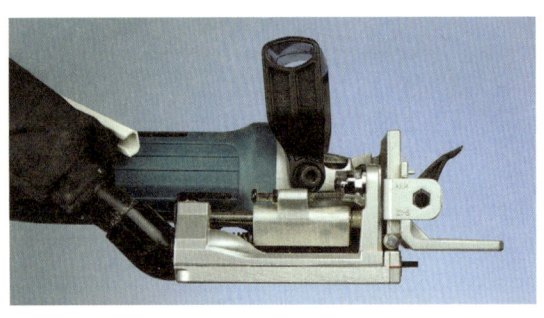

그림 20-15 비스킷 조인터의 옆모습. 설명은 본문 참조.

대에 평평하게 놓는다. 손잡이를 앞으로 밀면 톱날이 튀어나오고 작업대 위에 있는 목재 가장자리에 구멍을 판다. 이때 구멍은 조인터 바로 앞, 보호대 밑 맨 오른쪽에 파인다. 이 그림에서 톱날은 용수철의 장력에 의해 최대한 노출되어 있는 상태이다. 공구를 풀면 톱날도 들어간다.

이 시스템의 커다란 장점은 움직일 여지가 있다는 것이다. 각 구멍의 위치가 정확히 맞아야 하는 나무못과는 달리 비스킷은 들어가는 구멍과 평행하게 조금 움직일 수 있는 여지가 있다.

필요한 비스킷을 50개나 100개 단위로 살 수 있으며, 비스킷은 다양한 크기로 나와 있다.

조인터의 날은 보호대 밑에 숨겨져 있으며 절대로 만지는 일이 없어야 한다. 여전히 날은 거기에 있으며 그 밑으로 손가락을 가져가거나 보호대가 열린 상태로 두면 매우 위험하다.

지그소

167쪽의 구멍과 곡선 자세히 알아보기에서 지그소(jigsaw)에 대해서 설명했다. 아마도 곡선을 따라 잘라내는 다양한 톱 중에서 가장 다루기 쉽고 가장 구하기 쉬운 공구일 것이다. 사용할 때 중요한 것은 작업물을 안정되게 클램프로 고정해 지그톱이 위아래로 움직일 때 힐거워지지 않도록 하는 것이다. 지그소의 날은 상대적으로 짧지만 아무 보호대가 없이 노출되어 있기 때문에 잠재적으로 위험한 도구이다. 작업의 종류에 맞추어 다양한 날을 구매할 수 있다.

충전 컷소

충전 컷소(Reciprocating Saw)는 흔히 인기 있는 모델의 브랜드 이름인 소잘(Sawzall)로 알려져 있다. 길이가 16″까지 긴 날을 교체할 수 있고, 목재, 철, 그리고 다른 재료를 위한 날들이 있다. 방아쇠를 당기면 날이 고속으로 들어갔다 나갔다 진동한다. 그림 20-16 참조.

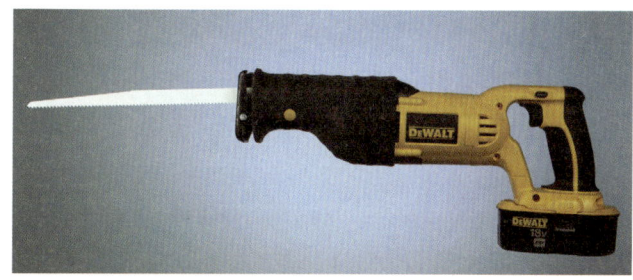

그림 20-16 충전 컷소

날 전체 길이가 노출되어 있지만 양손으로 공구의 몸체를 붙들고, 날을 멀리 향하게 하면 웬만큼 안전하다. 가장 큰 위험은 톱이 작업자의 신체나 다리에 가깝게 오는 것이다. 이는 특히 배터리로 구동하여 항상 켜져 있는 상태에서 더욱 그렇다. 이 공구를 사용하는 동안 넘어지거나 떨어뜨리면 그 결과는 끔찍할 수 있다.

충전 컷소는 정밀한 작업에는 쓰기 어렵지만 배수관을 자르거나 손이 닿기 힘든 위치에 있는 투바이포 목재를 자를 때 등 집수리 작업에 매우 유용하다.

밴드소

밴드소(Band Saw)의 한 종류는 수직 방향으로 되어 있는 반면 다른 종류는 수평으로 되어 있다. 두 종류 모두 톱날이 커다랗고 숨겨져 있는 바퀴에 달려 계속해서 원을 그리며 돌게 되어 있다. 전원을 켜면 바퀴가 계속해서 돈다.

수평으로 된 밴드소는 위아래로 여닫을 수 있게 되어 있고, 재료를 넣기 위해 열었다가 자르는 동안 천천히 내려오게 되어 있다. 수평 밴드소는 보통 긴 철재 조각을 자를 때 사용한다.

수직 밴드소는 작업물을 단단한 테이블 위에서 양손을 이용하여 톱날로 가져가면서 정확하게 통제할 수 있도록 되어 있다. 상대적으로 얇은 재료를 곡선으로 자르는 데 특히 유용하다.

손을 테이블 위에 올려놓기 때문에 무작위로 움직이는 위험은 최소화된다. 하지만 물론 완전히 위험이 없는 것은 아니다. 밴드소는 상대적으로 안전하게 보인다. 하지만 어떤 밴드소는 정육점에서 고기와 뼈를 자르는 데 사용하기도 한다.

컴파운드 연귀톱

전동 연귀톱은 작업대에 장착하는 공구로 원형 톱날이 수직축으로 회전할 수 있어 눈금의 포인터를 조절해 정확하게 연귀각으로 자를 수 있다. 찹소(chop saw)라고도 한다.

컴파운드 연귀톱에서 톱날은 수평축 방향으로 각도를 조절할 수 있어서 보다 복잡한 연귀각으로 톱질을 할 수 있다. 슬라이딩 컴파운드 연귀톱은 날을 안과 바깥으로 움직이는 추가 기능이 있어서 더 넓은 목재를 자를 수 있다. 레이디얼 곡선톱(radial arm saw)과 비슷한데, 이는 보통 더 크고 연귀톱은 이동하며 사용하지만, 이 공구는 고정해서 사용한다. 그림 20-17에 컴파운드 연귀톱이 나와 있다.

이론적으로 연귀톱으로 자를 때 목재를 클램프로 고정해야 한다. 하지만 항상 그냥 맨손으로 목재를 잡고 작업하고 싶은 생각이 든다. 이렇게 하면 매번 날을 내릴 때마다 주의해서 확인하지 않으면 손가락을 다칠 위험이 있다.

손에 들고 쓰는 곡선톱

유명한 브랜드의 제조사 이름을 따라 스킬소(Skil saw)로도 알려져 있다. 이런 종류의 손에 들고 쓰는 톱은 마루나 투바이포를 자르기 위해 건설 현장에서 널리 사용한다. 배터리로 작동하는 것도 있지만 모터는 전류를 많이 잡아먹기 때문에 배터리 수명이 제한적이다. 그림 20-18은 유선으로 사용하는 것이다.

날은 용수철로 작동하는 보호대가 있어서 목재를 자르지 않을 때에는 항상 제자리에 있어야 한다. 하지만 실제 현장에서 어떤 사람들은 보호대가 방해가 된다는 이유로 무모하게 보호대를 벗기는 경우가 있다. 최근에 나는 건설 현장에서 스킬소를 자기 다리 위에 작동시키는 장면을 본 사람과 이야기를 나눈 적이 있다. 제대로 사용하지 않을 경우 위험한 도구이다.

그림 20-17 컴파운드 연귀톱

그림 20-18 통상적인 손에 들고 사용하는 곡선톱

라우터

목재에 홈을 파고 목재 길이 방향의 곡선으로 된 가장자리를 만드는 것은 라우터의 특별한 기능이다. 수직으로 아래 방향을 향하는 비트가 있어서 평평한 목재 보드 또는 합판을 뚫고 들어가거나 주변 방향 어디로든 움직일 수 있다. 다양한 모양의 비트가 모든 종류의 윤곽을 만들 수 있다. 그림 20-19에 라우터가 나와 있다.

라우터는 정말 대단하고 다재다능한 도구이다. 하지만 라우터는 어떤 수평 방향으로든 자르기 때문에 비트 밑에 보호대를 둘 수 있는 현실적 방법이 없다. 라우터는 극도로 빠른 속도로 움직이면서 가는 길에 있는 무엇이든 다 파낸다. 손으로 들고 사용하는 공구이기 때문에 떨어뜨릴 수 있고, 뒤집힐 수 있으며 라우터의 전원은 껐는데 아직 비트가 돌고 있는 상황에서 목재에서 빠져나올 수 있는 위험이 있다. 대부분의 라우터는 유선 제품이라 전원줄에 걸려 넘어질 위험도 있다.

그림 20-19 라우터 척은 밑면의 둥근 구멍 바로 위에 보인다. 이런 종류의 공구에 사용하도록 특별히 만든 다양한 비트를 끼워 사용할 수 있다.

테이블톱

이는 단단한 테이블 위에 구멍을 통해 수직으로 장착하는 곡선톱이다. 작업물을 테이블을 지나 날에 밀어 넣을 수 있고, 가장자리에 각을 만들고 싶을 때 톱을 기울일 수도 있다.

테이블톱에는 울타리가 있어서 목재를 날로부터 일정한 거리를 유지하게 만들어준다. 이런 종류의 톱은 긴 목재 조각을 나뭇결을 따라 자를 때 매우 유용하다. 예를 들어 투바이포를 96″ 길이의 1″×3″ 혹은 원하는 다른 어떤 치수로도 만들 수 있다. 테이블톱은 일반적인 작업장에서 다양한 작업에 사용한다.

테이블톱은 가장 위험한 작업장 공구라고 생각한다.[3] 돌아가는 톱날에 쉽게 접근하는 문제뿐 아니라 톱날이 재료를 물어서 작업자에게 엄청 센 힘으로 날릴 수도 있기 때문이다. 잘 알려진 이 위험을 킥백(kickback) 현상이라고 한다. 테이블톱은 통상 킥백 보호대가 있어서 일정 부분 보호 역할을 해준다.

요약

내가 전동공구에 대해 경고하는 데 많은 지면을 쓴 것을 후회한다. 부정적으로 들리길 원하지 않지만, 동시에 그 위험을 언급하지 않는 것은 무책임하다고 생각한다.

사고는 피할 수 없는 것일까? 전혀 그렇지 않다. 고급 목공 수업을 맡은 10

년 동안 한 명의 학생도 다치지 않은 목공 교사를 알고 있다. 아마도 그가 학생들을 잘 지켜보고, 학생들 역시 교사가 자신들을 지켜보고 있다는 것을 알기 때문에 손쉬운 방법을 쓰지 않기 때문일 것이다.

개인적으로 나는 심각한 부상 없이 몇 년 동안 전동공구를 사용해왔다. 전동공구들 덕분에 놀라운 범위의 물건과 장식품들을 만들 수 있었고, 이는 다른 공구로는 불가능했을 것이다. 약간의 전문적인 안내와 함께 주의해서 사용하는 방법을 배우면 여러분도 똑같을 것이라 생각한다.

일반적인 작업장의 어수선함과 지저분함 속에서 독특하고 멋진 물건이 만들어지고 세상에서 지속할 수 있는 위치를 찾게 된다. 여러분이 만드는 것에는 조금씩 여러분의 성격이 담길 것이다. 그리고 그것은 다른 사람이 만든 그 어떤 것과도 다를 것이다.

나는 항상 사람들이 만드는 것을 보기를 좋아한다. 따라서 여러분이 흥미로운 무엇인가를 만든다면 jpeg 파일로 담아 platt.tools@gmail.com으로 주저하지 말고 보내주기 바란다. 그동안 내가 설명한 기술들을 재미있게 배웠기를 바란다. 이 정보들을 여러분에게 전달하는 것도 내게는 즐거움이었기 때문이다.

주

1 조임용 철물로 못, 볼트 등을 말한다.
2 윤척(輪尺)이라고도 한다.

3 이런 위험을 방지하기 위해 소스톱(saw stop)과 같은 모델은 돌아가는 톱날에 손이 조금이라도 닿으면 즉시 톱날이 밑으로 내려가면서 손을 보호하기도 한다.

부록
구매 가이드

이 부록은 공구와 소모품을 어디에서 구해야 할지, 그리고 이 책에 나온 각 프로젝트에 필요한 것들을 요약한다.

공구
이 책의 프로젝트를 하기 위해 내가 추천하는 공구들은 세 가지 그룹으로 나뉜다.

필수적 도구 톱은 가장 대표적인 예인데, 거의 모든 프로젝트를 하는 데 톱으로 재료를 자르는 작업이 필요하기 때문이다. 하지만 여러분이 아크릴 플라스틱에 줄을 긋고 부러뜨리고 싶다면 플라스틱을 자르는 칼 역시 필수적이다. 302쪽 그림 A-1의 표는 각 프로젝트에 필수적인 공구를 보여준다.

선택 사항, 필수는 아님 이 공구들은 있으면 작업이 쉽지만 예산이 빠듯하다면 사지 않아도 된다. 전동 스크루드라이버가 좋은 예이다. 시간이 좀 더 걸리고, 힘을 조금 더 써도 괜찮다면 수동 스크루드라이버를 사용하면 된다. 304쪽 그림 A-2 참조.

향후 사용하기 위한 공구 20장에서는 여러분이 향후 무엇인가를 만드는 것에 대해 더 진지하게 생각한다면 필요한 추가 공구들을 제안하고 있다. 본문 중의 '자세히 알아보기' 페이지들을 살펴봐도 몇 가지 아이디어를 얻을 수 있다.

소모품
소모품은 두 가지 부류로 나뉜다. 305쪽 그림 A-3에 나와 있는 필요한 것을 사는 것과, 307쪽 그림 A-4에 나와 있는 단독 구매 소모품이다.

 실행하지 않을 프로젝트에 필요한 소모품은 구매할 이유가 없다. 예를 들어 11장에 나온 책꽂이를 만드는 데 필요한 원바이투 목재는 다른 프로젝트에서는 사용하지 않는데, 책꽂이에 관심이 없는 사람은 그냥 넘어가면 된다.

일부 소모품은 여러 프로젝트에 두루 쓰인다. 목공용 접착제가 그 예이다. 한 병이면 충분하며, 프로젝트를 마치고 나서도 남아 있을 것이다. 그림 A-4는 각 소모품이 어떤 특정 프로젝트에 사용되는지를 알려준다. 이 물품들은 하나씩만 구매해도 모든 프로젝트를 하는 데 충분하다.

기본으로 가지고 있는 것들

A4 백색 용지, 연필, 연필깎이, 지우개, 얇은 수성 볼펜(유니볼이 만든 제품과 같은 것), 그리고 몇 가지 다른 색깔의 펜이나 연필은 이미 갖고 있을 것으로 간주한다. 또한 종이 타월, 깨끗한 헝겊들이 필요하다. 유성 폴리우레탄이나 착색제를 사용하고, 주변이 엉망이 될 작업을 할 때는, 후에 깔끔하게 정리하기 위해 미네랄 스피리트와 도료 희석제가 필요할 것이다.

이 밖에 모든 다른 공구와 소모품은 이후에 나오는 표에 항목별로 정리할 것이다.

어디에서 사야 하나?

나는 가능하면 온라인으로 구매하는 것을 좋아한다. 하지만 공구나 재료들을 찾아볼 때 상품을 보고 점검할 수 있도록 직접 가게에 가기도 한다. 목재를 여러 조각 구매할 때에는 특히 그렇다.

목재

많은 경우 투바이포 목재 더미를 자세히 살펴보면서 80퍼센트는 질이 좋지 않아 포기해야 했다. 이 책에 나오는 프로젝트를 위해 투바이포나 원바이식스 목재를 구매할 때 여러분도 이처럼 검사를 해야 한다.

미국에서는 홈디포(The Home Depot), 로위(Lowe's), 에이스 하드웨어(Ace Hardware), 트루 밸류(True Value)와 같은 전국 체인에서 제재목을 구매할 수 있다. 하지만 작고 독립적인 제재목 야적장 가까이에 살고 있는 사람이라면 그런 곳에서 더 질 좋은 목재를 구할 수도 있을 것이다.

알아보는 유일한 방법은 직접 가서 눈으로 살펴보는 것이다.

이 책에서 광범위하게 사용한 질 좋은 합판과 각재목의 경우 대규모 공구상과 체인들에 크기별로 충분하지 않거나 팔고 있는 각재목이 소나무로 만든 것일 수 있다. 이러면 짜증이 나기 마련인데, 참나무, 메이플, 포플러 등의 경재로 만든 각재목이 있다면 더 좋은 결과물을 만들 수 있기 때문이다. 보통은 바코드가 찍힌 스티커에 어떤 종류의 나무인지 표시되어 있는데, 소나무의 경우에는 나뭇결의 갈색과 크림색의 줄무늬를 보면 쉽게 알 수 있다.

마이클(Michael's)이나 호비로비(Hobby Lobby)와 같은 공예품 가게에 가면 정사각형 혹은 둥근 목재를 쌓아놓고 있고, 7장의 쪽모이 세공에 필요한 1/8″ 두께의 자작나무와 같은 고급 합판의 작은 조각들이 있을 것이다. 하지만 이런 곳은 가격이 상대적으로 비싼 편이다.

결국, 고급 목재를 상대적으로 적은 양을 살 때 가장 좋은 선택은 온라인 쇼핑이다. 다양한 경재 각재목과 경재가 붙어 있는 합판은 아마존을 통해 판매하는 공급처로부터 얻을 수 있다. 또한 www.woodcraft.com과 같은 목공 공구 사이트에서도 살 수 있다. 검색 엔진을 사용하면 더 많은 선택지가 있을 것이다.

다른 재료들

플라스틱 소모품의 경우 나는 TAP Plastics(www.tapplastics.com) 혹은 United States Plastic Corp(www.usplastic.com)을 즐겨 사용한다. TAP은 유용한 동영상을 사이트에 올려놓았고, 두 회사 모두 전화로 전문가들이 도와준다. 궁금한 것이 있으면 전화로 문의하면 된다. 하지만 12″×12″(305㎜×305㎜) 혹은 12″×24″(305㎜×610㎜) 크기의 ABS나 아크릴 판을 살 경우에는 이베이(eBay)가 덜 비쌀 것이다.

사실 이베이는 무엇인가 만들기 위해 웹을 검색할 때 자주 시작점이 되곤 한다.

죔쇠

이 책의 프로젝트를 위한 모든 못, 볼트, 나사는 어느 공구상에 가도 구할 수 있을 것이다. 예외는 몇몇 프로젝트에서 특정해서 말했던 #2 크기의 매우 작은 나사와 14장에서 팬터그래프를 만들 때 제안했던 일부만 나사산이 있는 볼트 정도이다.

아마도 전 세계 어느 소모품 가게보다도 더 다양한 제품을 갖추고 있는 McMaster-Carr의 웹 사이트인 www.mcmaster.com에 가면 위에 나온 그리고 어느 다른 죔쇠도 항상 구할 수 있을 것이다. 이들은 가격이 가장 저렴하지는 않지만 재고량뿐 아니라 배달 속도, 소비자 서비스, 웹 사이트의 정보 등에서 최고일 것이다.

공구

저렴한 것을 원한다면, 하버 프라이트 공구가 값싼 가게로 널리 알려져 있다. 이곳은 700개가 넘는 유통망을 확보하고 있다. 혹은 *www.harborfreight.com*에서 주문할 수도 있다. 여러 개의 공구나 소모품을 한곳에서 구매하면 시간을 절약할 수 있다. 하지만 어쩔 수 없이 싼 제품이 가장 좋은 것은 아니다. 하버 프라이트 단골 고객들은 일부 제품을 사기에는 좋지만 다른 것들은 그렇지 않다고 말한다. 이에 대해 내가 조언하기는 힘들지만 온라인에서 'harbor freight reviews'를 치면 많은 유용한 정보를 찾을 수 있을 것이다.

시어스 역시 중간 정도 가격대의 공구들을 살 수 있는 가게이다.(이 책을 쓰고 있는 동안에는 그랬다.1) 노던툴(*www.northerntool.com*)에서도 웬만한 가격의 브랜드들을 판매하고 있다.

미안하지만 키트는 없습니다!

만약 이 책에 나오는 프로젝트를 실행하기 위한 공구와 소모품을 미리 준비하여 제공하기를 바란다면 미안한 말을 해야 할 것 같다. 클램프나 톱, 8피트(244cm) 길이의 투바이포 목재처럼 무거운 물건을 재고로 가지고 있다가 보내는 것은 당연히 실용적이지 않다.

내가 이 책을 쓰기 시작했을 때, 독자들이 직접 구매해야 한다는 것을 알고 있었기 때문에 필요한 재료를 최소화하려고 했다. 여러분이 별 어려움 없이 필요한 것들을 살 수 있기를 바란다. 일반적으로 아마존이나 이베이를 먼저 살펴보면서 어떤 것들이 있고, 가격은 얼마 정도인지를 먼저 알아보는 것이 좋다. 그리고 나서 직접 검토하고 사고 싶은 공구나 소모품을 가게에 가서 구매하고 나머지 것들은 온라인으로 사면 된다.

필수 도구		Chapters																		
		1	2	3	4	5	6	7	8	9	10	11	12	13	14	15	16	17	18	19
1	강화 톱니가 있는 장부톱	●	●	●	●	●	●	●	●	●	●	●		●	●	●	●	●	●	●
2	여분의 날이 있는 실톱													●						●
3	연귀통	●	●	●	●		●	●	●	●	●	●		●	●	●	●	●	●	●
4	트리거 클램프: 2개	●	●	●	●	●	●	●	●	●	●	●		●	●	●	●	●	●	●
5	18"(457mm) 자: 스테인리스강, 뒷면에 코르크가 있는 것	●	●	●	●	●	●	●	●	●	●	●		●	●	●	●	●	●	●
6	스피드 스퀘어, 7"(178mm)	●	●	●	●	●	●	●	●	●	●	●		●	●	●	●	●	●	●
7	샌딩 블록, 고무	●	●	●	●															
8	작업용 장갑	●																		
9	송곳			●	●	●	●	●	●	●	●	●		●	●	●	●	●	●	●
10	유성 마커, 끝이 뾰족한 것				●															
11	망치					●	●		●					●		●				
12	롱노즈 플라이어나 중간 크기의 슬립조인트 플라이어				●	●	●		●					●		●		●	●	
13	다용도 칼						●		●			●				●		●		
14	아크릴 플라스틱을 부러뜨릴 수 있는 칼																			●
15	전기 드릴과 드릴 비트 세트										●	●	●	●	●	●	●	●	●	
16	카운터 싱크, 1/2"(13mm), 유니플루트(uniflute)										●	●		●	●	●				
17	스크루드라이버, 수동, 십자형, 2번 크기													●	●	●		●	●	
18	스크루드라이버, 수동, 일자형, 중간 크기													●						
19	스크루드라이버, 미니 세트																	●	●	
20	바느질 바늘(카펫 바늘이 좋다)												●							
21	쇠줄: 평평한 것, 둥근 것, 반원형 세트 1개														●	●				
22	렌치: 조절 가능, 길이 4"(102mm) 혹은 6"(152mm)													●	●					
23	열선총: 작은 종류, 대략 350와트														●				●	●
24	용제 도포용 도구, 주입기가 달린 짜낼 수 있는 용기																	●	●	
25	액체로부터 눈을 보호하는 보안경/고글																	●	●	

그림 A-1 필수 도구들

필수 도구에 대한 노트

여기에 나와 있는 숫자는 그림 A-1의 표에 있는 숫자를 가리킨다.

1. 등대기톱(back saw) 혹은 마이터소(miter saw)로 알려져 있는 장부톱은 강화 톱니가 장착되지 않은 경우가 많다. 하지만, 강화 톱니는 작업자의 노력을 최소화하기 위해서 필수적이다. 스탠리(Stanley) 사의 FatMax 17-202가 내가 선호하는 제품이다. 다른 선택으로는 Pro-Grade 31968, Irwin Plus 955, Silverline Tri-Cut model 456935(이 모델은 내가 원하는 것보다는 길이가 짧다)가 있다.

2. 이런 종류의 톱은 최소한 지출보다 더 사용해서 얻는 이득이 없을 것이

라 생각한다.

3. 연귀통은 일반적인 45도와 90도 외에 67.5도가 있는 것이 필요하다. 67.5도는 5장 75쪽에서 설명한 것처럼 22.5도를 의미하기도 한다.

4. 만약 추천하는 12″(305㎜)보다 훨씬 길거나 짧은 클램프를 구매한다면 이들은 일부 프로젝트에는 맞지 않을 수 있다. 12″는 클램프 턱 사이의 최대 거리를 나타낸다.

5. 자는 끝부분이 사각이고 양쪽 모두 여백이 없어야 한다. 자는 밀리미터 단위와 함께 인치의 경우 $1/2″$, $1/4″$, $1/8″$, $1/16″$ 분수로 눈금이 매겨져 있어야 한다. 18″(457㎜) 길이가 되어야 한다. (12″는 너무 짧다.)

11. 자신이 사용하기에 편한 정도 무게의 망치를 사면 된다.

14. '아크릴 나이프'라고 적혀 있을 것이다. eBay나 플라스틱 제품을 파는 온라인 상점에서 사는 것이 가장 저렴하다.

15. 8장 109쪽에 나와 있는 드릴 비트 세트가 이 책을 위해서는 최적화된 것이다. 어떤 제조사는 이 범위의 크기를 14-비트 세트로 판다. 이 책에서 다룬 프로젝트는 목재보다 더 단단한 재료를 드릴로 뚫지는 않으므로 저렴한 비트도 괜찮다.

16. 카운터싱크는 플루트가 하나만 있고, 지름이 $1/2″$(13㎜)이어야 한다. 이베이에서 매우 저렴한 가격에 살 수 있다.

19. 스크루드라이버 미니 세트에는 반드시 십자형 1번 크기가 있어야 한다. 스탠리 사의 6개들이 세트, 제품 번호 66-052가 내가 선택한 것이다.

21. 이 책에서 줄은 목재와 플라스틱에만 사용하므로 고급 제품을 사느라 돈을 쓸 필요는 없다. 세트는 반드시 평평한 줄, 동그란 줄, 반원형 줄을 한 개씩 포함해야 한다. 적어도 길이가 손잡이 빼고 8″(203㎜)여야 한다. 미니 줄이나 니들 파일(needle file)을 사지 않도록 한다. 시어스 제품 번호 22015HNN이 한 예이다. 이베이에는 더 싼 세트도 있다.

23. 커다란 열선총은 필요 없다. 350와트 모델을 찾아자. NTE전자에서 만든 HG-300D이 내가 선택한 제품이다. 더 싼 것들도 있지만, 사용해보지는 않았다.

24. 용제 도포용 도구는 플라스틱 용제 시멘트를 산 곳과 같은 가게에서 사도록 한다. (307쪽 그림 A-4의 26번 참조)

25. 고글/보안경은 일반 보호안경에 비해 옆 부분을 더 확실하게 보호할 수 있어야 한다. 이 부분은 중요하다. 아마존이나 이베이를 확인해보기 바란다.

선택 사항이지만 필수는 아닌 도구	장																		
	1	2	3	4	5	6	7	8	9	10	11	12	13	14	15	16	17	18	19
1 방진 마스크	•	•	•	•	•	•	•	•	•	•	•		•	•	•				
2 보호안경	•	•	•	•	•	•	•	•	•	•	•		•	•	•		•		•
3 내열 장갑															•			•	•
4 강화 톱니가 있는 다용도 톱				•	•		•			•		•							
5 전동 스크루드라이버와 스크루드라이버 비트										•	•	•	•						
6 디버링 툴															•	•	•	•	•
7 각도기					•	•													
8 구멍을 그리기 위한 플라스틱 템플릿				•															
9 랫칫 스트랩						•													
10 줄자												•							
11 스터드 파인더												•							
12 수준기												•							

그림 A-2 선택이지만 필수는 아닌 공구들

선택 공구에 대한 노트

여기에 나와 있는 숫자는 그림 A-2의 표에 있는 숫자를 가리킨다.

1. 톱밥으로부터 보호하기 위해서는 저렴한 방진 마스크가 적당하다.
2. 쇠로 작업을 하지 않을 것이기 때문에 저렴한 보호안경이 적절할 것이다.
3. 오븐용 장갑이나 미장원에서 사용하는 순면장갑 종류면 될 것이다.
4. 스탠리 모델 20-221이 좋은 선택이다. 어느 톱이든 강화 톱니가 있는 것인지 확인하라.
6. 디버링 툴에는 여러 가지가 있다. 여러분이 원하는 것은 219쪽의 그림 15-1의 사진에 나와 있는 것과 같은 것이다. 쇠에는 사용하지 않을 것이므로 고급 제품일 필요가 없다.
7, 8. 플라스틱 보조 도구들은 문방구에 가면 구할 수 있다.

필요한 것만 구매하는 소모품		장																		Total
		1	2	3	4	5	6	7	8	9	10	11	12	13	14	15	16	17	18	19	
1	투바이포 소나무: 어떤 상태의 것이라도 좋다		12" 305mm	12" 305mm		12" 305mm	18" 457mm				18" 457mm	18" 457mm		9" 229mm		12" 305mm	12" 305mm	12" 305mm	12" 305mm	18" 457mm	165" 4,191mm
2	투바이포 소나무: 깔끔하고 비틀리지 않은 것		9" 229mm					7" 178mm	10" 254mm					12" 305mm								38" 965mm
3	원바이식스 소나무: 약간의 옹이는 괜찮지만, 비틀리지 않은 것										96" 2,438mm		18" 457mm				12" 305mm	12" 305mm	12" 305mm	12" 305mm		162" 4,115mm
4	원바이식스 소나무: 깔끔하고 비틀리지 않은 것			12" 305mm	12" 305mm			6" 152mm							12" 305mm							30" 762mm
5	원바이투 참나무, 메이플, 혹은 포플러										40" 1,016mm											40" 1,016mm
6	각재목: 정사각형, 1/4"×1/4"(6mm×6mm)					36" 914mm																36" 914mm
7	각재목: 경재, 정사각형, 1/2"×1/2"(13mm×13mm)									18" 457mm												18" 457mm
8	각재목: 정사각형, 3/4"×3/4"(19mm×19mm)	36" 914mm	24" 610mm		3" 76mm	60" 1,524mm	30" 762mm			3" 76mm				6" 152mm	12" 305mm		3" 76mm			3" 76mm		180" 4,572mm
9	각재목: 경재, 둥근 것, 3/8"(10mm)								12" 305mm			12" 305mm										24" 610mm
10	각재목: 경재, 둥근것, 3/4"(19mm)								18" 457mm			6" 152mm										24" 610mm
11	"하비 보드(hobby board)", 메이플, 1/4"×3 1/2"(6mm×89mm)														36" 914mm							36" 914mm
12	합판: 자작나무, 1/8"(3mm) 두께, 12"(305mm) 넓이							12" 305mm														12" 305mm
13	합판: 소나무나 참나무, 1/4"(6mm) 두께, 12"(305mm) 넓이							18" 457mm			18" 457mm											36" 914mm
14	플라스틱: 흰색 ABS, 1/8"(3mm) 두께, 12"(305mm) 넓이															24" 610mm	12" 305mm	12" 305mm	6" 152mm	18" 457mm		72" 1,829mm
15	폴리카보네이트: 1/16"(2mm) 혹은 3/32"(2.3mm), 12"(305mm) 넓이															24" 610mm			4" 102mm			28" 711mm
16	아크릴: 1/8"(3mm) 두께, 4"(102mm) 두께(4가지 색깔, 노트 참조)																			16" 406mm		16" 406mm
17	PVC 막대, 3/16"(4.8mm) 둥근 것, 4"(102mm) 길이															90개						360" 9,144mm
18	선택: PVC 배관 1/2"(13mm) 뚜껑															60개						60

그림 A-3 필요한 것만 구매하는 소모품

필요한 것을 구매하는 소모품에 대한 노트

여기에 나와 있는 숫자는 그림 A-3의 표에 있는 숫자를 가리킨다. 17번과 18번의 괄호 안에 있는 것은 선택이다.

1, 2, 3, 4. 옹이가 없는 깔끔한 투바이포와 원바이식스 소나무를 얻으려면 일반 소나무 목재를 사서 옹이 사이로 조각을 잘라내면 된다. 투바이포 8피트(244cm)짜리 3개와 원바이식스 8피트를 3개 구매하면 이 책에 나오

는 모든 프로젝트를 하는 데 충분할 것이다.

5. 40″(1,016mm)짜리를 구할 수 없다면 각각 18″(457mm)나 24″(610mm)짜리 2개를 산다.

6, 7, 8, 9, 10. 대형 공구상가에 가서 뒤틀리지 않은 각재목을 먼저 고른다. 소나무는 되도록 피한다. 특히 얇은 각재목은 더 그렇다. 메이플, 포플러, 참나무로 만든 각재목을 구한다. 필요하다면 공예품 가게(가격은 더 비쌈)나 온라인 매장을 찾아보기 바란다. 아마존에서도 많은 종류의 각재목을 판다.

11. 각재목과 관련해서는 위와 동일한 조언이다.

12. 합판에 자작나무 베니어(가장 바깥층)가 대어진 것이 필요하다 왜냐하면 이 프로젝트는 엷은 색깔이 착색제로 만들어진 어두운 색조와 대비되어야 하기 때문이다. 공예품 가게나 온라인에서 구매한다.

14. ABS는 12″(30mm) 너비로 지정했는데, 이것이 일반적인 크기이기 때문이다. 플라스틱 가게나 이베이에 확인해보기 바란다. ABS의 한쪽 면에 질감이 있는 것이 좋다.

15. Lexan이라는 이름으로도 팔리는 투명한 폴리카보네이트는 창문에 사용하는 것으로 동네 공구상에 있을 것이다. 온라인에서는 가격이 좀 더 저렴할 수 있다.

16. 최소 4″×4″(102mm×102mm) 크기, $1/8$″(3mm) 두께의 어두운 투명 빨간색 아크릴이 필요하다. 동일한 크기의 어두운 투명 파란색과 투명한 마젠타(핑크로도 팔린다)도 필요하다. 여기에 다른 $1/8$″ 아크릴판이 필요한데, 이는 줄을 긋고 부러뜨리는 연습을 하기 위한 것이다. 현재 TAP Plastics는 딱 맞는 4″×4″ 샘플을 판매한다.

17. 3D 프린팅 소모품 가게에서는 지름 $3/16$″(4.8mm)인 PVC 막대 묶음을 보통 가격으로 팔 것이다.

18. $1/2$″(13mm) 파이프에 맞는 PVC 배관 뚜껑은 여러 개를 한꺼번에 사면 훨씬 더 저렴하다. 온라인을 검색해보기 바란다.

	단일 구매 소모품	장																		
		1	2	3	4	5	6	7	8	9	10	11	12	13	14	15	16	17	18	19
1	합판, 24"×24"(610mm×610mm), 작업대 표면용: 1개	●	●	●	●	●	●	●	●	●	●	●	●	●	●	●	●	●	●	●
2	목공용 접착제: 8 온스(227그램)	●	●			●	●													●
3	사포 80방, 9"×11"(229mm×279mm) 크기: 3장	●	●	●	●	●	●	●	●	●	●	●		●	●	●	●	●	●	●
4	폴리우레탄, 투명: 1 파인트(약 0.5리터)	●	●			●	●	●				●								
5	판지, 어떤 두께여도 좋음: 24"×24"	●												●			●		●	●
6	1회용 장갑, 나이트릴이 좋다: 10켤레	●	●	●		●	●	●				●					●		●	●
7	킬즈(Kilz) 혹은 유사한 우드 밑칠 페인트: 1 파인트(약 0.5 리터)			●																
8	라텍스 페인트, 흰색: 1 파인트(약 0.5 리터)			●																
9	우드 스테인, 어두운 것, 최소 분량						●	●												
10	우드 스테인, 갈색, 최소 분량							●												
11	(페인트 붓, 2"(51mm) 너비, 일회용: 9개)	(1)		(2)		(1)	(1)	(3)				(1)								
12	끝막음못, $1\frac{1}{4}$"(32mm): 1파운드(454그램) 박스				●	●			●					●	●					
13	에폭시 접착제와 경화제: 각각 2온스(57그램)							●		●				●	●					
14	나일론 로프 혹은 두껍고 강력한 줄: 60"(1,524mm)					●	●					●	●							●
15	나사, #2, $\frac{1}{2}$"(13mm), 납작머리 십자: 17개																	13	4	
16	나무나사, #6, $\frac{5}{8}$"(16mm), 납작머리 십자: 24개										20				4					
17	나무나사, #8, $1\frac{1}{2}$"(38mm), 납작머리 십자: 13개											6		5						2
18	(나무나사, #10, 1"(25mm), 납작머리 십자: 3개)										(3)									
19	나무 나사, #10, $1\frac{1}{4}$"(32mm), 둥근머리: 6개														6					
20	데크 나사, $2\frac{1}{4}$"(57mm): 9개												3							5
21	볼트, $\frac{1}{4}$"×1"(6mm×25mm), 20tpi, 육각 혹은 냄비머리 십자: 4개														2	2				
22	(6각 볼트, 나사산이 일부만 있는 것, $\frac{1}{4}$"×$1\frac{1}{2}$"(6mm×38mm), 20tpi: 2개)														(2)					
23	안에 나일론 패킹이 들어있는 잠금너트, $\frac{1}{4}$", 20tpi: 4개														2	2				
24	펜더와셔, 중심 $\frac{1}{4}$", 지름 1"(25mm): 22개														18	4				
25	나무못, $\frac{1}{4}$"×$\frac{11}{4}$"(6mm×70mm): 12개											12								
26	솔벤트 시멘트 멀티 플라스틱: 4oz(113그램)																●		●	●
27	마스킹 테이프, $\frac{1}{2}$"(13mm) 넓이				●	●	●				●	●	●	●	●			●		
28	세라믹 타일, 4"×12"(102mm×305mm) 혹은 그보다 큰 것: 3개															●			●	●
29	구슬, $\frac{9}{16}$"(14mm): 20개				20															
30	사포, 220방, 9"×11"(229mm×279mm): 1장							●												●

그림 A-4 단일 구매 소모품

단일 구매 소모품에 대한 노트

여기에 나와 있는 숫자는 그림 A-4의 표에 있는 숫자를 가리킨다. 11번과 22번의 괄호 안에 있는 것은 선택이다.

1. 대형 공구상에 가면 미리 이 규격으로 잘라 놓은 것이 있을 것이다.

6. 가장 싼 일회용 장갑은 음식을 준비할 때 쓰는 장갑일 것이다. 페인트 작업을 할 때에는 이 장갑도 괜찮지만 플라스틱 용제에는 녹을 것이다. 니트릴 장갑이 더 안전하다. 라텍스 장갑은 알레르기를 일으킬 수 있으므로 피한다.

11. 만약 헝겊이나 종이 타월로 페인트나 폴리우레탄을 바를 것이라면 붓은 필요하지 않다.

13. 에폭시 4온스(113그램)와 경화제 4온스는 2온스짜리에 비해 조금 더 가격이 비싸다. 에폭시 접착제는 무한정 보관해놓고 쓸 수 있다.

15, 16, 17, 18, 19, 20, 21, 22, 23, 24, 25. 이 아이템들에 적어 놓은 수량은 정확한 수량이다. 나사나 와셔를 분실할 경우는 고려하지 않았다. 만일을 대비하여 좀 더 여유분을 구하는 것이 좋다.

15. 이 작은 나사를 구하는 가장 손쉬운 방법은 다음 사이트를 방문하는 것이다. *www.mcmaster.com*

16, 17, 18, 19, 21, 23, 24. 가까운 공구상에서 작은 봉투에 담아 소량씩 파는 것을 구할 수 있을 것이다. 하지만 보통 상자에 담겨 파는 50개나 100개 들이는 1개당 가격이 더 저렴하다.

20. 데크 나사는 못과 마찬가지로 상자로 판다

22. 일부만 나사산이 있는 볼트는 나라면 다음 사이트에서 구하겠다. *www.mcmaster.com*

25. 이베이나 아마존에서 'grooved dowels'로 검색해보기 바란다.

26. ABS, 폴리카보네이트, 아크릴에 적용할 수 있는 솔벤트 시멘트가 필요하다. 물처럼 일관되게 얇아야 한다. SciGrip 3은 세 가지 플라스틱 모두에 작용한다. 여기에는 디클로로메탄(메틸렌 클로라이드라고도 알려져 있다), 적은 분량의 트라이클로로에틸렌과 메틸메타크릴레이트가 들어 있다. 많은 온라인 상점에서 팔고 있다. 만약 구하지 못할 경우에는 플라스틱 관련 가게에 전화를 해서 추천을 부탁해보기 바란다. 4 액량온스[2] 한 깡통이면 충분하다. 어디에서 구매하든 주입기가 달린, 짜서 쓸 수 있는 용기도 구매해야 한다. 인증되지 않은 용기에 용제를 사용하지 않도록 한다. 용기가 녹을 수 있기 때문이다.

29. 구슬의 크기는 4장에서 못 사이 공간과 맞아야 한다. 이베이에서 $9/16''$

(14㎜) 지름의 구슬을 적당한 가격에 구할 수 있다. 다른 크기의 구슬을 구매하면 이 프로젝트에서 못 사이 간격을 변경해야 한다.

주

1   시어스는 1989년까지는 미국 최대의 유통망이었지만 2017년에는 미국 전체에서 23번째로 밀려나 있다. 저자는 점점 어려워지는 시어스의 상황을 생각해서 이렇게 쓴 것이다.

2   미국에서는 16분의 1 파인트에 해당하는 액체의 양을 뜻함. 1파인트는 미국 기준 0.473리터.

찾아보기

숫자
10각형 69
12면체 262
4분할 제재법 제재목 40
5각형 69, 256, 71-74
6각 나사, 부분적으로 나사산이 있는 200
6각 렌치 287
6각형 69
7각형 69
8각형 69
9각형 69

A-Z
ABS 용제와 스카치테이프 239
ABS 플라스틱
 굽히기 219-233
 나사 박기 260
 드릴로 큰 구멍을 뚫기 229, 246-248
 모서리를 디버링하기 219
 선을 표시하기 218
 솔벤트 시멘트 236
 스크루를 조이기 245-253
 자르기 218
 접착하기 235-243
 쪼개짐 229
ABS 플라스틱 접착하기 235-243
ABS 플라스틱에 나사 박기 260, 245-253
brad(가는못) 59
CMU ☞ 콘크리트 블록
Draw, OpenOffice software 82-83
hardboard 91
Hein, Piet 25
Kilz 36
LED, 야간 등을 위한 273
M. C. 에셔 103
MDF 90
OpenOffice Draw 82-83
Plastic Wood ☞ 틈새 막기
PLC ☞ 포지드라이브
primer(밑칠 페인트) 36
PVC 플라스틱 261
roofing nail(지붕못) 59
veneer 139
wood filler ☞ 틈새 막기

ㄱ
가는 못 59
가이드목 32, 87, 153

각도 측정 10-12
각도기 70
각을 자르기 위한 견본 70
각재목, 정사각형
 (각재목을) 사용한 대드 퍼즐러 조각 2
 (각재목을) 사용한 대드 퍼즐러 틀 17
 (각재목의) 치수 27
 (각재목을) 활용한 틀 64-76
갈라짐, 쪼개짐 ☞ 목재 쪼개기
건물의 목재 뼈대 163
건식벽 164
 나사 146, 172
 (건식벽에) 대상물 설치 170-175
 못 60
 석조 위에 174-175
 앵커 170-172
건식벽 앵커(걸이대) 170-172
걸쇠 179
경재의 정의 42
경첩 179
고대 로마의 은화 61
고리 모양 나사 179
고리쇠 179
고무 망치 57
곡선톱 295
곧은머리 손망치 57
공구 보관함 283
공구상자톱 ☞ 다용도톱
구매 가이드 298
구멍과 곡선 자세히 알아보기 193-197
(대가리가 4각이나 6각인) 굵은 나사못
 ☞ 캐리지 볼트
귀퉁이 맞추기 142-142
귀퉁이 블록 131
그로스핀 해머 56-57
글라이드코트 23
기계 대패 27
기준 가장자리 224, 132-134
기포수준기(참조) ☞ 수준기
기하학적 퍼즐 79-89
끝막음못 46, 59

ㄴ
나무결 40
나무결, 가로질러 부러뜨리기 80
나무결, 드릴작업에 영향을 미치는 113
나무못 150, ☞ 플러그

나무안의 원 (무늬) 39
나사
 건식벽 146, 172
 게이지 숫자 144
 금속 143
 나무나사 143
 납작머리(나사) 143
 냄비머리 143
 데크 146
 둥근머리 143
 머리의 종류 143-145
 (나사로) 목재 쪼개기 130
 블루 콘크리트(나사) ☞ 석재 앵커
 사각 드라이브 145
 섕크 지름 144
 쉽게 변경할 수 없는(나사) 145
 십자모양머리 144
 육각머리 145
 인치당 나사산 수 144
 장식용 140
 캐리지 종류 146
 톡스(나사) 145
 포지드라이브 145
 프리슨(나사) 145
 필립스 머리 145
 하이브리드(나사)머리 145
나사송곳 119
나사와 스크루드라이버 자세히 알아보기 142-147
나사의 1인치당 나사산 수 144
나사의 게이지 숫자 144
나사의 머리의 종류 143-145
나사풀림방지제 215
나일론 패킹이 들어간 잠금너트 200, 215
납작머리 나사 143
냄비머리 나사 143
냄비받침 94-103
너트
 나사풀림방지제 215
 드라이버 143, 216
 잠금너트 200, 215
 잼너트 215
 크기 214
너트와 볼트 자세히 알아보기 213-216
널빤지용 가는 톱 19, 91
눈 보호 47
니켈카드뮴 배터리 107
니트릴 장갑 ☞ 장갑

ㄷ

다각형 69
다용도톱 3, 20
당기는 톱 20, 92, 99
대드 퍼즐러 1-19
더 멋진 상자, 두 번째 프로젝트 245-253
더 멋진 상자, 첫 번째 프로젝트 235-243
데크용 나사 146
도면을 그리기 위한 소프트웨어 82-84
도자기 타일 222
독자의 불만 xxi
동대사(東大寺) 149
둥근머리 나사 140, 143
뒤틀림 80
드로, 오픈오피스 소프트웨어 82-83
드릴 비트
   구매 가이드 108-109
   나선형 세로홈 105
   변종 119
   보관대 112-117
   생크 106
   석조를 위한 카바이드 팁 173
   스텝 119
   스페이드 타입 194
   정의 105-106
   크기 108-109
   테이퍼포인트 120
   포스트너 타입 194
드릴 작업
   ABS 플라스틱 229, 246-248
   가이드 구멍 113
   과정 113-114
   깊은 구멍 124-125
   깊이의 한계 111, 137
   수직으로 113-114, 123
   커다란 구멍 113
드릴, 전동 ☞ 전동 드릴
드릴 프레스 291
드릴과 드릴 비트 자세히 알아보기 117-120
드릴질로 인한 부스러짐 112
드릴척 105, 107, 109
드릴척 키 107
등대기톱 ☞ 장부톱
디버링툴 219
디스크 샌더 289
뜯고 태우고 맛보고, 몸으로 배우는 짜릿 짜릿 전자회로 DIY 273, 280
떳장 174

ㄹ

라스 170, 175
라우터 295
래빗 조인트 142
랜덤마이저 45-56
레이디얼 곡선톱 295

ㅁ

렌치, 소켓 215-216
로킹 클램프 77
록타이트 ☞ 나사풀림방지제
롱노즈 플라이어 46
루사이트 ☞ 아크릴
리벳공 58
리튬이온 배터리 107
링 생크 못 59

ㅁ

만능칼 126
망치, 고무 57
망치, 해머
   목재 손잡이 56
   무게 45, 56-57
   섬유유리 손잡이 56
   쇠 손잡이 56
   슬레지해머 57
   장도리(claw hammer) 48, 56
   핀 56
망치와 못 자세히 알아보기 56-61
망치의 핀 부분 57
망치질
   목재 지지하기 51-52
   못 깊이 측정 52
   안전성 47
   연습 47
   정확도 51-52
맞댄짜임 ☞ 연결
맞댄짜임의 각재목 ☞ 플러그
메이소나이트 91
메이소나이트 작업대 2
멘딩 플레이트 177
멜라민 90
모자이크세공 103
목공용 접착제 14
목재 27
   경제 종류 42
   나사와 볼트 비교 214
   무결점재 43
   보관대 283
   얼룩 막기 ☞ 킬즈(Kilz)
   연재의 종류 42
   열기건조 41
   자연건조 41
   전문점 42
   쪼개짐 40
   착색 86
   충전재 140
   코먼등급 42
   톱질에서 지저깨비가 남지 않도록 하는 방법 32
   틀어짐 28-29, 40
   틈새 막기 75
   포플러 202, 274
목재가 쪼개짐 40, 49, 130

목재 보관대 283
목재 뼈대 163
목재의 모양을 다듬기 위한 쇠줄 188
목재 자세히 알아보기 39-43
몬스터 트럭 프로젝트 181-193
못
   끝막음못 46, 116
   목재 쪼개짐 49
   못박는 기계 58
   무게 61
   세트 60
   어떻게 작용하는가 61
   역사 48
   제거하기 56, 59
   종류 59
   크기 60
못의 페니 크기 61
몽키 렌치(조정 렌치) 202
무결점재 42-43
무늬목 139
무선 드릴 ☞ 전동 드릴
문걸쇠 179
문 고리쇠 179
미니 스크루드라이버 245
밀리미터 9
밑칠 페인트 36

ㅂ

바 클램프 ☞ 트리거 클램프
바이스 288, 292
바이스-그립 플라이어 77
반탐 플러그 ☞ 건식벽 앵커
반투명 266, 267, 272
방진 마스크 4
배향성 스트랜드보드(OSB) 91
밴드소(띠톱) 294
밴딩 142
벡터 그래픽 소프트웨어 82-84
벨 커브 55
벨트 샌더 290
벽에 물체 매달기 163-179
벽의 샛기둥, 간주 172, 164-169
보 39-41
보관대
   공구 283
   부품 284
   재료 283-284
보석상자 프로젝트 249-253
보호안경, 솔벤트 시멘트 237
복합재 79
복합재 자세히 알아보기 89-92
볼트
   기본 정보 213
   나무 나사와 비교 214
   머리 모양 201
   미터법 214

찾아보기

부분적으로 나사산이 있는 200
  인치당 나사산 수 214
  캐리지 종류 146
볼트 커터 287
볼트의 1인치당 나사산 수 214
부분적으로 나사산이 있는 볼트 200
부품 서랍 284
분수를 더하는 방법 152
불투명함 265
붓 종류 16
붓질 36
브래킷, 작은 철재 177-178
브래드 59
브래드 푸셔 57
브리즈 블록 ☞ 콘크리트 블록
블록, CMU ☞ 콘크리트 블록
블록퍼즐, 슬라이딩 ☞ 대드 퍼즐러
블루 콘크리트 나사 ☞ 석재 앵커
비누 그릇 231
비스킷 조인터 292
비트, 드릴 ☞ 드릴 비트
비트, 스크루드라이버 ☞ 스크루드라이버 비트
빈 머신 55

ㅅ

사각 드라이브 나사 145
사각형, 자르는 방법 132-134
사포 12-15
사포의 방 13
사포질하기
  (사포) 블록 13
  나무결을 (사포질하기) 31
  둥근 모서리 35
  둥근바퀴 186-187
  디스크 288
  스폰지 12-15
  틀 조각 64
  폴리카보네이트 271
삼각자(스피드 스퀘어) 10
삼각형을 그리는 방법 95, 51-52
상감 93
상자 프로젝트 249-253
새로로 홈이 새겨진 도웰(각재목) ☞ 플러그
새장 262
샌더, 벨트 290
샌딩 디스크 288
샤워보드 91
샤워 용품 바구니 231
생크
  나사 129, 142, 144
  드릴 비트 105
  못 59
석고보드 ☞ 건식벽
선반 ☞ 책꽂이

선반을 지지하는 브래킷 178
세 겹의 합판 89
세라믹 ☞ 도자기
세로로 홈이 새겨진 도웰(각재목) ☞ 플러그
세로로 홈이 새겨진 드릴 비트 105, 112, 124
세로로 홈이 새겨진 플라스틱 못 ☞ 건식벽 앵커
센터 펀치 60
소나무 제재목 27, 43
소마큐브 25-26
소켓 렌치 143, 215-216
소프트웨어로 도면 그리기 82-84
속빈 콘크리트블록 ☞ 콘크리트 블록
손톱/수동톱 2-5, 19-20
송곳
  가이드 구멍 113-114
  건식벽 사용 167, 171
  기본 37
  도면을 송곳으로 찌르기 51, 84
  스크루 130
  철제 샛기둥(간주) 172
쇠 절단기 287
쇠줄 세트 287
쇠톱 22
수동 스크루드라이버 146
수준기 166
쉽게 변경할 수 없는 나사 145
스와니휘슬 프로젝트 121-128
스크롤소 196
스크루드라이버 비트 105-106
스크루 클램프 6, 76
스킬소 295
스탠리 장부톱 3
스테이플건 58
스텝 비트 119
스페이드 비트 194
스피드 스퀘어 10
슬라이딩 마이터소 ☞ 마이터소
슬레지해머 57
슬리브 못(참조) ☞ 석재 앵커
슬리브 볼트(참조) ☞ 석재 앵커
슬립조인트 플라이어 46
시계 프로젝트 273-280
시트록 ☞ 건식벽
실톱 181, 271
십자나사머리 144-145
십자머리 나사 145
싱커 59

ㅇ

아르키메데스 129
아연 도금선 178
아이볼트 178

아크릴로니트릴-부타디엔-스티렌(ABS)
  ☞ ABS
아크릴 플라스틱 217, 255, 265-280
  (아크릴) 공 261
  부러뜨리기 270
안경, 안전 4
안전
  (보호) 안경 4
  눈보호 47
  못질하기 47
  방진 마스크 4
  손톱/수동톱 4-5
  작업 장갑 4
알람시계 프로젝트 273-280
압정 60
야간 등을 위한 LED 273
야간 등 프로젝트 266-273
에폭시 접착제 100-102
에폭시 접착제를 바르기 위한 주걱 101
연결(부위) 17, 141
  ABS 플라스틱 238-239
  ABS 플라스틱으로 맞댄 접합 238-239
  각진마구리 141
  래빗(조인트) 142
  맞춤못 141
  모서리 141-142
  비스킷(연결) 292
  연귀 141
  책꽂이 150
  클램프로 조이기 77
연귀각 63
연귀맞춤 141, 63-76
연귀톱 ☞ 장부톱
연귀통 5-7
연재의 정의 42
연필 사용 12
연필집게 205-208
연필 표시를 지우기 10
열기건조 41
열선총 220-233
열수축튜브 220
오픈오피스 드로(Draw) 소프트웨어 82-83
온실 262
옹이 28, 42
와셔 199
와인보관대 192
원 그리기 38
원, 그리기와 자르기 38, 183-185
원-바이 (각재목 크기 기준) 27
원-바이 (각재목 크기 측정 기준) 39, 45
원통톱 193
월보드/벽판 ☞ 건식벽
윌리엄 메이슨 91
유니플루트 카운터싱크 113-114
유리 커터 288

유선 드릴 ☞ 전동 드릴
육각 스크루 ☞ 캐리지 스크루
육각머리 나사 143
인치 전환표 8
일반못 ☞ 못
일본식 당기는 톱 ☞ 당기는 톱
일인치의 분수 9

ㅈ

자 8, 285
자 뒷면의 코르크 8
자세히 알아보기
    구멍과 곡선 193-197
    나사와 스크루드라이버 142-147
    너트와 볼트 213-216
    드릴과 드릴 비트 117-120
    목재 39-43
    복합재 89-92
    톱 19-23
자연건조 41
자작나무 합판 95
자작나무 합판 착색하기 95
작업대 사양 281-283
작업 테이블 282
작업면 2
작업장갑 ☞ 장갑
작은 나사 ☞ 볼트
잠금너트 200, 215
장갑
    니트릴 16
    일회용 101
    작업 4
    전동 드릴 111
장도리 48, 56
장부맞춤핀 ☞ 플러그
장부톱
    긴조각 자르기 85
    길게 톱질하기 99
    스탠리 3, 19
    추천 3
재료 보관함 283-284
잼너트 215
전기 스크루드라이버
    특징 147
전동 드릴 109-112
    LED 조명 118
    구매 가이드 108, 106-107
    기포관 수준기 114
    배터리 107-108
    배터리 용량 118
    속도 110, 117
    안전성 110
    유선과 무선 106-107
    전압 118
    제조사 118-119
    최대 생크 크기 117

클러치 118
토크 117
해머 드릴 능력 118
절단기, 쇠 287
접선단면 제재목 40
접착제, 목공용 ☞ 목공용 접착제
접착제, 에폭시 ☞ 에폭시 접착제
정규분포 55
정다각형 69
정사각형 각도 10-12
제재목 기본 27-29
조정 렌치(몽키 렌치) 202
종이 타월 걸이대 228-231
종이학 모빌 233
주사위 제작 27-39
줄 188, 287
줄, 쇠 ☞ 쇠줄
줄자 285
중밀도섬유판(MDF) 90
쥐꼬리톱 196
지그
    스와니 휘슬 121-125
    원-바이-포 목재 연귀각 자르기 275-278
    틀 만들기 67-69
지그소 82, 196, 293
지붕못 59
지오데식 모양 262
지저깨비가 남지 않도록 하는 방법 32
직각 10
직각자 11
진공청소기 288
쪽모이 세공 93-104
쪽모이 세공 바닥재 93

ㅊ

착색제 86, 100
참나무 견본 42
참소, 절단기 ☞ 마이터소
책꽂이 149-160
    강화 155
    디자인 고려사항 150
    벽에 붙이기 167-168
    선반이 얼마나 휘어질지 계산하기 155
    제작 153-160
    조립 159-160
책받침대 223-227
축벽과 앵커 173-175
충전재 140
충전 컷소 293
측정 8, 285
측정 단위 8
칩보드 90

ㅋ

카운터 싱크
    가이드 구멍 113
    유니플루트 타입 113-114
    1/2인치 구멍 205
캐리지 나사 143
캐리지 볼트 146
캐리지 스크루 146
캘리퍼 285
컴파운드 연귀톱 294
켜는톱(ripsaw) 33
코너클램프 67
코먼등급 목재 42
코치 나사 ☞ 캐리지 스크루
코치 볼트 ☞ 캐리지 볼트
코킹 165
콘크리트블록 170
퀵릴리스 스크루 클램프 76
큐브, 소마 ☞ 소마 큐브
클램프
    C 타입 76
    G 타입 76
    목재 드릴로 뚫기 115, 110-112
    바 타입 ☞ 트리거 클램프
    버트조인트 클램프 77
    수직으로 자르기 188
    스크루 타입 6, 76-77
    연귀 모서리 65-69
    줄(로프) 72, 160
    코너클램프로 조이기 67
    트리거 타입 6, 15
    파이프 타입 77
키가 없는 드릴척 107
킥백 296
킬즈(Kilz) 36

ㅌ

타월 걸이대 228-231
타일, 도자기 222
탁상 바이스 288
탭콘 ☞ 석재 앵커
테이블톱 296
테이퍼포인트 드릴비트 120
토글볼트 171
토크 117
톡스 나사 145
톱 19-21
    곡선톱 295
    (톱)날 보호하기 23
    당기는(톱) 혹은 미는(톱) 21
    레이디얼 곡선톱 295
    밴드소 294
    (톱)선택하기 2-3
    쇠톱 22
    스크롤소 196
    실톱 181, 271

작동방법 21
쥐꼬리톱 196
지그소 196, 293
충전 컷소 293
컴파운드 연귀톱 294
켜는톱(ripsaw) 33
테이블톱 296
톱니 20-21
톱니의 개수 22
톱으로 켠 자국 22
톱의 강화 톱니 3
톱질 모탕 5, 284
톱질하기
　45도 122
　같은 크기 만들기 154
　구멍을 (톱질하기) 181-182
　끝에서 끝까지 (톱질하기) 87
　사각형 (톱질하기) 98, 96-97
　원(으로 톱질하기) 185
　톱날의 두께를 고려하기 11-12, 33
투명 266, 274
투명 플라스틱 255-263
투-바이 정의 39
트리거 클램프(참조) ☞ 클램프
트위스트 드릴 106
틀 63-76
　대드 퍼즐러 17
　사각형이 아닌 256, 69-75
　접착하기 위한 지그 67-69
　하트 모양 75
틀 내부에 가늘고 긴 대 73
틀어짐 28-29, 40
틀을 붙이기 위한 줄 66
틀을 접착하기 위한 래칫 스트랩 66
틀을 접착하기 위한 로프/줄 72
틈새 막기 75

ㅍ
파이프 클램프 77
파일럿 구멍 116, 130
파티클보드 90
팬터그래프 199-213
퍼스펙스 ☞ 아크릴
펀치 ☞ 센터 펀치
페인트 36
펜더 와셔 199
평활제재 40
포 어크로스 게임 192
포마이카 90, 139
포스트너 비트 194
포지드라이브 나사 145
포플러 202, 274
폴리염화비닐 ☞ PVC 플라스틱
폴리우레탄 종류 15-16
폴리우레탄과 목재 틈새 막기 75
폴리우레탄의 기본 법칙 16

폴리카보네이트 267, 255-263
　굽히기 258-259
　반투명한 266
　솔벤트 시멘트 258-259
　틀에 유리끼우기 73
풀러, 버크민스터 262
프라이머(primer, 밑칠 페인트) 36
프라이바 59
프로젝트 박스 257-261
프리슨 나사 145
플라스터보드 ☞ 건식벽
플라스틱
　ABS 217-233
　굽히기 217-233, 258-259
　(플라스틱) 벤더 219
　부러뜨리기 위한 칼 270
　아크릴 217, 255, 265-280
　아크릴판을 부러뜨리기 270
　주형 모양 261
　칼라/색 265-280
　투명한 255-263
　폴리카보네이트 255-263
플라스틱 굽히기 217-233, 258-259
플라스틱 부러뜨리기 270
플라스틱 템플릿 38
플라스틱에 금을 긋기 위한 칼 270
플라스틱용 솔벤트 시멘트 237, 261, 258-259
플라스틱우드 75
플라스틱의 모양을 다듬기 위한 쇠줄 271
플라이어 77
플라이어, 볼트 202, 211
플라이어, 종류 46, 286
플라톤의 입체 262
플러그
　드릴로 구멍 뚫기 157, 159
　맞댄짜임 150
　접착하기 위한 지그 158-160
플렉시글라스 ☞ 아크릴
피트 하인(Piet Hein) 25
피플 126-127
픽 37
필러(틈새 막기) 75

ㅎ
하드보드 91
하인, 피트(Hein, Piet) 25
하트 모양의 틀 75
합판 79
　강도 80
　기본 89, 79-81
　드릴로 구멍뚫기 135-137
　등급 89-90
　상자 제작 131-137
　세 겹 89

안정성 80
자작나무 95
작업면 2
해머 드릴 118
호스클립 178
홀 커터, 어드져스터블 195
홈, 장부톱으로 자르기 279
화장실 보드, 샤워보드 91
회전 샌더 290
희생목 32, 99, 103, 111, 132, 87-88